2024年度版

管理業務主任者 攻略テキスト

管理業務主任者試験研究会

はじめに

マンション管理業者は、管理業務を行う事務所ごとに、30の管理組合あたり１名の割合で、成年者である専任の管理業務主任者の設置が義務付けられています。このように、管理業務主任者の資格はマンション管理業者にお勤めになる方にとって、必須の資格といってよいでしょう。

管理業務主任者試験は、民法やマンション標準管理委託契約書といった契約関係から、区分所有法、マンション標準管理規約等の管理組合の運営に関する法令、さらに、建築知識や会計まで試験範囲となっており、容易に合格できる資格ではありません。

また、既存の書籍は、この広範な試験科目をフォローしようとするあまりに、合格に必要とはいえない細かな知識まで掲載してしまい、かえって受験生の負担になってしまっています。

そこで本書では

1．重要論点だけを厳選すること
2．初学者でも理解できるよう、平易な文章を心がけること
3．語呂合わせや図表を多用し、暗記しやすくすること
4．確認問題で、アウトプットも同時に行えるようにすること
5．過去の出題実績を掲載すること

に注意し、お仕事をしながら学習される方の負担をできる限り軽減して、無理なく無駄なく合格できるように作成いたしました。

本書がみなさまの合格のお役に立てましたら幸いです。

2024年１月

管理業務主任者試験研究会

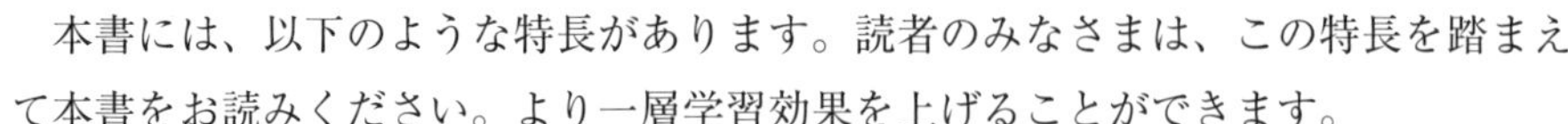

本書の特長

本書には、以下のような特長があります。読者のみなさまは、この特長を踏まえて本書をお読みください。より一層学習効果を上げることができます。

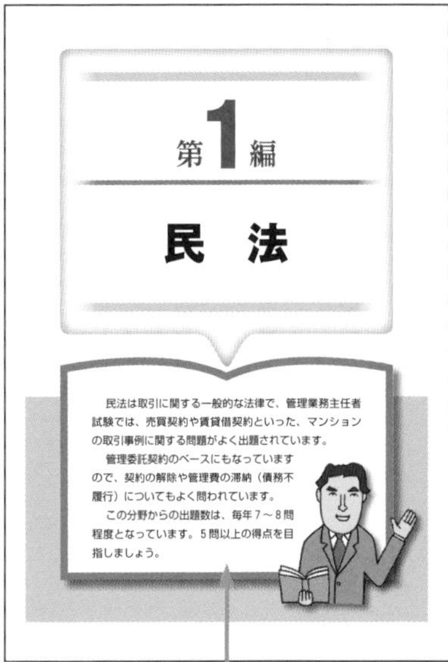

各編のトビラには本試験の出題数・傾向を掲載

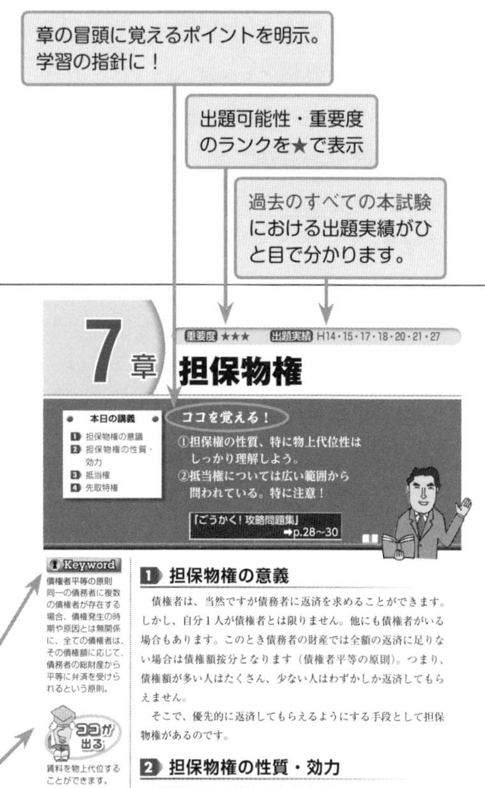

図はサンプルとなります。

Keyword で、重要な用語・分かりにくい用語を丁寧に解説。

で、実際に本試験で出題された論点を確認。

注意！ で、受験生が間違いやすいポイントに注意をうながします。

BACK TO P.154 で、関連知識のページがすぐわかり、知識の横断整理に役立ちます。

Step Up で、よりハイレベルな論点を掲載。合格への最後のひと押しです。

講師より で、より具体的な説明や関連知識をまとめて得点力UP!

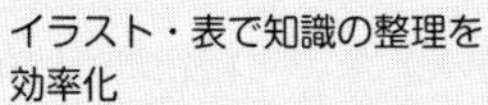

イラスト・表で知識の整理を効率化

過去問で CHECK! には、実際の本試験問題を掲載・攻略。欄外には解答のヒントもあります。
学習してきた内容を実戦レベルで確認することができます。

語呂合わせ で、楽々暗記！

7章　担保物権

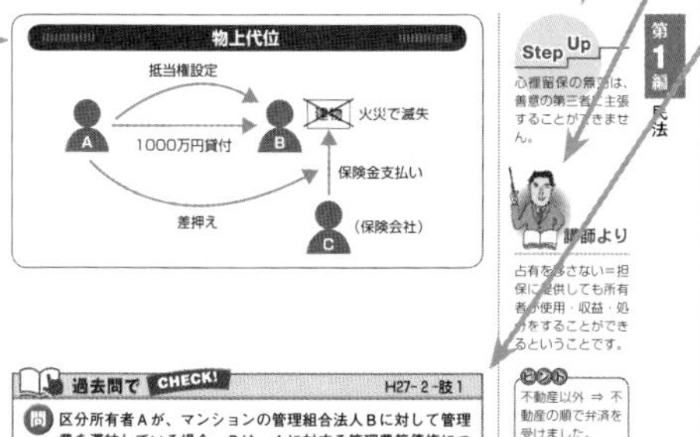

Step Up
心裡留保の無効は、善意の第三者に主張することができません。

講師より
占有を移さない＝担保に提供しても所有者が使用・収益・処分をすることができるということです。

第1編　民法

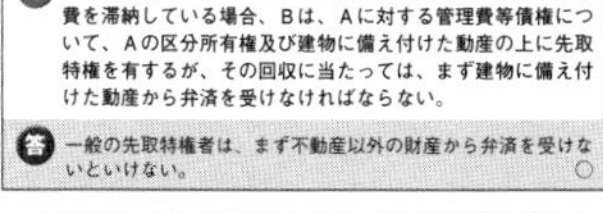

過去問で CHECK!　H27-2-肢1

問　区分所有者Aが、マンションの管理組合法人Bに対して管理費を滞納している場合、Bは、Aに対する管理費等債権について、Aの区分所有権及び建物に備え付けた動産の上に先取特権を有するが、その回収に当たっては、まず建物に備え付けた動産から弁済を受けなければならない。

答　一般の先取特権者は、まず不動産以外の財産から弁済を受けないといけない。○

ヒント
不動産以外 ⇒ 不動産の順で弁済を受けました。

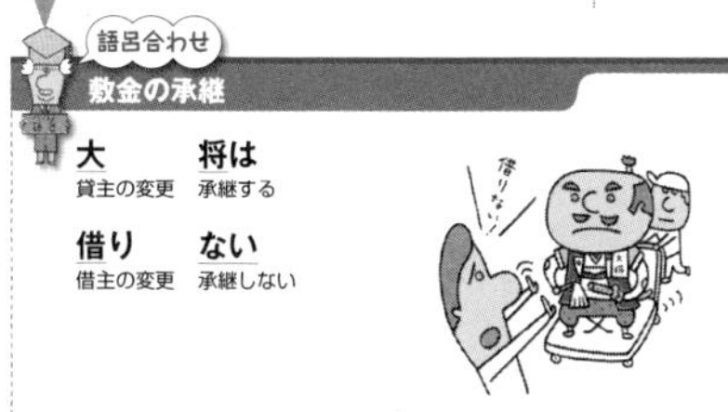

語呂合わせ
敷金の承継

大	将は
貸主の変更	承継する
借り	ない
借主の変更	承継しない

＋α で役立つ 判例集　区分所有法

管理業務主任者試験では、判例がくり返し出題されています。一見すると長文で難しく思ってしまいますが、ポイントを押えておけば得点できます。

1　共用設備のある車庫を専有部分とすることができるか？

事例
建築会社の所有する車庫（壁で仕切られている。出入口はシャッター）の一部が店舗や住居にされて賃貸された。これに対して、マンション居住者が車庫は共用部分であるとして店舗や住居とした部分の明け渡しを求めた。この車庫にはマンション全体で用いられる配管や浄化槽、マンホールが存在し、専門業者が車庫に立入り作業をすることが予定されていた。

判決　共用設備のある車庫は専有部分となれる！

1棟の建物のうち構造上他の部分と区分され、独立の建物の用途に供することができる建物部分の一部に、他の区分所有者の共用設備が設置されていても、専有部分として区分所有権の目的となり得るための要件は、以下のようになります。

①共用設備が建物の部分の小部分を占めるにとどまる
②その余の部分をもって独立の建物の場合と実質的に異ならない排他使用が可能
③共用設備の利用管理によって建物の排他使用に制限や障害が生じない
④共用設備の保存や利用に影響を及ぼさない

判例集を＋αで学習すれば、過去問で出題も多い判例問題の攻略もバッチリ！

法律テキスト攻略方法

管理業務主任者試験は、民法から建築分野、会計まで幅広く勉強をしなければなりません。特に初学者がつまづきやすいのが、民法です。法律的な言い回しに四苦八苦することになります。ここでは、まず法律用語の基礎を学び、テキストや過去問の文章を素早くかつ正確に読めるようにしましょう。

1　及びと並びに

「及び」も「並びに」も、我々は並列の接続詞として、特に意識せずに使っていると思いますが、実は法律上明確に使い分けがされています。

「及び」は、同じ種類や同じ程度のものを繋げる場合に使います。「A及びB」なら、AとBは同じ種類のものと分かるのです。3つ以上の場合は、最後に及びで繋げます。例えば、「A、B及びC」となります。

「並びに」は、異なる種類や異なる程度のものを繋げる場合に使います。では、「肉と野菜とゴミ袋を買ってきてください」を「及び」と「並びに」を使うとどうなるでしょう。

肉**及び**野菜**並びに**ゴミ袋を買ってきてください　になります。
食糧という同じカテゴリー（肉・野菜）　食糧以外のカテゴリー（ゴミ袋）

2　「または」と「もしくは」

「または」と「もしくは」も、「及び」と「並びに」と同じです。**「もしくは」は、同じ種類や同じ程度のものを繋げる場合に使います。「または」は、異なる種類や異なる程度のものを繋げる場合に使います。**

3　以上・超えると以下・未満

「以上」と「超える」は、基準となる数**よりも大**きいことを示しますが、**「以上」の場合は、基準となる数字を含みます。**例えば「3階以上」の場合は、3階から対象に含まれます。これに対して、**「超える」の場合は、基準となる数字は含みません。**「3階を超える」という場合は、3階は含まれず、4階から対象となります。

「以下」と「未満」も同じです。どちらも基準となる数よりも小さいことを示しますが、「以下」の場合は、基準となる数字を含み、未満の場合は、含みません。

4　直ちに　速やかに　遅滞なく

これらは、義務の履行についての即効性を表していますが、「直ちに」が一番緊急性が高く、次いで「速やかに」、「遅滞なく」が最後となります。

続いて、民法の勉強方法です。民法や区分所有法にも出題されやすい箇所があります。それを意識しながら勉強すると効率よく問題を解く力が身に付きます。

1　民法は、要件と効果の繰り返しで構成されている

民法は実体法といいますが、どんなことをすると（**要件**）、どうなるのか（**効果**）が規定されています。事例問題ですと、登場する人物や団体も増えて分かりにくくなりますが、民法の問題の大半は、この要件と効果から問われることになります。言い換えると、どんなに長い事例問題が出されたとしても、要件と効果を問題文中から読み取れれば、正確に解答することが可能なのです。

ここで注意しておきたいのが、要件を満たさなかった場合にどうなるのかという点です。要件が満たされたので、効果が発生したという場合だけでなく、要件を満たさなかった場合についても出題されます。覚えておきましょう。

2　例外規定に注意

民法だけに限られませんが、問題として作りやすいものに、**例外規定**があります。「ただし～は除く」や「～の場合を除いて」といった表現には注意しましょう。

3　民法は身近な法律

民法を勉強する際、マンションの売買や賃貸といった事例で勉強していきます。本試験でも、マンションを事例にして出題されます。しかし、民法はマンションのような高額な物だけでなく、例えば日用品の購入にも適用されます。民法でイメージできない箇所が出てきたら、日常的な取引を考えてみましょう。例えば、民法では、売買契約書の作成は不要とされています。マンションで考えてしまいますと、売買契約書は必要と思ってしまいますが、例えば日用品の購入であれば、契約書は作らない方が普通だと思います。このように、疑問に思ったときは、日常的取引に置き換えられるようになると、理解しやすくなります。

主要科目の傾向と対策

1．民法・その他取引に関する法律

取引に関する一般的な法律で、売買や賃貸が規定している内容の代表例になります。出題数は、毎年6～7問です。やや難しい問題が出題されることもありますが、大半が過去出題論点です。個数問題や組合せ問題等、出題形式が単純な四肢択一ではないものもあるので注意しましょう。

管理費の滞納について、**消滅時効**や**債務不履行**がよく出題されていますので、確認しておきましょう。また、**借地借家法**と**宅建業法**は毎年1問出題されているので得点できるようにしましょう。

2．区分所有法

分譲マンションに適用されるのが、区分所有法です。規約の設定や集会については、この法律の定めに従って行われています。出題数は、毎年6問程度です。ただし、民法や標準管理規約との複合問題もあるので、実際にはさらに2～3問分くらいは出題されていると思ったほうがいいでしょう。**基本的にシンプルな問題**がほとんどですが、複合問題のときは事例で出題されたりしますので注意しましょう。

3．管理委託契約書

管理組合と管理会社との間の管理委託契約の雛形です。毎年3～4問出題されます。問題自体は条文そのままというシンプルなものばかりで、得点を稼げる科目です。ただし、本文だけでなく**別表からも出題**されますので、勉強する際にはまんべんなくみておく必要があります。

4．標準管理規約

こちらはマンションの管理規約の雛形になります。管理規約作成の際の参考として作られていますので、区分所有法よりも具体的な内容となっています。

毎年6～7問の出題です。区分所有法との**複合問題**や**個数問題**等も出題されます。また、事例問題も出題されるので、意外と苦戦しがちな科目です。とはいえ、そういった難しい問題は多くありませんし、問題自体は過去出題論点がほとんどですので、5問はコンスタントに得点できるようにしたい科目です。

5．会計

仕訳が３問というのが、毎年恒例となっています。できれば３問すべて正解して得点を伸ばしたい科目です。仕訳の勘定科目等は**過去出題論点からがほとんど**です。直前期に一気に仕上げてしまうのもいいかもしれません。追い込みができる科目です。

6．建築知識・維持保全

マンションを維持管理していくうえで必要となる、建築法令や建築知識です。最近ですと**鉄筋コンクリート**の問題がよく問われています。エコ（省エネ）設備等の最近話題となっている事柄は、触れておくとよいでしょう。

過去出題されていないような論点も平気で出題される科目です。非常に難易度が高い問題が出題され、年度ごと、問題ごとの難易度が安定しない科目ですが、本テキストに掲載している、過去くりかえし出題されている論点を押さえておければ十分です。

7．マンション管理適正化法

マンション管理士、管理業務主任者、マンション管理業者（管理会社）の登録や義務、罰則等を規定している法律です。宅建業者（不動産会社）には宅建業法、建設会社には建設業法があるように、マンション管理会社には、管理適正化法があるのです。

適正化法は５問免除該当科目になります。免除者（マンション管理士試験の合格者）の方は解く必要はありません。また、当たり前ですが必ず５問出題されます。管理業務主任者試験では、当然ですが管理業務主任者に関する論点と管理業者に関する論点が多く出題されています。特に**重要事項の説明・管理事務の報告・財産の分別管理**に注意しましょう。

2024年度版　ごうかく！　管理業務主任者　攻略テキスト

目　次

◆第4編　マンション標準管理規約

◆第5編　標準管理委託契約書

◆第6編　建築法令・設備・維持保全

◆第7編　税・会計・保険

◆第8編　マンション管理適正化法

第1編

民　法

民法は取引に関する一般的な法律で、管理業務主任者試験では、売買契約や賃貸借契約といった、マンションの取引事例に関する問題がよく出題されています。

管理委託契約のベースにもなっていますので、契約の解除や管理費の滞納（債務不履行）についてもよく問われています。

この分野からの出題数は、毎年7～8問程度となっています。5問以上の得点を目指しましょう。

重要度 ★★☆　出題実績 H17・23・28・R1・2・5

1章 取引の主体

本日の講義

1 制限行為能力者
2 第三者の取扱い
3 相手方の保護
4 法人

ココを覚える！

①制限行為能力者が単独でできること、できないことを覚える。
②保護者の権限について覚える。
③第三者の取扱いについて覚える。

「ごうかく！攻略問題集」
➡p.2〜4

1 制限行為能力者

我々がコンビニで飲み物を買うのも立派な売買契約です。しかし、病気等で判断能力が低下している方が、１人でマンションの売買等の高額で複雑な契約を締結することは困難です。

そこで、民法は１人で完全に有効な契約を行うことができる能力を**行為能力**と定め、この行為能力が十分でない者を**制限行為能力者**として、それらの方の財産の保護を図ることにしました。

Keyword

cf. 意思能力
行為能力と似た用語に意思能力があります。意思能力とは、自分の行為がどのような結果を生じるかを自分で判断できる能力をいいます。この意思能力を欠く者の行為は“**無効**”となります（民法３条の２）。

制限行為能力者

①未成年者………満18歳未満の者
②成年被後見人…事理弁識能力（判断能力）を欠き、家庭裁判所の審判により後見が開始された者
③被保佐人………事理弁識能力が著しく不十分で、家庭裁判所の審判により保佐開始の審判がされた者
④被補助人………事理弁識能力が不十分で、家庭裁判所の審判により補助開始の審判がされた者

（１）未成年者（民法４〜６条）

満18歳未満の者は未成年者とされ、１人で有効な契約を行うことができず、**法定代理人（親権者等）の同意**をもらったり、**代理し**

てもらわないといけません。これらをせずに1人で勝手に契約をした場合、**未成年者本人**または**法定代理人**はこれを取り消すことができます。取り消すと**最初から**契約しなかった**ことになります**。

例えば未成年者が親の同意を得ずにお金を借りた場合、この契約は取り消されてしまう可能性があるのです。

ただし、1人で有効にできるもの（下記①～③）もあります。

①単に権利を得（タダで物を貰う等）、義務を免れる行為（借金の免除等）
②法定代理人が処分を許した財産（お小遣いや学費等）の処分
③法定代理人から特定の営業（マンション管理業等）を許された未成年者が行う営業

また、契約を取り消せる場合でも法定代理人が**追認**（事後の同意）をしたときは、**契約時に遡って有効**であったことに確定します。

（2）成年被後見人（民法7～9条）

成年者であっても病気等の理由で判断能力を欠くこともあります。そこで、事理弁識能力（判断能力）を欠く常況にある者で、本人や配偶者等の請求により、家庭裁判所の審判で**後見**が開始された者を**成年被後見人**とし、成年被後見人は1人で契約をすることができないとしました。

成年被後見人の場合は、家庭裁判所により**成年後見人**という法定代理人が選任され、成年被後見人のサポートをします。ただし、未成年者の法定代理人と異なり、成年後見人が**同意をしても成年被後見人が単独でした契約は有効として確定**しません。

成年被後見人は判断能力を欠いているのですから、事前に同意をしてもそのとおりに契約してくれるとは限らないからです。

そのため、契約を有効とするには、成年後見人に**代理**してもらうか、**追認**してもらう必要があります。

ただし、**日用品の購入その他日常生活に関する行為**については、成年被後見人が**単独ですることが可能**です。

講師より

取消権も永遠に使えるわけではありません。
①有効に追認できるようになってから**5年**経過した
②契約等をした時から**20年**経過した
どちらかに該当した場合、時効等により取り消すことができなくなります（民法126条）。

Step Up

成年後見人が、成年被後見人に代わり**居住用**建物・敷地について売却・賃貸・抵当権の設定等をするには家庭裁判所の許可が必要です（民法859条の3）。

講師より

つまり、成年後見人が同意をしても、まだ**取り消せる**ということです。

語呂合わせ

成年後見人の同意権

成功に　**同意は**
成年後見人　同意権

できない
認められない

ヒント
成年後見人に同意権はありませんでした。

では、過去問でどのように出題されたか見てみましょう。

過去問で CHECK!　R5-2-肢2

問 Aが成年被後見人である場合は、Aは、あらかじめその後見人の同意を得ることにより、第三者との間で、当該住戸のリフォーム工事に係る契約を有効に締結することができる。

答 成年後見人には同意権がないので、成年後見人が同意をしても契約は有効に締結できない。　×

(3) 被保佐人（民法11〜13条）

被保佐人は、事理弁識能力が著しく不十分な者で、本人や配偶者等の請求により家庭裁判所の審判で**保佐開始**の審判がされた者をいいます。

ヒント　成年被後見人が事理弁識能力を“欠く”状態だったのに対し、被保佐人は“著しく不十分”と、少し判断能力があります。

被保佐人には、家庭裁判所の審判により**保佐人**が選任され、サポートします。被保佐人はある程度判断能力があるので、すべての取引に保佐人の同意が必要となるわけではなく、下記の重要な財産上の行為に限定されています。

被保佐人が保佐人の同意を得ず、重要な財産上の行為を１人で勝手に行った場合、被保佐人または保佐人は取り消すことができます。また保佐人は追認をすることができ、**家庭裁判所の審判**により**代理権**を行使することができます。

重要な財産上の行為は、以下のものが定められています。

①元本を領収・利用すること（銀行預金の引き出し等）

講師より

保佐人・補助人の同意を得なければならない行為について、被保佐人・被補助人の利益を害するおそれがないにもかかわらず保佐人・補助人が同意をしないときは、家庭裁判所は、被保佐人・被補助人の請求により、同意に代わる許可を与えることができます（民法13条、17条）。

②借財・保証をすること
③**不動産**（マンションの専有部分等）その他重要な財産に関する権利の得喪を目的とする行為をすること
④訴訟行為をすること
⑤贈与・和解・仲裁合意をすること
⑥相続の承認・放棄・遺産の分割をすること
⑦贈与の申込みの拒絶・遺贈の放棄・負担付贈与の申込みの承諾・負担付遺贈の承認をすること
⑧新築・改築・増築・大修繕をすること
⑨土地（山林以外）は５年、建物は３年を**超える**賃貸借をすること
⑩上記①～⑨を制限行為能力者の法定代理人としてすること

⑩は、たとえば夫が成年被後見人で妻が成年後見人である場合に、その後に妻が被保佐人となるケースです。

（４）被補助人（民法15～17条）

事理弁識能力が不十分な者で、本人や配偶者等の請求により家庭裁判所の審判で補助開始の審判がされた者を**被補助人**といいます。

被補助人には、判断能力は（不十分ですが）相等程度あります。

補助開始の審判を本人以外の者が請求するときは、本人の同意が必要となります。

被補助人には、**補助人**が家庭裁判所により選任されサポートします。被補助人は被保佐人よりも判断能力がありますので、補助人の同意が必要となるのはP４～５の重要な財産上の行為のうちの一部で、家庭裁判所が定めたものとされています。

また補助人の権限は、家庭裁判所の審判により、①同意権を有する場合（取消権と追認権も有する）、②代理権を有する場合、③同意権と代理権の両方を有する場合があります。

○…権限あり　×…権限なし　△…家庭裁判所の審判で付与

※　同意権が付与されると取得。

	保護者	保護者の権限			
		代理	同意	取消	追認
未成年者	親権者・未成年後見人	○	○	○	○
成年被後見人	成年後見人	○	×	○	○
被保佐人	保佐人	△	○	○	○
被補助人	補助人	△	△	△※	△※

（5）取消権の行使者（民法120条）

取消権は、以下の者が行使することができます。

①未成年者・成年被後見人・被保佐人・同意が必要な被補助人
②法定代理人（親権者・未成年後見人・成年後見人）・承継人
③保佐人・同意権を取得した補助人
④行為能力を取得・回復した元制限行為能力者本人

では、過去問です。

保護する立場の保佐人の権限を考えてみましょう。

過去問で CHECK!　H28-1-肢ア

問 被保佐人が保佐人の同意を得ることなくマンションの一住戸甲を売却した場合、当該売買契約を取り消すことができる者は、被保佐人に限られている。

答 保佐人も取り消すことができる。　×

2 第三者の取扱い

制限行為能力者が勝手に行った契約は取り消せるわけですが、それはあくまで契約当事者間での問題です。では、取り消す前に第三者に転売されたような場合どうなるのでしょうか。この場合、取消し前の第三者には、**第三者が善意（事情を知らない）であっても取消しの効力が及ぶ**とされています。つまり、制限行為能力者は、転売されたものを取り返せるのです。

Keyword
善意・悪意・故意・過失
善意とは事情を知らないことをいい、事情を知っている場合は悪意といいます。また、故意（わざと）、過失（うっかりミス）というのもあります。

取消し前の第三者

未成年者　①売買　③取消し　相手方　②転売　第三者
転売されたものを取り返せる

3 相手方の保護

（1）催告（民法20条）

制限行為能力者と契約をした相手方は、早く契約が有効なのか取り消されるのか決めて欲しいと考えます。そこで、制限行為能力者側に契約を追認するかどうかを確答するように1カ月以上の期間を定めて**催告**（催促）できるとしています。

そして法定代理人や保佐人・補助人、行為能力を回復した後の本人に催告して確答がない場合は、追認したとみなされます。

被保佐人・被補助人に対しても「保佐人・補助人の追認を得るべき」旨の催告をすることができますが、確答がない場合は**取り消したものとみなされます。**

講師より

判断能力のある法定代理人等が確答しないと、取り消す必要がないと考えていると思われてしまうのです。
これに対し、被保佐人・被補助人が確答しないと、追認を得られなかったとして取り消したと扱われるのです。

相手方の保護まとめ

取引の相手方	催告の相手方	確答なき場合の効果
未成年者	親権者	追認とみなす
成年被後見人	後見人	追認とみなす
被保佐人	被保佐人本人	**取消**とみなす
	保佐人	追認とみなす
被補助人	被補助人本人	**取消**とみなす
	補助人	追認とみなす

では、過去問です。

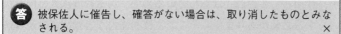

過去問で CHECK!　R2-3-肢3

問 被保佐人であるAが、保佐人Dの同意を得ることなくマンションの一住戸甲を売却した後に、相手方がAに対し、1箇月以上の期間を定めて、Dの追認を得るべき旨の催告をした場合において、Aがその期間内にその追認を得た旨の通知を発しないときは、Dがその行為を追認したものとみなされる。

答 被保佐人に催告し、確答がない場合は、取り消したものとみなされる。　×

ヒント

被保佐人という、追認する権限がない者に催告している点に注意しましょう。

嘘をついた者は、保護に値しないからです。

（2）制限行為能力者の詐術（民法21条）

制限行為能力者自身が詐術を用いて取引をしたような場合、その取引は取り消すことができなくなります。なお、自分が制限行為能力者であることを黙秘しているだけでは詐術とはなりませんが、他の言動等と相まって、相手方を誤信させ、または誤信を強めたと認められるときは詐術と扱われます。

では、過去問です。

単なる黙秘ではなく行為能力者であると誤信させている点に注意です。

過去問でCHECK!　H28-1-肢エ

問　被保佐人が甲専有部分を売却する際に、自らが行為能力者であることを信じさせるため、被保佐人であることを黙秘していたことが、他の言動などと相まって、相手方を誤信させ、または誤信を強めたものと認められる場合には、被保佐人はその行為を取り消すことができない。

答　黙秘だけではなく、他の言動などと相まって、相手方を誤信させ、または誤信を強めたものと認められる場合には、被保佐人はその行為を取り消すことができない。　○

4 法人（民法33・34条）

いままでは自然人（人間）についてみてきたわけですが、今度は法人です。法人とは、自然人以外で権利能力を有する団体等をいい、会社が一番イメージしやすいかと思います。

法人となることで、法人名義で取引ができるようになります。そうすることで、個人の財産と法人の財産とが区別できるようになり、適切な財産の管理ができるようになります。

また、権利能力なき社団といって、権利能力が認められない社団、つまり、法人になれなかった人の集まり（社団）もあります。本来法人ではないので、権利能力は認められないはずですが、社団としての形式は有しているので、ある程度法人と同じ扱いをする必要があります。そこで、権利能力なき社団の財産は構成員の総有とすることで構成員が勝手に処分できないようになっています。

BACK TO P.200

権利能力なき社団の代表例が、管理組合です。
管理組合も一定の要件を満たせば法人になることが可能です。これを管理組合法人といいます。

Keyword

権利能力
契約等の主体となるための能力（資格）のことです。
自然人（人間）は出生により取得し、死亡により喪失します。

2章 意思表示

重要度 ★★★　出題実績 H15・17・19・20・22〜26・28・29・R3

本日の講義

ココを覚える！

①当事者間で無効となるもの、取消しができるものの違いを覚える。
②法律行為の目的等の重要な錯誤・無重過失といった要件を覚える。
③善意の第三者に無効や取消しを主張できるかを覚える。

「ごうかく！攻略問題集」
➡p.6〜10、20〜22

1 意思表示とは（民法97条）

契約の申込みや承諾が有効になるためには、内心の意思とその表示（契約書にサインする等）が一致する必要があります。

意思表示は、相手に到達したときに効力を生じますので、契約は申し込みを受けた者が**承諾**をし、**申し込みをした者に到達したとき**（承諾が到達したとき）に成立します。

それでは、10万円の商品を１万円だと誤解して契約した場合など、内心の意思と表示が一致しないときはどうなるのかをみていきましょう。

Step Up

意思表示は、表意者が通知を発した後に死亡・意思能力の喪失・制限行為能力者となったときでも効力を失いません。ただし、契約の申込みの場合に申込者が死亡・意思能力の喪失・制限行為能力者となったことを相手方が知っていたときは、申込みは失効します。

2 心裡留保（しんりりゅうほ）（民法93条）

（1）当事者間の効力

冗談で契約を申し込んだ場合等を**心裡留保**といいます。冗談なのですから、内心の意思と表示は一致しないはずですが、これを無効とすると、冗談を信じた相手方が損害を受けてしまいます。

そこで心裡留保の場合は次のようになります。

心裡留保は、原則として有効となることに注意しましょう。

①相手方が善意無過失	契約は有効
②相手方が悪意（冗談だと知っていた）または過失がある（うっかりしていたので冗談と見抜けなかった）	契約は無効

（2）第三者との関係

心裡留保が当事者間で無効となる場合でも善意の第三者には無効を**対抗**（**主張**）できません。

3 虚偽表示（民法94条）

（1）当事者間では無効

強制執行から逃れるために、契約の相手方と共謀（通謀）して架空の売買契約をでっち上げたような場合を虚偽表示といいます。

この場合、内心の意思と表示は一致しないので**無効**となります。

注意！

対抗とは主張することをいいます。

（2）第三者との関係

虚偽表示は、当事者の間では無効になりますが、では、虚偽の契約で売ったことにした物が、第三者に転売されてしまったらどうなるのでしょうか？

この場合、善意の第三者には無効を対抗（主張）できないとされています。つまり、虚偽表示による契約だったことを知らない第三者の手に渡ったら、もう取り戻せないのです。

第三者は善意であれば過失があっても自分の権利を主張することができます。また、**登記**や**引渡し**は**不要**です。
逆に、第三者が**悪意**であれば、虚偽表示をした者は、**無効を主張できます**。

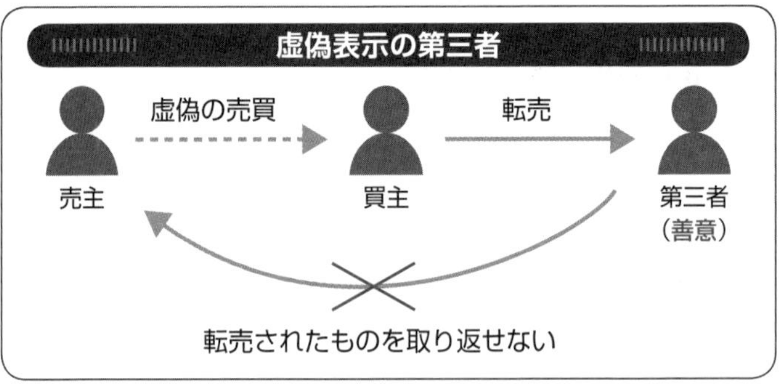

では、過去問の確認です。

過去問でCHECK!　H26-1-肢2

問 甲建物を所有するAが、同建物をBに売却する旨のAB間の契約が通謀虚偽表示により締結され、移転登記がされた後に、Bが、Cに甲建物を売却する旨の契約をCとの間で締結し、移転登記がされた場合に、Cが、Bとの契約の締結時に、本件契約が通謀虚偽表示によることを知っていたときでも、Aは、本件契約の無効をCに主張することはできない。

答 悪意の第三者には無効を主張（対抗）できる。　×

ヒント
登記に惑わされず、善意か悪意かで判断しましょう。

4 錯誤（民法95条）

（1）当事者間では取り消せる

錯誤とは、勘違いにより契約等をしてしまった場合をいいます。この場合、契約をそのまま有効で確定させてしまうと、勘違いをしてしまった人がかわいそうです。そこで、錯誤により契約等の意思表示をしてしまった場合は、その契約等を取り消せることとしました。

ただし、どのような錯誤でも取り消せてしまうと、今度は契約の相手方が損害を受けてしまいます。そこで、錯誤による取消しが認められるためには、以下の要件を満たす必要があります。

①次に掲げる錯誤に基づくものであること
　ア）意思表示に対応する意思を欠く錯誤（表示の錯誤）
　　例）乙マンションを売りたいのに、甲マンションを売ると表示した
　イ）表意者が法律行為（契約等）の**基礎とした事情**（動機等）についてのその認識が真実に反する錯誤（動機の錯誤）
　　例）再開発等で土地の値段が上がると誤解して契約した
　注意 イ）は、事情が法律行為の基礎とされていることが表示されていたときに限られる
②錯誤が法律行為の目的および取引上の社会通念に照らして重要なものであること
③表意者に**重大な過失**がないこと

Keyword
重大な過失
注意義務違反がはなはだしい過失のことです。

講師より
表意者に重大な過失があっても、①相手方が表意者の錯誤を知り、または**重大な過失で知らなかった**場合か、②相手方が表意者と**同一の錯誤**に陥っていた場合は、取り消すことができます。

（2）善意無過失の第三者には取消しを主張できない

錯誤による意思表示の取消しは、善意無過失の第三者に対抗することができません。

5 詐欺（民法96条）

（1）当事者間では取り消せる

詐欺とは、相手を騙して契約することです。騙されて契約してしまった者は、契約を取り消せます。

（2）善意無過失の第三者には取消しを対抗できない

詐欺による取消しをする前に、騙されて売ってしまったものが善意無過失の第三者に転売されると、詐欺の被害者であっても、取消しを対抗できません。つまり、善意無過失の第三者からそれを取り戻すことはできないのです。

講師より

強迫の場合は、善意無過失の第三者に対しても取消しを対抗できます。比較して覚えておきましょう。

詐欺にあった者は保護しなければなりませんが、騙されたことに落ち度がないとは言いきれません。一方、知らずに買った者からしたら、自分の知らない事情で買った物を返せといわれたら大変です。そこで、善意無過失の第三者には取消しを対抗できないとしたのです。

（3）第三者が詐欺をした場合

詐欺を行うのは何も相手方とは限りません。第三者が詐欺を行うこともありえます。この場合、相手方が第三者が詐欺をしたことを**知らなかったことにつき過失がない**（善意無過失）ときは、**取り消すことができません**。相手方に悪意や過失がある場合には取り消すことができます。

注意！

第三者の詐欺の場合、“相手方”が“善意無過失”だと取り消すことができません。

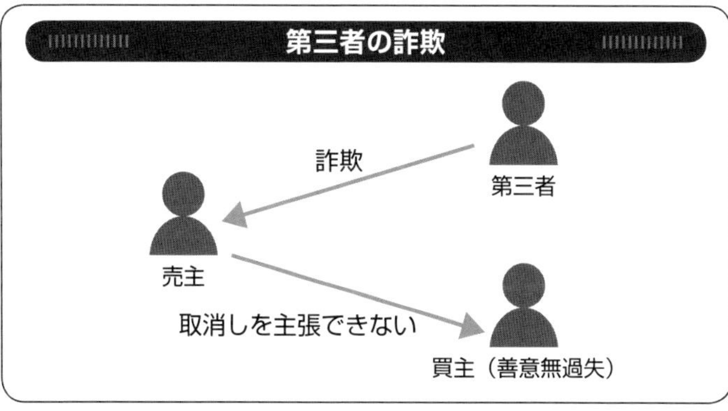

6 強迫（民法96条）

（1）当事者間では取り消せる

強迫とは、相手を脅して契約等をすることです。脅されて契約等した者はその契約等を取り消せます。

（2）善意無過失の第三者にも取消しを対抗できる

強迫による取消しは、善意無過失の第三者にも対抗できます。詐欺と違い、強迫の場合、脅された者には落ち度がないのですから、まず第一に保護しなければならないからです。

強迫による取消しは、善意無過失の第三者にも対抗できます。詐欺による取消しとの違いに注意しましょう。

（3）第三者が強迫をした場合

第三者が強迫した場合、善意無過失の相手方にも取消しを主張できます。脅された者を第一に保護するためです。

つまり、善意無過失の第三者がいようと、第三者が強迫をした場合で相手方が善意無過失の場合であろうと、強迫された人は取消しを主張できるということなのです。

では、実際にどのように本試験で出題されたかみてみましょう。

過去問で CHECK!　H17-2-肢3

AB間の契約に当り、Aが第三者から強迫を受けた場合には、Aは、その契約締結の意思表示を取り消すことができる。

Aは強迫による意思表示を取り消せる。　○

ヒント

はい、第三者の強迫の問題ですね。相手方が善意かどうかは、この問題では書かれていませんが、どのみち善意悪意にかかわらず意思表示は取り消せます。

公序良俗に違反する行為に該当するものに、暴利行為等があります。

7 公序良俗（民法90条）

意思表示というわけではありませんが、ここで公序良俗についても覚えておきましょう。公序良俗とは、公の秩序・善良の風俗の略で、社会秩序・規範のことだと思っていただければ結構です。

この公序良俗に違反する契約は無効となります。また、善意無過失の第三者にも無効を主張することができます。

意思表示まとめ

	当事者間の効力	対第三者
制限行為能力者	取消し	善意無過失の第三者に取消しを対抗できる
心裡留保	原則：有効 例外：相手が悪意または有過失の場合は無効	善意の第三者に無効を対抗できない
虚偽表示	無効	善意の第三者に無効を対抗できない
錯誤	取消し	善意無過失の第三者に取消しを対抗できない
詐欺	取消し 第三者詐欺の場合で、相手方が善意無過失のときは取り消せない	善意無過失の第三者に取消しを対抗できない
強迫	取消し 第三者強迫の場合、相手方が善意無過失も取り消せる	善意無過失の第三者に取消しを対抗できる
公序良俗違反	無効	善意無過失の第三者に無効を対抗できる

8 無効と取消し

今まで勉強してきたなかで、「無効」と「取消し」が出てきました。両者は意味が違いますので注意しましょう。

取消し	一応**有効**に成立した意思表示をした時に**さかのぼって**無効とすること
無効	最初から無効

重要度 ★★★　出題実績 H14・16・19・22〜30・R2・3・5

3章 代理

本日の講義

ココを覚える！

①代理の成立要件を覚える。
②無権代理の相手方の対応を覚える。特に、善意や悪意、過失の有無には注意！
③表見代理の類型を覚える。

「ごうかく！攻略問題集」➡p.12〜24

1 代理とは

代理とは、自分に代わって他人に契約等を締結してもらうことをいいます。代理では、代理を依頼した者を「**本人**」、依頼を受けた者を「**代理人**」と呼びます。

「総会に出席できない組合員が、委任状を交付して他の組合員に議決権行使をしてもらう」のは、代理に該当します。

（1）代理の要件（民法99・100条）

代理が成立するためには、以下の要件が必要となります。

ア）代理権の存在	本人から代理人に対して代理権の授与があること。ないと無権代理となる
イ）顕名	代理人が相手方に対して代理人であると示すことを顕名という 注意 顕名をしなかった場合は？ 原則：**代理人と相手方**との間に契約の効力が発生 例外：顕名がなくても相手方が代理人であることを**知っていた**、または**知らなかったことに過失がある**場合は、本人と相手方との間に契約が成立
ウ）代理人の代理行為	代理人が相手方と契約等をすることが必要となる

講師より

代理の要件ア)〜ウ)を3つとも満たさないと代理の効力は発生しません。

区分所有法では、管理者は区分所有者の代理人とされています。したがって、管理者の行為は本人である区分所有者に直接帰属します。

では、過去問です。

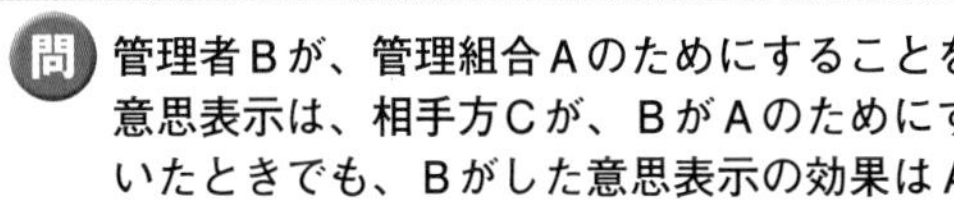

過去問で CHECK!　H27-1-肢1

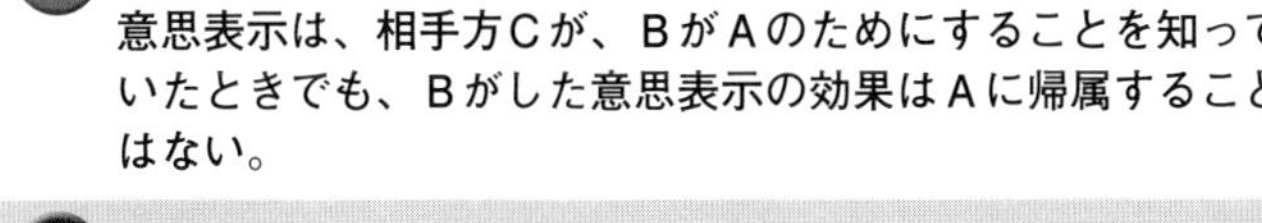

問　管理者Bが、管理組合Aのためにすることを示さないでした意思表示は、相手方Cが、BがAのためにすることを知っていたときでも、Bがした意思表示の効果はAに帰属することはない。

答　顕名がなくても相手方が代理人であることを知っていたまたは知らなかったことに過失がある場合は、本人と相手方の間に契約が成立する。　×

ヒント
相手方が代理人であると知っているのですから、顕名しなくても、本人と契約すると分かっているはずです。

（2）代理の効力（民法99条）

本人と相手方の間に**直接契約等の効力が発生**します。代理人と相手方との間に契約の効力が発生するわけではありません。

代理の要件・効力

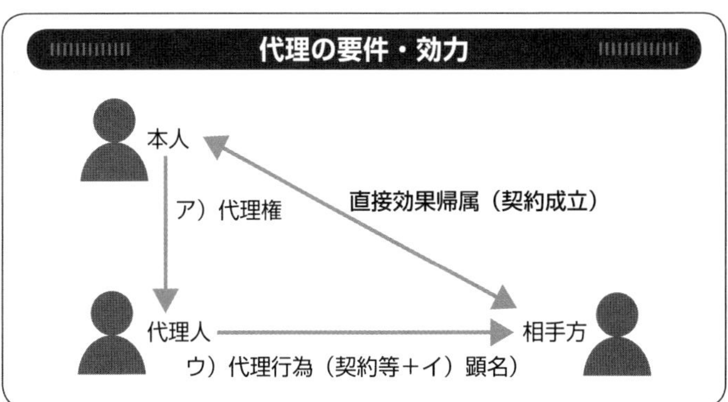

（3）制限行為能力者でも代理人になれる？（民法102条）

制限行為能力者でも代理人にすることができます。そして制限行為能力者を代理人にした場合、**制限行為能力者であることを理由に契約を取り消すことはできません。**

講師より
制限行為能力者が代理人として不利な契約をしたとしても、その効果は本人に帰属し、制限行為能力者が何か損をするわけではないからです。

では、過去問です。

ヒント
代理人の資格・能力を確認しましょう。

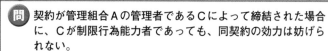

過去問で CHECK! H22-6-肢エ

問 契約が管理組合Aの管理者であるCによって締結された場合に、Cが制限行為能力者であっても、同契約の効力は妨げられない。

答 代理人は制限行為能力者でもかまわないので、契約は効力を生じる。 ○

注意！
特定の法律行為の代理の場合、本人が知っていたり、知らないことに過失があるときは、本人は代理人が知らなかった事情を主張できません。

（４）代理行為の瑕疵（民法101条）

代理人が錯誤により意思表示をしたり、詐欺や強迫をされた場合、善意・悪意や過失の有無等は**代理人を基準に判断します**（たとえば、代理人に重大な過失があったときは、本人は錯誤による取消しを主張できません）。

ただし、**取消しや無効は、代理人ではなく、本人が主張します**。

（５）代理権の消滅原因（民法111条）

代理権は以下の原因で消滅します。

注意！
管理組合の管理者が成年被後見人になった（後見開始の審判を受けた）ときは、管理者の代理権は消滅します。
なお、保佐開始の審判・補助開始の審判では代理権は消滅しません。

任意代理	本人	死亡・破産手続開始の決定・解除
	代理人	死亡・破産手続開始の決定・**後見開始の審判**・解除
法定代理	本人	死亡
	代理人	死亡・破産手続開始の決定・後見開始の審判

本試験では、代理権消滅後の表見代理や無権代理と併せて問われています。

後見開始の審判は代理権の消滅原因でした。

過去問で CHECK! H24-1-肢エ

問 Bが、理事長（管理者）に選任された後、後見開始の審判を受け、その後に管理組合Aを代理して、マンション管理業者Cとの間で管理委託契約を締結した場合であっても、本件契約は有効に成立する。

答 代理権が消滅した後の契約なので、原則として有効に成立しない。 ×

2 自己契約・双方代理・利益相反取引（民法108条）

自己契約	代理人が本人を代理して、自分と契約すること
双方代理	契約当事者の双方の代理人となること
利益相反取引	代理人と本人との利益が相反する行為をすること

（1）自己契約・双方代理

たとえば、管理組合の管理者が、契約の相手方の代理人や代表者である場合は、双方代理に該当します。自己契約・双方代理ともに、原則として**無権代理**となります。

自己契約や双方代理も単なる**債務の履行**（既に成立済みの契約に基づいて代金等の支払いをする場合や、売主・買主双方を代理して所有権移転登記を申請する場合等）や、**当事者の許諾**（管理組合の場合は、原則として集会の承認決議）がある場合は有効となります。

Keyword
無権代理
代理権を有しないのに代理人として契約等を行うこと。

自己契約や双方代理が無権代理となるのは、代理人だけで契約内容を決められることで本人に損害が発生するリスクがあるからです。単なる債務の履行（商品の引渡しや登記名義の変更等）は、契約の内容に関与しないので有効となります。

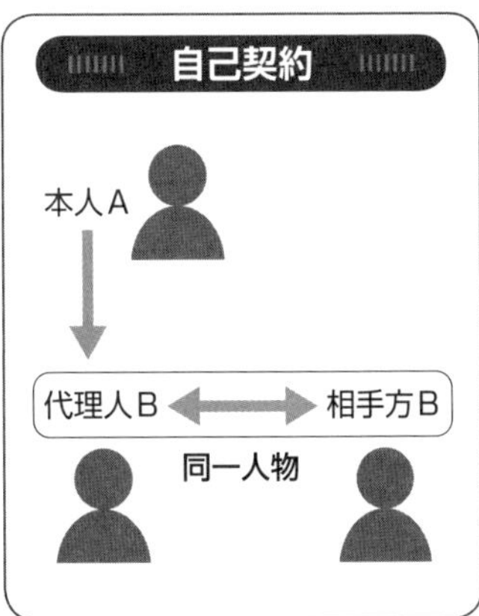

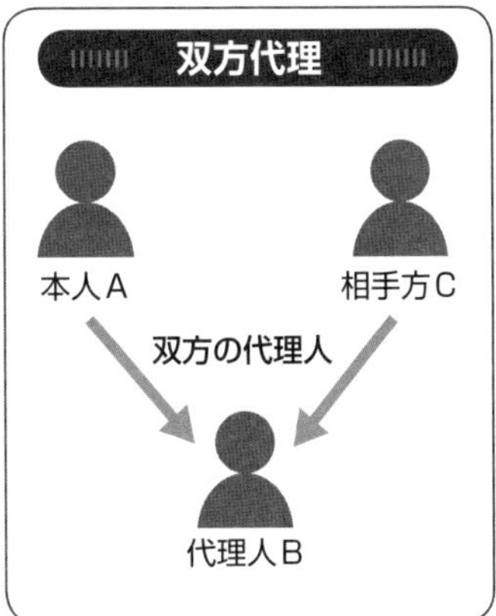

（2）利益相反取引

代理人と本人との**利益**が**相反**する**行為**については、**無権代理**とみなされます。ただし、本人があらかじめ許諾した行為については、有効となります。

例えば、貸主と借主の間で、「将来紛争が生じた時の和解のため、『借主』の代理人を『貸主』が選任できる」という特約は、貸主が自ら代理人にはなりませんが、貸主の都合の良い人を代理人に選任できてしまい、借主に不利となるため、利益相反となります。

ヒント
契約の両当事者を代理・代表できるかチェックしましょう。

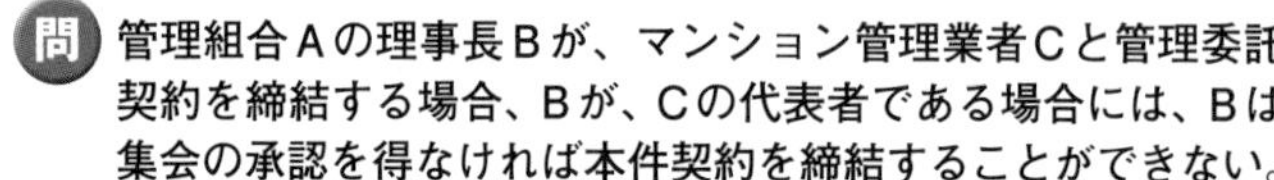

過去問でCHECK! H24-1-肢ウ

問 管理組合Aの理事長Bが、マンション管理業者Cと管理委託契約を締結する場合、Bが、Cの代表者である場合には、Bは集会の承認を得なければ本件契約を締結することができない。

答 管理組合の代理人である理事長と、契約の相手方であるマンション管理業者の代表者が同一人物の場合、双方代理に該当するので、債務の履行および本人があらかじめ許諾した行為以外は行うことができない。 ○

ヒント
契約成立"後"の委託業務費の支払いという債務の履行である点に気を付けましょう。

もう1問、こちらは債務の履行の場合です。

過去問でCHECK! H22-4-肢イ

問 管理組合Aの管理者であり、かつ、マンション管理業者Bの代表取締役であるCは、Aの事前の許諾を得ることなくCが管理者となる前にAとBとの間で有効に成立した管理委託契約に基づいて、Bに委託業務費の支払いをすることができる。

答 双方代理の場合でも、すでに成立した契約の単なる債務の履行（委託業務費の支払）は、本人の許諾なしに行うことができる。 ○

3 復代理

代理人が急病などで代理できないときがあります。そんなときは、代理人は復代理人を選ぶことができます。

注意！
当事者間の契約等で代理人となる任意代理と、法律の定めにより代理人となる法定代理があり、任意代理の場合は、原則として復代理が禁止されている点に注意しましょう。

①**選任**（民法104・105条）

任意代理人	原則：復代理不可 例外：①**本人の許諾**を受けた場合 　　　②**やむを得ない事由**があるとき （どちらかに該当すると復代理可能）
法定代理人	原則：自己の責任において、**いつでも**復代理人の選任可

②**役割**（民法106条）

復代理人は、代理人が選任しますが、**本人の代理人**であり、顕名は本人の代理人であると示すことが必要になります。また、復代理人を選任しても**代理人の代理権は消滅しません**。復代理人は**代理人の代理権の範囲を超えることはできず**、また、代理人の代理権が消滅した場合、**復代理人の代理権も消滅します**。

注意！
あくまでも復代理人は本人の代理人であり、代理人の代理人ではありません。また、従業員等は会社等の復代理人ではありません。

③**代理人の責任**（民法105条）

代理人は復代理人を選任した場合、次の責任を負います。

任意代理人	代理人は復代理人の過失等に関して、本人に対し、債務不履行責任を負う
法定代理人	原則：**常に責任を負う** 例外：やむを得ない事由によって復代理人を選任した場合は、復代理人の選任・監督につき本人に対し、責任を負う

4 無権代理（民法113～117条）

代理権を有していない者（無権代理人）が代理人として行った契約は、原則として**本人に対して効力を有しません**。

しかし、無権代理人と取引をした相手側の保護が必要ですし、本人も契約を有効としたいと考えることもあります。そこで、民法では無権代理について以下のように規定しています。

注意！
代理の要件の１つに、代理権が存在することがありました。代理権がない以上、代理は有効にならないのが原則です。

（1）本人の対応

本人は無権代理を**追認**することも**追認を拒絶**することも可能です。

追認や追認拒絶は相手方と無権代理人の**どちらにもすることができます**が、無権代理人に追認や追認拒絶をした場合は、相手方が追認や追認拒絶されたことを知るまでは主張できません。

（2）相手方の対応

①**催告**

善意・悪意を問わず、本人に追認をするか否かの催告を求めることができます。催告に対して確答がない場合は、**追認拒絶**とみなされます。

②取消し

相手方が善意であれば、契約自体を取消すことができます。

③無権代理人への責任追及

相手方が以下の要件を満たすときは、無権代理人に対して、損害賠償請求または履行請求をすることができます。

ア）相手方が善意である
イ）相手方が無過失である
注意 無権代理人は、自己に代理権がないことについて悪意のときは、無権代理人が代理権を有しないことについて善意有過失の相手方に対しても、責任を負う
ウ）無権代理人が制限行為能力者ではない

④表見代理の主張

相手方が善意無過失の場合で、かつ、その他条件を満たした場合、本人に、履行を請求できます。

無権代理まとめ

対応		要件	効果
本人	追認	特になし	無権代理が有効な代理行為であることに確定する
	追認拒絶		無権代理が無効な代理行為であることに確定する
相手方	催告	特になし（悪意の相手方や過失のある相手方でも可能）	相当の期間を定め、本人に追認するか否かを催告できる 確答なき場合、**追認拒絶とみなされる**
	取消し	相手方が**善意**であることが必要 **過失の有無は問わない** 本人が追認したときは、取り消すことはできない	契約は遡って無効となる
	無権代理人への責任追及	①相手方が**善意無過失**であることが必要 ②無権代理人が制限行為能力者でないことが必要 ③本人が追認していないことが必要 ④相手方が取消権を行使していないことが必要	無権代理人に対して、履行の請求**または**損害賠償の請求ができる
	表見代理の主張	相手方が**善意無過失**で、本人の帰責性が必要	相手方は本人に対して、契約の効果を主張できる

無権代理人には、取消しや追認といった権利は認められていません。また、追認・追認拒絶は本人の権利であり、催告や取消し等は相手方に認められる権利です。取消しや表見代理のどれを用いるかは、相手方が判断することです。本人が取消権を行使したり、相手方が追認をすることは認められません。

本人が追認すると、無権代理が有効な代理行為であることに確定するので、相手方は取り消すことができなくなります。つまり、どちらか早い方の効力が生じるのです。

Step Up

無権代理人が自己に代理権がないことを知っていたときは、相手方に過失があっても無権代理人に責任追及できます。

講師より

相手方は、催告・取消し・無権代理人への責任追及・表見代理のどれを選んでもかまいません。

ヒント
制限行為能力者の保護者への催告と間違えないように。

では、過去問です。

過去問でCHECK! H26-2-肢2

管理組合Aは、マンション管理業者Bに対し、Bの代理人と称するCとの間の管理委託契約につき、相当の期間を定めて、その期間内に追認をするかどうかを確答すべき旨の催告をすることができるが、この場合において、Bがその期間内に確答をしないときは、追認を拒絶したものとみなす。

無権代理の場合は、本人に催告し、確答がない場合は、追認拒絶とみなされる。 ○

5 表見代理（民法109・110・112条）

表見代理とは、無権代理であっても、本人に無権代理行為について責任がある場合に、代理権が存在する場合（有権代理）と同じような効果を発生させることをいいます。

本来、代理権がない場合は無権代理になり、本人に契約の効力は発生しないはずですが、本人にも責任がある場合にまで効力が発生しないとするわけにはいきません。そこで表見代理という制度があるのです。

	要件	例
代理権授与表示の表見代理	①代理権を与えた旨の表示 ②代理権どおりの行為 ③相手方の善意無過失	白紙委任状の交付
権限外の行為の表見代理	①基本代理権の存在 ②その権限ありと信ずべき正当の理由（相手方の善意無過失）	土地の賃貸借契約締結の代理権を与えたら、土地の売買契約を締結した場合
権限消滅後の表見代理	①かつて代理権を有した者の代理行為 ②代理権の消滅につき、相手方の善意無過失	管理組合の管理者が解任されたにもかかわらず、依然として代表者として行動している場合

権限外の行為の表見代理は、まったく代理権がないわけではなく、与えられた代理権を越える行為をしている点に注意しましょう。

たとえば、かつて管理組合の管理者であった者が、現在は管理者でない場合に、管理者と称して契約を締結したときは、権限消滅後の表見代理に該当します。

この表見代理は、**善意無過失**の相手方でないと主張することができません。

では、過去問です。

過去問でCHECK!　H28-2-肢4

問 管理組合Aの管理者Bが、管理者を解任された後に本件取引行為をしていた場合、相手方Cがその解任の事実を知らず、かつ知らなかったことにつき過失がなかったときでも、本件取引行為の効力は生じない。

答 相手方Cは善意無過失なので、表見代理を主張して有効とすることができる。　×

ヒント
解任による代理権消滅後の取引です。

語呂合わせ

無権代理人の相手方の権限

見た目	無能な	専	務
表見代理と	無権代理人への履行または損害賠償請求	善意	無過失

取引は	全然	才覚	なし
取消し	善意	催告	特になし

6 代理権の濫用（民法107条）

代理人が自己または第三者の利益（例：代金の着服等）を図る目的で代理権の範囲内の行為をした場合において、相手方がその目的を**知り**、または**知ることができた（過失があった）**ときは、その行為は、**無権代理**とみなされます。

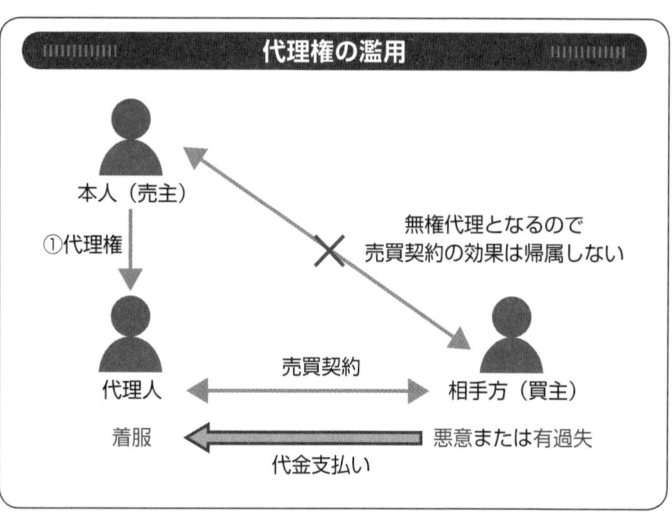

では、過去問を見てみましょう。

ヒント
心裡留保では相手方が悪意の場合どうなったか確認しましょう。

過去問で CHECK! H27-1-肢2

問 管理組合Aの管理者Bが、その職務に関し、C会社との間で取引行為をした場合にBが、自己の利益を図るために職務の範囲内の行為をした場合には、Cがそのことを知ることができたときでも、Bがした行為の結果はAに帰属する。

答 Bの行為の真意を知ることができたときは、無権代理とみなされ、Bがした行為の結果は当然にはAに帰属しない。 ×

4章 時効

重要度 ★★★　出題実績 H14〜30、R1・3〜5

本日の講義

1. 消滅時効
2. 時効完成の猶予制度
3. 時効の更新
4. 時効の援用
5. 時効利益の放棄
6. 時効の起算点と効果
7. 取得時効

ココを覚える！

①管理費・修繕積立金の消滅時効期間を覚える。

②時効の完成の猶予と更新事由を覚える。特に、催告と承認は注意。

③時効の援用と放棄について覚える。

「ごうかく！攻略問題集」
➡p.26〜34、66、128〜130、162、166、290

1 消滅時効（民法147〜161・166条）

消滅時効とは、一定期間の経過により、権利が消滅することを言います。管理費等の債権は、以下の期間経過で消滅時効により消滅してしまいます。

①権利を行使することができることを知った時から5年
②権利を行使することができる時から10年
} どちらか早い方で消滅

講師より

確定判決または確定判決と同一の効力を有するもので確定した権利については、10年より短い時効期間の定めがあるものでも、その時効期間は、10年となります（民法169条）。

2 時効の完成猶予制度（民法147〜151条）

時効の完成猶予とは、一定期間時効の完成が**ストップする**制度です。たとえば、管理費滞納者と管理組合の理事長とで今後の滞納管理費の支払方法等について協議したいと思っても、時効がストップしてくれないと、協議中に時効が完成してしまうおそれがあり、訴訟を提起する等をして時効のカウントをゼロに戻さなければなりません（時効の更新）。そこで、一定の場合には、時効の完成が猶予されるのです。

時効の完成猶予には、次の事由が該当します。

■時効の完成猶予事由（一部）

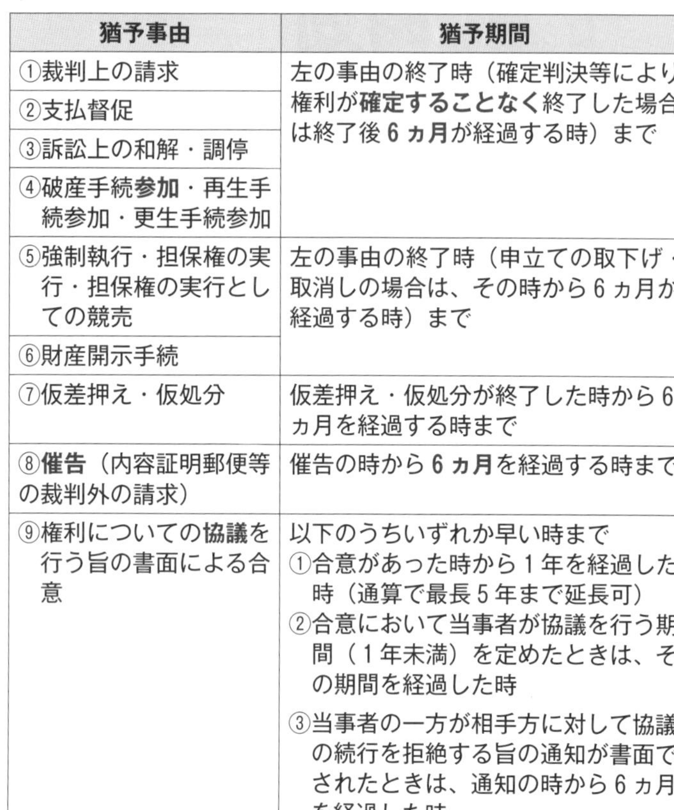

猶予事由	猶予期間
①裁判上の請求	左の事由の終了時（確定判決等により権利が**確定することなく**終了した場合は終了後**6ヵ月**が経過する時）まで
②支払督促	
③訴訟上の和解・調停	
④破産手続**参加**・再生手続参加・更生手続参加	
⑤強制執行・担保権の実行・担保権の実行としての競売	左の事由の終了時（申立ての取下げ・取消しの場合は、その時から6ヵ月が経過する時）まで
⑥財産開示手続	
⑦仮差押え・仮処分	仮差押え・仮処分が終了した時から6ヵ月を経過する時まで
⑧**催告**（内容証明郵便等の裁判外の請求）	催告の時から**6ヵ月**を経過する時まで
⑨権利についての**協議**を行う旨の書面による合意	以下のうちいずれか早い時まで ①合意があった時から1年を経過した時（通算で最長5年まで延長可） ②合意において当事者が協議を行う期間（1年未満）を定めたときは、その期間を経過した時 ③当事者の一方が相手方に対して協議の続行を拒絶する旨の通知が書面でされたときは、通知の時から6ヵ月を経過した時
⑩天災その他避けることのできない事変	障害が消滅した時から**3ヵ月**を経過する時まで

破産手続等に「参加」する必要があるので、債務者の破産手続開始が決定しただけでは、時効の完成は猶予されません。

催告により時効の完成が猶予されている期間中に、再度催告をしても、時効の完成は猶予されません。

ヒント

催告を繰り返したら、時効はずっと完成しないままになってしまうのは、債務者に酷ではないでしょうか。

過去問でCHECK! R3－問5－2

問 管理組合Aが、管理費を滞納している区分所有者Cに対して、管理費の支払を催告した場合に、その時から6箇月を経過するまでに管理組合が再度催告をしたときには、再度の催告は時効の完成猶予の効力を有しない。

答 催告による時効完成猶予中の再度の催告は完成猶予の効果を有しない。 ○

訴訟の取下げ等で権利が確定しなかった場合

訴訟の提起　時効期間の満了　訴えの取下げ・却下

この間は時効の完成猶予　6ヵ月間完成猶予

3 時効の更新（民法147・148・152条）

時効の更新とは、時効のカウントが**ゼロに戻り**、再スタートする場合をいいます。以下の場合は、時効が更新します。

①裁判上の請求・支払督促・訴訟上の和解・調停・破産手続参加等により**権利が確定した**（例：勝訴判決が確定した）
②強制執行手続等を実施し終了した
③債務者が債務を**承認**した（例：債務の一部弁済や承認書の提出）

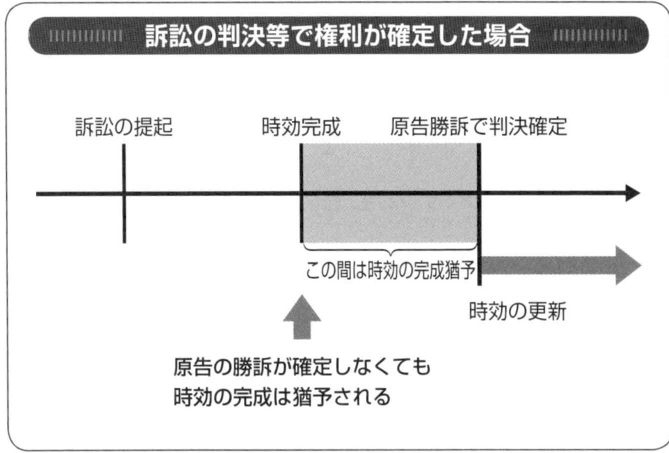

注意！

権利が確定することなく終了した場合は、時効は更新しません。この場合は、終了時から、6ヵ月時効の完成が猶予されます。

講師より

債務の一部の弁済であることを示して弁済した場合、債務全額について承認したことになり、時効が更新します。

講師より

時効の完成猶予や更新は、当事者およびその承継人の間においてのみ効力を生じます。

4 時効の援用（民法145条）

時効の効果は、その利益を受ける者が**援用をして初めて効果が発生します**。期間が経過すれば自動的に権利が消滅するというのではありません。また、援用をしないと、裁判所も時効による効果を採用してくれません。なお、時効の援用は本人に限らず、保証人や物上保証人等もすることができます。

5 時効利益の放棄（民法146条）

時効の利益は、あらかじめ放棄することができません。規約等に、「区分所有者は時効が完成しても援用しない」というような条項を記載しても、これは**無効**となり、時効を援用できます。

また、時効完成後に滞納管理費の支払い等をしてしまった場合は、**時効の援用はできません**。

ヒント
まだ時効が完成していないのに、消滅時効の主張をしないと言えるでしょうか。

では、過去問です。

過去問でCHECK! H27-10-肢2

問 マンションの区分所有者全員が、「管理費債務の消滅時効の主張はしない」旨の文書をあらかじめ管理組合に提出している場合、各区分所有者は時効を主張することができない。

答 時効利益の放棄は、あらかじめすることができないので、時効の主張ができる。 ×

6 時効の起算点と効果（民法144・166条）

時効期間の起算点は、**権利を行使できることを知った時または権利を行使できる時から**です。したがって、支払日等の期限の定めがあれば、期限（支払日）到来時から時効は進行します。

消滅時効の効果として、権利者は**起算日に遡って**権利を喪失することとなります。

起算日に遡ることで、利息等の支払い義務もなくなります。

R4-2-肢1

問 消滅時効が完成し、時効が援用されて権利が消滅すると、その権利は最初からなかったものとされる。

答 消滅時効の効果は起算日（管理費の支払日等）に遡る。　○

管理費の支払日から時効を援用するまでの遅延損害金を消滅させるにはどうしたらよいか考えてみましょう。

7 取得時効（民法162条）

取得時効とは、一定期間の経過により、権利が取得できることをいいます。

（1）所有権の取得時効の要件

①所有の意思をもって平穏かつ公然に	
②善意・無過失で占有を開始した場合10年間 それ以外（悪意や有過失の場合）は20年間	占有を継続すること

所有の意思がなければならないので、賃貸借契約に基づく占有では、所有の意思は認められず、所有権の取得時効は成立しません。また、善意・悪意の判断は、**占有の開始時点**で行います。開始時に善意・無過失であれば、後に悪意になっても、10年間の占有で取得時効が完成します。

取得時効の対象となる権利は所有権に限られず、所有権以外の権利（地上権や地役権）も対象となります。

（2）効果

占有開始時に遡って権利者となります。

5章 物権変動

重要度 ★★☆　**出題実績** H14・19・20・25・28

本日の講義

1 物権と物権変動
2 不動産の対抗要件

ココを覚える！

①不動産の対抗要件を覚える。
②登記が必要な第三者・不要な第三者を覚える。

「ごうかく！攻略問題集」
➡p.36、126

1 物権と物権変動

物権とは物を利用したり、担保としたりするための権利をいいます。所有権が代表例ですね。無権利で物を使うことはできません。自分の物なら所有権があるので、その物を使うことができます。そして物権の変動とは、物権（所有権等の権利）の発生・変更・消滅をいいます。

注意！
物権は、民法その他の法律に定めるものに限られ、当事者間の契約等により自由に創設することはできません。

2 不動産の対抗要件（民法177条）

不動産の所有権等の物権の取得については、**登記**をしなければ、これを**第三者に対抗（主張）することができません**（不動産の対抗要件といいます）。誰が今、どんな権利を持っているのかは、黙ったままでは分かりません。もしかしたら二重契約もありえるかもしれません。そこで、登記をして、権利関係を公示することにしたのです。

（1）二重譲渡の場合

では、登記をする前に、二重譲渡がされてしまったらどうなるのでしょうか？　この場合、**先に登記を備えた買主が優先**します。**先に契約したとか、先に不動産を引き渡された方ではない**ので注意が必要です。

注意！
あくまで、"第三者"に対抗するために登記が必要なのであり、当事者間では、契約した事実があれば物権を主張できます。

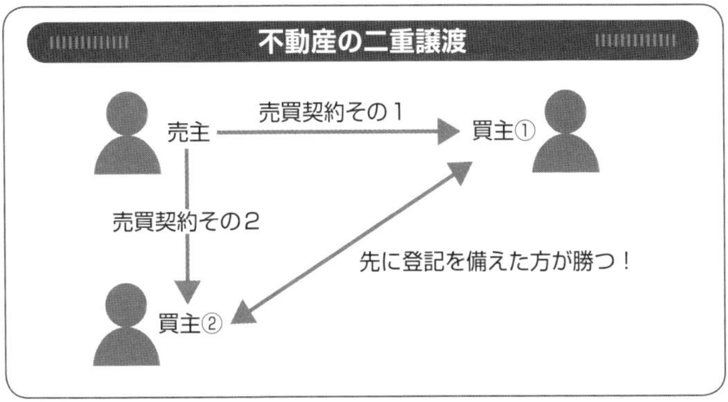

不動産の二重譲渡

（２）登記が必要な第三者

でも、どんな第三者に対しても登記は必要なのでしょうか？例えば、不法占拠者にも登記しないと、自分が所有者であることを主張できないのも変ですよね。

そこで、以下の者には登記がなくても対抗できるとしました。

該当する者	該当例
無権利者	登記簿上所有者として表示されているにすぎない架空の権利者や虚偽表示の買主等が該当する
不法占有者・不法行為者	不動産を不法に占有している者に対しては登記なくして明渡を求められる。 不動産を不法行為により傷つけた者に対しては登記なくして損害賠償請求ができる
詐欺・強迫により登記を妨げた第三者	たとえば、Ａが所有する建物をＢが購入し登記しようとしていたところ、ＣがＢを詐欺または強迫で登記を妨害している間に、Ｃ名義の登記をしたとしても、ＢはＣに対して登記なくして土地の所有権を主張できる
登記申請の依頼を受けた第三者	法人（登記権利者）の代表者、未成年の子（登記権利者）の親権者、委任による代理人（司法書士）等が該当する
背信的悪意者	加害目的や不当な利益取得目的で登記をした者が該当する

注意！

単なる悪意者（事情を知っている者。例：先に他の売買契約があることを知っている者）には、登記をしないと対抗できません。

では、過去問を見てみましょう。

ヒント
不動産の対抗要件は、原則として登記の先後で決しました。善意悪意や過失の有無は関係ありません。

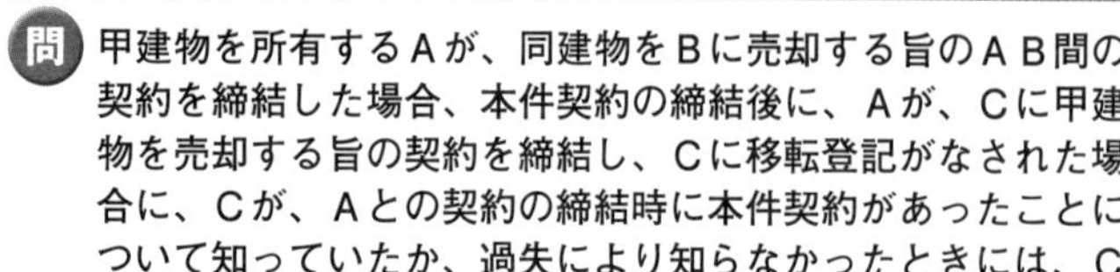

過去問で CHECK! H26-1-肢1

問 甲建物を所有するAが、同建物をBに売却する旨のAB間の契約を締結した場合、本件契約の締結後に、Aが、Cに甲建物を売却する旨の契約を締結し、Cに移転登記がなされた場合に、Cが、Aとの契約の締結時に本件契約があったことについて知っていたか、過失により知らなかったときには、Cは、甲建物の所有権の取得をBに主張することはできない。

答 Cが先に登記を備えているので、Cは所有権を主張できる。 ×

（3）借地借家法の対抗要件（借地借家法10・31条）

講師より

先に賃借人が賃貸目的物である専有部分の引渡しを受ければ、その後に登記を備えた買主に賃借権を主張して住み続けられるのです。

不動産に関する賃借権も原則として登記をしなければ第三者に対抗できません。しかし、**賃借権の登記は任意であり**、借主は貸主に登記を強制できません。そこで、借地借家法では以下の対抗要件（P98・101参照）が定められています。

借地	借地上に自己名義で登記された建物を所有すること
借家	借家の引渡し

本試験で「賃借人が専有部分の引渡しを受けた」と出たら、借家の対抗要件を思い出せるようにしましょう。

（4）相続による物権変動（民法899条の2）

	例	結果
①共同相続と登記	Aが死亡し、BとCが専有部分を共同相続したが、Bが勝手に自己の単独名義の登記をして、Dに専有部分を売却した	相続人（C）は、自己の相続分については、**登記がなくても**第三者（D）に対抗できる
②遺産分割後の第三者と登記	Aが死亡し、BとCが専有部分を共同相続した後、Bが単独で相続する旨のBとCの遺産分割が成立したが、Cが勝手に自己の単独名義の登記をして、Dに専有部分を売却した	Bは**登記**がなければ自己の権利（法定相続分を超える部分）を主張できない

①の場合は、Bの単独名義の登記は、Bの相続分を超える部分に関しては**無権利者の登記**であり、第三者は権利を取得できませんから、他の相続人は**登記なくして自己の相続分を主張できる**のです。②の場合は、遺産分割後の第三者との関係では、遺産分割によって誰が不動産の所有者になったか第三者には不明なので、**登記がなければ自己の権利（法定相続分を超える部分）を主張できません**。

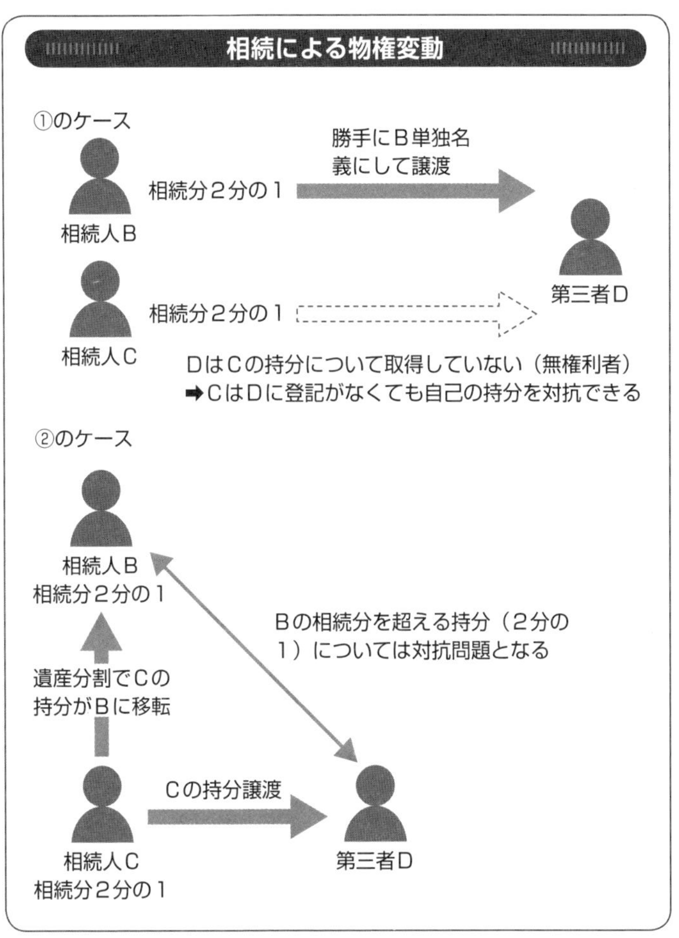
相続による物権変動
①のケース
相続人B
相続分２分の１
勝手にＢ単独名義にして譲渡
相続人C
相続分２分の１
第三者D
DはCの持分について取得していない（無権利者）
➡CはDに登記がなくても自己の持分を対抗できる
②のケース
相続人B
相続分２分の１
遺産分割でCの持分がBに移転
Bの相続分を超える持分（２分の１）については対抗問題となる
相続人C
相続分２分の１
Cの持分譲渡
第三者D

では、過去問です。

ヒント
他の相続人Cの相続分については、Bは権利がありませんね。

過去問で CHECK! H28-6-肢3

問 相続人Bが、他の相続人Cに無断で甲マンションを単独で所有する旨の登記をした上で、Dに売却し、移転登記を完了させた場合でも、Cは、自らが相続した甲の持分について、登記がなくてもDに対抗することができる。

答 共同相続の場合に、共同相続人の1人が勝手に単独所有である旨の登記をし、これを第三者に譲渡し、所有権の登記をしたときでも、他の共同相続人は、自己の持分については、登記なくして第三者に対抗することができる。 ○

6章 相隣関係

重要度 ★☆☆　出題実績 H23

● 本日の講義 ●

1 隣地の使用
2 継続的給付を受けるための設備（ガスや水道等）の設置権等
3 竹木の枝の切除および根の切取り

ココを覚える！

①隣地の使用や立入りができるケースを覚えよう。
②他人の土地にあるガスの供給施設等を使用できるケースを覚えよう。
③隣地の竹木の枝を土地所有者が切除できるケースを覚えよう。

「ごうかく！攻略問題集」➡なし

1 隣地の使用（民法209条）

（1）隣地の使用

土地の所有者は、次の目的のため必要な範囲内で、**隣地を使用することができます**。ただし、住家については、その居住者の承諾がなければ、立ち入ることはできません。

①境界またはその付近における障壁、建物その他の工作物の築造、収去または修繕
②境界標の調査または境界に関する測量
③隣地の枝の切取り

また、立ち入る場合には、使用の日時、場所および方法は、隣地の所有者および隣地使用者のために**損害が最も少ないもの**を選ばなければなりません。

（2）隣地の使用の通知義務

隣地を使用する者は、あらかじめ、その目的、日時、場所および方法を隣地の所有者および隣地使用者に通知しなければなりません。ただし、あらかじめ通知することが困難なときは、使用を開始した後、遅滞なく、通知すればかまいません。

（3）償金の請求

土地所有者が隣地を使用した場合に、隣地の所有者または隣地使用者が損害を受けたときは、隣地の所有者または隣地使用者は、その償金を請求することができます。

2 継続的給付を受けるための設備（ガスや水道等）の設置権等（民法213条の2）

（1）継続的給付を受けるための設備の設置権

土地の所有者は、他の土地に設備を設置し、または他人が所有する設備を使用しなければ**電気、ガスまたは水道水の供給等の継続的給付を受けることができない**ときは、継続的給付を受けるために必要な範囲内で、他の土地に設備を設置し、または他人が所有する設備を使用することができます。

この場合には、設備の設置または使用の場所および方法は、他の土地または他人が所有する設備（他の土地等）のために**損害が最も少ないもの**を選ばなければなりません。

（2）通知義務

他の土地に継続的給付を受けるための設備を設置し、または他人が所有する設備を使用する者は、あらかじめ、その目的、場所および方法を他の土地等の所有者および他の土地を現に使用している者に通知しなければなりません。

（3）償金の請求

他の土地に設備を設置する者は、その土地の損害に対して償金を支払わなければなりません。ただし、**1年ごと**にその償金を支払うとすることができます。

また、他人が所有する設備を使用する者は、その設備の使用を開始するために生じた損害に対して償金を支払わなければなりません。

（4）費用の負担

他人が所有する設備を使用する者は、その利益を受ける割合に応じて、その設置、改築、修繕および維持に要する費用を負担しなければなりません。

3 竹木の枝の切除および根の切取り（民法233条）

（1）竹木の枝の切除

土地の所有者は、隣地の竹木の枝が境界線を越えるときは、その竹木の所有者に、その枝を切除させることができます。この場合において、竹木が数人の共有に属するときは、各共有者は、その枝を切り取ることができます。

また、次の場合は、**土地の所有者**は、その**枝を切り取ることが**できます。

①竹木の所有者に枝を切除するよう催告したにもかかわらず、竹木の所有者が相当の期間内に切除しないとき
②竹木の所有者を知ることができず、またはその所在を知ることができないとき
③急迫の事情があるとき

講師より

令和５年改正により土地所有者に越境してきた枝の切り取りが認められました。

（2）根の切り取り

隣地の竹木の根が境界線を越えるときは、その根を切り取ることができます。

7章 共有

重要度 ★★★　出題実績 H17・19・21・26・28・29・R5

本日の講義

1 共有持分
2 共有物の保存・管理・変更
3 共有物の管理者
4 共有物の分割
5 特定承継人の責任
6 費用の負担
7 所有者不明土地管理命令および所有者不明建物管理命令等

ココを覚える！

①共有持分に関する規定を覚えよう。
②共有物の管理・変更の要件を覚えよう。
　具体例も事例問題対策として覚えよう。
③共有物の分割請求を覚えよう。
④社会問題にもなっている所有者不明土地・建物の管理について覚えよう。

「ごうかく！攻略問題集」
➡p.38〜42、200

1 共有持分

（1）共有持分（民法250条）

共有とは、1つの所有権を、数人で共同所有することです。所有権以外の権利については、準共有といいます。

共有持分の割合は、**共有者間の定め**によります。ただし、共有持分がはっきりしない場合は、各共有者の**持分は平等**と推定されます。

例えば、夫婦の両方ともマンションの購入資金を支払う場合、贈与税の対象とならないよう、マンションの所有権を夫婦で共有するケースがあります。

（2）共有持分の帰属（民法255条）

共有者の1人が相続人がいないまま死亡したり、自己の持分を放棄した場合は、その持分は**他の共有者にその持分に応じて帰属**します。

（3）共有持分の処分

共有持分の譲渡等の処分は、各共有者が単独で行うことができます。このとき**他の共有者の同意等は不要**です。

専有部分を共有する場合は、民法の共有の規定が適用されます。
つまり、持分を定めなかった場合は、平等となるのです。

区分所有法では、共用部分の共有持分のみを処分することが禁止されています。

共有“持分”の処分と共有“物”の処分を混同しないようにしましょう。

（4）共有物の使用（民法249条）

各共有者は、**共有物の全部**について、その**持分に応じた使用**をすることができます。

そして、共有物を使用する共有者は、別段の合意がある場合を除き、他の共有者に対し、**自己の持分を超える使用の対価を償還する義務**を負います。また、共有者は、善良な管理者の注意をもって、共有物の使用をしなければなりません。

過去問で CHECK!　H26-3-肢ア

A、B、Cは、甲マンション内の一住戸（本件専有部分）を共同所有しており、その持分は、Aが2分の1、BとCがそれぞれ4分の1である。この場合にA、B、Cは、それぞれ自己の持分の多寡とは関係なく、本件専有部分の全部について等しく使用することができる。

それぞれの持分に応じて共有物（専有部分）を使用することができる。　×

ヒント
持分の少ない人が持分の多い人と同じというのではかえって不公平ではないでしょうか。

共有者の持分のまとめ

共有持分の割合	共有者間で定めがない場合、各共有者の持分は**平等と推定**される
共有持分の譲渡等の処分	各共有者が単独で行うことができる
共有者の1人が相続人がいないまま死亡したり、自己の持分を放棄した場合	その持分は他の共有者にその持分に応じて帰属する

2 共有物の保存・管理・変更（民法251・252条）

（1）共有物の保存行為（民法252条）

各共有者は、**単独**で保存行為をすることができます。

（2）共有物の変更（民法251条）

各共有者は、**共有者全員の同意**を得なければ、共有物に変更（**その形状または効用の著しい変更を伴わないものを除く**）を加えることができません。

また、共有者が他の共有者を知ることができず、またはその所在を知ることができないときは、裁判所は、共有者の請求により、当該知ることができない他の共有者以外の他の共有者の同意を得て共有物に変更を加えることができる旨の裁判をすることができます。

注意！
形状または効用の著しい変更を伴わないもの（軽微変更）は、各共有者の持分価格の過半数で決します。

（3）共有物の管理（民法252条）

共有物の管理に関する事項（共有物の管理者の選任および解任を含む）は、各共有者の持分の価格の**過半数**で決します。共有物を使用する共有者があるときも、同様です。

また、共有者は、各共有者の持分の価格の**過半数**をもって、共有物に次の賃借権その他の使用および収益を目的とする権利（一定の期間を超えないもの）を設定することができます。

賃借権等の種類	期間の上限
①樹木の栽植または伐採を目的とする山林の賃借権等	10年
②上記①の賃借権等以外の土地の賃借権等	5年
③建物の賃借権等	3年
④動産の賃借権等	6ヵ月

この期間を超える賃借権等の設定については、全員の同意が必要となります。

注意！
共有物に対する不法行為に基づく**損害賠償請求権**は、**共有持分**に応じて各共有者が取得することになります。

	要件	具体例
保存行為	共有者が単独で行使可能	共有物の清掃・小修繕 不法占有者に対する明渡請求
管理行為	各共有者の持分の価格に従い、その過半数で決する	賃貸借契約の解除 管理者の選任
軽微変更行為		
重大変更行為	共有者全員の同意	共有物の売却、増築・改築で形状・効用の著しい変更を伴わないものを除いたもの

※形状または効用の著しい変更を伴わないものを軽微変更行為、形状または効用の著しい変更を伴わないものを「除いた」ものを重大変更行為といいます。

「半数」と「過半数」の違いに注意しましょう。半数はぴったり半分でよいのですが、過半数は、半分をちょっとでも超えないといけません。

民法の共有の規定では共有者の頭数は要件となっていません。

（4）裁判による管理

裁判所は、次のときは、他の共有者以外の共有者の請求により、当該他の共有者以外の共有者の持分の価格に従い、その過半数で共有物の管理に関する事項を決することができる旨の裁判をすることができます。

①共有者が他の共有者を知ることができず、またはその所在を知ることができないとき
②共有者が他の共有者に対し相当の期間を定めて共有物の管理に関する事項を決することについて賛否を明らかにすべき旨を催告した場合において、当該他の共有者がその期間内に賛否を明らかにしないとき

上記の決定が、共有者間の決定に基づいて共有物を使用する共有者に特別の影響を及ぼすべきときは、その承諾を得なければなりません。

では、ここで1問解いておきましょう。

過去問で CHECK!　H21-4-肢1

問　マンションの301号室をAとBとが共有している場合に、ABの持分が等しいときは、301号室の保存行為を除く管理に関する事項の決定は、両者の合意が必要である。

答　持分の過半数となるためには、AまたはBだけでは足りないため、両者の合意が必要となる。　○

ヒント
管理は持分の価格の“過半数”で決しました。

3 共有物の管理者（民法252条の2）

（1）管理者の管理行為

共有者は、各共有者の持分の価格に従い、その過半数で**管理者を選任することができます**。共有物の管理者は、共有物の管理に**関する行為をすることができます**。ただし、**共有者の全員の同意**を得なければ、**共有物に変更**（その形状または効用の著しい変更

を伴わないものを除く：重大変更）を加えることができません。

（2）所在不明者がいる場合の裁判による重大変更行為

共有物の管理者が共有者を知ることができず、またはその所在を知ることができないときは、裁判所は、共有物の管理者の請求により、当該共有者以外の共有者の同意を得て共有物に重大変更をすることができる旨の裁判をすることができます。

（3）職務の執行

共有物の管理者は、共有者が共有物の管理に関する事項を決定した場合には、これに従ってその職務を行わなければなりません。

これに違反して行った共有物の管理者の行為は、共有者に対してその効力を生じません。ただし、共有者は、共有者が決定した管理に関する事項に反することを善意の第三者に対抗することができません。

4 共有物の分割（民法256～262条）

分割をするために正当事由は必要ありません。

共有物の分割とは、共有関係を解消するための制度をいいます。共有物は、**いつでも**分割することができるのが原則ですが、**5年を超えない期間内**であれば、**分割しない特約**をすることができます。この期間は更新することができますが、その期間は5年を超えることができません。

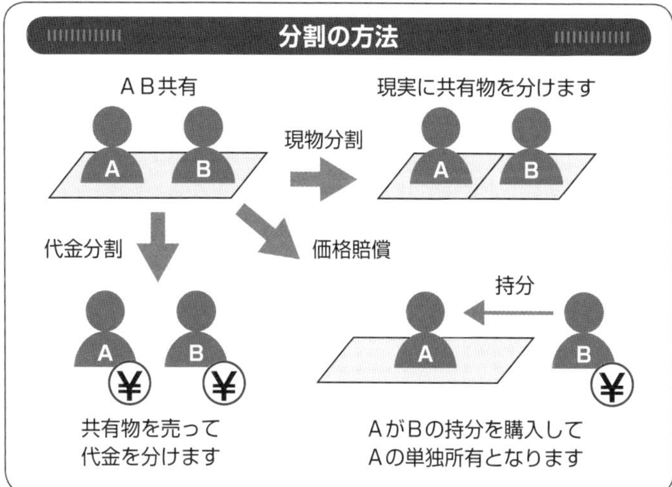

共有物分割の方法としては、現物分割の他にも、価格賠償や代金分割という方法があります。

(1) 裁判による共有物の分割

共有物の分割について共有者間で協議が調わないとき、または協議をすることができないときは、その分割を裁判所に請求することができます。そして、裁判所は、次に掲げる方法により、共有物の分割を命ずることができます。

①共有物の現物を分割する方法
②共有者に債務を負担させて、他の共有者の持分の全部または一部を取得させる方法

共有物を分割することができないとき、または分割によってその価格を著しく減少させるおそれがあるときは、裁判所は、その競売を命ずることができます。

(2) 共有物が相続財産に属する場合

共有物の全部またはその持分が**相続財産に属する場合**において、共同相続人間で当該共有物の全部またはその持分について遺産の分割をすべきときは、当該共有物またはその持分について共有物の分割をすることができません。

遺産分割の方が権利関係が複雑になりやすいので、まず遺産分割をしてから共有物の分割を行うことになります。

(3) 共有に関する債権の弁済

共有者の１人が他の共有者に対して共有に関する債権を有するときは、分割に際し、債務者に帰属すべき共有物の部分をもって、その弁済に充てることができます。債権者は、弁済を受ける

ため債務者に帰属すべき共有物の部分を売却する必要があるときは、その売却を請求することができます。

講師より

・共有物について権利を有する者⇒共有物の抵当権者や借地権者
・各共有者の債権者⇒共有者に金銭を貸付けている者等

(4) 共有物の分割への参加

共有物について権利を有する者および各共有者の債権者は、自己の費用で、分割に参加することができます。参加の請求があったにもかかわらず、その請求をした者を参加させないで分割をしたときは、その分割は、その請求をした者に対抗することができません。

(5) 分割における共有者の担保責任

各共有者は、他の共有者が分割によって取得した物について、売主と同じく、その持分に応じて担保の責任を負います。

講師より

最大の部分を取得した者がないときは、分割者間の協議で証書の保存者を定めます。協議が調わないときは、裁判所が、これを指定します。

(6) 共有物に関する証書

分割が完了したときは、各分割者は、その取得した物に関する証書を保存しなければなりません。共有者の全員またはそのうちの数人に分割した物に関する証書は、その物の最大の部分を取得した者が保存しなければなりません。

ヒント

共有物の分割は原則として、いつでも可能でした。

では、過去問です。

過去問で CHECK! H28-4-肢1

問 各共有者は、5年を超えない期間内は共有物乙の分割をしない旨の契約をしない限りは、いつでも乙の分割を請求することができる。

答 各共有者は、不分割の特約をしない限りは、いつでも分割請求をすることができる。 ○

5 特定承継人の責任 (民法254条)

Keyword

特定承継人
他人の権利義務を個別に取得した者のこと。
買主や受贈者が該当します。

共有者の1人が共有物について他の共有者に対して有する債権は、その**特定承継人に対しても請求することができます**。

6 費用の負担（民法253条）

共有者は、持分に応じて共有物に関する費用等を負担します。共有者の１人が共有物の管理に関する費用の負担義務を１年以内に履行しないときは、他の共有者は償金を払ってその持分を取得することができます。

7 所有者不明土地管理命令および所有者不明建物管理命令等

（１）所在等不明共有者の持分の取得（民法262条の２）

不動産が数人の共有に属する場合において、共有者が**他の共有者を知ることができず**、またはその**所在を知ることができない**ときは、裁判所は、共有者の請求により、その共有者に、所在等不明共有者の持分を取得させる旨の裁判をすることができます。請求をした共有者が２人以上のときは、請求をした各共有者に、所在等不明共有者の持分を、請求をした各共有者の持分の割合で按分してそれぞれ取得させます。

ただし、以下の場合は持分を取得させる旨の裁判をすることができません。

①裁判による共有物分割請求または遺産分割の請求があり、かつ、所在等不明共有者以外の共有者が持分を取得させる旨の裁判をすることについて異議がある旨の届出をしたとき
②所在等不明共有者の持分が相続財産に属する場合（共同相続人間で遺産の分割をすべき場合に限る）において、相続開始の時から10年を経過していないとき

共有者が所在等不明共有者の持分を取得したときは、所在等不明共有者は、当該共有者に対し、当該共有者が取得した持分の時価相当額の支払を請求することができます。

（２）所在等不明共有者の持分の譲渡（民法262条の３）

不動産が数人の共有に属する場合において、共有者が他の共有者を知ることができず、またはその所在を知ることができないときは、裁判所は、共有者の請求により、その共有者に、所在等不明共有者以外の共有者の全員が特定の者に対してその有する持分の全部を譲渡することを停止条件として所在等不明共有者の持分を当該特定の者に譲渡する権限を付与する旨の裁判をすることが

共有者が所在等不明共有者の持分を第三者に譲渡したときは、所在等不明共有者は、当該譲渡をした共有者に対し、不動産の時価相当額を所在等不明共有者の持分に応じて按分して得た額の支払を請求することができます。

できます。

ただし、所在等不明共有者の持分が相続財産に属する場合（共同相続人間で遺産の分割をすべき場合に限る）において、相続開始の時から10年を経過していないときは、裁判所は、上記の裁判をすることができません。

（３）所有者不明土地管理命令（民法264条の２）

裁判所は、所有者を知ることができず、またはその所在を知ることができない土地（土地が数人の共有に属する場合にあっては、不明者の土地の共有持分）について、必要があると認めるときは、利害関係人の請求により、その請求に係る土地または共有持分を対象として、**所有者不明土地管理人**による管理を命ずる処分（**所有者不明土地管理命令**）をすることができます。

（４）所有者不明土地管理命令の効力（民法264条の２）

所有者不明土地管理命令の効力は、当該所有者不明土地管理命令の対象とされた土地（共有持分を対象とした場合は、共有物である土地）にある動産（当該所有者不明土地管理命令の対象とされた土地の所有者または共有持分を有する者が所有するものに限る）に及びます。

（５）所有者不明土地管理人の選任（民法264条の２）

裁判所は、所有者不明土地管理命令をする場合には、当該所有者不明土地管理命令において、所有者不明土地管理人を選任しなければなりません。

（６）所有者不明土地管理人の権限（民法264条の３）

所有者不明土地管理人が選任された場合には、所有者不明土地管理命令の対象とされた土地または共有持分および所有者不明土地管理命令の効力が及ぶ動産ならびにその管理、処分その他の事由により所有者不明土地管理人が得た財産（所有者不明土地等）の管理および処分をする権利は、所有者不明土地管理人に専属します。

ただし、所有者不明土地管理人が以下の行為の範囲を超える行為をするには、裁判所の許可を得なければなりません。

①保存行為
②所有者不明土地等の性質を変えない範囲内において、その利用または改良を目的とする行為

ただし、この許可がないことをもって善意の第三者に対抗することはできません。

(7) 所有者不明土地管理人の解任および辞任（民法264条の5）

所有者不明土地管理人がその任務に違反して所有者不明土地等に著しい損害を与えたことその他重要な事由があるときは、裁判所は、利害関係人の請求により、所有者不明土地管理人を解任することができます。

また、所有者不明土地管理人は、正当な事由があるときは、裁判所の許可を得て、辞任することができます。

(8) 所有者不明土地管理人の報酬等（民法264条の7）

所有者不明土地管理人は、所有者不明土地等から裁判所が定める額の費用の前払および報酬を受けることができます。所有者不明土地管理人による所有者不明土地等の管理に必要な費用および報酬は、所有者不明土地等の所有者（その共有持分を有する者を含む）の負担となります。

(9) 所有者不明建物管理命令（民法264条の8）

裁判所は、所有者を知ることができず、またはその所在を知ることができない建物（建物が数人の共有に属する場合にあっては、不明者の建物の共有持分）について、必要があると認めるときは、利害関係人の請求により、その請求に係る建物または共有持分を対象として、所有者不明建物管理人による管理を命ずる処分（所有者不明建物管理命令）をすることができます。

講師より

区分所有建物については、所有者不明建物管理命令は適用されません。

(10) 所有者不明建物管理命令の効力（民法264条の８）

所有者不明建物管理命令の効力は、以下のものに及びます。

①当該所有者不明建物管理命令の対象とされた建物（共有持分を対象として所有者不明建物管理命令が発せられた場合は、共有物である建物）にある**動産**（当該所有者不明建物管理命令の対象とされた建物の所有者または共有持分を有する者が所有するものに限る）

②当該建物を所有し、または当該建物の共有持分を有するための**建物の敷地に関する権利**（賃借権その他の使用および収益を目的とする権利（所有権を除く）であって、当該所有者不明建物管理命令の対象とされた建物の所有者または共有持分を有する者が有するものに限る）

(11) 所有者不明建物管理人の選任（民法264条の８）

裁判所は、所有者不明建物管理命令をする場合には、当該所有者不明建物管理命令において、所有者不明建物管理人を選任しなければなりません。

(12) 管理不全土地管理命令（民法264条の９）

裁判所は、所有者による土地の管理が不適当であることによって他人の権利または法律上保護される利益が侵害され、または侵害されるおそれがある場合において、必要があると認めるときは、利害関係人の請求により、当該土地を対象として、**管理不全土地管理人**による管理を命ずる処分（**管理不全土地管理命令**）をすることができます。この場合、裁判所は、当該管理不全土地管理命令において、管理不全土地管理人を選任しなければなりません。

(13) 管理不全建物管理命令（民法264条の14）

裁判所は、所有者による建物の管理が不適当であることによって他人の権利または法律上保護される利益が侵害され、または侵害されるおそれがある場合において、必要があると認めるときは、利害関係人の請求により、当該建物を対象として、**管理不全建物管理人**による管理を命ずる処分（**管理不全建物管理命令**）をすることができます。この場合、裁判所は、当該管理不全建物管理命令において、管理不全建物管理人を選任しなければなりません。

重要度 ★★★　出題実績 H14・15・17・18・20・21・27・29・R1・4・5

8章 担保物権

本日の講義

1 担保物権の意義
2 担保物権の性質・効力
3 抵当権
4 先取特権
5 留置権

ココを覚える！

①担保権の性質、特に物上代位性はしっかり理解しよう。
②先取特権については広い範囲から問われている。特に注意！

「ごうかく！攻略問題集」➡p.44〜48

1 担保物権の意義

債権者は、当然ですが債務者に返済を求めることができます。しかし、債権者が自分１人だけとは限りません。他にも債権者がいる場合もあります。このとき債務者の財産では全額の返済に足りない場合は**債権額按分**となります（債権者平等の原則）。つまり、債権額が多い人はたくさん返済してもらえますが、少ない人はわずかしか返済してもらえません。

そこで、優先的に返済してもらえるようにする手段として担保物権があるのです。

Keyword
債権者平等の原則
同一の債務者に複数の債権者が存在する場合、債権発生の時期や原因とは無関係に、すべての債権者は、その債権額に応じて、債務者の総財産から平等に弁済を受けられるという原則。

2 担保物権の性質・効力（民法296・304・372条）

担保物権には以下の性質と効力があります。

		内　容
性質	付従性	債権のないところに担保物権は存在しないという性質 **全額返済されれば、担保物権は消滅する**
性質	随伴性	債権が移転すればその債権を担保する担保物権も債権とともに移転するという性質
性質	不可分性	担保物権は債権全部の弁済を受けるまで目的物の上に存続し続けるという性質

注意！
抵当権の登記が抹消されず残っていたとしても、全額返済された時点で抵当権は付従性で消滅するのが原則です。

性質	物上代位性	担保物権者は目的物の売却・滅失・賃貸・損傷等により債務者が受ける金銭その他の物の上に対しても権利を行使できるという性質 注意 抵当権の効力を保険金等の価値代替物に及ぼすためには、債務者の一般財産に混入する前（支払われる前）に差し押さえる必要がある
効力	優先弁済的効力	債権の弁済が得られないときには、その目的物を売却して金銭に変え、他の債権者に先立ってその売却代金の中から弁済を受けることができるという効力
	留置的効力	債権を担保するために目的物を債権者の手元に留め置き、債務者に心理的圧迫を加えることで債務の弁済を促すという効力

抵当不動産の賃料にも物上代位することができます。

抵当権には留置的効力はありません。

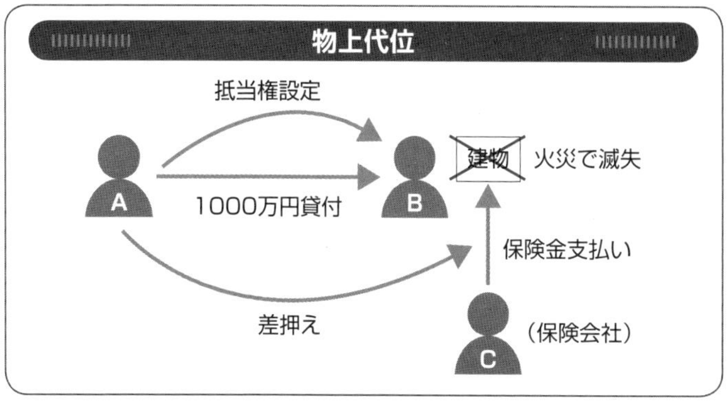

3 抵当権

（1）抵当権の意義（民法369条）

抵当権とは、**債務者**または**第三者**が占有を**移さないで**債務の担保に供した不動産につき、債権者が他の債権者に優先して自己の債権の弁済を受けることのできる権利をいいます。

抵当権を設定しても、**所有者は不動産を自由に売却や賃貸できます**。債権者は抵当権の登記をしておけば、担保不動産が売却等をされても競売して債権回収ができるからです。

占有を移さない＝担保に提供しても所有者が使用・収益・処分をすることができるということです。

（2）抵当権の効力が及ぶもの（民法369～371条）

抵当権は、抵当権が設定された土地上の建物を除き、次のものに効力が及びます。

従物の例
土地上にある取り外しができる庭石や建物に備付けた建具や畳等

Keyword

果実
物から生じる利益のことをいいます。
天然果実：野菜・果物
法定果実：賃料

注意！

抵当権は共有持分をその目的とすることができますが、質権は持分を目的とすることはできません。質権を設定するときには担保目的物を質権者に引き渡さなければならないからです。

不動産、地上権、永小作権	これらを目的として抵当権を設定できる
付加一体物	抵当権の効力は、目的物に附属し、一体となったものに及ぶ
従物	**抵当権設定当時に存在した従物**に限り抵当権の効力が及ぶ（判例）
果実	被担保債権に**債務不履行**があったときは目的物の果実に抵当権の効力を及ぼすことができる
土地に関する権利（借地権）	従たる権利として抵当権の効力が及ぶ ※借地上の建物の買受人は建物の前所有者が有していた土地の利用権も買い受けられることになる

（3）抵当権の成立（民法373条）

抵当権は当事者間の設定契約で成立します。**登記は対抗要件**です。同一の不動産について数個の抵当権が設定されたときは、その順位は**登記の前後**により決まります。

（4）抵当権の被担保債権（民法375条）

後順位担保権者が存在する場合、抵当権によって保護される被担保債権は、元本と満期の到来した**最後の２年分**のみの利息、損害金その他定期金と民法では限定しています。

でもこれは、あくまで後順位担保権者等との関係の規定です。したがって債務者は全額を返還しないと抵当権は消滅しません。

（5）法定地上権（民法388条）

他人の土地を無権限で使用することはできません。では、元々土地と建物が同一人物の所有だったのが、抵当権の実行により別人の所有になってしまった場合はどうなるのでしょうか？

例えば、Ａが土地と建物の両方を所有していて、土地に設定した抵当権の実行により土地がＢの所有となった場合、ＡはＢの土地に勝手に建物を所有しているという状態になってしまいます。

この場合、法律の規定でＡが建物を所有するために地上権が成立することがあります。これを**法定地上権**といいます。

法定地上権の成立要件

①抵当権**設定時**に土地の上に建物が存在していること
②その土地と建物が**同一人物**の所有であること
③土地、建物のどちらか、あるいは双方に抵当権が設定されたこと
④抵当権の実行によって土地所有者と建物所有者が別人になったこと

“更地”に抵当権を設定した場合は、法定地上権は成立しません。買受人から明渡請求をされたときは、土地を明け渡す必要があります。

なお、抵当権設定後に土地に建物を建築した場合、法定地上権は成立せず、土地の抵当権が実行されると建物を取り壊して土地を明け渡す必要があります。しかし、それでは建物が無駄になります。そこで、民法では法定地上権が成立しない場合、抵当権者が土地と建物を一括して競売することができるとしています。

注意！

一括競売により優先弁済を受けられるのは、あくまでも土地の売却代金だけです。

（6）抵当権と第三取得者（民法378・379・474条）

抵当権を設定しても所有者はその目的物を自由に処分できます。しかし、抵当権付きである以上、債務者が弁済できなくなれば競売されてしまいます。では、抵当権付きの不動産を買った人は、その抵当権を消せないのでしょうか？

民法では、以下の３つの方法があります。

①第三者弁済	抵当権の目的物の代金を抵当権者に支払い、抵当権を消滅させるという方法
②代価弁済	抵当権者からの請求で代金を抵当権者に支払い、抵当権を抹消してもらうという方法
③抵当権消滅請求	**第三取得者**が、自ら担保物の価値を評価して、その評価額を抵当権者に提供し、抵当権者がその額で承諾すれば抵当権を消滅させるという方法

抵当権消滅請求の権利行使者は、“所有権を取得した者”とされているので以下の者は請求できません
①主たる債務者、保証人およびその承継人。
②地上権等を取得した者。
③停止条件付第三取得者で条件の成否未定の間。

（7）賃借人の保護規定（民法387・395条）

抵当権付きの不動産を借りた人がいる場合、抵当権が賃借権より先に対抗要件を備えていれば、抵当権が実行された際に、賃借人は立ち退かなければなりません。

注意！
明渡猶予制度は、“建物”に限定されています。

そこで、賃借人の保護のため、民法では①**建物明渡猶予制度**と②総抵当権者の同意のある賃貸借の２つを定めています。

①建物明渡猶予制度	抵当権に対抗することができない賃貸借について、抵当権の実行による競売がなされた場合に、賃借人は競落人の買受の日から６ヵ月間、買受人への明渡が猶予される
②総抵当権者の同意のある賃貸借	登記した賃貸借は、その登記前に登記をしたすべての抵当権者が同意し、かつ、同意の登記があるときは、同意をした抵当権者に賃貸借を対抗できる

（８）抵当権と消滅時効

抵当権は、債務者および抵当権設定者に対しては、その担保する債権と同時でなければ、時効によって消滅しません。

先取特権は法定担保物権といって、法律の定めで当然発生する権利です。
抵当権のように当事者の約定で成立するものではありません。

４ 先取特権（さきどりとっけん）（民法306・311・325・329・330・331条）

先取特権とは、法が定めた一定の債権を有する者が、債務者の財産から優先弁済を受けることができるという担保物権です。

区分所有法では、管理費債権等にはこの先取特権が認められています（P220）。

例えば管理費債権であれば、入居したばかりで、まだ滞納もしていないのに、滞納するかもしれないから抵当権を設定させろというのは無理があります。そこで、管理費の滞納があった場合には、先取特権で債権者である管理組合を保護するのです。

この先取特権には、以下の３種類があります。

区分所有法の先取特権は、一般の先取特権の順位・効力と同じになりますが、目的物は、区分所有権と備付けた動産となります。

一般の先取特権	債務者の総財産から優先弁済を受けられる先取特権 **共益費用**（マンションの管理費等）＞雇用関係債権（お給料等のこと）＞葬式費用＞日用品供給の順で優先度が高くなる
動産の先取特権	特定の動産から優先弁済を受けられる先取特権。 不動産賃貸借では、貸主は借主が**備え付けた動産**の上に、この動産先取特権を有する
不動産の先取特権	特定の不動産から優先弁済を受けられる先取特権。 不動産保存＞不動産工事＞不動産売買の順で優先度が高くなる

(1) 先取特権と第三取得者（民法333条）

先取特権は、債務者がその目的である動産をその第三取得者に**引き渡した後**は、その動産について**行使することができません**。

(2) 一般の先取特権の効力（民法335条）

一般の先取特権者は、まず**不動産以外の財産**（動産等）から弁済を受け、なお不足があるのでなければ、不動産から弁済を受けることができません。

また、一般の先取特権者は、不動産については、まず特別担保（抵当権等）の目的とされていないものから弁済を受けなければなりません。

(3) 一般の先取特権の対抗力（民法336条）

一般の先取特権は、不動産について登記をしなくても、特別担保（担保物権）を**有しない**債権者（つまり無担保の債権者）に**対抗することができます**。ただし、担保物権の**登記をした第三者**（例えば登記済みの抵当権等）に対しては、**対抗することができません**。この場合は、原則どおり登記の先後によります。

Step Up
賃借権の譲渡・転貸の場合は、先取特権の効力が、譲受人・転借人の動産にも及びます。

債権者が債務者以外の第三者の動産を債務者の動産であると過失なく誤信した時は、第三者の動産についても先取特権を行使できます。

では、過去問を解いておきましょう。

過去問で CHECK!　H27-2-肢1

問 区分所有者Aが、マンションの管理組合法人Bに対して管理費を滞納している場合、Bは、Aに対する管理費等債権について、Aの区分所有権及び建物に備え付けた動産の上に先取特権を有するが、その回収に当たっては、まず建物に備え付けた動産から弁済を受けなければならない。

答 一般の先取特権者は、まず不動産以外の財産から弁済を受けないといけない。　○

ヒント
不動産以外 ⇒ 不動産の順で弁済を受けました。

留置権というのは、物を留置して債務の弁済を促すことに本質があり、物の交換価値を把握しているわけではないので、物上代位は認められていません。

5 留置権（りゅうちけん）（民法295条）

留置権とは、他人の物を占有している人が、その占有している物から生じた債権を有する場合、弁済を受けるまではその物を引き渡さず、手元に留め置ける権利を言います。

留置権が成立するか否かには以下の判例があります。

留置権が成立	・買主が、売買代金を支払わないまま目的物を第三者に譲渡した場合、売主は第三者からの物の引渡し請求に対して、留置権が成立する
留置権が不成立	・不動産が二重に売買され、第二の買主に所有権移転登記がされた場合、第一の買主は、第二の買主からの明渡し請求に対して、売買契約不履行に基づく損害賠償請求は留置権不成立 ・造作買取請求権による建物に関する留置権は不成立

重要度 ★★★　出題実績 H13〜16・18〜22・24・30・R４・５

9章 債務不履行

本日の講義

ココを覚える！

①債務不履行の要件を覚える。管理委託契約書の問題でも出題されるので注意。
②金銭債務の特則を覚える。
管理費や修繕積立金は金銭債務に該当することを忘れないように。

「ごうかく！攻略問題集」
➡p.50〜52、130、160、168

1 債権・債務の意義

債権とは、人に対して**一定の行為を請求することができる権利**をいい、債務はそれに**応じる義務**のことをいいます。

債権は権利のことで、債務は義務のことと覚えておけばよいと思います。

また権利者のことを**債権者**、義務者のことを**債務者**と呼びます。

講師より

債権・債務は、あくまで当事者間でしか拘束力は生じず、第三者には効力が及びません。
例えば分譲契約で専有部分の用途制限をしても、特定承継人には効力は及びません。

2 債務不履行（民法412・412の２・415・541・543条）

債務不履行とは、正当な事由がないのに、債務者が債務の本旨に従った履行をしないことをいいます。契約不履行のことです。

債務不履行には、**履行遅滞・履行不能・不完全履行**の３種類があります。

Step Up

債務者が任意に債務の履行をしないときは、債権者は裁判所に強制履行を請求できます。

（1）履行遅滞（民法412条）

履行遅滞とは、**履行が可能**であるにもかかわらず、**正当な理由なく**債務者が履行をせずに**履行期を徒過した**場合をいいます。

講師より

例えば、管理費を支払期日に払えなかった場合が履行遅滞です。

①履行遅滞の要件

履行遅滞になるための要件には、以下のものがあります。

（1）履行できるのに履行期を過ぎたこと
（2）履行遅滞が違法であること

（1）の履行期を過ぎたことについては、履行期の種類により、以下のように異なります。

履行期の種類	遅滞となる時期
確定期限（支払日等）のある債務	期限の到来の時
不確定期限のある債務	・期限の到来した後に、債務者が、**履行の請求を受けた時** ・期限が到来したことを債務者が**知った時** どちらか早い時から
期限の定めのない債務	債務者が履行の請求を受けた時

Keyword
留置権
他人の物の占有者は、その物に関して生じた債権の弁済を受けるまで、その物を留置することができるという担保物権。

（2）は、同時履行の抗弁権や留置権等がある場合、履行しなくても違法ではないので、**履行遅滞になりません**。

②履行遅滞の効果

履行遅滞になった場合、債権者は以下の権利が認められます。

契約を解除せずに、履行を請求することも、損害賠償を請求することもできます。

（1）損害賠償請求
注意 債務の不履行が、災害による場合等、契約その他の債務の発生原因および取引上の社会通念に照らして債務者の責めに帰すことが**できない**事由の場合は損害賠償請求**できない**
（2）契約の解除
注意 解除をするには相当の期間を定めた**催告**が必要
注意 債務の不履行が契約や取引上の社会通念に照らして軽微であるときは解除**できない**
注意 債務不履行の責任が債権者にあるときは解除不可

（2）履行不能（民法412条の２）

履行不能とは、履行することが不可能になったため、債務者が履行できない場合をいいます。

①履行不能の要件

履行期に履行が不可能であることが要件です。不可能かどうかは、契約や取引上の社会通念に照らして判断します。

②履行不能の効果

（1）損害賠償請求

注意 債務の不履行が、災害による場合等、契約その他の債務の発生原因および取引上の社会通念に照らして債務者の責めに帰すことができない事由の場合は損害賠償請求できない

（2）契約の解除

注意 解除をする際に催告は不要

注意 債務の不履行が契約や取引上の社会通念に照らして軽微であるときは解除できない

注意 債務不履行の責任が債権者にあるときは解除不可

契約成立時にすでに不能となっていた場合も損害賠償請求が可能です。

③履行遅滞後に履行不能となった場合

債務者が**履行遅滞になった**後に、当事者双方の責めに帰することができない事由（災害等）で履行不能になった場合、**債務者の責めに帰すべき事由**によって履行不能になったものとみなされます。

（3）不完全履行

不完全履行とは、債務の履行は一応されたが、その履行が完全でなかった場合をいいます。

講師より

例えば、期日までに帳簿や名簿を管理会社が作成したけれど、その内容が間違っていたような場合が不完全履行となります。

①不完全履行の要件

一応履行はされたのですが、それが不完全だった場合です。

例えば、引っ越しの際に、引っ越し業者が家具や建物に傷をつけてしまった場合が該当します。

②不完全履行の効果

不完全履行では、追完（補修や別の物との交換等）が可能かど

うかで効果が変わります。

注意！

追完が可能な場合も不可能な場合も、債権者に責任があるときは、解除できません。

追完が可能	・完全な給付の請求と損害賠償請求ができる ・契約の解除ができる 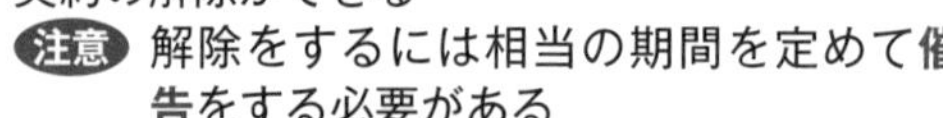 注意 解除をするには相当の期間を定めて催告をする必要がある
追完が不可能	・損害賠償請求ができる ・契約の解除ができる 注意 解除をする際に催告は不要

また、不完全履行が原因で拡大損害が生じた場合は、その拡大損害についても損害賠償請求をすることができます。

3 金銭債務の特則（民法404・419条）

金銭債務に関しては、債務不履行の特則が定められています。

Keyword

金銭債務
金銭の支払いを目的とする債務です。管理費や修繕積立金、委託業務費等はこれに該当します。

（1）不可抗力が原因で履行が遅れた場合でも債務不履行となる（災害や盗難の場合も責任を負う）
（2）履行不能にはならない
（3）債権者は損害の証明が不要
（4）損害賠償の額は、当事者間で定めがなければ法定利率（年3%）となる（管理規約等に定めがなくても、管理費等の遅延損害金を請求できる）

注意！

法定利率は3年を1期とし、1期ごとに変動します。

それでは、金銭債務の特則についての問題です。

ヒント

金銭債務の不履行が生じているので、賠償金を請求できるのではないでしょうか。

過去問で CHECK! R5-39-肢1

問 管理組合は、管理費が滞納されている場合、管理規約に遅延損害金の定めがないときでも、遅延損害金を請求することができる。

答 管理費（金銭債務）が滞納（履行遅滞）になっているので、管理組合（債権者）は損害賠償（遅延損害金）を請求することができる。 ○

4 受領遅滞（民法413条）

債権者が債務者の履行を拒んだり、履行を受けることができない場合を受領遅滞といいます。この場合、債務の目的がマンション等の引渡しのときは、履行の提供から引渡しまでの間は、債務者は、自己の財産におけると同一の注意で保存すれば足ります。

5 損害賠償

（1）金銭賠償の原則（民法417条）

損害賠償の方法として、民法は**金銭賠償**が原則です。

（2）損害賠償の範囲（民法416条）

損害賠償は債務不履行と損害の発生について**相当の因果関係**（原因と結果）があるもの（**通常損害**）に限られます。あくまで“相当”とされていますので、因果関係があればなんでも損害賠償の対象になるわけではありません。ただし、予見すべきであったときは、特別な事情から生じた損害（**特別損害**）も含まれます。

注意！

「予見すべきであったとき」が問題となるのは、特別損害だけです。通常損害では問題となりません。

（3）損害賠償額の予定（民法420条）

契約のときにあらかじめ損害賠償額を定めることもできます。

①当事者は、債務不履行について損害賠償額の予定をすることができる
②損害賠償額の予定は契約と同時にする必要はない
③金銭以外のものを賠償の予定とすることもできる
④違約金は、これを損害賠償額の予定と推定する
⑤債権者は債務不履行の事実を証明できれば損害の発生・損害額の証明をしなくてよい

損害賠償額の予定をしていたとしても、過失相殺により減額をすることはできます。

（4）過失相殺（民法418条）

債務の不履行に関し、債権者に過失があったときは、裁判所はこれを考慮して、損害賠償の責任や額を定めます。

重要度 ★☆☆　**出題実績** H18・24・26・R5

10章 債権譲渡・債務引受

本日の講義

1. 債権譲渡
2. 債権譲渡が制限される場合
3. 債権譲渡制限特約
4. 債権譲渡の対抗要件
5. 債務引受

ココを覚える！

①債権譲渡の対抗要件を覚える！
確定日付ある通知・承諾は絶対に。
②担保物権で勉強した随伴性が生じるケースであることに注意。

「ごうかく！攻略問題集」
➡p.54、62

注意！

同一性を保って移転しますので、債務者が譲渡人に対抗できた事由は、譲受人に対抗できます。

1 債権譲渡（民法466条）

債権の同一性を保ちながら、契約により債権を移転させることを債権譲渡といいます。簡単にいうと、支払い先が変更になる場合です。

講師より

将来発生する債権であっても譲渡できます。

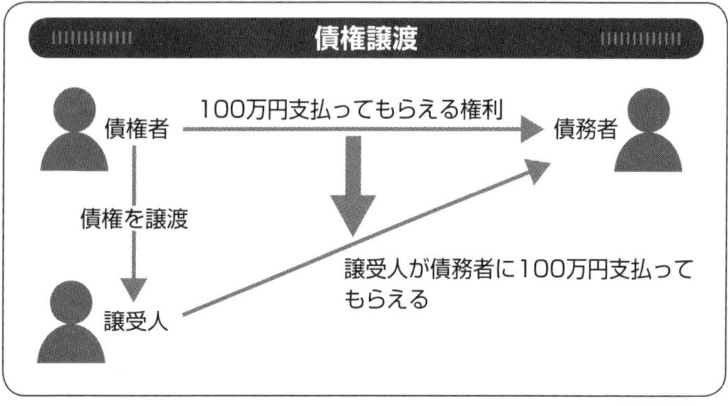

講師より

年金の受給権等は債権譲渡が制限されます。

2 債権譲渡が制限される場合（民法466条）

債権譲渡は原則自由にできますが、制限される場合があります。

①債権の性質上譲渡できない場合
②法律で制限されている場合

3 債権譲渡制限特約（民法466・466条の５）

債権譲渡を制限する特約を定めることもできます。譲渡制限特約には以下の特徴があります。

①譲渡制限が付された債権の譲渡は**有効**
②譲渡制限について**悪意**または**重過失**の譲受人等に対しては履行を拒むことができる
③譲受人の悪意または重過失につき債務者が立証責任を負う
④預金口座または貯金口座に係る債権（預貯金債権）については、譲渡制限特約につき悪意または重過失の譲受人との関係では、譲渡制限を対抗できる

講師より

預貯金は、金融機関で大量に処理をしなければならないので、譲渡制限特約について悪意または重過失の譲受人には譲渡制限を主張できます（民法466条の５）。

ヒント

譲渡制限特約はあくまで譲渡人と譲受人の間で効力を有する特約です。

過去問で CHECK!　R5-4-肢2

問　管理組合法人Ａと施工会社Ｂとのマンションの外壁補修工事請負契約における工事代金に関し、ＢのＡに対する請負代金債権について、ＡＢ間においてその譲渡を禁止する旨の特約があった場合に、ＢがＡの承諾を得ないで行った当該債権の第三者に対する譲渡は無効である。

答　譲渡制限特約が定められた債権の譲渡も有効である。　×

4 債権譲渡の対抗要件（民法467条）

債権譲渡は譲受人と譲渡人との契約によって行われますが、これを債務者や第三者に対抗（主張）するためには、対抗要件が必要となります。債権譲渡の対抗要件には２パターンあります。１つは**債務者への通知等**です。これは支払い先が変わるので、それを債務者へ連絡しなければならないわけです。

もう１つは不動産でも出てきた、**第三者に対抗するための要件**です。債権譲渡も二重譲渡の可能性があるので、対抗要件が必要とされています。

講師より

確定日付ある証書による通知とは、例えば配達証明付内容証明郵便等です。
確定日付ある証書による承諾とは、例えば公正証書です。

	債務者	第三者
対抗要件	①譲渡人から債務者への通知 ②債務者の承諾	①譲渡人から債務者への確定日付ある証書による通知 ②債務者の確定日付ある証書による承諾
意義	債務者の二重弁済を防ぐ	両立しない権利の優劣を決する

注意！

複数の確定日付がある証書による通知が到達した場合は、先に到達した方が優先します。日付の早い方が優先するのではありません。

5 債務引受（民法470・472条）

債権譲渡のケースでは債権者が交替しましたが、債務者が交替するケースもあります。これを債務引受といい、債務引受には以下の2つがあります。

①免責的債務引受…もとの債務者が免責され、引受人のみが債務者になる
②併存的債務引受…もとの債務者と引受人の双方が債務者となる

免責的債務引受ですが、これは債務者が完全に交替してしまうので、債権者としてはリスクが高くなります。もとの債務者の方が資産がたくさんあったので、回収が楽だったということもあるでしょう。そこで、債権者と引受人との契約（債権者から債務者への**通知**が必要）か、債務者と引受人との契約（債権者が引受人に**承諾**することが必要）によらなければなりません。

これに対して**併存的債務引受**は、債務者が１人増えるわけですから、債権者にも債務者にも不利にはなりません。そこで、債務者と引受人による契約（債権者が引受人に承諾することが必要）ですることも、債権者と引受人の契約（債務者への通知不要）でもすることもできます。

では、具体的な事例を過去問で確認してみましょう。

過去問で CHECK!　H26-4-肢イ

問　マンションの管理組合Aは、B会社との間で、Bが、当該マンションの屋上に広告塔を設置して使用し、その対価として毎月5万円の賃料をAに支払う旨の契約を締結した。この場合に、本件賃料を第三者Cが支払う旨の契約は、AとCの間のみで締結することはできず、A・B・Cの三者間において締結されなければならない。

答　債権者であるAと第三者（引受人）Cとの契約でもでき、AがBに対して通知をした時にその効力が生ずる。　×

ヒント
Bの賃料債務をCが支払うという契約ですので、免責的債務引受になります。

もう1問です。

過去問で CHECK!　H26-4-肢ウ

問　マンションの管理組合Aは、B会社との間で、Bが、当該マンションの屋上に広告塔を設置して使用し、その対価として毎月5万円の賃料をAに支払う旨の契約を締結した。この場合に、本件賃料を第三者Cも重畳的に負担する旨の契約は、Bの意思に反しても、AとCの間のみの契約で締結することができる。

答　重畳的（併存的）債務引受は債務者の意思に反してもできる（債権者と引受人の合意だけでよい）。　○

ヒント
重畳的に負担する点がポイントです。

11章 多数当事者の債権債務関係

重要度 ★★★　出題実績 H16・H18〜20・22〜24・29・R1・3・5

本日の講義

1. 可分債務・不可分債務
2. 連帯債務
3. 保証債務
4. 連帯保証
5. 相対効と絶対効
6. 根保証
7. 保証意思宣明公正証書

ココを覚える！

①管理費の支払義務が、不可分債務であることに注意。
②単なる保証と連帯保証の性質の違いを覚えよう。
③保証契約は書面か電磁的方法でないと成立しないことに注意。

「ごうかく！攻略問題集」
➡p.56〜66、164

1 可分債務・不可分債務（民法427・430条）

可分債務（分割債務）とは、数人で債務を負う場合、それを分割して負担するという債務です。例えば、マンションの購入資金を分担して支払うような場合です。このとき別段の定めがなければ、それぞれ**平等の割合で支払う**ことになるのです。

しかし、債務によっては、それが不可分となるものがあります。例えば専有部分を相続人が共同相続し、そのまま共有しているような場合の管理費債務です。共有者は併せて１人と考えますので、管理組合としたら、共有者の誰でもいいから、管理費の全額を支払って欲しいと考えるはずですし、それが当然です。

そこで、以下のような債務は性質上不可分（**不可分債務**）とされます。

①専有部分の共有者の管理費支払債務
②共有物である専有部分を賃貸する場合の専有部分の引渡債務
③専有部分を共同で賃借する（準共有）場合の賃料支払債務

不可分債務となると、債権者は、各不可分債務者のうちの１人に対して、または同時にもしくは順次に、すべての不可分債務者に対して、**全部**または一部の履行を請求することができます。ま

講師より

「割り勘」という言葉からも分かるように、お金は分割することができるので、原則として、可分債務になりますが、公平の観点等で不可分債務（分割せずに全額を負担する）となるケースがあるのです。

Step Up

不可分債務は弁済以外の事由が生じても、それは相対効になるので、他の債務者に影響しません。

た、不可分債務者の１人が債務の全額の弁済をすれば、それにより他の不可分債務者の債務も消滅します。

2 連帯債務（民法436～441条）

複数の債務者が同一の債務について、**各自独立**に全部の支払義務を負い、債務者の１人が支払をすれば、他の債務者も債務を免れる多数当事者の債務関係を連帯債務といいます。こちらは可分債務（本来分割して支払ってよい）なのですが、法律の規定や当事者間の契約で連帯する（全部について責任を負う）としている点が不可分債務（分割できない）と違います。

このとき、連帯債務者間での責任の分担の割合を**負担部分**といいます。

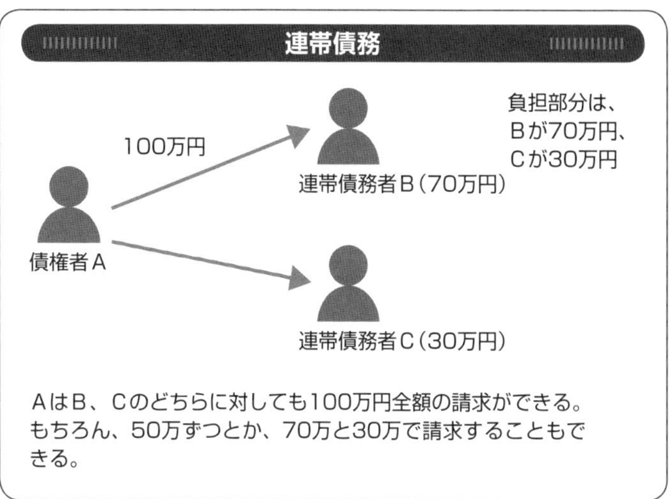
連帯債務
100万円
負担部分は、
Bが70万円、
Cが30万円
連帯債務者B（70万円）
債権者A
連帯債務者C（30万円）
AはB、Cのどちらに対しても100万円全額の請求ができる。
もちろん、50万ずつとか、70万と30万で請求することもできる。

注意！

連帯債務では、債権者は連帯債務者の誰に対しても“全額”支払請求をすることができます。
ただし、当たり前ですが、誰か１人が支払えば、それで債務は消滅します（弁済の絶対効）。

（1）絶対効

連帯債務では、連帯債務者の１人に何か法律上の事由が生じても、**他の連帯債務者には効力が及ばない**のが原則です。これを相対効といいます。

しかし、連帯債務者の１人が全額の支払をすれば、他の連帯債務者はもう支払をしなくて済みます。このように、他の連帯債務者にも効力が及ぶことがあります。これを**絶対効**といいます。次の事由が絶対効になります（P74参照）。

講師より

令和２年民法改正前は、請求・免除・時効も絶対的効力でしたが、これらは相対的効力になりました。

連帯債務者の１人が弁済等をした場合、その弁済等が自己の負担部分を超えていなくても他の連帯債務者に求償できます。

①弁済・代物弁済・相殺・供託
②更改
③混同

また、上記以外でも債権者と連帯債務者が別段の意思を表示したときは、絶対的効力とすることができます。

①の相殺には、以下の２つのケースがあります。

ア）連帯債務者の１人が自己の有する債権で相殺する場合
イ）連帯債務者の１人が反対債権を有する場合に、他の連帯債務者が反対債権を有する連帯債務者の負担部分の額について支払を拒絶する場合

ア）については、相殺した分だけ連帯債務が消滅します。弁済に近い効力になります。

イ）については、反対債権を有する連帯債務者が相殺をまだしていない場合、他の連帯債務者は、相殺をしてくれるかどうか分かりません。そこで、反対債権を有する連帯債務者の**負担部分の額**については**支払を拒絶できる**こととしました。

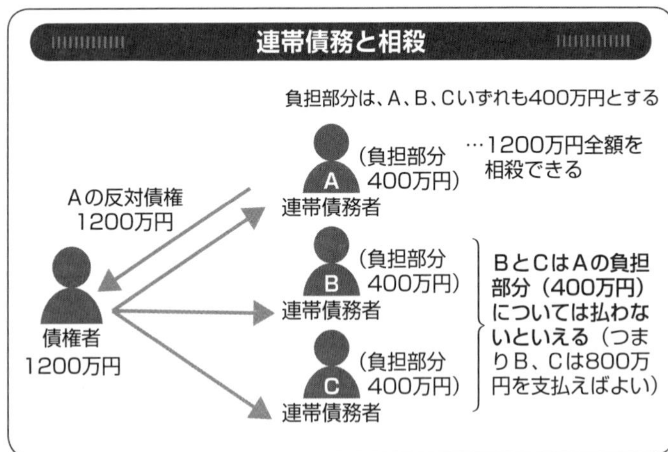

（２）相対効

（１）の絶対効以外は、相対効といって他の連帯債務者には影

響を与えません。例えば、連帯債務者の１人に請求した場合、請求をされた連帯債務者は時効の完成猶予の効果が生じますが、請求をされていない他の連帯債務者には効力が生じません。また、連帯債務者の１人が時効や免除により債務を免れても、他の連帯債務者には影響が及びません。つまり、時効が完成していなかったり、免除されていない他の連帯債務者には、**債権全額**の請求ができます。

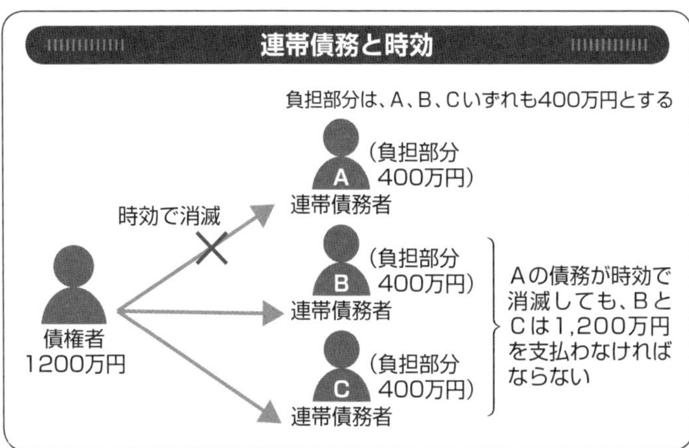

3 保証債務（民法446条）

本来の債務者がその債務を履行しない場合に、これに代わって債務者以外の者が履行する義務を負うのが保証債務です。

なお、保証契約は、**債権者**と**保証人**の間で締結をする必要があり、また、**書面**または**電磁的方法**で行わなければなりません。

注意！
債務者と保証人との間で契約をするのではありません。
債務者と保証人との間で締結するのは、保証“委託”契約です。

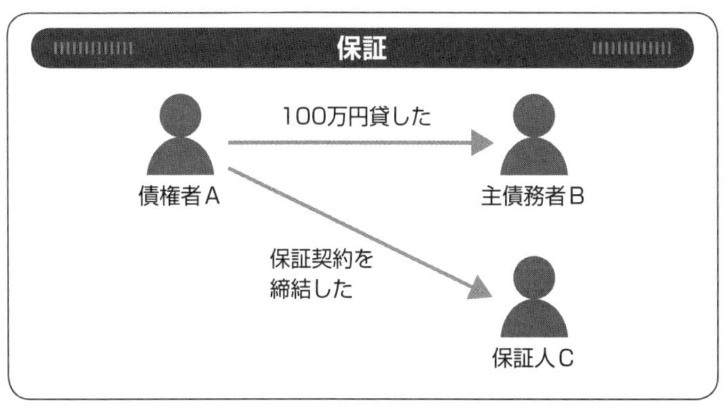

（1）保証契約の特徴（民法447・448・452・453条）

保証契約には以下の特徴があります。

①独立性	債権者と保証人との間の独立した契約ということ
②付従性	主たる債務があるから保証債務も成立する（成立の付従性） あくまで保証なので、主たる債務の内容より保証債務は重くならない（内容の付従性） 主たる債務を履行（借金を返済等）すれば、保証債務も消える（消滅の付従性）
③随伴性	債権譲渡されると保証も付いていくということ
④補充性	主債務者（お金を借りた人等）が債務を履行できないときに、代わりに支払うということ

契約後に主たる債務が加重されても、保証債務は加重されません。

補充性は連帯保証にはありません。

また、④の補充性から保証人には以下の2つの抗弁権が認められます。

催告の抗弁権	まず主債務者（金を借りた者等）に催促するように、債権者に言える権利
検索の抗弁権	主債務者に弁済の資力があって、執行が容易なときは、まず主債務者の財産から強制執行するように債権者に言える権利

検索の抗弁権類似の規定は、管理組合法人の債務が完済できない場合にもあります。

（2）保証債務の範囲（民法447・448条）

保証債務は、主たる債務に関する**利息、違約金、損害賠償その他その債務に従たるすべてのものを包含します**。債権者が保証人に対して、これらの支払いを期待するのも当然だからです。

また、保証人は、その**保証債務についてのみ、違約金または損害賠償の額を約定することができます**。保証債務を履行しないときのペナルティを定められるというわけです。

ただし、保証人の負担が債務の目的または態様において主たる債務より重いときは、これを**主たる債務の限度**に減縮されます。

（3）取り消すことができる債務の保証（民法449条）

本来、主たる債務が消滅すれば保証債務も消滅するはずですが、その例外です。

行為能力の制限によって取り消すことができる債務を保証した者は、保証契約の時においてその**取消しの原因を知っていたとき**は、主たる債務の不履行の場合またはその債務の取消しの場合においてこれと**同一の目的を有する独立の債務**を負担したものと推定されます。

(4) 保証人の要件（民法450条）

債務者が保証人を立てる義務を負う場合には、その保証人は、次に掲げる要件を満たす者でなければなりません。

①行為能力者であること
②弁済をする資力を有すること

保証人が上記②の要件を欠くことになったときは、債権者は①②の要件を満たす者に代えることを請求することができます。ただし、債権者が保証人を指名した場合には、上記①②の要件は適用されません。

(5) 分別の利益（民法456条）

保証人が数人いる場合には各保証人は債権者に対して**保証人の数に応じて分割された部分**についてのみ債務を負担します。これを**分別の利益**といいます。簡単に言うと保証人の責任が頭割りになってしまうのですね。しかし、これだとせっかく複数の保証人を立てたのに、あまり意味がなくなってしまいます。そこで、次にお話しする連帯保証では、この分別の利益が認められていません。

(6) 情報の提供（民法458条の2・465条の10）

①債務者から委託を受けた保証人への情報提供義務

債務者から**委託を受けて**保証人となった者から**請求があったとき**は、**債権者**は主たる債務の元本や利息等に関する**情報を提供しなければなりません**。

保証人が、主債務者の債務不履行等を知らずに長期の遅延損害金等の請求をされる事態を避けるためです。

②保証人になることを主債務者が依頼する際の情報提供義務

事業のために負担する債務について保証人になることを他人に依頼する場合には、**主債務者**は、保証人になるかどうかの判断に資する情報として、以下の情報を提供する義務を負います。

事業のための債務は多額になることが多いため、事前に情報を提供するのです。

①主債務者の財産や収支の状況
②主債務以外の債務の金額や履行状況等に関する情報
③主たる債務の担保として他に提供し、または提供しようとするものがあるときは、その旨およびその内容

つまり連帯保証では、保証人の財産にいきなり強制執行をかけ、他に保証人が何人いようと、１人から全額回収できるのです。

4 連帯保証（民法454・455条）

保証人が主たる債務者と連帯して債務を負担する旨を合意した保証を連帯保証といいます。連帯保証人には分別の利益と補充性がありません。

単なる保証と連帯保証の差異

○…ある　×…ない

	独立性	付従性	随伴性	補充性	
				催告の抗弁権	検索の抗弁権
保証	○	○	○	○	○
連帯保証	○	○	○	×	×

契約というのは、原則として、契約をした当事者しか拘束しません。

5 相対効と絶対効（民法458条）

債権者と主債務者の契約（お金の貸し借り）と、債権者と保証人との保証契約は、厳密には**別々に契約**（独立性）をしているので、それぞれ別個独立した契約として、お互いに影響を及ぼさないのが原則（相対効）です。でも、主債務者が返済すれば、保証人は代わりにお金を支払う必要がなくなるので、まったく無関係というわけでもありません。例外的に保証人に生じた事由が主債務者に影響を及ぼすことを、**絶対効**といいます。

単なる保証人に生じた事由	弁済・代物弁済・相殺・供託・更改
連帯保証人に生じた事由	連帯債務と同様 弁済・代物弁済・相殺・供託・更改・混同

主債務者が時効を放棄していても、保証人は時効の援用をすることができます。

主債務者に生じた事由は、原則として、すべて**保証人に効果が及びます**。

保証人は、人的担保といって、抵当権等と同じ担保の一種ですから、主たる債務に付従して、発生や消滅することになります。そのため、主債務者に生じた事由は、原則として、すべて保証人に効果が及ぶのです。

6 根保証（民法465条の2）

根保証とは、例えば賃貸借契約の連帯保証人のように、「**一定の範囲に属する不特定の債務**（滞納賃料等）」について保証するものをいいます。根保証では、保証人がいくらまでを限度として保証しなければならないのかが不明というケースがあり、賃貸借契約の連帯保証人にように、個人が保証人になる場合、保証人の負担が大きいという問題点がありました。そこで、**個人が根保証**をする場合、保証契約の書面（または電磁的記録）に**極度額**（保証の上限額）の定めを設けておかなければ**無効**となると改正されました。

なお、以下の場合は元本が確定し、それ以降の債務については保証しません。

①債権者が、保証人の財産について、金銭の支払を目的とする債権についての強制執行または担保権の実行を申し立てたとき
②保証人が破産手続開始の決定を受けたとき
③主たる債務者または保証人が死亡したとき

7 保証意思宣明公正証書（民法465条の6）

個人が事業用の債務の保証人になろうとする場合には、保証契約をする前に、原則として公証人による保証意思の確認を経て、**保証意思宣明公正証書**を作成しなければなりません。

12章 債権債務の消滅等

重要度 ★★☆　**出題実績** H22・27・R1・3

本日の講義
1. 弁済
2. 相殺
3. 供託
4. その他債権の消滅原因等

ココを覚える！

①弁済者・受領者・弁済の時期について覚える。

②相殺の定義・要件を覚える。特に"相殺が可能か否か"は注意！

「ごうかく！攻略問題集」➡p.62〜68

1 弁済

（1）弁済とは

弁済とは、債務者等が給付をすることにより、債権の目的を達成することをいいます。例えば、管理費の支払いがこれにあたります。

（2）誰が・誰に弁済すべきか（民法474条）

弁済は、債務者が行うのが原則ですが、第三者が弁済することもできます。ただし、当事者が反対の意思表示をしない場合、債務の性質が許すものである場合でないといけません。

また、**正当な利益を有しない**第三者が弁済しようとするときは、以下のようになります。

注意！
正当な利益を有する第三者（抵当不動産の第三取得者等）は、債務者の意思に反しても弁済可能です。

第三者弁済

債務者の意思に反する場合	原則	第三者弁済は禁止
	例外	債務者の意思に反することを債権者が**知らなかった**ときは、その弁済は有効になる
債権者の意思に反する場合	原則	第三者弁済は禁止
	例外	第三者が債務者の委託を受けて弁済をする場合で、そのことを債権者が**知っていた**ときは、その弁済は有効となる

では、過去問を見てみましょう。

過去問で CHECK!　H27-4-肢1

問 区分所有者Aが、その専有部分をBに賃貸している場合に、第三者であるCがBの賃料を支払うことについて、Bが反対の意思を表示したときは、たとえCがBとの間に正当な利益を有していても、Cは、Bに代わって賃料を支払うことはできない。

答 正当な利益を有する第三者は、債務者の意思に反して弁済できる。　×

正当な利益を有する第三者の弁済である点に注意しましょう。

また、以下のような弁済の論点があります。

講師より

受領権者としての外観を有する者には、キャッシュカードと暗証番号を盗んだ者等が該当します。

①受領権者としての外観を有する者に対する弁済（民法478条）

弁済の受領権者以外の者であって取引上の社会通念に照らして**受領権者としての外観を有するもの**に対してした弁済は、その弁済をした者が善意であり、かつ、**過失**がなかったときに限り、その効力を有します。

②差押えられた債権の弁済（民法481条）

債権（例えば銀行預金）が差押えられているときは、第三債務者（例えば銀行）は差押えを受けた債務者（例えば預金者）に支払うことはできず、**差押え後**に支払った場合、差押えをした債権者はそれにより受けた損害について、さらに弁済を求められます。差押えた者は、自分に支払ってもらうために差押えたわけですので、第三債務者が債務者に弁済したことで債務が消滅したのでは差押えの意味がなくなるからです。

過去問で CHECK!　H27-4-肢2

問 区分所有者Aが、その専有部分をBに賃貸している場合に、Aの債権者であるDが、AのBに対する賃料債権を差し押さえたにもかかわらず、BがAに賃料を支払った場合、Dは、それにより受けた損害の限度において、さらに弁済をすべき旨をBに請求することができる。

答 差押え後に、賃借人が賃貸人に賃料を支払っているので、差押えをした債権者はそれにより受けた損害の限度で弁済を請求できる。　○

ヒント

差押えられているのに支払ってしまうとどうなるか思い出しましょう。

（3）いつ弁済すべきか（民法412条）

弁済の時期は以下のようになります。

①確定期限がある場合	期限が到来した時に弁済をする
②不確定期限がある場合	履行の請求を受けた時または期限の到来を債務者が知った時のどちらか早い時に弁済をする
③期限の定めがない場合	履行の請求を受けた時に弁済をする

注意！

取引時間の定めがあるときは、取引時間内に限り、弁済や弁済の請求ができます。

債権者の預貯金口座への払込みによる弁済は、債権者が払戻しを請求する権利を取得した時（たとえば、入金記帳された時）に効力が生じます。

（4）どこで弁済すべきか（民法484条）

弁済の場所は以下のようになります。

①特定物（不動産等）の引渡し	債権発生時に物の存在した場所で弁済する
②その他の弁済	持参債務となるので、債権者の現在の住所で弁済する

（5）弁済の提供（民法492・493条）

弁済の提供とは、**債務者が自分の債務を履行するために必要な準備をして債権者に対してその協力を求めること**をいいます。組合員が管理費を支払おうとしても、管理組合がそれを受け取ってくれなければ支払をすることができません。そこで弁済の提供という考え方が生じるのです。この弁済の提供は、債務の本旨に従って**現実にしなければなりません**。例えば管理費であれば実際にお金を支払わなければならないのです。ただし、**債権者があらかじめその受領を拒み**、または**債務の履行について債権者の行為を要するとき**は、弁済の準備をしたことを**通知**してその受領の催告をすれば足ります。

債務者は、弁済の提供の時から、債務の不履行によって生ずべき一切の責任を免れます。債務者としては、自分のすべきことはやっているのですから当然ですね。

（6）弁済による代位（民法499～501条）

保証人や第三者が債務者に代わって弁済した場合、これらの者は債務者に対して求償をすることができます。この求償を確実にできるようにしてあげるため、民法では、債権者が債務者に対して有している抵当権や保証などを債務者に代わって弁済した保証人や第三者が代わりに行使できるとしています。これを**弁済による代位**といいます。

この弁済による代位には、①正当な利益を有する者（保証人等）が弁済した場合と②それ以外の者が弁済した場合の２種類があり、それぞれ要件が以下のように異なります。

①正当な利益を有する者が弁済した場合	当然に債権者に代位する ※債権譲渡の対抗要件は不要
②それ以外の者が弁済した場合	債権譲渡の対抗要件を備えないと、債務者に対抗できない

債権譲渡の対抗要件は、①譲渡人からの通知と、②債務者の承諾があります。

（7）債権者代位権（民法423条）

債権者は、自分の債権を保全するために必要があれば、債務者の代わりに、債務者の持っている権利を行使することができます。これを、**債権者代位権**といいます。

この債権者代位権は、売買代金等の金銭債権だけでなく、不動産登記等の請求権を代位することができます。

講師より

債権者が代位権を行使した場合でも債務者が自ら取り立て等をすることもできます。

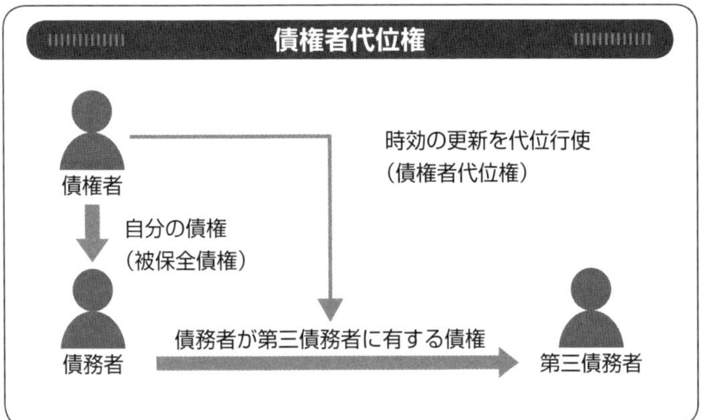

①要件

債権者代位権の要件は以下になります。

ア）原則
債権者が債務者に対して有している債権（被保全債権）の**期限が到来**しない間は、債権者は、代位権を行使することができない
イ）例外
債務者の財産の現状を維持するためにする**保存行為**は、被保全債権の期限が未到来であっても、可能（例えば、時効の更新等）

代位した権利が金銭のように可分の場合、自己の債権の限度までしか行使できません。

②効果

債権者は、第三債務者に対し、直接自己に対し金銭の支払または動産の引渡しを請求できます。

（８）詐害行為取消権（民法424条）

債権者は、債務者が債権者を害することを知ってした行為の取消しを裁判所に請求することができます。これを**詐害行為取消権**といいます。詐害行為取消権を行使するには、以下の要件が必要となります。

例えば、債務者が唯一の財産を第三者に贈与してしまい、債権者が自己の債権を回収できなくなるような場合が該当します。

詐害行為を取り消した場合に、財産の返還が困難なときは、価額の償還ができます。

詐害行為取消権の要件は、以下になります。

①**裁判所に請求**する（訴訟を提起する）こと
②債務者が詐害行為になると知っていたこと
③受益者（詐害行為で利益を受ける人：受贈者等）がその行為の時において債権者を害することを**知っていた**こと
④**財産権**を目的とする行為であること
⑤被保全債権の原因が詐害行為の**前**に生じたものである
⑥強制執行により**実現できる**ものであること

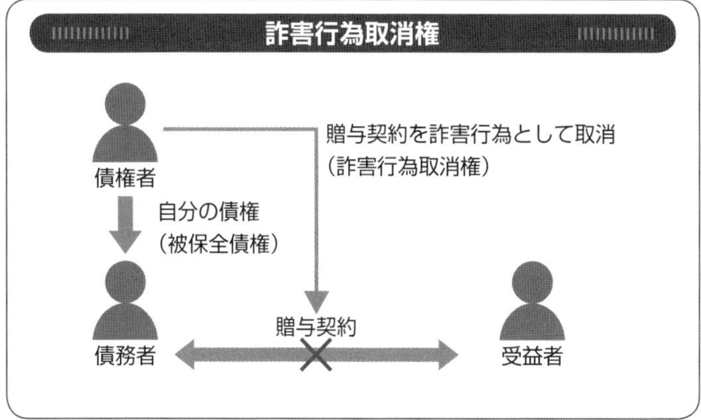

2 相殺

（1）相殺の意義（民法505条）

相殺とは、対立する同種の目的の債権を対当額で消滅させることをいいます。弁済の簡略化という意義があります。また、担保的機能も有しています。

担保的機能
自己の債権が弁済されなくても相殺により、自己の債務の履行を現実にしなくてもよくなることで、結果的に弁済を受けたのと同じ効果が生じること。

（2）自働債権と受働債権

自働債権：相殺をする側からみて、自らが行使する権利。
受働債権：相手方が有する権利、自分からみたら義務。

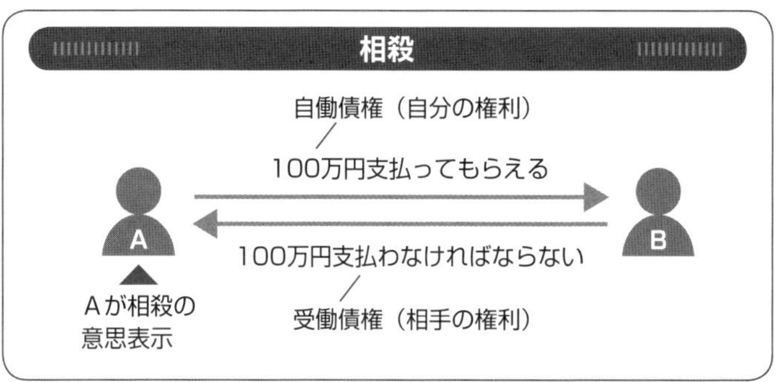

Step Up

相殺は、現実に支払い合うようなことをしないだけであって、法的な効果としては、自分も支払い、また相手に支払ってもらっていることになります。
なので、少なくとも自働債権（自分の権利）は支払期日（弁済期）にないといけないのです。

Step Up

悪意の不法行為による損害賠償請求権等を受働債権とする相殺ができないのは、被害者に現実的な補償をしてあげるべきだからです。

④は、管理組合から相殺を主張することはできます。

Keyword

供託所
供託事務を行う法務局や地方法務局等をいいます。

（3）相殺の要件（民法505・508～511条）

①債権が対立していること
②双方の債権が同種の目的をもつこと
③自働債権が弁済期にあること
※受働債権は弁済期にある必要はない
④相殺が禁止されていないこと
相手方に同時履行の抗弁権がある
当事者で相殺禁止の特約をしている
} 場合、相殺できない

前記の他にも、以下の点には注意しましょう。

①以下の損害賠償債権は、**受働債権**として相殺することは**禁止**されるが、自働債権として相殺することはできる

ア）悪意の不法行為による損害賠償の債務
イ）人の生命・身体の侵害による損害賠償の債務

②時効によって消滅した債権が、消滅**前**に相殺適状にあったときは、債権者は相殺をすることができる
③差押えを受けた第三債務者は、その後に取得した債権を自働債権として相殺することはできない
④管理費を滞納している区分所有者が、管理組合に対して有する債権と滞納管理費との相殺を主張することは許されない

（4）相殺の効力（民法506条）

相殺がなされると、両者の債権が対当額で消滅することになります。また、この相殺の効力は両者の債権が相殺できる状態にあった時（相殺適状の時）に遡ることになります。

3 供託（民法494条）

供託とは、国の機関である供託所にお金などを預けることで、金銭債務等を弁済したのと同じ効果になる制度をいいます。この供託は自由にできるわけではありません。次の**供託原因**がある場合にのみすることができます。

①債権者が弁済の受領を拒んでいるとき
②債権者が弁済を受領することができないとき
③弁済者が過失なく債権者を確知することができないとき

4 その他債権の消滅原因等（民法482・513・519・520条）

目的の達成	弁済	債権の目的を達成すること
	代物弁済	本来の給付と異なる他の給付を現実にすることで、債権を消滅させること
目的の実現不能	履行不能	債務者の責めに帰すべき事由により、債務の履行が不可能となったこと
目的の実現不要	相殺	対立する同種の目的の債権を対当額で消滅させること
	更改	従前の債権債務を消滅させ、新しい債権債務を生じさせること
	免除	債権者が債権を無償で消滅させること
	混同	債権および債務が同一人に帰することで債権が消滅すること

13章 契約総論

重要度 ★★★　出題実績 H13・14・16～25・R1・2

本日の講義
1 契約の分類
2 契約の解除
3 同時履行の抗弁権
4 危険負担

ココを覚える！

①契約の分類を覚える。特に、委任や請負といった頻出の契約は重点的に。
②契約の解除を覚える。管理委託契約でも出題されるので注意。

「ごうかく！攻略問題集」➡p.70～72

1 契約の分類

契約は当事者間の意思表示の合致で成立します。ただし、要物契約の場合、物の引渡しが必要となります。

契約の分類

典型契約	民法で定める売買や賃貸借等の13種類の契約のこと
非典型契約	典型契約以外の契約
双務契約	契約の当事者が**双方**とも**債務**を負担する契約
片務契約	契約の当事者の**片方**だけが**債務**を負担する契約
有償契約	契約当事者の双方がお互いに**対価的意義**を有する給付をする契約
無償契約	契約当事者の一方のみが給付をする、あるいは双方が給付をする義務を負うが、対価的意義を持たない契約
諾成契約	当事者の意思表示の合致のみで成立する契約
要物契約	当事者の意思表示の合致のみでは足りず、さらに物の引渡しその他の給付が必要となる契約
要式契約	契約の成立に一定の方式が必要なもの
不要式契約	方式が定まっていない契約

講師より

契約書の作成や登記は、契約の成立に必須のものではありません。

注意！

売買や賃貸借といった典型契約以外の契約（非典型契約）も有効です。たとえば管理委託契約は委任と請負の複合契約で、民法に直接の定めはありません。

2 契約の解除（民法540条）

有効に成立した契約を一定の条件の下に、破棄することを解除といいます。

約定解除	当事者が合意で定める解除
法定解除	法律の定めによる解除（債務不履行や契約不適合責任等）

（1）解除の効果（民法545条）

当事者の一方が解除したときは、当事者双方とも原状回復義務を負います。金銭を返還するときは、受領の時からの利息を付します。金銭以外の物（例えばマンション）を返還するときは、その受領の時以後に生じた果実（例えば賃料・使用料）をも返還しなければなりません。

注意！
契約を解除しても損害賠償の請求をすることができます。

（2）第三者との関係（民法545条）

解除前に第三者に不動産が転売されていた場合、第三者は善意・悪意を問わず、登記を備えなければ保護されません。

では、過去問を見てみましょう。

過去問で CHECK!　H25-4-肢2

問 Aがマンションの専有部分甲をBに売り、Bがそれを Cに転売してCがそこに居住している場合に、その後、AがBの代金不払いを理由に売買契約を解除したときには、Aは、Cに対して、Cが甲の移転登記を得ているか否かにかかわらず、甲の明渡しを請求することができる。

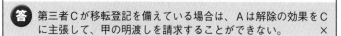

答 第三者Cが移転登記を備えている場合は、Aは解除の効果をCに主張して、甲の明渡しを請求することができない。　×

ヒント
解除の場合の第三者は善意・悪意で判断するのではなく、登記の有無で判断しました。

（3）履行遅滞による解除と、履行不能による解除（民法541・542条）

履行遅滞	相当の期間を定めた催告＋解除の意思表示
履行不能	催告不要。即時解除ができる

Step Up
本来の弁済期に履行しなければ契約の目的を達することができない場合、履行遅滞でも催告なしに解除できます。
これを定期行為といいます。

なお、次の場合は無催告でも解除可能です。

①債務の全部の履行が不能であるとき
②債務者がその債務の全部の履行を拒絶する意思を明確に表示したとき
③債務の一部の履行が不能である場合または債務者がその債務の一部の履行を拒絶する意思を明確に表示した場合において、残存する部分のみでは契約をした目的を達することができないとき
④契約の性質または当事者の意思表示により、特定の日時または一定の期間内に履行をしなければ契約をした目的を達することができない場合において、債務者が履行をしないでその時期を経過したとき
⑤その他、債務者がその債務の履行をせず、債権者が催告をしても契約をした目的を達するのに足りる履行がされる見込みがないことが明らかであるとき

（4）解除の不可分性（民法544条）

契約の一方または双方の当事者が複数いる場合、当事者ごとに解除を認めると法律関係が複雑になるので、この場合、契約の解除は全員からまたは全員に対して行う必要があります。

（5）解除の撤回（民法540条２項）

解除をいったんすると、後から撤回することはできません。

3 同時履行の抗弁権（民法533条）

同時履行の抗弁権とは、双務契約の当事者の一方は、**相手方が債務の履行を提供するまでは、自分の債務の履行を拒むことができる**という権利をいいます。

例えば、売主としたら代金を支払われずに商品を持ち逃げされたら大変ですので、同時に義務の履行をするように請求できるのが公平だからです。

“代金先払い”のような“先履行特約”が定められている場合、同時履行の抗弁権は主張できません。

（1）同時履行の抗弁権の要件

①同一の双務契約から生じる両債務が存在すること
②相手方の債務が弁済期にあること
③相手方が自己の債務を履行せずに請求したこと

注意！
同時履行の抗弁権が認められる場合、支払期日を過ぎても債務不履行になりません。

（2）同時履行の抗弁権が適用されるもの、されないもの

準用	①解除による当事者双方の原状回復義務 ②詐欺取消しによる双方の原状回復義務 ③弁済と受取証書の交付請求 ④建物買取請求権における建物・敷地の引渡しと代金支払
不準用	①弁済と債権証書の返還 ②弁済と抵当権設定登記の抹消 ③建物の明渡しと敷金の返還

4 危険負担（民法536条）

債務不履行は、債務者の責任で債務が履行できない場合でした。では、債務者の責任ではなく災害や第三者の責任で履行ができなくなった場合はどうなるのでしょうか。

民法では、このようなケースを危険負担と呼び、債権者は自分の**債務の履行**を**拒絶**できるとしています。

講師より
債務者に責任がある場合は、債務不履行となります。また債権者の責任で履行ができなくなったときは、債権者は反対給付の履行を拒めません。

過去問でCHECK!　H28-5-肢1改

問　マンションの管理組合Aは、敷地に集会棟を新築する工事を行うため、建設会社Bとの間で請負契約を締結した。Bが本件工事を完成できない場合でも、それが当事者双方の責めに帰することができない事由によるものであったときは、BのAに対する報酬の支払いをAは拒絶することができない。

答　当事者双方の責めに帰することができない事由によって債務を履行することができなくなったときは、債権者（A）は、反対給付の履行を拒絶することができる。　×

管理組合、管理業者どちらの責任でもなく管理委託契約が履行できなくなったときは、この危険負担に該当するので、管理組合は委託料の請求を拒絶することができます。

重要度 ★★★　出題実績 H13〜24・27〜30

14章 契約不適合責任・アフターサービス

本日の講義

1 売買契約
2 アフターサービス

ココを覚える！

①契約不適合責任の要件と効果を覚える。
②民法以外の法律による契約不適合責任の特例を比較して覚える。
③アフターサービスと契約不適合責任の違いを覚える。

「ごうかく！攻略問題集」
➡p.74〜80

1 売買契約（民法555条）

（1）売買契約の性質

売買契約は、当事者の一方がある財産権を相手方に移転することを約し、相手方がこれに対してその代金を支払うことを約することによって成り立つ**双務・諾成・有償**の契約です。

（2）手付

契約締結の際に当事者の一方から相手方に交付する金銭、その他の有価物を手付といいます。手付には、以下の種類があります。

①証約手付…契約の成立の証明となる手付
②違約手付…債務不履行があったときの違約金としての手付
③解約手付…契約当事者が解除をしたい場合の担保となる手付

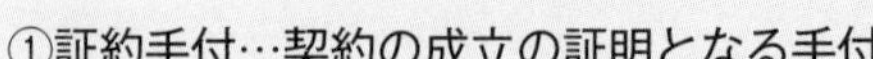

ここでは、解約手付について説明します。解約手付は、**相手方が履行に着手するまでは**、以下により売買契約を解除できます。

・買主は、差し入れた手付金を放棄する
・売主は、差し入れられた手付金を倍にして買主に現実に提供する

講師より

相手方が履行に着手した場合、手付では補えない負担が相手方に発生する可能性があるので、手付で解除できません。逆に、自らが履行に着手した場合は、自分に不利になるだけですから、手付で解除が可能です。

（3）契約不適合責任

①契約不適合責任（民法562～564条）

売主が引き渡した売買契約の目的物の種類・品質・数量に関して、契約内容に適合しない（**契約不適合**）場合に負う責任を契約不適合責任といいます。

講師より

たとえば、目的物に契約にはない欠陥が存在したような場合が該当します。

②買主が請求できる権利

契約不適合責任では、買主は売主に対して、以下の権利を請求・行使することができます。

ア）損害賠償請求
　※売主に**責任がない**場合は損害賠償請求**不可**
イ）契約の解除
　※契約不適合が**軽微**な場合は解除**不可**
　※原則として、追完をするよう催告が必要
ウ）追完請求（**修補**・代替物引渡し・不足分引渡し請求）
エ）代金減額請求
　※原則として、追完請求に応じてくれなかった場合でないと代金減額請求できない

講師より

ア）の損害賠償請求は売主の責任が必要ですが、ウ）エ）は売主は責任がない場合でも応じなければなりません。また、イ）の解除は売主に責任がない場合でも可能です。ただし、イ）ウ）エ）は買主に帰責事由がないことが必要です。

③通知期間（民法566条）

買主は追完請求等をするためには、原則として、目的物の**種類・品質**につき不適合を**知ったときから1年以内**に売主に対し、不適合である旨を**通知**しなければなりません。ただし、売主が引渡しの時にその**不適合を知り**、または**重大な過失によって知らなかった**ときは、買主は通知をしなかったとしても、追完請求等をすることができます。

講師より

この通知期間の制限は目的物の種類・品質が契約内容に不適合な場合に限定されており、数量については、適用されていません。

④免責の特約の効力（民法572条）

売主は、契約不適合責任を負わない旨の特約をすることができます。しかし、この特約をしたときであっても、**知りながら告げなかった事実**および自ら第三者のために設定しまたは第三者に譲り渡した権利については、その**責任を免れることができません**。

ヒント
「いつ」から１年以内だったか確認をしてみましょう。

過去問で CHECK!　H30-40-肢２（改）

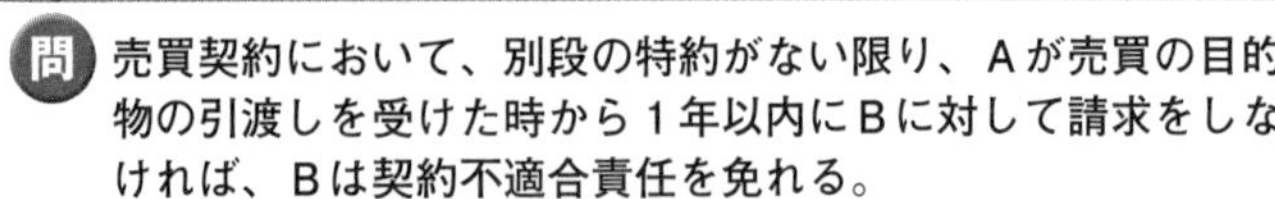
問　売買契約において、別段の特約がない限り、Ａが売買の目的物の引渡しを受けた時から１年以内にＢに対して請求をしなければ、Ｂは契約不適合責任を免れる。

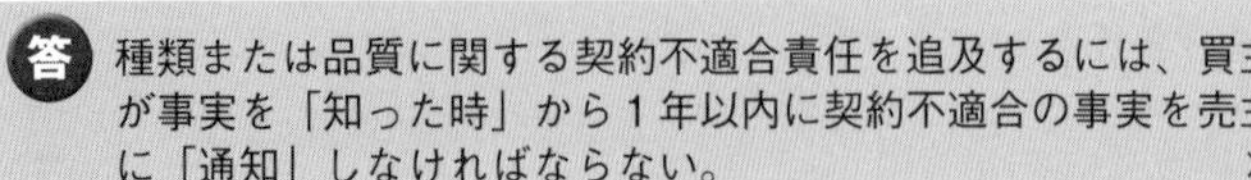
答　種類または品質に関する契約不適合責任を追及するには、買主が事実を「知った時」から１年以内に契約不適合の事実を売主に「通知」しなければならない。　×

2 アフターサービス

アフターサービスについては、不動産業界団体がアフターサービス基準を作成しています。

契約不適合責任と誤解されやすい規定に、アフターサービスがあります。アフターサービスは契約後に無償でマンション等の補修をするというものですが、これはあくまで契約でアフターサービスをするという内容にしたから負うのであり、民法や宅建業法の規定によって負わされるのではありません。

アフターサービスでは売主の責任ではない故障等は対象外ですし、内容も補修請求のみが一般的で、損害賠償請求は認められません。

また、アフターサービス特約があれば、契約不適合責任を負わないというわけでもありません。両者は性質も内容も異なりますので、併存することになります。

アフターサービスと売主の契約不適合責任の違い

	アフターサービス	売主の契約不適合責任
根拠	特約で定める	民法に規定がある
期間と起算点	部位や欠陥の種類により異なる ①**構造耐力上主要な部分および雨水の浸入を防止する部分においてサービス期間10年の箇所** …建設会社から分譲会社に建物が引き渡された日	**民法の原則** ：契約不適合を知ってから１年以内に通知 **民法の例外** ：特約で排除可能 **宅建業法の例外** ：通知期間を引渡しから２年以上の期間とすることが可能

Step Up

①の構造耐力上主要な部分および雨水の浸入を防止する部分は、品確法の規定に合わせたものとなっています（P146～）。

	②**上記①を除く共用部分**…最初に共用開始した日（区分所有者の1人が最初に使用した日） ③**その他の部分は**…当該物件引渡日	⇒これ以外で買主に不利な特約は民法の規定が適用 **品確法の特例** ：引渡しから10年間（特約で20年間とすることが可能） ⇒これ以外で買主に不利な特約は無効
対象	契約で定める内容	引き渡した目的物
内容	欠陥の補修	①追完請求、②代金減額請求、③損害賠償請求、④解除
免責	天災等の不可抗力・経年劣化・管理不十分・増改築による形状変化・その他売主に責任のない場合**免責される**	損害賠償責任については、売主に責任がなければ負わない また、民法では特約で免責することも可能

注意！
アフターサービスの対象は専有部分に限られず、共用部分も対象となります。また、設備も対象となります。

H27-40-肢2

問 アフターサービスの対象となる部位は、住戸内の内装や各種の設備に限られ、構造耐力上主要な部分及び雨水の侵入を防止する部分は含まれないことが多い。

答 構造耐力上主要な部分及び雨水の侵入を防止する部分も含まれることが多い　×

ヒント
構造耐力上主要な部分等のような、建物にとって重要な箇所ほどアフターサービスが必要ではないでしょうか。

15章 賃貸借

重要度 ★★★　出題実績 H14・15・19・20・23・24・27・30・R3

本日の講義

ココを覚える！

①貸主と借主の義務を覚える。
費用の種類はきっちり押さえよう。
②賃借権の譲渡と転貸借の効力を覚える。
無断譲渡・無断転貸の場合どうなるかを覚える。

「ごうかく！攻略問題集」
➡p.82〜88

1 貸主・借主の義務

賃貸借契約とは、当事者の一方がある物の使用・収益を相手方にさせることを約し、相手方がこれに対してその賃料を支払うことおよび引渡しを受けた物を契約が終了したときに返還することを約する契約をいいます。お金を払うわけですから有償契約、物を貸す義務と賃料の支払義務があるので、双務契約になります。

（1）貸主の義務

①目的物を使用収益させる義務（民法601条）

貸主は、借主に対して、賃貸物を賃貸借契約の目的が達成できるように適切に使用収益させる義務を負います。

②目的物を修繕する義務（民法606条）

貸主は、賃貸物件の使用収益に必要な**修繕**をしなければなりません。貸主は、借主から物件の使用の対価として賃料を支払ってもらっているので、故障等が発生した際は、借主が物件を問題なく使用できる状態になるように修繕する義務があるのです。ただし、次の場合は、貸主は修繕義務を負いません。

注意！
貸主が賃貸不動産の保存に必要な行為（修繕）をしようとするときは、借主は拒否できません。

・修繕ができない場合
・借主の責任で修繕が必要となった場合

③**費用償還請求に応じる義務**（民法608条）

貸主は、以下の費用を借主に償還しなければなりません。

	必要費	有益費
内容	目的物の保存に必要な費用	目的物の価値を増加させる費用
返還時期	支出したらすぐ	契約終了時
返還額	全額	支出額または現存増価額のいずれか賃貸人が選択した方

費用には**必要費**と**有益費**と２種類あります。必要費は本来貸主が修繕しなければならなかったのに、借主が費用を支出して修繕したという場合ですから、**支出したらすぐ全額返還請求**が可能です。これに対して、有益費は賃借人が支出したことで価値が増加したような場合です。価値増加分は借主が支出したお金ですから**契約終了時**に返すわけです。

有益費はリフォームやリノベーション等の費用が該当します。

（２）借主の義務

①**賃料支払義務**（民法614条）

借主には賃料を支払う義務があり、「いつ・どこで支払うべきか」については、民法が規定しています。

賃料の支払時期	原則、**毎月末**に支払う（後払い） 特約で前月末までに支払う（先払い）とすることもできる
賃料の支払い場所	原則として債権者（貸主）の住所に**持参**して支払う 特約で「口座振込み」とすることもできる

②**原状回復義務**（民法621条）

借主は、賃借物を受け取った後にこれに生じた損傷がある場合において、賃貸借が終了したときは、その損傷を**原状に復する義**

務を負います。ただし、以下の損傷の場合、借主は責任を負いません。

ア）通常の使用および収益によって生じた賃借物の損耗
イ）賃借物の経年変化
ウ）損傷が賃借人の責めに帰することができない事由（災害等）によるものである

③用法遵守義務（民法616条）

借主は、賃貸借契約またはその賃貸不動産の性質によって定められた利用方法に従い、賃貸不動産を使用収益しなければなりません。

では、過去問です。

過去問でCHECK! H23-3-肢イ

問 借主Bが当該専有部分について支出した費用のうち、貸主Aは、必要費については直ちにBに償還する義務を負うが、有益費については賃貸借終了時に償還すればよい。

答 必要費は直ちに支払う義務を負うが、有益費は契約終了時に支出された費用または増価額のどちらかを賃貸人が選択して支払う。 ○

ヒント
有益費は、価値の増加が残っていないと償還対象になりません。

BACK TO P.470
駐車場敷金は、預り金として負債に計上します。

注意！
賃貸借契約終了後に所有者が交代した場合は"貸主の変更"には該当せず、敷金は当然には承継されません。つまり、前所有者に返還請求することになります。

2 敷金の承継（民法605条の2第4項・622条の2）

敷金とは、いかなる名目によるかを問わず、賃料債務その他の賃貸借に基づいて生ずる借主の貸主に対する金銭の給付を目的とする債務を担保する目的で、借主が貸主に交付する金銭をいいます。

敷金は建物を明け渡した後に借主に返されます。では、途中で貸主や借主が交代したらどうなるのでしょうか？

貸主の変更	賃借目的物の譲渡により、賃貸人が変わった場合、敷金に関する権利義務は新賃貸人に承継される
借主の変更	賃借権の譲渡により賃借人が変わった場合、敷金に関する権利義務は、新賃借人に承継されない

貸主が変更した場合に敷金が承継されないと、借主はオーナーが変わるたびに敷金を差し入れなければならなくなってしまうので、敷金は承継されるのです。

他方、借主が変更した場合に敷金が承継されると、前借主の差し入れた敷金で、新借主の未払い賃料等が担保されることになってしまうので、敷金は承継されません。

借主からは、未払賃料等に敷金を充当することを請求できません。

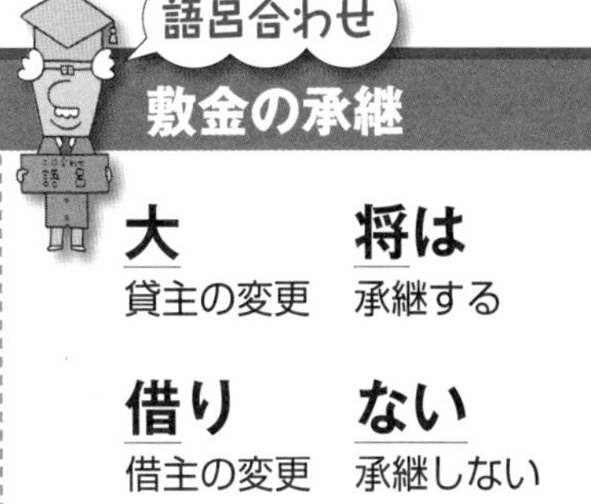

敷金の承継

大	**将は**
貸主の変更	承継する
借り	**ない**
借主の変更	承継しない

3 転貸借・賃借権の譲渡（民法612・613条）

借地上の建物を売却する場合、建物だけ売っても意味がありません。土地を使う権利がなければ“土地を不法占拠した”と土地所有者に言われてしまうからです。土地の**賃借権も譲渡**できないといけませんね。また、土地やマンションを会社で一括して借り上げ、それを従業員に**賃貸（転貸）**するという場合もあります。そこで民法では、賃借権の譲渡や転貸借も可能としています。

Keyword

サブリース
土地や建物を転貸目的で一括して借り上げることをサブリースと呼びます。

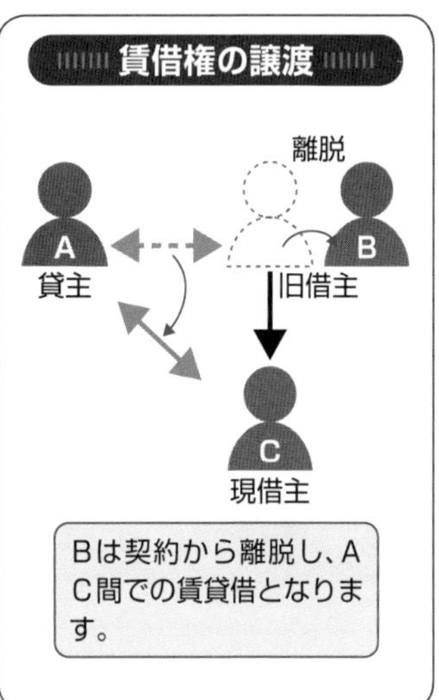

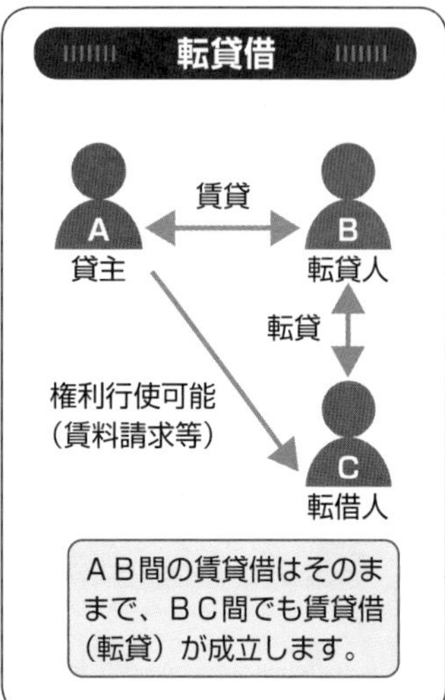

注意!

無断転貸であっても当然に無効となるのではありません。転貸人と転借人の間で転貸借契約は有効に成立します。
したがって、転貸人は転借人に賃料を請求することができます。

講師より

背信的行為と認めるに足りない特段の事情とは、例えば離婚によって借主が変わったり、一時的に親族に使わせるような場合です。

(1)無断転貸・無断譲渡

賃借権の譲渡、転貸借は、**貸主の承諾**がなければ行うことができません。貸主としたら、この人なら貸してもいいかと思って契約したのに、自分の知らないところで借主が変わったら大変です。そのため、無断で転貸借や賃借権の譲渡をし、目的物を転借人・譲受人に**使用収益**させたときは、貸主は**契約を解除することができます**。

無断転貸・譲渡の場合であっても、その行為が貸主に対する**背信的行為と認めるに足りない特段の事情**があるときは解除することはできません。

(2)転借人の義務

転貸借では、転借人は貸主に対して賃料の支払義務等につき直接義務を負います。ただし、貸主が請求できる賃料の額は、賃料または転借料の**少ない方**の額に制限されます。

では、過去問です。

過去問で CHECK!　H23-3-肢ウ

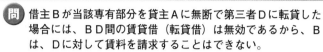

借主Bが当該専有部分を貸主Aに無断で第三者Dに転貸した場合には、BD間の賃貸借（転貸借）は無効であるから、Bは、Dに対して賃料を請求することはできない。

無断転貸であっても、転借人に使用・収益させるまでは契約を解除できない。また、契約を解除できるだけであって、当然に無効になるわけではない。　×

ヒント
無断転貸であっても"解除できる"のであって、当然無効とはなりませんでした。

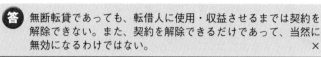

4 転貸借の終了

転貸借は、借主（転貸人）の債務不履行による解除・賃貸借の期間満了により終了します。貸主と借主（転貸人）との合意解除では、原則として、転借人に契約の終了を対抗できません。

賃貸借の合意解除	貸主・借主（転貸人）間で賃貸借契約を合意解除しても転借人に**対抗できない** 注意 借主（転貸人）が賃料未払等の債務不履行になっている場合は、合意解除でも転借人に対抗できる
債務不履行に基づく解除	借主（転貸人）の債務不履行で賃貸借契約が解除された場合、転貸借契約は履行不能により**終了する** 注意 借主（転貸人）の賃料未払いで解除する場合でも、転借人に借主に代わって弁済する機会を与える必要はない
賃貸借の期間満了（借地借家法）	建物の転貸借がされている場合において、建物の賃貸借が**期間の満了**または解約の申入れによって終了するときは、建物の貸主は、建物の**転借人にその旨の通知**をしなければ、その終了を建物の転借人に対抗することができない 建物の貸主が通知をしたときは、建物の転貸借は、その通知がされた日から6ヵ月経過によって終了する 注意 この場合、貸主の正当事由の判断に、転借人の事情も考慮される

では、過去問を見てみましょう。

過去問で CHECK! H27-6-肢2

問 賃借人Bが、賃貸人Aの承諾を得てCに転貸した場合、AB間の賃貸借契約がBの債務不履行により解除されたときは、Aは、Cに催告をして弁済の機会を与えなければ、賃貸借の終了をCに対抗することができない。

答 賃借人の賃料未払いで解除する場合でも、転借人に賃借人に代わって弁済する機会を与える必要はない。 ×

ヒント
弁済の機会は与える必要がありませんでした。

5 賃貸借の存続期間（民法604条）

民法上、賃貸借契約の存続期間は**最長50年**とされています。

借地借家法では、最長期間の定めはありません。

6 賃借権の対抗要件（民法605条）

賃借権には原則として対抗力が認められていません。賃貸借は契約なのですから、契約を締結した当事者を拘束できればそれで十分なのです。したがって、第三者に対抗するという権利は認められません。

ただし、不動産賃貸借の場合、第三者の抵当権や所有権に対して、自分の賃借権が優先すると主張しなければならないこともあります。

そこで、不動産賃貸借では、登記が対抗要件とされています。ただ、**この登記は、貸主に対して強制することができません**。あくまで任意なのです。そのため、借地借家法では以下の登記以外の対抗要件を認めています。

借地権の対抗要件	借地権者が借地上に自己名義で登記された建物を所有すること
借家権の対抗要件	借家の引渡し

対抗要件を備えた借主は、占有を妨害している第三者への妨害停止請求や返還請求が認められます。

7 不動産の貸主の地位の移転（民法605条の2）

借主が賃貸借の対抗要件を備えた場合に、その不動産が譲渡されたときは、借主の承諾がなくても、その不動産の貸主の地位は、その譲受人に移転します。ただし、不動産の譲渡人および譲受人が、貸主の地位を譲渡人に留保する旨およびその不動産を譲受人が譲渡人に賃貸する旨の合意をしたときは、貸主の地位は、譲受人に移転しません。

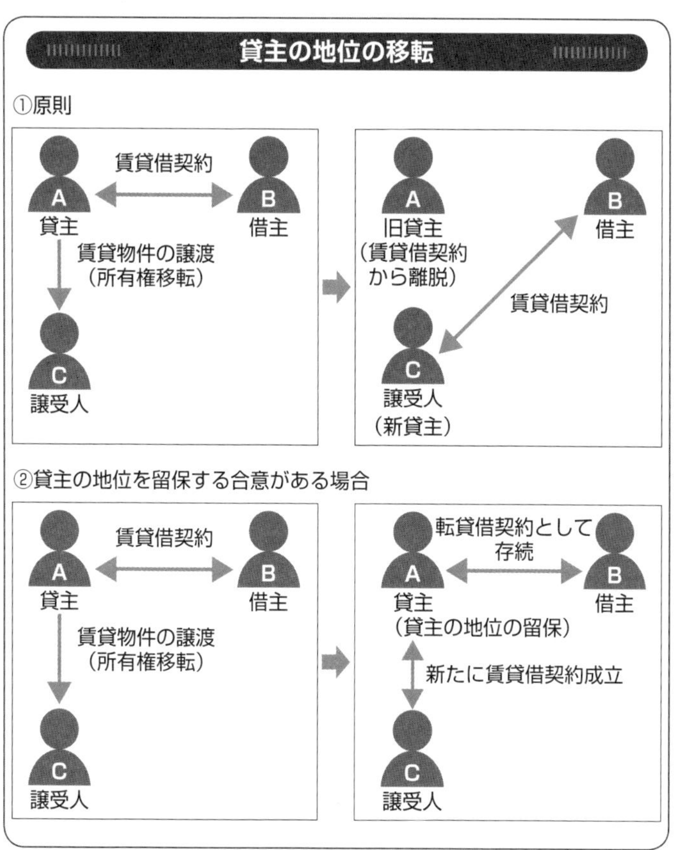

16章 借地借家法

重要度 ★★★　出題実績 H15・18〜24・26〜R3

本日の講義

ココを覚える！

①民法の賃貸借と借地借家法の規定の違いを覚える。
存続期間や更新、対抗要件といった点に注意。
②更新せずに終了する定期建物賃貸借を覚える。

「ごうかく！攻略問題集」
➡p.82〜84、90〜96

1 借家権

借家権とは、建物の賃借権をいいます。なお、用途は**居住用に限定**されません。また、個人だけでなく**法人にも適用**されます。

> **注意！**
> 使用貸借・一時使用目的の賃貸借は対象とされていません。

(1) 借家権の更新・更新拒絶・解約（借地借家法26〜29条）

借家権は、期間を定めることも期間を定めないこともどちらも可能です。

期間の定めがある場合の期間満了後の契約の更新と、期間を定めなかった場合の契約の解約についてみていきましょう。

> **講師より**
> 1年未満の期間を定めた場合、期間を定めない借家契約となります。無効となるわけではありません。

ア）合意による更新…当事者間で契約内容を合意して更新	
イ）期間の定めがある場合	・契約当事者が期間満了の1年〜6ヵ月前までに**更新拒絶の通知をしない場合に更新** 注意 貸主側から更新拒絶をする場合、正当事由が必要
ウ）期間の定めがない場合	①貸主が**正当事由**ある解約の通知をした場合、通知後6ヵ月経過で契約終了 ②借主側から解約の通知をした場合、通知後3ヵ月経過で契約終了
エ）使用継続による法定更新	・期間満了後、借主が借家をそのまま使用継続し、貸主が遅滞なく異議を述べない場合に更新

> **注意！**
> 期間の定めがない場合、貸主または借主はいつでも解約申入れができます。

なお、期間の定めがある場合、貸主または借主が一方的に解約することは、原則として認められていません。

専有部分の賃貸借の場合、抵当権や所有権の登記と借主が専有部分の引渡しを受けたときと、どちらか早い方が優先することになります。

（2）借家権の対抗要件（借地借家法31条）

借家権の対抗要件は**借家の引渡し**です。賃借権の登記がなくても引渡しがあれば、それで対抗できるのです。

（3）造作買取請求権（借地借家法33条）

借主が、**貸主の同意**を得て建物に付加した造作を、賃貸借終了の際に、貸主に買い取るように請求できる権利を**造作買取請求権**といいます。いったん取り付けると、取り外す際に相当価値が下がる造作等については、買い取ってもらえるようにしたのです。

ただし、造作買取請求権は**特約で排除することが可能**です。また、借主の債務不履行によって賃貸借契約が解除された場合には、造作買取請求権は認められません。

（4）借主に不利となる特約（借地借家法37条）

借主に不利となる特約は、無効となります。これに対し、貸主に不利となる特約は有効です。なお、「予告期間を設ければ、貸主に居住の必要性が生じた場合、貸主は解約することができる」旨の特約は借主の事情を考慮せずに解約できることになり、借主に不利な特約で無効となります。

2 賃料の増・減額請求（借地借家法32条）

（1）賃料の増・減額請求

建物の借賃が、土地もしくは建物に対する租税その他の負担の増減により、土地もしくは建物の価格の上昇もしくは低下その他の経済事情の変動により、または近傍同種の建物の借賃に比較して不相当となったときは、契約の条件にかかわらず、当事者は、将来に向かって建物の**借賃の額の増減を請求することができます**。

（2）増額禁止特約・減額禁止特約

賃料増額禁止特約と減額禁止特約の効力は以下のようになります。

①増額禁止特約…有効
②減額禁止特約…無効

ただし、定期建物賃貸借では、減額禁止特約も有効となります。

3 定期建物賃貸借（借地借家法38条）

借家権にも、更新がなく、定期で終了する定期建物賃貸借があります。

公正証書等の書面等が必要ですが、公正証書には限定されていません。

契約方法	公正証書等の書面または電磁的記録による ※公正証書に限定されていない
書面等による説明	貸主は契約締結時に書面の交付または電磁的方法による提供（借主の承諾が必要）により、契約に更新がない旨を説明しなければならない
終了	期間満了により終了する ※期間が１年以上の場合、貸主は期間満了の１年～６ヵ月前までに期間の満了により賃貸借が終了する旨の通知（書面に限定されない）が必要 ※この通知をしなくても、契約が更新や再契約されるわけではない
期間	・上限なし ・１年未満の契約も有効
家賃の増減	・特約の定めに従う ※増額しない特約だけでなく減額しない特約も有効
中途解約	・200㎡未満の居住用建物でやむを得ない事情により生活の本拠として使用することが困難となった借主からは、特約がなくても解約の申入れをすることができる この場合、解約申入れの日から１カ月経過により終了する

R 1-42-肢1

問 Aが所有するマンションの一住戸について、自らを貸主とし、借主Bと、期間を5年とする定期建物賃貸借契約を締結しようとする場合、相互に賃料の増減額請求をすることはできない旨の特約は無効である。

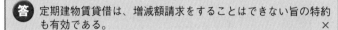

答 定期建物賃貸借は、増減額請求をすることはできない旨の特約も有効である。　×

ヒント
定期建物賃貸借と普通建物賃貸借の違いを思い出しましょう。

重要度 ★★★　出題実績 H13・15・16・18・19・21・23〜26・28・30・R2・4

17章 その他の契約

本日の講義

1. 請負
2. 委任契約
3. 使用貸借契約
4. 寄託契約
5. 贈与

ココを覚える！

①請負人の契約不適合を覚える。契約の解除ができるか否かをしっかり押さえる。
②委任の規定を覚える。
委任の解除については特に注意。
③賃貸借、使用貸借の違いを覚える。

「ごうかく！攻略問題集」
➡p.98〜110

1 請負（民法632条）

請負は当事者の一方が、ある仕事の完成を約束し、相手方がその仕事の結果に対して報酬を与えることを約束する契約をいいます。

講師より
請負は、仕事が完成することを目的としているので、民法上は、下請負も可能とされています。

（1）報酬支払の時期（民法633条）

目的物の引渡しが必要な場合……目的物の引渡しと同時
引渡しが不要な場合………………後払い

請負契約は仕事の完成を目的としているので、約束した仕事が完成しなければ契約を履行したことにはならず、報酬を請求することができません。つまり、原則として**報酬は後払い**となります。

過去問で CHECK!　H24-6-肢ウ

問 請負人は、仕事の目的物の引渡しと同時に報酬の支払いを請求することができるが、受任者は報酬を受けるべき場合には、委任事務を履行した後に報酬を請求することができる。

答 目的物の引渡しが必要な場合、請負人は、目的物の引渡しと同時に報酬を請求することができる。　○

(2) 注文者・請負人の契約解除権（民法641・642条）

注文者は、請負人が仕事を完成する前であれば、いつでも損害を賠償して契約を解除できます。

注文者が**破産手続開始の決定**を受けたときは、請負人または破産管財人は契約を解除することができます。

過去問でCHECK!　H28-5-肢4

問 請負人Bが集会棟新築工事を完成しない間は、注文者Aは、いつでも損害を賠償して契約を解除することができる。

答 注文者は、請負人が仕事を完成する前であればいつでも損害を賠償して契約を解除できる。　○

(3) 仕事未完成の場合の報酬請求権（民法634条）

以下の要件を満たす場合は、請負人は**既に完成した部分に対応する報酬**を注文者に対して請求することができます（仕事未完成の場合の報酬請求権）。

①以下のいずれかの理由で仕事を完成できなくなった場合
　ア）注文者の責任ではない事由によって仕事を完成することができなくなったとき
　イ）請負が仕事の完成前に解除されたとき
②　既にされた仕事の結果が**可分**である（既に完成した部分だけで利用可能）
③　完成した部分の提供により注文者が利益を受けるとき

講師より

②については、たとえば、請負人が既に施工した部分を注文者が引き継いで工事を完成させるケースです。

(4) 請負人の契約不適合責任（民法636・637条）

請負人にも、売主と同様に契約不適合責任が生じます。

①責任の内容

請負の場合も、売買と同様に請負人は、仕事の目的物の種類または品質等について請負契約の内容に適合しない場合、次の責任を負います。

ア）損害賠償請求

注意 請負人に責任がない場合は損害賠償請求不可

イ）契約の解除

注意 契約不適合が軽微な場合は解除不可

ウ）追完請求（修補・代替物引渡し・不足分引渡し）

エ）報酬減額請求

注意 追完請求に応じてくれなかった場合でないと、原則として、報酬減額請求できない

②注文者の供した材料の性質等による不適合

注文者の提供した材料の性質または**注文者の与えた指図**によって生じた不適合について、**注文者は請負人へ責任を追及できません。**

ただし、当該不適合に関し、請負人がその材料または指図が不適当であることを**知りながら告げなかった**ときは**請負人は責任を免れません。**

③通知期間

注文者は、目的物の種類・品質の契約不適合を知った時から**1年以内**に**通知**が必要です。ただし、請負人が仕事の目的物の引渡時に契約不適合について、悪意または重過失の場合は1年以内に通知をしなくても、注文者は責任追及ができます。

2 委任契約（民法643条）

委任は当事者間の信頼関係が強い契約ですので、受任者が他人に再委託することは原則として禁止されます。

当事者の一方が法律行為（契約等）をすることを相手方に委託し、相手方がこれを承諾することでその効力を生じる契約を委任といいます。管理組合と管理者（理事長）との関係はこの委任になります。なお、法律行為以外を行うことを準委任といいます。

委任契約は原則として無償・片務契約ですが、特約で報酬のある有償・双務契約とすることもできます。

(1) 受任者・委任者の義務（民法644～650条）

受任者（依頼を受けた方）、委任者（依頼した方）の義務は次

のようになります。

受任者の義務	委任者の義務
①事務処理についての善管注意義務 ②委任事務処理の報告義務 ③受取物・果実の引渡義務 ④取得権利の移転義務	①報酬支払義務（特約がある場合） ②費用前払義務 ③費用償還義務

受任者には、依頼された事務処理について、善良なる管理者の注意義務（**善管注意義務**）があります。善管注意義務は、職業や社会的、経済的地位に応じて、取引上一般的に要求される程度の注意義務とされます。この**善管注意義務は有償・無償に左右されません**。他人からの依頼を受けた以上、有償無償に関係なく責任を負うのです。

また、受任者は委任者の請求があった場合には、**事務処理の経過を報告しなければなりません**。また、委任契約が終了した場合には、**事務処理の結果を報告しなければなりません**。

委任契約は、原則として無償ですが、委任者は、特約があれば報酬の支払義務を負います。

Keyword
自己の財産におけるのと同一の注意をする義務
善管注意義務のほかに自己の財産におけるのと同一の注意をする義務という義務がありますが、こちらは善管注意義務よりも責任が軽減されています。

では、過去問です。

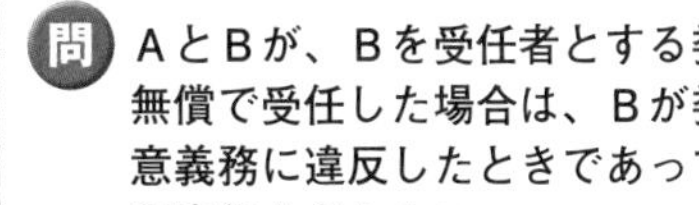

H29-6-肢4

問　AとBが、Bを受任者とする委任契約を締結した場合、Bが無償で受任した場合は、Bが委任事務の処理に際して善管注意義務に違反したときであっても、Bは、Aに対し債務不履行責任を負わない。

答　Bは無償でも善管注意義務を負うので、善管注意義務に違反したときは、債務不履行責任を負う。　×

ヒント
受任者の善管注意義務は有償・無償に左右されませんでした。

（2）履行の割合に応じた報酬請求

報酬を支払う旨の特約のある委任事務が契約途中で不可能となった場合、受任者は、次に掲げる委任の類型に応じて、既にした履行の割合に応じて報酬を請求することができます。

委任の類型	内容	報酬の請求
履行割合型	事務処理の労務に報酬を支払う場合。例えば、会計作業やその結果の入力事務の処理量に応じて報酬が支払われるような場合	①委任者の責めに帰することができない事由によって委任事務の履行が不能となった場合 ②委任契約が途中で終了した場合 ⬇ 受任者の帰責事由を問わず、既に行った履行の割合に応じて、委任者に報酬を請求できる
成果報酬型	事務処理の成果に対して報酬を支払う場合	①委任者の責めに帰することができない事由によって成果の完成が不能となった場合 ②成果を得る前に委任契約が解除された場合 ⬇ 既に行った委任事務が可分で、かつ、その事務処理によって委任者が利益を受けるときは、その利益の割合に応じて、委任者に報酬を請求することができる

（3）委任の解除（民法651・653条）

注意！
委任契約の解除の効果は、将来に向かって生じます。つまり、さかのぼりません。

委任契約は、いつでも、当事者のどちらからでも解除することが可能とされています。委任は当事者間の信頼関係に基づいているので、信頼できなくなったらすぐにでも解除できるのです。

しかし、相手方に不利な時期に解除する場合や委任者が受任者の利益を目的とする委任を解除した場合は、損害賠償の必要があります。ただし、やむを得ない事由があれば、責任が免除されます。

また、次の事由でも委任は終了します。

委任者	死亡・破産手続開始の決定
受任者	死亡・破産手続開始の決定・**後見開始**の審判

では、過去問です。

ヒント
受任者が“後見開始の審判”を受けると委任は終了しました。

過去問で CHECK! H29-6-肢2

問 AとBが、Bを受任者とする委任契約を締結した場合、Bが保佐開始の審判を受けた場合、AB間の委任契約は終了する。

答 保佐開始の審判では委任契約は終了しない。終了するのは、受任者が後見開始の審判を受けた時である。 ×

3 使用貸借契約（民法593・595・597条）

使用貸借契約とは、タダで物を借りる契約をいい、片務・無償・諾成契約です。使用貸借契約には次のような特徴があります。賃貸借との違いに注意しましょう。

（1）使用貸借契約の特徴

①借主は、契約に定めた時期に借用物を返還する。返還時期を定めなかったときは、使用収益を終わったときに返還する
返還時期も使用収益の目的を定めなかったときは、貸主はいつでも契約を解除して、返還請求できる
②**借主**が通常の必要費を負担する
③**借主**の死亡で終了し、相続されない（貸主が死亡しても終了しない）
④目的物を特定した時の状態で引き渡すことを約束したと推定される

講師より

賃借権等も財産権なので、本来は相続の対象となるのですが、使用貸借はタダで物を使わせてもらっているため、借主が死亡しても相続はされないのです。

（2）使用貸借契約の終了

使用貸借契約は以下の事由で終了します。

①当事者が使用貸借の期間を定めたときは、期間の満了
②当事者が使用貸借の期間を定めなかった場合において、使用収益の目的を定めたときは、借主がその目的に従い使用収益を終えたとき
③**借主**の死亡

（3）使用貸借契約の解除

使用貸借契約は、以下の場合、解除することができます。

①当事者が使用貸借の期間を定めなかった場合において、使用収益の目的を定めたときは、借主が使用収益をするのに足りる期間を経過したとき

②当事者が使用貸借の期間並びに使用収益の目的を定めなかったとき、貸主は、いつでも契約の解除をすることができる
③借主は、いつでも契約の解除をすることができる

ヒント
使用貸借契約の問題です。使用貸借契約は借主一代限りで、借主の相続人には、相続されませんね。

では、過去問を確認しましょう。

過去問で CHECK! H21-2-肢ウ

問 使用貸借契約において借主が死亡したときは、その目的物を使用する権利が、借主の相続人に承継される。

答 使用貸借契約は、借主の死亡により終了するので、相続人に承継されない。 ×

賃貸借契約の問題も比較してみておきましょう。

ヒント
賃貸借契約は相続されるので、相続人と賃借人の間で契約は継続します。解除なんてできません。

過去問で CHECK! H17-5-肢2

問 マンションを区分所有しているAが死亡する前にAが住戸をBに賃貸していた場合には、Aの相続人は、Aの死亡後はいつでもBに対し賃貸借契約を解除することができる。

答 Aの相続人は賃貸人の地位を承継し、解除はできない。 ×

4 寄託契約（民法657～659条）

当事者の一方が、他方のために物を保管する契約を寄託契約といいます。寄託契約は、諾成・無償・片務契約です。ただし、特約による有償寄託の場合には有償・双務契約になります。

預かった側（受寄者）が預かった物（寄託物）を使用したり第三者に保管させるには、預けた側（寄託者）の承諾が必要です。

講師より
マンション管理会社が管理組合から委託を受けて規約原本等を保管することは、この寄託契約に当たります。

5 贈与（民法549条）

贈与は、当事者の一方が、ある財産を無償で相手方に与える意思を表示し、相手方が受諾をすることによって、その効力を生ずる、無償・諾成・片務契約です。

（1）書面によらない贈与の解除（民法550条）

書面によらない贈与は、各当事者が解除することができます。

ただし、履行の終わった部分については、解除できません。書面によらない贈与とは口約束のことです。口約束で「タダであげるよ」といった場合でも贈与契約は成立します。そして、契約が成立するということは、契約を守らないと債務不履行になり強制執行の対象となります。しかし、口約束で、しかもタダで物をもらうような場合に、強制執行はやりすぎです。そこで解除を認めているのです。ただし、すでに贈与してしまったものを返してくれとはいえません。

（2）贈与者の引渡義務等（民法551条）

贈与者は、贈与の目的である物または権利を、贈与の目的として特定した時（贈与の対象が決まった時）の状態で引き渡し、または移転することを約したものと推定されます。この規定は推定規定ですから、当事者間でこれと異なる**特約がされている場合**には、**特約の方が優先**されます。

つまり、「これを贈与します」と決まった状態で引渡せれば、その後契約不適合責任等は負わないのです。

講師より

売買や請負と異なり、無償契約である贈与では、「特定した時の状態」を担保すると責任が軽減されています。

（3）負担付贈与（民法553条）

負担付贈与とは、例えば老後の面倒をみてくれる代わりに専有部分を贈与するといった、贈与に何らかの負担がつけられているものです。負担付贈与については、その性質に反しない限り、売買等の双務契約に関する規定が準用されます。

18章 不法行為

重要度 ★★★　出題実績 H13・15・17〜19・21・22・25・26・29〜R2・5

本日の講義

1. 不法行為
2. 使用者責任
3. 共同不法行為
4. 土地工作物責任
5. 注文者の責任
6. 動物占有者の責任
7. 不法行為による損害賠償請求権の消滅時効

ココを覚える！

①一般の不法行為の要件を覚える。
②特殊の不法行為にどのようなものがあるかを覚える。事例等で出されても大丈夫なようにする。特に使用者責任や共同不法行為の求償関係に注意。

「ごうかく！攻略問題集」
➡p.112〜120

1 不法行為（民法709条）

不法行為とは、契約関係にない他人から損害を加えられた場合に、加害者に対して損害賠償を請求する権利が発生する制度をいいます。

例えば、交通事故の被害者が、加害者に損害賠償を請求するケースがこれに該当します。

不法行為が成立するには、以下の要件が必要となります。

①加害者に故意・過失があること
②加害者に責任能力があること
③権利や法律上保護される利益の侵害があること
④損害が発生したこと
⑤不法行為と損害の発生との間に相当因果関係があること

損害賠償請求権ですが、胎児であっても認められます。また、例えば被害者が即死したような場合、近親者には慰謝料請求権が生じます。また、被害者が慰謝料請求権を行使する意思を表明しなくても、慰謝料請求権は相続の対象となります。

講師より

不法行為に基づく損害賠償請求権は、不法行為のときから遅滞の責任を負います。

Keyword

責任能力
自分の行為の結果について法的にみて何らかの責任が生じるか否かを判断する能力をいいます。

では、過去問です。

過去問で CHECK!　H29-2-肢3

問 甲マンションの区分所有者Dが、過失により浴室から漏水させ、階下の区分所有者Eに損害を与えた場合、EがDに対して損害賠償請求をした時からDは遅滞の責任を負う。

答 不法行為（漏水）の時から遅滞の責任を負う。請求した時からではない。　×

ヒント　被害にあった時からの遅延損害金も被害者へ払うべきですよね。

2 使用者責任（民法715条）

使用者責任とは、例えば会社の従業員が仕事中に交通事故を起こした場合、その従業員だけでなく、従業員を雇っている会社に対しても不法行為責任を負わせるというものです。

ヒント　不法行為を行った者だけが責任を負うのが原則ですが、会社は従業員を使うことで自己の営業範囲を拡大し、利益を受けているのですから、利益を受けているものは当然責任を負うこととされ、使用者責任を負うこととされたのです。

なお、使用者が責任を負うからといって、不法行為を行った従業員の責任が免責されるわけではありません。**従業員も不法行為責任を被害者に対して負うことになります。**被害者はどちらに対しても全額損害賠償請求ができます。

注意！
使用者に代わって事業を監督する者も使用者責任を負います。

使用者責任の成立要件

①ある事業のために他人を使用していること
②被用者がその事業の執行につき、したものであること
③被用者が 1 不法行為の要件を満たしていること
④使用者が被用者の選任および事業の監督に相当の注意をはらっていないこと、または、相当の注意を払っても損害発生を防止できないものでないこと

講師より
事業の執行かどうかは、行為の外形を標準として、客観的に被用者の職務の範囲内にあるか否かで判断されます。
例えば、社用車を私用で運転していた際に起こした事故についても事業の執行につきとされた事例があります。

なお、使用者は被害者に賠償したときは被用者（従業員）に対して、求償ができます。ただし、全額というわけではなく、**信義則上相当な範囲に制限されます。**同様に被用者が賠償した場合

も、使用者に信義則上相当な範囲で求償できます。

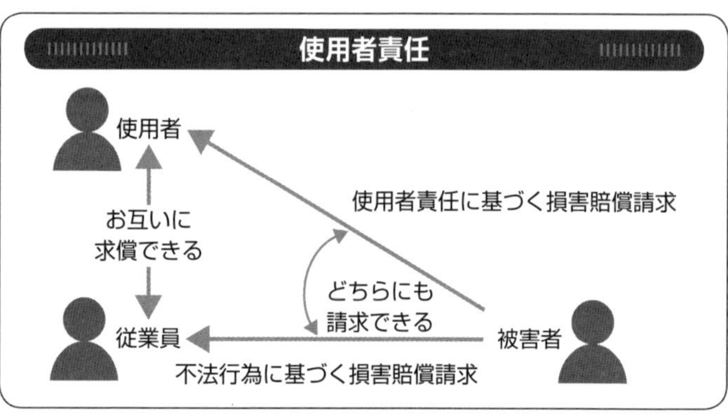

では、過去問です。

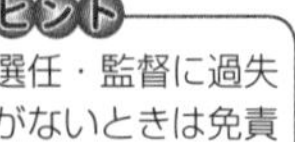

選任・監督に過失がないときは免責でした。

過去問で CHECK! H29-2-肢2

問 甲マンションの管理組合法人から設備点検を受託している設備会社Cの従業員が、過失により甲の施設を点検中に設備を損傷した場合、Cは、その従業員の選任および監督について過失がなかったときでも、甲に生じた損害について損害賠償責任を負う。

答 従業員の選任および監督について過失がなかったときは、使用者責任は免責される。 ×

注意！

教唆者（そそのかした者）や幇助者（手伝った者）も共同不法行為者に該当します。

3 共同不法行為（民法719条）

複数の者が共同で不法行為を行った場合、誰がどれくらい被害者に損害を与えたか分からないという可能性があります。その場合に、各不法行為者が賠償すべき額が確定しないから訴訟を提起できないとすると被害者に酷な結果となります。

そこで、共同不法行為の場合は、被害者は加害者の誰に対しても全額の請求ができるとしたのです。

（1）定義

共同不法行為とは、複数の者が共同して不法行為をすること

（2）効果

被害者は、共同不法行為者の各人に対して、共同不法行為と

相当因果関係にある全損害について損害賠償請求することができる

なお、共同不法行為者の１人が少なくとも全部の賠償をした場合には、本来負担すべき責任の割合に応じて、他の共同不法行為者に求償できます。

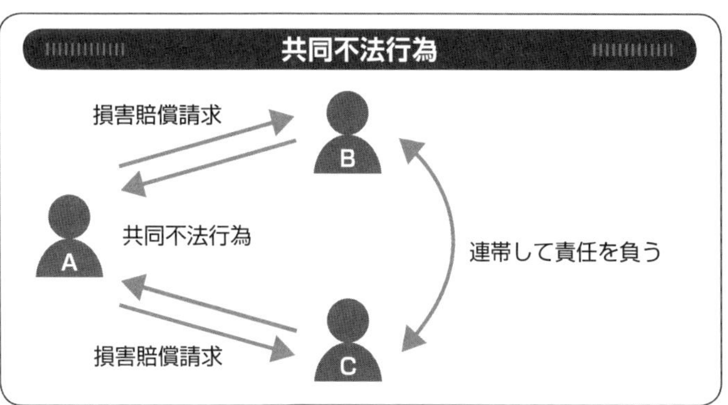

4 土地工作物責任（民法717条）

建物の外壁が落下して通行人に怪我をさせたような場合、借主のような占有者や貸主である所有者は、その損害を賠償しなければなりません。特に所有者の責任は、**無過失責任**とされ、他に責任のある者がいても、被害者に損害を賠償しなければならないのです。

これは、建物は危険な物なので、所有者にはそれに見合った責任を負わせようという考えがあるからなのです。

（1）要件
①土地の工作物の設置または保存に瑕疵が存在し
②他人に損害を与えたこと

（2）責任の主体
1次的……まず占有者が責任を負う
注意 損害の発生を防止するに必要な注意をしたときは免責される。
2次的……占有者がいない場合、または占有者が免責された場合、所有者が無過失責任を負う

Step Up
竹木の植栽に瑕疵がある場合にも、土地工作物責任が準用されます。
たとえば、マンションの植栽の支持に欠陥があって倒れ、通行人が怪我をした場合も、土地工作物責任が生じます。

注意！
責任を負う順番は、占有者⇒所有者です。

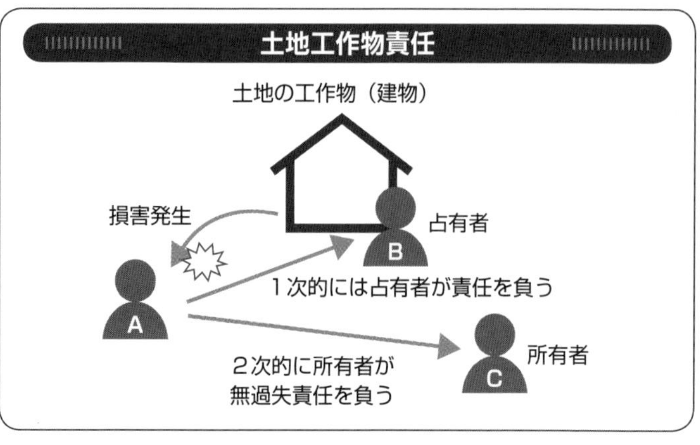

他に責任を負う者がいる場合でも「所有者」の責任は無過失責任ですので、被害者に賠償しないといけません。

なお、損害の原因について他に責任を負う者がいる場合（たとえば、外壁落下の原因が建設会社の手抜き工事だった場合）、損害を賠償した占有者や所有者は、その者に**求償**することができます。

5 注文者の責任（民法716条）

使用者責任と異なり、指揮命令関係が注文者と請負人との間にはありませんので、注文者は原則として、責任を負わないのです。

例えば、マンションの外壁補修工事中に通行人に怪我をさせたような場合、当然、工事を施工していた建設会社が責任を負い、注文者である管理組合は仕事をお願いしただけですから、**責任を負いません**。しかし、その原因が注文者の指図にあるという場合、注文者にも責任があるはずです。そこで、注文者の責任という考え方が不法行為にはあります。

原則：請負人が責任を負い注文者は責任を負わない
例外：損害の発生が注文者の注文または指図に過失があったことによる場合、注文者も責任を負う

では、過去問です。

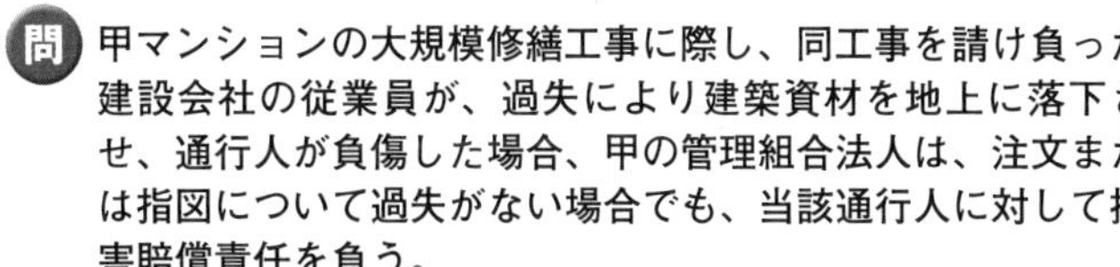

H29-2-肢4

問　甲マンションの大規模修繕工事に際し、同工事を請け負った建設会社の従業員が、過失により建築資材を地上に落下させ、通行人が負傷した場合、甲の管理組合法人は、注文または指図について過失がない場合でも、当該通行人に対して損害賠償責任を負う。

答　注文または指図について過失がない場合は、注文者は責任を負わない。　×

請負人の従業者のミスですから、注文者である管理組合法人には、原則として責任はありませんね。

6 動物占有者の責任（民法718条）

動物の占有者は、その動物が他人に加えた損害を賠償する責任を負います。

たとえば、区分所有者が飼育している犬が、マンションの来訪者を噛んでケガをさせた場合、来訪者は区分所有者に損害賠償を請求できます。

ただし、占有者が、動物の種類および性質に従い相当の注意をもってその管理をしたときは、責任を免れます。

また、占有者に代わって動物を管理する者も、同様の責任を負います。

講師より

動物の占有者には、飼主が該当します。占有者に代わって動物を管理する者には、ペットホテルやペットショップ等が該当します。

7 不法行為による損害賠償請求権の消滅時効（民法724条・724条の2）

不法行為による損害賠償請求権は、以下の期間経過により時効で消滅します。

① 被害者または法定代理人が損害および加害者を知った時から**3年間**（生命・身体を害する場合は**5年間**）行使しない
② 不法行為の時から**20年間**行使しない

→ どちらか**早い**方で消滅

19章 相続

重要度 ★★★　出題実績 H13・15〜21・24・26・28・30・R2・5

本日の講義

ココを覚える！

①相続人とその法定相続分について覚える。滞納管理費も相続の対象となること、支払義務は法定相続分に応じて相続人が引き継ぐ点に注意。
②相続人不存在の場合の手続を覚える。

「ごうかく！攻略問題集」
➡p.122〜128、162、168

1 相続

講師より

専有部分の所有権や滞納管理費債務だけでなく、たとえば賃借権といった権利も相続の対象となります。

注意！

嫡出でない子の相続分も、嫡出子の相続分と同等です。

相続とは、被相続人（亡くなった方）の権利義務を引き継ぐことをいいます。相続というと、財産や借金（滞納管理費等）の承継のイメージが強いかと思いますが、**それ以外の権利や義務も引き継ぎます**。

（1）相続人（民法887・889・890・900条）

相続人となれる者は、以下のとおりです。

相続人	相続順位	法定相続分
配偶者	常に相続人となる	子と相続……………… 2分の1 直系尊属と相続……… 3分の2 兄弟姉妹と相続……… 4分の3
子	第一順位	配偶者と相続………… 2分の1
直系尊属	第二順位	配偶者と相続………… 3分の1
兄弟姉妹	第三順位	配偶者と相続………… 4分の1

注意していただきたいのは、**配偶者は常に相続人となります**が、子・直系尊属・兄弟姉妹には順位があることです。例えば、**子が相続人としている場合、直系尊属や兄弟姉妹は相続人になれません**。また、子が複数いる場合、子全員で2分の1の相続分となります。直系尊属、兄弟姉妹が複数いる場合も、それぞれ全員

で３分の１、４分の１の相続分となります。

（２）代襲相続（民法901条）

廃除されたこと・欠格事由に該当すること・相続人となるべき者が先に死亡していたことによって相続できなかった場合に、その者の直系卑属（孫や甥・姪）が代わって相続することを代襲相続といいます。なお、相続放棄の場合は、代襲相続できません。

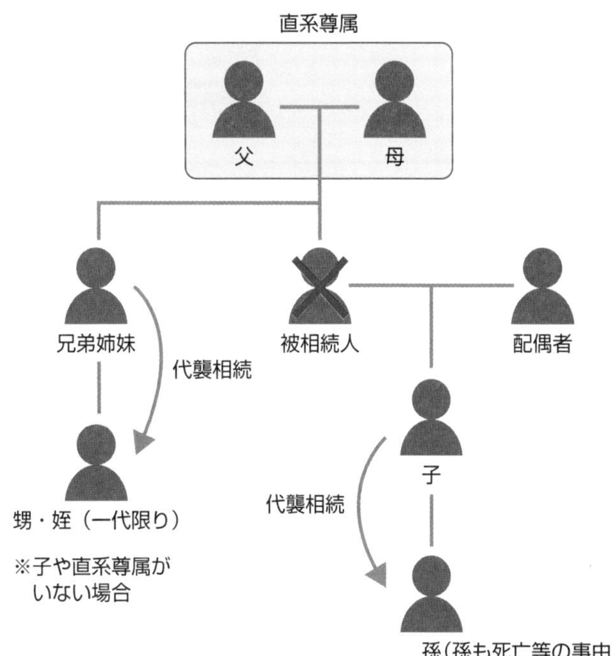

注意！

被相続人と相続人が同時に死亡した場合は、お互いに相続しなかったことになります。
この場合も、代襲相続が生じます。

Keyword

廃除
相続人となる者に著しい非行等がある場合に、被相続人が遺言や家庭裁判所に請求することで相続人となる者の相続権の剥奪をする制度です。

欠格事由
相続において特定の相続人につき、被相続人や他の相続人を殺害したり、遺言を偽造したりした者から相続権を失わせる制度です。

過去問でCHECK!　R２-１-肢３

問 Ａに配偶者Ｂ、子Ｃ、直系尊属の父Ｄのみがいる場合において、土地甲を所有するＡが死亡したときに、Ａが死亡する前に、Ｃが交通事故で死亡していた場合には、Ｂの相続分は２分の１である。

答 Ａが死亡する前に、Ｃが死亡していた場合には、配偶者Ｂと直系尊属Ｄが相続人となるので、Ｂの相続分は３分の２である　×

ヒント

ＣがＡより先に死亡している点がポイントです。

代襲相続の原因

賜　杯が　欠けて
死亡　廃除　相続欠格事由該当

醜態だ
代襲相続

（3）相続の承認・放棄（民法920・922・923・938・939条）

相続人だからといっても、必ず相続しなければならないわけではありません。多額の借金があるなら引き継ぎたくないと思うこともあるでしょう。

そこで、相続には、単純承認・限定承認・相続放棄の３種類があります。

相続の放棄は、撤回することができません。

注意！

限定承認は相続人全員で行わなければならないので、誰か１人でも単純承認していると、限定承認はできません。

	単純承認	限定承認	相続放棄
定義	相続人が被相続人の有する権利義務のすべてを承継すること	相続財産の限度でのみ相続債務を弁済することを留保して相続を承認すること	相続財産を一切承継しない旨の意思表示
要件	・熟慮期間の経過 ・相続財産の全部または一部の処分	・家庭裁判所への相続人全員での申述	・家庭裁判所への相続人各人の申述

相続放棄をした相続人は、被相続人の滞納管理費を承継しないので、支払を請求することができません。

（4）熟慮期間（民法915条）

相続の放棄・限定承認を行うべき期間を熟慮期間といいます。

これは、自己のために相続の開始があったことを知った時から

3カ月（つまり、自分が相続人となったことを知った時から3カ月）以内とされており、この期間を経過すると単純承認したとみなされます。

（5）滞納管理費と相続

遺産分割前の相続債務については、各共同相続人は法定相続分の割合で**分割された債務を負担**します。

したがって、滞納管理費を相続した場合、相続人は、**法定相続分**に応じて支払い義務を負うことになります。

相続分に応じて分割されるのは、あくまで被相続人の残した滞納管理費等であって、専有部分を相続し、複数の相続人が区分所有者となった後の管理費の支払債務は不可分債務です。

では、過去問です。

H24-11-肢1

問 管理費の滞納者が死亡した場合、管理組合は、滞納者の相続人のうち、滞納者が区分所有していた専有部分を現に占有している者に対してのみ、滞納管理費を請求することができる。

答 法定相続分の割合で各相続人が負担する。　×

ヒント
占有している者のみという限定はありませんでした。

（6）相続財産の保存

家庭裁判所は、利害関係人または検察官の請求によって、いつでも、相続財産の管理人の選任その他の**相続財産の保存に必要な処分**を命ずることができます。ただし、以下の場合は、相続財産の保存を命ずることができません。

①相続人が1人である場合で、その相続人が相続の単純承認をしたとき
②相続人が数人ある場合で、遺産の全部の分割がされたとき
③相続財産の清算人が選任されているとき

2 相続人の不存在（民法951・958条の2・959条）

被相続人（亡くなった方）に相続人がいない場合には、相続人捜索などの一定の手続きを採りつつ債務を清算していきます。そして相続人が現れないときは、相続人なしと確定され、家庭裁判

BACK TO P.199

専有部分が相続人不存在で国庫に帰属する場合、敷地利用権の共有持分は他の共有者に帰属せず、国庫に帰属します。

所は特別縁故者からの申立てに基づいて相続財産の全部または一部を与えること（財産分与）ができます。

特別縁故者もいなかったり、財産分与をしても残余財産がある場合は、その相続財産は国庫に帰属することになります。ただし、相続財産が共有持分であるときには、その持分は他の共有者に帰属します。

3 遺留分（民法1042条）

注意！

兄弟姉妹は遺留分権利者にはなりません。

遺留分とは、被相続人の一定の近親者に法律上必ず留保されなければならない相続財産の一定割合をいいます。法定相続分は、あくまで相続人間での持分割合を決定する規定でしたので、法定相続分で絶対に相続できるというわけではありません。遺言で第三者に相続財産が贈与されることもあります。法律上最低限留保されるのは、この遺留分になります。遺留分権利者は、被相続人の配偶者・直系卑属・直系尊属です。

遺留分を取り戻すには、遺留分侵害額請求をする必要があります。当然に戻ってくるのではありません。

（1）総対的遺留分

遺留分権利者全員が遺産に対して有する遺留分の割合をいいます。

直系尊属のみが相続人	相続財産の３分の１
それ以外	相続財産の２分の１

（2）個別的遺留分

各遺留分権利者の割合をいいます。法定相続分の割合が該当します。なお、兄弟姉妹には遺留分がありません。

4 遺産分割（民法907・908条）

相続人が数人いるときは、遺産分割がなされるまで相続財産は相続人の共有となります。

共同相続した財産を相続人で分割することを遺産分割といいます。遺産分割は被相続人が遺言で禁止した場合または共同相続人で分割しない旨の特約をした場合を除いて、いつでも協議できます。被相続人が、遺言で、遺産の分割を禁止する場合、**相続開始の時から５年**が上限となります。また、共同相続人も同様に遺産分割をしない旨の契約をすることができます。この遺産分割をしない旨の契約は更新することもできますが、期間は５年以内で、期間の終期は、**相続開始の時から**10年を超えることができません。

また、協議がととのわないときは、家庭裁判所に分割を請求できます。

5 遺贈（民法964・965条）

遺贈とは、遺言によって、**遺贈者**（遺産を贈る側）の財産の全部または一部を、**受遺者**（遺産を受ける側）に無償で譲与することを言います。遺贈には以下の２種類があります。

包括遺贈	「相続財産の半分をＡに遺贈する」というように、相続財産の全部、または一定の割合で指定して行う遺贈のこと
特定遺贈	「甲土地をＡに遺贈する」というように、遺贈する財産を指定して行う遺贈のこと

(1) 受贈者になれる者

受贈者になれる人は法定相続人に限定されていません。第三者が受贈者になることもできます。

(2) 遺贈の効力（民法985条）

遺贈は被相続人（亡くなった方）の**死亡**によって**効力を生じます**。そのため、遺言者より先に受遺者が亡くなっていた場合は、その受遺者への遺贈は無効となります。

(3) 遺贈の放棄（民法915・986条）

遺贈は放棄することができますが、包括遺贈と特定遺贈で以下の違いがあります。

包括遺贈	包括遺贈があったことを知ったときから**３ヶ月以内**に家庭裁判所に包括遺贈の放棄の申述をする
特定遺贈	特定遺贈は包括遺贈の場合と違い、期限について法律の定めがないので**いつでも**放棄することができる

6 配偶者居住権（民法1028・1037条）

夫（または妻）が亡くなって相続が発生した際に、配偶者が自宅に住む権利を保護するための権利をいいます。配偶者居住権には以下の２種類があります。

以前は、配偶者が今まで居住していた自宅に住み続けるためには、自宅という高額な資産を相続しなければならず、そのため、預貯金等を相続することが困難となっていました。また、唯一の遺産が自宅という場合、他の相続人から、自宅を売却して遺産の分配を求められることもありました。そこで、配偶者居住権が認められたのです。

（1）配偶者短期居住権

被相続人の配偶者が、**相続が開始した時**に被相続人が所有していた居住建物に**無償**で住んでいる場合には、**最低6ヵ月間**は、引き続き、その居住建物を無償で使用する権利（**配偶者短期居住権**）を取得することができます。

（2）配偶者居住権

配偶者が、相続が開始した時に居住していた被相続人が所有していた居住建物に住んでいる場合には、終身または一定期間、配偶者がその建物を無償で使用・収益する権利（**配偶者居住権**）を取得します。そのためには、次の①～③の**いずれかの場合に該当することが必要**です。

①遺産の分割によって配偶者居住権を取得する場合
②配偶者居住権が遺贈の目的とされた場合
③被相続人と配偶者との間に、配偶者居住権を取得させる旨の死因贈与契約がある場合

第2編

その他取引に関する法律等

ここでは宅建業法や不動産登記法といった、民法以外で売買等の取引に関係する法律を勉強します。

この分野からは、毎年3～4問の出題となっています。基本的な論点からの出題がほとんどですので、得点の見込みが高い分野といえます。

特に宅建業法は毎年出題されているうえに、論点もそれほど難しくないので、確実に得点しなければなりません。

1章 宅地建物取引業法(宅建業法)

重要度 ★★★　出題実績 H13～R5

本日の講義

1. 契約上の規制
2. 媒介契約
3. 重要事項の説明
4. 契約締結時に交付すべき書面
5. 契約不適合責任の特約の制限
6. 手付金等の保全措置

ココを覚える！

①重要事項の説明を覚える。区分所有建物に特有の説明事項は絶対に覚える！
②契約不適合の特例を覚える。民法や品確法との違いを必ず理解する。

「ごうかく！攻略問題集」➡p.134～146

1 契約上の規制

(1) 誇大広告の禁止（宅建業法32条）

宅地建物取引業者（以下、宅建業者）は、その業務に関して広告をするときは、その広告にかかる一定事項について、著しく事実に相違する表示をし、または実際のものより著しく優良・有利であると人を誤認させるような表示をしてはなりません。これを誇大広告の禁止といいます。

講師より

宅地建物取引業者は、宅地・建物の売買や売買・賃貸の媒介（仲介）・代理を行う者をいいます。不動産会社をイメージしてください。

(2) 取引態様の別の明示義務（宅建業法34条）

宅建業者は、{ ①広告をするとき ②注文を受けたときに遅滞なく } 取引の種類を明示する

取引の相手方に取引の種類を明示し、知らせなければなりません。これを取引態様の別の明示義務といいます。

取引態様の別の明示が義務付けられるのは、広告をする時と注文を受けた時の両方ですので、どちらか一方を省略することはできません。

(3) 広告を開始する時期の制限（宅建業法33条）

①宅地の造成または建物の建築に関する工事の完了前
②その工事に関し必要とされる開発許可、建築確認その他法令に基づく許可等の処分で政令で定めるものがない

宅建業者は、以上の2つの条件を両方とも満たした場合、その

工事に係る宅地または建物に関するすべての取引態様における広告をしてはなりません。

(4) 契約を締結する時期の制限（宅建業法36条）

①宅地の造成または建物の建築に関する工事の完了前
②その工事に関し必要とされる開発許可、建築確認その他法令に基づく許可等の処分で政令で定めるものがない

宅建業者は、以上の2つの条件を両方とも満たした場合、その工事に係る宅地または建物に関して、以下の行為をしてはなりません。

①自ら売買・交換契約をすること
②売買・交換を媒介すること
③売買・交換を代理すること

（3）広告を開始する時期の制限と（4）契約を締結する時期の制限の違いは、貸借の代理・媒介ができるか否かです。
広告を開始する時期の制限では、すべての取引が禁止されるので、貸借の代理、媒介の広告をすることも禁止されますが、契約を締結する時期の制限では貸借の代理、媒介は可能です。

2 媒介契約

(1) 媒介契約の規制（宅建業法34条の2）

宅建業者が、売買の代理・売買の媒介・交換の代理・交換の媒介の4つに携わる場合は、遅滞なく、一定の事項を記載した媒介契約書（依頼者の承諾を得て電磁的方法による提供も可能）を作成して、記名押印して、依頼者に交付しなければなりません。なお、賃貸の代理・媒介に携わる場合は書面の作成義務はありません。

(2) 媒介契約の種類

一般媒介契約	他の宅建業者に重ねて媒介・代理を依頼することが許されるもの	非明示型契約	契約依頼者がどこの宅建業者に依頼するかその業者の名前を明らかにしないでよいもの
		明示型契約	依頼者がどこの宅建業者に依頼するかその業者の名前を明らかにしなければならないもの

媒介契約を締結した宅建業者は、媒介契約の目的である宅地または建物の売買または交換の申込みがあったときは、遅滞なく、依頼者に報告しなければなりません。

専任媒介契約	他の宅建業者に重ねて媒介・代理を依頼することが許されないもの 依頼者が自分で相手方を見つけてくること（自己発見取引）は許される
専属専任媒介契約	他の宅建業者に重ねて媒介・代理を依頼できないばかりか、自己発見取引も許されないもの

（3）媒介契約書の記載事項（宅建業法34条の2）

①依頼された宅地建物を特定するために必要な所在等の表示
②依頼された宅地建物を売買すべき価額または評価額 **ア）宅建業者は、その価額または評価額について意見を述べるときは、依頼者の要求がなくても、その根拠を明らかにする必要がある** **イ）依頼者の希望より高い価額または評価額で媒介・代理できるときでも、意見を述べるときは、根拠を明らかにする必要がある** **ウ）根拠は口頭で明らかにしてもよい** **エ）根拠を明らかにするのは宅建士でなくても（一般の従業員でも）よい**
③依頼された宅地建物について、依頼者が他の宅建業者に重ねて売買・交換の媒介・代理を依頼することの許否、および、これを許す場合の他の宅建業者を明示する義務の存否に関する事項
④当該建物が既存（中古）の建物であるときは、依頼者に対する**建物状況調査**（建物の構造耐力上主要な部分または雨水の浸入を防止する部分）の状況の調査であって、経年変化その他の建物に生じる事象に関する知識および能力を有する者として国土交通省令で定める者が実施するもの）を実施する者のあっせんに関する事項
⑤媒介契約の有効期間および解除に関する事項
⑥媒介契約を締結したときの指定流通機構への登録に関する事項
⑦報酬に関する事項
⑧その他国土交通省令で定める事項 **ア）専任媒介契約では、依頼者が他の業者の媒介・代理によって売買・交換の契約を成立させたときの措置** **イ）専属専任媒介契約では、依頼者が、依頼した業者が探索した相手方以外の者と売買・交換の契約を成立させたときの措置** **ウ）明示義務のある一般媒介契約では、依頼者が明示してい**

ない他の業者の媒介・代理によって売買・交換の契約を成立させたときの措置
エ）その媒介契約が、国土交通大臣が定めた標準媒介契約約款に基づくものかどうかの別

（4）専任媒介の規制（宅建業法34条の2第3項〜12項）

①専任媒介契約（専属専任媒介契約を含む）の有効期間は**3ヵ月**を超えることができない
※もし、専任媒介契約の有効期間について3ヵ月より長い期間を定めたときは、その専任媒介契約の有効期間は3ヵ月に短縮される

②専任媒介契約を更新するには、有効期間の満了に際して依頼者の申出があり、かつ、宅建業者がその申出を承諾することが必要
※有効期間満了時に専任媒介契約が自動更新されることはない
※専任媒介契約が適法に更新された場合、更新後の有効期間は、初回と同様に、3ヵ月を超えることができない。もし、3ヵ月より長い期間を定めたときはその専任媒介契約の有効期間は3ヵ月に短縮される

③普通の専任媒介契約を締結した宅建業者は、依頼者に対して、業務の処理状況を報告しなければならない。この報告も口頭でよい

専任媒介契約	**2週間に1回以上**
専属専任媒介契約	**1週間に1回以上**

④専任媒介契約を締結したときは、契約の相手方を探索するため、その媒介契約の目的物である宅地建物について、所在、規模、形質、売買すべき価額等を、国土交通大臣が指定する指定流通機構に登録しなければならない

専任媒介契約	契約締結の日から**7日**以内（休業日不算入）
専属専任媒介契約	契約締結の日から**5日**以内（休業日不算入）

⑤ ④によって指定流通機構に登録をした宅建業者は、登録を証する書面を、遅滞なく、依頼者に交付または電磁的方法によって提供する必要がある

⑥ ⑤の宅建業者は、登録した宅地建物の売買・交換契約が成立したときは、遅滞なく、その旨をその登録をした指定流通機構に通知する必要がある

専任媒介の規制については、依頼者に不利になる特約は無効となります。

第2編　その他取引に関する法律等

3 重要事項の説明（宅建業法35条）

宅地建物取引業者は、土地・建物の売買等の契約が成立するまでの間に、物件の取得者（買主や借主）になろうとする者に対して、宅地建物取引士（以下、宅建士といいます）の記名のある書面を交付（相手方の承諾を得て、電磁的方法による提供も可能）し、宅建士をして一定の重要事項を説明させなければなりません。

これは、事前に物件の情報を説明することで、後々のトラブルを防止することを目的としています。

注意！
宅建士は専任の者でなくてもかまいません。

重要事項の説明の相手方

①宅建業者が売買にたずさわる場合	買主になろうとする者
②宅建業者が貸借にたずさわる場合	借主になろうとする者
③宅建業者が交換にたずさわる場合	交換の両当事者になろうとする者

なお、**説明の相手方が宅地建物取引業者**の場合、重要事項の説明は**不要**となります。この場合、重要事項説明書の交付だけで足ります。

注意！
買主や借主の承諾があっても、重要事項の説明と重要事項説明書の交付を省略することはできません。

重要事項の説明方法

重要事項を説明する者	重要事項の説明は、宅建士でなければできないが、宅建士であれば、**専任の宅建士でなくても、重要事項を説明できる**
重要事項説明書	重要事項を説明する際には、重要事項説明書という書面（35条書面）を交付する。 この重要事項説明書には、**宅建士が記名しなければならない** 注意 記名も宅建士であれば、専任の宅建士でなくてもできる
宅建士証の提示	宅建士は、重要事項の説明に際して、相手方の請求がなくても、宅建士証を提示する必要がある
重要事項の説明のしかた	重要事項の説明する時期は、契約締結前にしなければならない。 注意 重要事項の説明については、**場所的制限はない** 注意 ITを利用した重要事項説明も可能

次に重要事項として説明すべき事項ですが、最初に区分所有建物の売買・交換の際に特別に必要となる説明事項をみていきます。

区分所有建物の売買または交換に特有な説明事項

①そのマンションを所有するための１棟のマンションの敷地に関する権利の種類と内容
②**共用部分**に関する定め（その案を含む）があるときは、その内容
③**専有部分の用途その他の利用の制限**に関する規約の定め（その案を含む）があるときは、その内容
④その１棟のマンションまたはその敷地の一部を**特定の者にのみ使用を許す旨の規約の定め**（その案を含む）があるときは、その内容（専用使用権）
⑤その１棟のマンションの計画的な維持修繕のための費用（修繕積立金）の積み立てを行う旨の規約の定め（その案を含む）があるときは、その内容およびすでに**積み立てられている額**
⑥そのマンションの所有者が負担しなければならない通常の**管理費用の額**（管理費の額）
⑦その１棟のマンションおよび敷地の管理が委託されているときは、その委託を受けている者の**氏名・住所、商号・所在地**
⑧その１棟のマンションの計画的な維持修繕のための費用、通常の管理費用、その他建物の所有者が負担しなければならない費用を、**特定の者にのみ減免する旨の規約の定め**（その案を含む）があるときは、その内容
⑨その１棟のマンションの**維持修繕の実施状況**が記録されているときは、その内容

注意！

案があるときは、その内容も説明しなければなりません。
まだ規約になっていなくても説明する必要があるということなのです。

⑤修繕積立金と⑥管理費については、滞納額も説明します。

⑦管理の委託先の氏名・住所までが説明事項です。
例えば管理事務の内容までは説明事項となっていません。

語呂合わせ

区分所有建物の売買・交換における重要事項の説明

漢（管理費）　**習**（修繕積立金）　**字の**（修繕の実施の記録）

先　生（専有部分の利用制限）

委託先を（管理の委託先の氏名・住所）　**罷　免され**（費用等の免除）

四（敷地に関する権利）　**川に**（専用使用部分）　**帰郷した**（共用部分）

語呂合わせ

区分所有建物の貸借における重要事項の説明

鯛は
貸借

威
管理の委託先の氏名および住所

勢だけ
専有部分の利用制限

では、次に土地建物の売買・交換で説明する事項です。こちらは区分所有建物だけでなく、戸建でも説明しなければならない事項です。

土地・建物の売買または交換における重要事項の説明

説明事項	内容・補足
①物件の上に存在する登記された権利の種類・内容等	抵当権等が付いているときは、それについて説明する 将来その登記が抹消される予定でも、現在登記されている権利である以上、重要事項として説明する必要がある
②法令に基づく制限の概要	建築基準法による建築物の用途制限等を説明する 建物の貸借にたずさわる場合は、建築基準法による建築物の用途制限など土地に関する制限は、説明すべき重要事項から除かれる
③私道に関する負担に関する事項	私道に関する負担がない場合は、ないということを、物件取得者に説明する必要がある
④飲用水・電気・ガスの供給・排水施設の整備状況	これらの施設が**整備されていないとき**は、その整備の見通し、およびその整備についての特別の負担に関する事項

注意!
建物の貸借にたずさわる場合は、私道に関する負担に関する事項は、説明すべき重要事項から除かれます。

⑤物件が工事完了前のときは、工事完了時の形状・構造、その他国土交通省令で定める事項	国土交通省令で定める事項・宅地の場合は、宅地造成工事完了時のその宅地に接する道路の構造と幅員・建物の場合は、建築工事完了時のその建物の主要構造部、内装・外装の構造と仕上げ、設備の設置と構造 なお、必要があれば重要事項説明書の他に**図面を交付して**説明する必要がある
⑥当該建物が既存の建物であるときは、次に掲げる事項 ア）**建物状況調査**（実施後１年を経過していないものに限る）を実施しているかどうか、およびこれを実施している場合におけるその結果の概要 イ）設計図書、点検記録その他の建物の建築及び維持保全の状況に関する書類で国土交通省令で定めるものの保存の状況	
⑦代金、交換差金以外に授受される金銭の額およびその金銭の授受の目的	
⑧契約の解除に関する事項	
⑨損害賠償額の予定または違約金に関する事項	
⑩手付金等を受領しようとする場合は、手付金等の保全措置の概要	
⑪支払金または預り金を受領しようとする場合は、保証措置その他国土交通省令で定める保全措置を講ずるかどうか、および、その措置を講ずる場合におけるその措置の概要	
⑫代金・交換差金に関する金銭の貸借のあっせんの内容、および、そのあっせんによる金銭の貸借が成立しないときの措置	
⑬割賦販売をするときは、一定の事項	
⑭建物が、住宅の品質確保の促進等に関する法律（品確法）の**住宅性能評価を受けた新築住宅**であるときは、その旨	
⑮物件が、土砂災害警戒区域内にあるときは、その旨	
⑯物件が、「宅地造成等規制法」による「造成宅地防災区域内」にあるときは、その旨	
⑰物件の**種類・品質に関する契約不適合を担保すべき責任の履**行に関し、保証保険契約の締結その他の措置で国土交通省令で定めるものを講ずるかどうか、およびその措置を講ずる場合におけるその措置の概要	
⑱建物について、**石綿**（アスベスト）**の使用の有無の調査の結**果が記録されているときは、その内容	
⑲建物が、「建築物の耐震改修の促進に関する法律」により、建築基準法の指定確認検査機関等による**耐震診断を受けたものであるときは、その内容**（昭和56年６月１日以降に新築工事に着手したものを除く）	

宅建業者が自ら建物状況調査をする必要はありません。

宅建業者が自ら耐震診断をする必要はありません。

⑳物件が津波災害警戒区域内にあるときは、その旨
㉑当該宅地又は建物が所在する市町村の長が提供する図面（ハザードマップ）に当該宅地または建物の位置が表示されているときは、当該図面における当該宅地または建物の所在地

では、過去問を見てみましょう。

ヒント
宅建業者に調査義務があったでしょうか。

過去問で CHECK! H27-45-肢1

宅地建物取引業者Aが自ら売主としてA所有のマンションの住戸の売買を行う場合、当該マンションが昭和56年5月31日以前に新築の工事に着手したものであるときは、自らその耐震診断を実施した上で、その報告書を重要事項説明書に添付しなければならない。

自ら耐震診断を実施する必要はない。 ×

次に、賃貸借の場合に追加される説明事項を確認しましょう。

BACK TO P.102
定期建物賃貸借は、一定期間で終了します。

Keyword
終身建物賃貸借
賃借人が生きている限り存続し死亡した時に終了する（相続性を排除する）、賃借人本人一代限りの賃貸借契約をいいます。

貸借の場合の追加説明事項

①建物の貸借にたずさわる場合	①台所、浴室、便所、その他のその建物の**設備の整備の状況** ②契約期間および契約の更新に関する事項 ③その建物の用途その他の利用の制限に関する事項 ④**敷金**その他、契約終了時に精算することとされている金銭の精算に関する事項 ⑤その建物の管理が委託されているときは、その委託を受けている者の氏名・住所 ⑥定期借家権、終身建物賃貸借を設定しようとするときは、その旨
②宅地の貸借にたずさわる場合	①契約期間および契約の更新に関する事項 ②その宅地の用途その他の利用の制限に関する事項 ③敷金その他、契約終了時に精算することとされている金銭の精算に関する事項 ④その宅地の管理が委託されているときは、その委託を受けている者の氏名・住所 ⑤契約終了時のその宅地の上の建物の取壊しに関する事項を定めようとするときは、その内容 ⑥定期借地権を設定しようとするときは、その旨

4 契約締結時に交付すべき書面（37条書面）

契約を締結した後に代金等の契約内容についてトラブルが生じた場合に、書面がなければ水掛け論となってしまい、買主が損害を受ける可能性があります。

そこで、宅建業者は、契約が締結されたら遅滞なく、相手方等に書面（簡単にいうと契約書）を交付（交付の相手方の承諾を得て電磁的方法による提供も可能）しなければならないとされています。

時期	契約したら遅滞なく
交付の相手方	自ら売主として売買・交換の契約をした場合 ⇒相手方 当事者を代理して契約をした場合 ⇒相手方と代理の依頼者（本人） 媒介により契約する場合 ⇒両当事者
記名	宅建士の**記名**が必要

重要事項の説明と違って、こちらは契約締結後に交付すべき書面です。

それでは、記載事項をみていきましょう。やはり、売買交換の場合と、貸借の場合とで内容が異なります。

売買、交換にたずさわる場合

①当事者の氏名・住所	定めがなくても、37条書面に記載しなければならない
②宅地建物を特定するために必要な表示	
③代金・交換差金の額、並びに支払時期・支払方法	
④当該建物が既存の建物であるときは、建物の**構造耐力上主要な部分等の状況**について当事者の双方が確認した事項	
⑤宅地建物の引渡し時期	
⑥**移転登記の申請時期**	
⑦代金・交換差金以外の金銭の授受に関する定めがあるときは、その額、その金銭の授受の時期・目的	定めがなければ、37条書面に記載しないでよい
⑧契約の解除に関する定めがあるときは、その内容	
⑨損害賠償額の予定または違約金に関する定めがあるときは、その内容	

Keyword

交換差金
交換により譲渡する資産の価額と交換により取得する資産の価額が同額でない場合に、その差額を補うために授受される金銭のこと。

注意！

⑩は金銭貸借のあっせん（ローン）が成立しなかったときの措置を記載します。ローンが組めなかった以上、そのまま契約を有効とするわけにはいかないこともあるからです。

⑩代金・交換差金についての金銭の貸借のあっせんに関する定めがあるときは、そのあっせんによる金銭の貸借が成立しないときの措置	定めがなければ、37条書面に記載しないでよい
⑪**天災その他不可抗力による損害の負担**に関する定めがあるときは、その内容	
⑫宅地建物の種類・品質に関する契約不適合を担保する責任または、その責任の履行に関して講ずべき保証保険契約の締結その他の措置について定めがあるときは、その内容	
⑬宅地建物の租税その他の公課の負担に関する定めがあるときは、その内容	

貸借にたずさわる場合

①当事者の氏名・住所	定めがなくても、37条書面に記載しなければならない
②宅地建物を特定するために必要な表示	
③借賃の額、並びに支払時期・支払方法	
④宅地建物の引渡し時期	
⑤借賃以外の金銭の授受に関する定めがあるときは、その額、その金銭の授受の時期・目的	定めがなければ、37条書面に記載しないでよい
⑥契約の解除に関する定めがあるときは、その内容	
⑦損害賠償の予定または違約金に関する定めがあるときは、その内容	
⑧天災その他不可抗力による損害の負担に関する定めがあるときは、その内容	

では、過去問を見てみましょう。

ヒント

37条書面は契約書等なので、両当事者への交付が必要ですね。

過去問で CHECK!　H17-40-肢3

問　宅地建物取引業者Aは、マンションの売買に関し、その媒介により契約が成立したときは当該契約の各当事者に、遅滞なく、宅地建物取引業法第37条に規定する事項を記載した書面を交付しなければならない。

答　契約が成立したら遅滞なく37条書面の交付が必要である。　○

5 契約不適合責任の特約の制限（宅建業法40条）

宅建業者が自ら売主となり、買主が宅建業者でない場合は、その目的物の契約不適合責任に関し、**民法の規定より買主に不利となる特約をしてはならず**、これに反する特約は**無効**となります。

すでに民法の契約不適合責任の項目でも説明していますので、簡単に確認しておきましょう。

民法の規定よりも買主に不利な特約をした場合

原則	買主に不利な特約は無効。民法の定めが適用
例外	契約不適合の**通知期間**を目的物を**引き渡した時**から２年以上とする特約は有効

なお、本試験では以下のような有効となる特約、無効となる特約が出題されています。

有効となる特約	無効となる特約
・民法の規定に基づく責任と併せて買主は売主に対して欠陥の修補請求をすることが**できる** ・売主は買主が欠陥を発見したときから１年間民法の規定する内容の契約不適合責任を負う	・売主は引渡しから３年間契約不適合責任を負うが、損害賠償請求はできない ・買主は損害賠償請求はできず、欠陥の修補を請求**しなければならない** ・売主は、欠陥について帰責事由がある場合についてのみ、物件の引渡しの日から10年間契約不適合責任のうち、追完の責任を負う ・売主は、買主に引き渡した日から１年以内に通知した場合に限り契約不適合責任を負う

「目的物を引き渡した時から１年以内に契約不適合の事実を通知する」との特約をした場合、民法の規定である「知った時から１年以内に契約不適合の事実を通知する」という規定が適用になります。「通知期間が目的物を引き渡した時から２年間」になるわけではありません。

第2編　その他取引に関する法律等

ヒント
通常、契約⇒引渡しとなりますので、契約締結日から２年間ですと、引渡日から２年間よりも短くなります。

では、過去問を見てみましょう。

過去問で CHECK!　H25-40-肢ア

問 宅地建物取引業者Ａが、宅地建物取引業者でないＢに対し、中古マンションを売却した場合に、「売主Ａは、買主Ｂとの売買契約締結の日から２年以内に契約不適合につき、買主が通知をした場合に責任を負う」旨の特約は有効である。

答 通知期間を引渡しから２年以上とする特約でないと有効にならない。　×

6 手付金等の保全措置（宅建業法41条）

（１）保全措置が必要な場合

宅建業者が自ら売主となり、宅建業者でない買主と契約をするときは、保全措置を講じる前に、次の額のいずれかに該当する手付金等を受領してはなりません。

工事完了前の物件の場合	代金額の５％を超える額
	1000万円を超える額
工事完了後の物件の場合	代金額の10％を超える額
	1000万円を超える額

宅建業者が手付金等の保全措置を講じない場合、買主は、手付金等の保全措置がないことを理由に、手付金等の支払を拒絶できます。拒絶しても履行遅滞にはなりません。

（２）例外

買主が、物件の登記を得たときは、宅建業者は、手付金等の保全措置を講じる必要はありません。

重要度 ★★★　出題実績 H15・18・19・21・23・25・28・30～R2

2章 不動産登記法

本日の講義

ココを覚える！

①登記記録の構成を覚える。
区分所有建物の登記記録は必ず覚える。
特に敷地権に関する表示は押さえておく。
②区分所有建物に特有な登記を覚える。
表題登記の一括申請や所有権保存登記、
共用部分の登記等を覚えておく。

「ごうかく！攻略問題集」
➡p.148～152

1 不動産登記と登記記録

不動産登記は重要な財産である土地や建物の所在・面積や所有者の住所・氏名などを登記記録に記録し、これを一般公開することによって権利関係などの状況が誰にでもわかるようにし、取引の安全と円滑を図っています。

では、登記記録の構成をみていきましょう。

（1）登記記録の構成（不動産登記法12条、規則4条）

登記記録は以下のような構成となっています。

表題部		土地または建物の表示に関する事項を記録する
権利部	甲区	所有権に関する事項を記録する
	乙区	所有権以外の権利に関する事項を記録する

（2）区分建物の登記記録（不動産登記法44条）

不動産登記法では、専有部分（マンションの部屋のこと）を区分建物といいます。区分建物の登記記録にはちょっと特徴があって、表題部が2種類存在します。1つは**一棟の建物の表題部**、もう1つは**専有部分（区分建物）の表題部**です。

区分建物ですと、部屋ごとに売買の対象となるので、一棟の建

Step Up

登記事項証明書（登記事項の一部または全部を証明したもの。以前の謄・抄本）や登記事項要約書（概要を記載した書面。閲覧の代わり）は誰でも請求できます。

講師より

権利部に登記をすることで対抗力を有することになります。

注意！

区分建物の床面積は、壁その他の区画の内側線、一棟の建物の床面積は壁その他の区画の中心線の水平投影面積です。

物の表題部だけだと物件に関する情報が足りないのですね。

講師より

敷地（土地の登記記録）の相当区事項欄（甲区または乙区）には、敷地権たる旨の登記が記録されます。

注意！

土地や建物の評価額や固定資産税評価額は、表題部に記載されません。

区分建物の登記記録

<table>
<tr><td rowspan="4">区分建物の登記記録</td><td rowspan="2">表題部</td><td>一棟の建物の表題部</td><td>敷地権の目的である土地の表示
所在・地番・地積等</td></tr>
<tr><td>区分建物（専有部分）の表題部</td><td>敷地権の表示
敷地権の種類・割合等
共用部分である旨の登記</td></tr>
<tr><td rowspan="2">権利部</td><td>甲区</td><td>所有権に関する事項
所有権・所有権仮登記・処分制限の登記・買戻し特約の登記</td></tr>
<tr><td>乙区</td><td>所有権以外の権利に関する事項
抵当権・賃借権の登記</td></tr>
</table>

ここで注意したいのが表題部です。戸建建物では表題部は１つしかありませんが、区分建物では一棟の建物（マンション全体）の表題部と区分建物の表題部の２つがあります。また、一棟の建物の表題部には敷地権の目的である土地の表示（どこの土地を敷地としているのか）が記録され、区分建物の表題部には、敷地権の種類と割合が記録されます。専有部分と一緒にどのような土地の権利が、どれくらい手に入るかを買主となる人に教えるためです。

語呂合わせ

一棟の建物の表題部に記録される事項

一同の　**目的は**
一棟の建物の表題部　敷地権の目的である土地の表示

木　**版の**　**書**　**籍**
地目　地番　所在地　地積

区分建物の表題部に記録される事項

苦痛の　**表情**
区分建物の　表題部

原因は　**日**　**日の**
原因および　日付　登記の日付

種　**割り**
敷地権の種類　敷地権の割合

2 登記の申請

続いて不動産登記の申請についてみていきます。登記は登記所に対して申請しますが、申請に方式が定められています。でたらめな登記申請をされたら困るからです。

Keyword
登記所
登記の事務をつかさどる、法務局、地方法務局、それらの支局・出張所を登記所と呼びます。

（1）申請の原則（不動産登記法16・60条）

原則	内容
申請主義	登記は当事者が申請して初めてされるという原則
共同申請主義	登記の申請は、当事者双方が共同して行う必要があるとする原則

共同申請主義は所有権移転等の権利の登記に適用があります。表示の登記には適用されません。

（2）登記識別情報の通知等（不動産登記法21条）

所有権保存登記等の権利に関する登記が完了すると、従来の権利証（登記済証）に代えて登記識別情報（数字とアルファベットを組み合わせた12桁のパスワードのようなもの）が新たな登記名義人へ通知されます。また、これとは別に登記完了証が交付されます。

3 表題登記（不動産登記法47・48条）

つまり、マンションの分譲会社は、全戸の表題登記の申請義務があることになるのです。

登記簿の表題部に初めて登記事項を記録することを、表題登記といいます。表題登記については、所有者が新築等を行った場合には、そのときから１カ月以内の申請が義務付けられています。

区分建物の建物表題の登記の申請は、その一棟の建物に属する他の区分建物の表題の登記の申請と共に行わなければなりません。

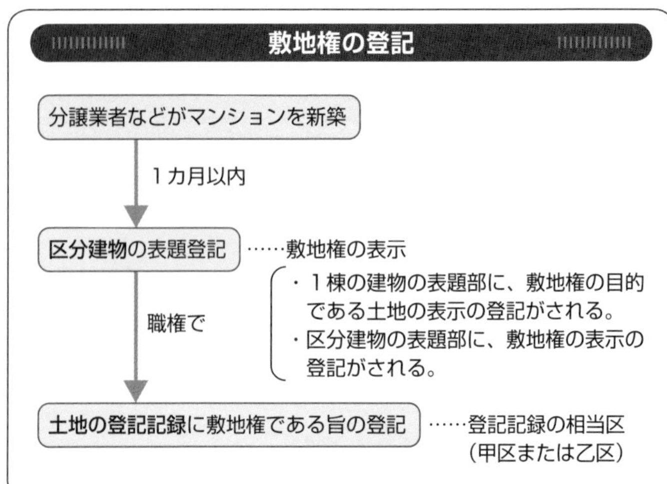

4 敷地権である旨の登記（不動産登記法46条）

区分建物（専有部分）の表題部に最初に敷地権の種類や割合等の登記をするときは、当該敷地権の目的である**土地の登記記録**について、登記官は**職権**で、当該登記記録中の所有権、地上権その他の権利が敷地権である旨の登記をしなければなりません。

本来、土地と建物は別個の不動産なので、別々に売却等ができますが、敷地権になると、専有部分との分離処分が禁止されます。そのため土地の登記記録に敷地権である旨の登記をし、この土地の所有権等が単独では処分できないと判断できるようにするのです。

5 共用部分である旨の登記（不動産登記法58条）

専有部分は規約で共用部分とすることができますが、共用部分である旨の登記が必要となります。共用部分である旨の登記は、不動産の表題登記の１つとして、表題部に記録された所有者または所有権の登記名義人からの申請によりされます。

共用部分の登記は、区分建物の表題部（専有部分の表題部）に記録されます。このとき、専有部分の甲区・乙区にある登記は職権で抹消されることになります。共用部分になったことで、単独で処分することができなくなるからです。しかし、抵当権等が知らない間に消されていたら大変です。そこで、**所有権以外の登記があるときは、その名義人の承諾が必要**とされています。

規約共用部分は登記をしないと第三者に対抗できません。

6 所有権保存登記（不動産登記法74条）

表題部だけがあってまだ権利に関する登記がされていない土地や建物について初めてされる権利に関する登記を所有権保存登記といいます。

所有権保存登記は申請することができる者が法定されています。

①表題部に所有者と記録された者またはその相続人・一般承継人
②確定判決により自己の所有権を証する者
③土地収用法により土地を収用した者
④区分建物の場合、表題部の所有者から所有権を取得したことを証する者（買主）

注意するのは④です。本来所有権保存登記は、表題部所有者からの申請を原則とします。表題登記をした者が建物を建築した所有者というケースがほとんどだからです。

しかし、分譲マンションだと、建築した分譲業者はすぐに売ってしまいますし、全戸について分譲業者が表題登記と所有権保存登記を申請するというのは大変です。

そこで、**表題部所有者から所有権を取得した者も所有権保存登記が可能**なのです。

Keyword

土地収用法
一定の手続きのもとに、土地所有者の意思にかかわらず起業者に土地所有権を取得させる制度を土地収用制度といい、その要件、手続き、効果や土地収用に伴う損失の補償等について規定しているのが土地収用法です。

ヒント
区分建物には、所有権保存登記の特例がありました。

過去問で CHECK! H21-43-肢1

問 区分建物の所有権の保存登記は、表題部所有者から所有権を取得した者も申請することができる。

答 区分建物（専有部分）は表題部所有者から所有権を取得した者（買主等）も所有権保存登記を申請できる。 ○

所有権保存登記

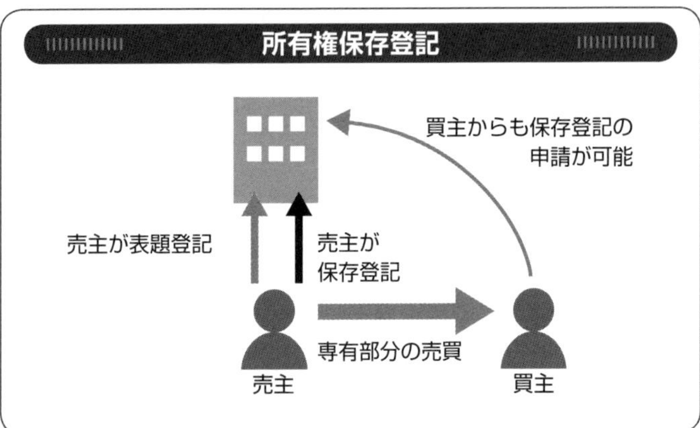

7 仮登記（不動産登記法105～110条）

仮登記とは、下記の場合に、権利の順位を確保するために仮に登記をして、後に本登記をする場合に使用される登記をいいます。

登記申請に必要な情報が足りない場合（１号仮登記）
予約等をしたため、請求権は発生している場合（２号仮登記）

せっかく登記申請をして、対抗要件を備えようとしても、まだ予約の段階だったり、添付すべき情報をうっかり忘れてしまった場合は登記申請ができません。でも、あらためて登記申請をしようとしている隙に、第三者名義の登記がされたら困ります。そこで仮登記が認められているのです。

仮登記の特徴は以下のようになります。

①仮登記の効力

仮登記には対抗力がなく、あくまで順位を確保する順位保全効しかないただし、順位が保全される（仮登記の順位で本登記できる）ので、所有権に関する仮登記は、後に本登記を申請する際に、仮登記に後れる登記がされている場合、その登記の抹消を申請することができる

この場合、仮登記権利者は、利害関係人（仮登記に後れる者のこと）である第三者の承諾書またはこれに対抗することのできる裁判の謄本を申請書に添付する必要がある

②仮登記の申請

原則：仮登記権利者および仮登記義務者の共同申請

例外：以下の場合は単独申請することができる

ア）仮登記義務者の承諾を得て仮登記権利者が仮登記申請するとき

イ）仮登記仮処分命令がある場合に、仮登記権利者が仮登記申請するとき

ウ）仮登記義務者が仮登記の申請に協力しない場合に、判決を得て仮登記権利者が仮登記申請するとき

仮登記仮処分命令は、仮処分とあるように、あくまで裁判所の下した暫定的処置にすぎません。
仮登記はそれでも登記申請が可能なのです。

8 相続登記（不動産登記法76条の２）

相続人は、**自己のために相続の開始があったことを知り**、かつ、その**所有権を取得したことを知った日**から**３年以内**に相続登記を申請しなければなりません。正当な理由なく期限内に登記をしなかった場合には10万円以下の過料が科せられることになります。

「自己のために相続の開始があったことを知り」については、例えば、他の相続人の相続放棄等で自己が相続人になったことを知らない場合があることを想定しています。また、「所有権を取得したことを知った日」については、自己が相続人であることを知っていても、相続財産に不動産が存在することを知らない場合があることを想定しています。

3章 住宅の品質確保の促進等に関する法律（品確法）

重要度 ★★★　出題実績 H13・15・16・18・19・21・22・26・28・29・R1・2・4・5

本日の講義

1. 瑕疵担保責任の特例
2. 評価書等の交付と売主・請負人の責任
3. 住宅性能表示基準
4. 性能評価の流れ
5. 指定住宅紛争処理機関
6. 住宅瑕疵担保履行法

ココを覚える！

①瑕疵担保責任の特例は必ず覚える。
頻出論点である。必ず押えよう。
特に、民法や宅建業法との違いを意識して覚えること。
②住宅性能評価制度の仕組みを覚える。
③住宅紛争の処理の仕組みを覚える。

「ごうかく！攻略問題集」
➡p.154～158

1 瑕疵担保責任の特例（品確法95・97条）

品確法では、目的物の種類・品質に関する契約不適合責任を瑕疵担保責任と呼んでいます。この瑕疵担保責任の特例で注意すべき点は、対象は「新築住宅」でないといけないことです。中古住宅や店舗等の住宅以外の用途は対象外です。また、**構造耐力上主要な部分か雨水の浸入を防止する部分**の瑕疵が対象ですので、それ以外の瑕疵は品確法では保護されません。

ただし、品確法で保護されないからといっても、民法や宅建業法の契約不適合責任の規定による損害賠償請求等は可能ですので注意しましょう。それぞれ並存するのです。

講師より

例えば、システムキッチンの扉が壊れていても、それは構造耐力上主要な部分でも雨水の浸入を防止する部分でもないので、品確法では保護されません。

対象となる契約	新築住宅の売買・請負契約 ※住宅とは、人の居住の用に供する家屋または家屋部分をいう ※新築住宅とは、新たに建築された住宅で、まだ人の居住の用に供したことのないもの（建設工事完了の日から起算して１年を経過したものを除く）
対象となる部分	①建物の構造耐力上主要な部分 基礎・柱・梁・床・構造壁・屋根等 ②雨水の浸水を防止する部分 屋根・外壁・開口部・外部貫通雨水配管

瑕疵担保責任の内容	①追完請求 ②代金減額請求 ③損害賠償請求 ④契約解除
瑕疵担保期間	住宅の引渡しから10年 （請負人と売主が異なる場合は請負人から売主に引き渡されたときから10年） ただし、特約で最長20年間まで延長することができる（構造耐力上主要な部分等以外も対象とできる） ※買主の通知期間は、瑕疵の存在を知ったときから1年
特約の効果	本法の規定と比して注文者や買主に不利な特約は無効となる

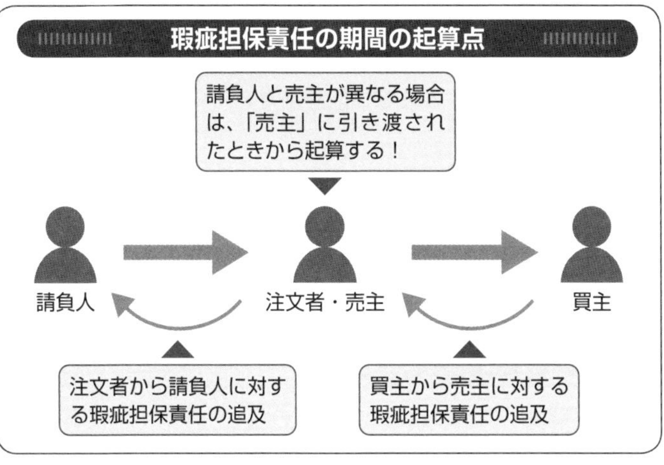

瑕疵担保責任の期間を短縮したり、損害賠償請求を認めないとする特約は無効です。

講師より

買主はあくまで売主に対してのみ瑕疵担保責任を追及できます。請負人に対しては、売主である注文者が瑕疵担保責任を追及することになります。

では、過去問を見てみましょう。

ヒント
建築請負会社から売主に引渡された時に注意しましょう。

過去問でCHECK! H22-43-肢1

問 品確法の規定する新築住宅の瑕疵担保責任の特例におけるその責任期間は、建築請負会社から売主に引き渡されたものである場合は売主に引き渡された時から10年間であり、それ以外の場合は買主または注文者に引き渡した時から10年間である。

答 新築住宅が建築請負会社から売主に引き渡されたものである場合、その新築住宅の買主も売主に引き渡された時から10年間瑕疵担保責任を追及できる。 ○

2 評価書等の交付と売主・請負人の責任（品確法6条）

評価書の添付自体は任意です。

①請負契約書・売買契約書に契約当事者の合意により評価書が添付された場合
②請負人または売主が住宅性能評価書を注文者または買主に交付した場合

以上の場合は、契約書面に反対の意思が表示されていない限り、当該住宅性能評価書に記載した内容に適合する工事を行う（行った）ことを約したものとみなされます。

3 住宅性能表示基準

住宅性能表示基準制度は新築住宅に限定されていません。中古住宅も対象となります。

住宅性能表示基準においては、次の住宅性能表示項目が定められています。当社比○○％アップといわれても、他社と比較できないと性能が本当によいのか分かりません。そこで、共通の「ものさし」として作成されたのが住宅性能表示基準なのです。

①構造の安定に関する事項
②火災時の安全に関する事項
③劣化の軽減に関する事項
④維持管理への配慮に関する事項
⑤温熱環境に関する事項
⑥空気環境に関する事項
⑦光・視環境に関する事項
⑧高齢者等への配慮に関する事項

⑨音環境に関する事項
⑩防犯に関する事項

なお、この制度を利用するか否かは任意となっています。

4 性能評価の流れ（品確法５条）

申請を受理した登録住宅性能評価機関では、「日本住宅性能表示基準」に基づいて「設計住宅性能評価」を行います。まず、設計の段階で図面を検討し、その住宅が持っている性能を判断するのです。

次に、その設計内容どおりに住宅が施工されているかを検査する必要があります。この場合、登録住宅性能評価機関に所属している評価員が現場に出向き、検査を行い確認します。これを「建設住宅性能評価」といいます。

つまり、設計段階と施工段階の２回に分けて性能が評価されることになるのです。

注意！

マンションの場合は、専有部分と共用部分の両方の評価が必要です。

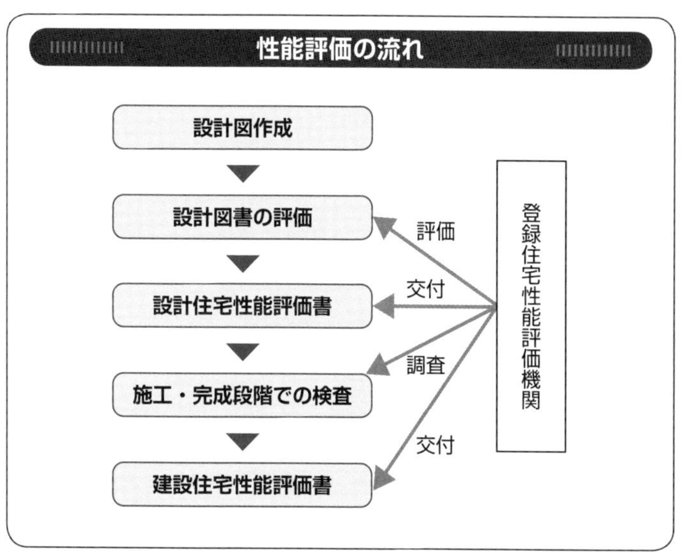

5 指定住宅紛争処理機関（品確法66・67条）

紛争の処理というと裁判が一般的ですが、それだと時間もお金もかかってしまいます。また、専門家の意見を聴いて紛争を処理したいという要望もあります。

そこで、品確法では、住宅性能表示制度に基づく建設住宅性能評価書が交付された住宅（評価住宅）を対象に、裁判によらず住宅のトラブルを処理する目的で国土交通大臣から指定された機関として指定住宅紛争処理機関を設け、迅速な紛争解決を行えるようにしています。

指定住宅紛争処理機関を利用できるのは、あくまで建設住宅性能評価まで受けた住宅でなければなりません。ただし、新築住宅に限定されていませんので、中古住宅も建設住宅性能評価を受けていれば利用できます。

Keyword

住宅紛争処理支援センター
指定住宅紛争処理機関の業務の支援などを目的とする公益法人のことです。

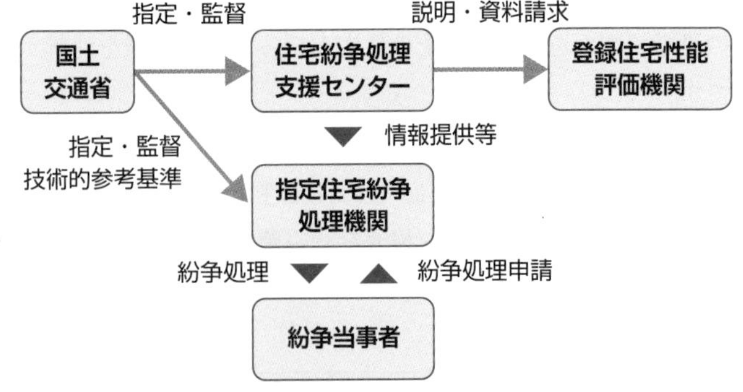

6 住宅瑕疵担保履行法

品確法では、新築住宅を販売する宅建業者等には、住宅の**引き渡しから10年間**の瑕疵担保責任が義務付けられています。しかし、宅建業者が倒産してしまうと瑕疵の修補や損害賠償請求を受けられません。そこで、住宅瑕疵担保履行法では、宅建業者等に対して保険への加入または保証金の供託にて、資力を確保するよう法律で義務付けられています。

義務者	①宅建業者と②建設業者
対象物	新築住宅 ※建設完了後1年を経過していないことが必要 ※人の居住の用に供したことがないことが必要 ※賃貸住宅も対象
対象となる取引	宅建業者が自ら売主となり、宅建業者でない者が買主となる取引 ※代理や媒介業者は対象外
対象となる箇所	構造耐力上主要な部分（基礎、はり、床など）または、雨水の侵入を防止する部分（屋根、外壁、開口部等）の瑕疵

4章 民事訴訟法・破産法

重要度 ★★★　出題実績 H13〜28・30〜R5

本日の講義

1 民事訴訟の提起
2 少額訴訟
3 支払督促
4 破産法
5 調停

ココを覚える！

①少額訴訟の要件と特色を覚える。
少額訴訟の額は押えておく。
②支払督促の手続きを覚える。
督促異議の日数等を押える。

「ごうかく！攻略問題集」
➡p.128〜130、162〜172、290

1 民事訴訟の提起（民事訴訟法110条）

民事訴訟では訴訟を提起した側を原告、訴えられた側を被告といいます。まず原告が裁判所に対し訴状を提出することから民事訴訟が始まります。

なお、被告が行方不明で訴状を送達できない場合でも、**公示送達**といって、裁判所に一定期間掲示されることで、訴状が送達されたものとみなされる制度がありますので、訴えを提起することができます。

講師より

訴状には、①当事者および法定代理人の表示、②請求の趣旨、③請求の原因を記載しなければなりません。

過去問で CHECK!　H26-11-肢エ

問 管理費を滞納している区分所有者が、行方不明であっても、裁判所に滞納管理費を請求する訴えを提起することができる。

答 公示送達により訴えを提起できる。　○

ヒント

行方不明になったら訴えられないのは、理不尽と考えましょう。

2 少額訴訟（民事訴訟法368条）

訴額が少額なのにもかかわらず、手間と暇と費用をかけて通常の訴訟の手続きを踏むのは負担が大きすぎることもあります。そこで、以下の場合には、少額訴訟という簡略な手続きを利用することができます。

注意！

少額訴訟を利用するかどうかは任意です。義務ではありません。

講師より

金銭の支払請求訴訟に限定されていますので、明渡し等の請求はできません。

（1）少額訴訟の要件（民事訴訟法368条）

①訴額が**60万円以下**の金銭の支払請求であること
②同一の簡易裁判所で同一の**年に10回**を超えて少額訴訟による審理を受けていないこと
③少額訴訟による審理を求める旨の申述を**訴えの提起の際に行うこと**

では、過去問を見てみましょう。

ヒント
通常の訴訟なのか少額訴訟なのか訴え提起の際に決めるのです。

CHECK!

過去問で CHECK!　H27-11-肢1

問　少額訴訟による審理及び裁判を求める旨の申述は、訴えの提起の際にしなければならない。

答　訴えの提起の際に少額訴訟を求めると申述する必要がある。○

語呂合わせ

少額訴訟の要件

6時　60万円以下の金銭債権

10分が　年10回まで

定　時　訴訟提起の時に少額訴訟を希望

6時10分

（2）少額訴訟の特則（民事訴訟法369～381条）

少額訴訟は、通常の訴訟よりも簡易な訴訟になりますから、手続きを簡略化するための、以下の特徴があります。

①**一期日審理の原則**といって、原則として最初にすべき口頭弁論期日で審理が完了する
②被告が口頭弁論終結前に同じ裁判の中で、原告を相手方として提起する訴え（**反訴**）**は禁止される**
③証拠調べは即時に取り調べられる証拠に限り取り調べられる

④判決は、相当でないと認める場合を除いて、口頭弁論の終結後直ちにする
⑤請求認容判決には、職権で仮執行宣言を付さなければならない
⑥少額訴訟の終局判決に対しては**控訴をすることができない**
⑦少額訴訟の終局判決に対しては、判決書等の送達を受けた日から2週間の不変期間内に**異議の申立てをすることができる**
⑧適法な異議があれば通常訴訟に移行する
⑨原告の請求を認める場合でも、3年以内の範囲で分割払いや支払猶予の判決を言い渡すことができる

では、過去問を見てみましょう。

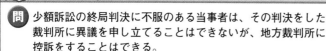

過去問で CHECK!　H27-11-肢4

問 少額訴訟の終局判決に不服のある当事者は、その判決をした裁判所に異議を申し立てることはできないが、地方裁判所に控訴をすることはできる。

答 異議を申し立てることはできるが、控訴はできない。　×

(3) 通常の手続きへの移行（民事訴訟法373条）

上記のように、少額訴訟では証拠調べ等に制限があり、被告に不利になることがあります。そこで被告は、**訴訟を通常の手続きに移行させる旨の申述をすることができます**。ただし、被告が最初にすべき口頭弁論の期日において弁論をし、またはその期日が終了した後はできません。

3 支払督促

(1) 支払督促とは（民事訴訟法382条）

支払督促とは、**金銭**その他の代替物または有価証券の一定の数量の支払いについて、債務者が請求権の存在を争わないことが予想される場合に、簡易迅速に債務名義を付与する制度をいいます。支払督促は裁判ではなく、簡易裁判所の書記官が債務者に対して支払督促というものを送付し、債務者が文句を言わなければ、それで強制執行をさせるというものなのです。

Keyword

控訴
第一審の判決に対して不服がある場合に、上級の裁判所に対して新たな判決を求める手続き。

異議申立て
判決を下した簡易裁判所へ不服を申し立てること。

ヒント
控訴をすると、一期日で審理が終わりませんね。

少額訴訟と違い、支払督促には金額による上限は定められていません。

Keyword

債務名義
強制執行する権限があることを証明する文書。

支払督促は債務者の普通裁判籍の所在地（一般的には住所）を管轄する**簡易裁判所の裁判所書記官**に対して申し立てます。

（２）督促異議（民事訴訟法390・393条）

すでに返済済みの借金について支払督促が届いたらどうでしょう？　債務者としたら、それは支払済みだと文句を言いたいですよね（文句を言わないと強制執行されるおそれがあります）。

そこで債務者は、支払督促に対して、これを発した裁判所書記官の所属する**簡易裁判所**に、**督促異議**を申し立てることができ、債務者が督促異議を申し立てると支払督促は督促異議の限度で効力を失い、通常訴訟に移行します。

この督促異議は、支払督促の送達を受けた日から**２週間以内**にしなければなりません。

講師より

仮執行宣言がなされたことにより、債権者は強制執行が可能となりますので、仮執行宣言後の督促異議では、支払督促の効力は当然に失効しません。

仮執行宣言前の督促異議	仮執行宣言後の督促異議
①通常訴訟へ移行	①通常訴訟へ移行
②支払督促の効力失効	※支払督促の効力は失効しない

では、過去問を見てみましょう。

ヒント

異議申立てがあったときは、通常の訴訟になりました。

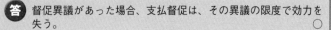

過去問で CHECK!　H21-10-肢４

問　マンションの管理費の滞納に対して支払督促の申立てをした場合、支払督促の送達後２週間以内にその滞納者が督促異議の申立てをすれば、支払督促は、その異議の限度で効力を失う。

答　督促異議があった場合、支払督促は、その異議の限度で効力を失う。　○

語呂合わせ

督促異議

特
支払督促の

捜
送達を受けた日から

に
2週間以内

異議あり
督促異議申立て可能

(3) 仮執行宣言の申立て（民事訴訟法391条）

債務者が支払督促の送達を受けた日から**2週間以内**に督促異議の申立てをしないときは、裁判所書記官は、債権者の申立てにより仮執行の宣言をしなければなりません。ただし、督促異議の申立てがあったときは仮執行の宣言はされません。

債権者がこの仮執行の宣言の申立てをすることができる時から30日以内にその申立てをしないときは、支払督促は、その効力を失います。

(4) 支払督促の効力（民事訴訟法396条）

仮執行の宣言を付した支払督促に対し、督促異議の申立てがないとき、または督促異議の申立てを却下する決定が確定したときは、支払督促は、確定判決と同一の効力を有します。

講師より
つまり、強制執行が可能となるのです。

4 破産法（破産法1・248条）

破産とは、債務者の全財産を強制的に金銭に換え、総債権者に平等に分配する手続きです。破産は包括的強制執行とも呼ばれ、第一の目的はお金に換えて分配することなのです。

また、我々がよく耳にする、破産をすると借金の支払い義務がなくなるというのは、免責という手続きになります。免責許可が決定すると、破産者は、破産債権（破産手続前の原因により生じた債権で、財団債権（破産手続の費用等）にあたらないもの）の責任を免れます。

免責によって支払義務を免れるのは、破産手続開始以前の債務でした。

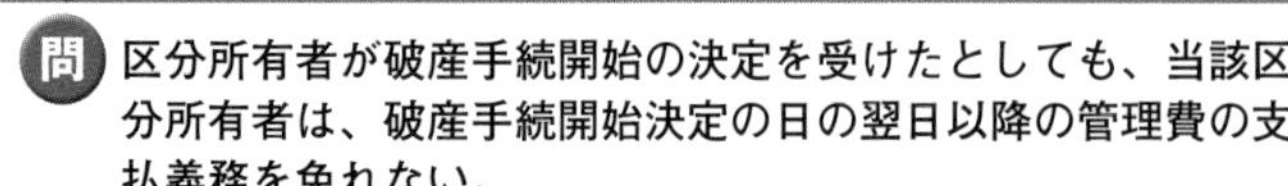

H25-11-肢2

問 区分所有者が破産手続開始の決定を受けたとしても、当該区分所有者は、破産手続開始決定の日の翌日以降の管理費の支払義務を免れない。

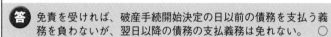

免責を受ければ、破産手続開始決定の日以前の債務を支払う義務を負わないが、翌日以降の債務の支払義務は免れない。　○

5 調停

調停は、裁判のように勝ち負けを決めるのではなく、調停委員や裁判官が当事者の間に入ることにより、紛争の解決を図る手続です。調停には以下の特徴があります。

①簡易裁判所が管轄する
②手続が簡単
③費用が低額
④非公開なので秘密が守られる
⑤解決までの時間が訴訟等に比べて短い

重要度 ★★☆　出題実績 H17・20・22・25・30〜R3・5

5章 個人情報保護法

本日の講義

ココを覚える！

①個人情報の定義を覚える。
②個人情報取扱事業者に該当する要件を覚える。
③個人情報の取扱いと利用について覚える。利用目的の特定、利用目的変更の際の同意は押えておく。

「ごうかく！攻略問題集」
➡p.174〜178、552

1 個人情報保護法の目的（個人情報保護法1条）

デジタル社会の進展に伴い個人情報の利用が著しく拡大していることにかんがみ、個人情報の適正な取扱いに関し、基本理念および政府による基本方針の作成その他の個人情報の保護に関する施策の基本となる事項を定め、国および地方公共団体の責務等を明らかにし、個人情報を取り扱う事業者および行政機関等についてこれらの特性に応じて遵守すべき義務等を定めるとともに、個人情報保護委員会を設置することにより、行政機関等の事務および事業の適正かつ円滑な運営を図り、ならびに個人情報の有用性に配慮しつつ、個人の権利利益を保護することを目的としています。

2 個人情報とは

（1）個人情報（個人情報保護法2条1項・2項）

個人情報保護法が適用される個人情報は、**生存する個人**に関する情報です。既に死亡している人の情報や会社の情報は含みません。また、個人情報というためには、特定の個人を識別できること（**個人識別性**）が必要となります。

個人識別性は、以下のいずれかに該当する場合に認められます。

死亡している人の個人情報が生存する個人に関する情報にもなる場合は個人情報に該当します。

①記述・照合要件を満たす	・氏名・生年月日等の情報に含まれる記述等で、特定の個人を識別できる場合 ※音声や防犯カメラの映像も含まれる
	・他の情報と容易に照合することで、特定の個人を識別できる場合 ※個人情報と紐付けされている購買履歴等
②個人識別符号が含まれる	・特定の個人の身体の一部の特徴を電子計算機のために変換した符号が含まれている ※顔認識データや指紋認証等
	・対象者ごとに異なるものとなるように書類等に付される符号 ※免許証番号やパスポート等

（2）個人情報データベース等（個人情報保護法16条１項）

個人情報データベース等とは、個人情報を含む情報の集合物であって、以下のものをいいます。

①特定の個人情報を電子計算機を用いて検索することができるように体系的に構成したもの
②上記①の他、特定の個人情報を容易に検索することができるように体系的に構成したものとして政令で定めるもの

②は、パソコン等を使わずに、書面で組合員名簿や紳士録等のデータベースを作った場合が該当します。

では、過去問を見てみましょう。

過去問で CHECK! H27-43-肢２

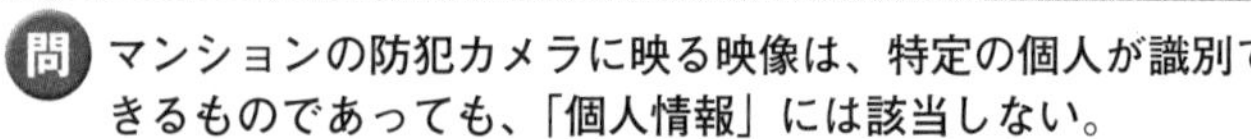

問 マンションの防犯カメラに映る映像は、特定の個人が識別できるものであっても、「個人情報」には該当しない。

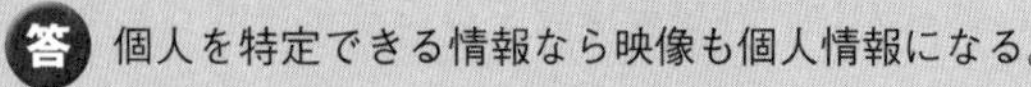

答 個人を特定できる情報なら映像も個人情報になる。 ×

（3）個人データ（個人情報保護法16条３項）

個人データとは、個人情報データベース等を構成する個人情報をいいます。

（4）保有個人データ（個人情報保護法16条４項）

保有個人データとは、個人情報取扱事業者が、本人またはその代理人から求められる開示、内容の訂正、追加または削除、利用の停止、消去および第三者への提供の停止のすべてに応じることのできる権限を有する個人データであって、その存否が明らかになることにより公益その他の利益が害される一定のもの以外のものをいいます。

3 個人情報取扱事業者（個人情報保護法16条2項）

個人情報取扱事業者とは、個人情報データベース等を事業の用に供している者をいいます。なお、以前は5,000件を超える個人情報を保有する事業者のみが個人情報保護法の適用対象でしたが、この要件は撤廃されましたので、マンション管理業者やマンションの分譲会社だけでなく、**管理組合**もこれに該当します。

4 個人情報の取得・利用

（1）利用目的の特定（個人情報保護法17条1項）

個人情報取扱事業者は、個人情報を取り扱うに当たっては、その利用目的をできる限り**特定**しなければなりません。

例えば、「当社の事業活動に用いるため個人情報を利用します」というのでは利用目的を特定したとはいえません。

（2）利用目的の変更（個人情報保護法17条2項）

個人情報取扱事業者が、特定した利用目的を変更する場合には、変更後の利用目的が変更前の利用目的からみて、社会通念上**本人が想定できる範囲**を超えて行ってはならないとしています。

なお、本人が想定できない変更を行う場合には、**本人の同意**を得なければなりません。

つまり、いったん同意をもらった利用目的を大きく変更することは禁止されるのです。
それでも利用目的を変更する場合は、新規扱いとなり、あらためて同意がいるのです。

（3）利用目的による制限（個人情報保護法18条）

個人情報取扱事業者は、あらかじめ本人の同意を得ないで、特定された利用目的の達成に必要な範囲を超えて、個人情報を取り扱ってはなりません。

また、個人情報取扱事業者は、合併その他の事由により他の個人情報取扱事業者から事業を承継することに伴って個人情報を取得した場合は、あらかじめ本人の同意を得ないで、承継前における当該個人情報の利用目的の達成に必要な範囲を超えて、当該個人情報を取り扱ってはなりません。

（4）不適正な利用の禁止（個人情報保護法19条）

個人情報取扱事業者は、違法または不当な行為を助長し、または誘発するおそれがある方法により個人情報を利用してはなりません。

（5）取得についての利用目的の通知等（個人情報保護法21条）

個人情報取扱事業者は、個人情報を取得した場合は、あらかじめその利用目的を**公表している場合**を除き、速やかに、その利用目的を、本人に通知し、または公表しなければなりません。

（6）個人データの正確性の確保（個人情報保護法22条）

個人情報取扱事業者は、利用目的の達成に必要な範囲内において、個人データを正確かつ最新の内容に保つとともに、利用する必要がなくなったときは、当該個人データを遅滞なく消去するよう努めなければなりません。

（7）漏えい等の報告等（個人情報保護法26条）

以下の場合（①～③は件数に関係なく）に報告が必要となります（個人情報保護法施行規則7条）。
①要配慮個人情報の漏えい等
②財産的被害のおそれがある漏えい等
③不正の目的によるおそれがある漏えい等
④1,000件を超える漏えい等

個人情報取扱事業者は、その取り扱う個人データの漏えい、滅失、毀損その他の個人データの安全の確保に係る事態であって個人の権利利益を害するおそれが大きいものとして個人情報保護委員会規則で定めるものが生じたときは、個人情報保護委員会規則で定めるところにより、当該事態が生じた旨を個人情報保護委員会に報告しなければなりません。

（8）第三者提供の制限（個人情報保護法27条）

①第三者提供

個人情報取扱事業者は、あらかじめ**本人の同意**を得ないで、個人データを第三者に提供してはなりません。しかし、法律で必要な場合や管理組合の財産や区分所有者の生命の保護に必要な場合もあります。そこで、以下の場合は、本人の同意を得なくても個人データを第三者に提供できるとしています。

①法令に基づく場合
②人の生命、身体または財産の保護のために必要がある場合であって、本人の同意を得ることが困難であるとき
③公衆衛生の向上または児童の健全な育成の推進のために特に必要がある場合であって、本人の同意を得ることが困難であるとき
④国の機関もしくは地方公共団体またはその委託を受けた者が法令の定める事務を遂行することに対して協力する必要がある場合であって、本人の同意を得ることにより当該事務の遂行に支障を及ぼすおそれがあるとき
⑤　学術研究機関等が学術目的で提供等をする場合

管理費の滞納対策として、滞納者の氏名を公表することは、「財産の保護のために必要がある場合」に該当する可能性があります。

②第三者に含まれない場合

以下の場合は、第三者に該当しないため、第三者提供に該当せず、**同意は不要**となります。

ア）利用目的達成に必要な範囲での委託先への提供
イ）合併・営業譲渡・会社分割等の事業承継に伴う提供
ウ）共同利用（一定のグループ内で個人情報を利用する場合等）
※共同利用の場合、事前に利用目的や共同利用者の範囲等を通知する必要がある

③オプトアウト

オプトアウトとは、以下の事項を事前に**本人に通知**し、または**本人が容易に知りうる状態におく**場合に、個人情報保護委員会に届け出れば、事前同意がなくても個人データの第三者提供が認められるという制度です。

ア）第三者への提供を行う個人情報取扱事業者の氏名・名称・住所・法人の代表者の氏名
イ）第三者の提供を利用目的とすること
ウ）第三者に提供される個人データの項目
エ）第三者へ提供される個人データの取得方法

注意！

第三者に提供される個人データが要配慮個人情報・不正取得されたもの・他の個人情報取扱事業者から提供を受けたものである場合は、オプトアウトによる第三者提供が禁止されます。

オ）第三者への提供の方法
カ）本人の求めに応じて個人データの第三者への提供を停止すること
キ）本人の求めを受け付ける方法
ク）その他個人情報保護委員会規則で定める事項

オプトアウトの場合、本人の求めがあれば第三者提供を停止しなければなりません。

5 保有個人データの開示（個人情報保護法32・33条）

①保有個人データの公表

個人情報取扱事業者は、保有個人データに関し、次の事項について、本人の知り得る状態に置かなければなりません。

ア）個人情報取扱事業者の氏名・名称・住所・代表者の氏名（法人の場合）
イ）すべての保有個人データの利用目的
ウ）保有個人データの利用目的の通知を求める請求の手続き
エ）その他必要な事項で政令で定めるもの

②保有個人データの利用目的の開示

個人情報取扱事業者は、本人から、当該本人が識別される保有個人データの利用目的の通知を求められたときは、本人に対し、遅滞なく、これを通知しなければなりません。この場合、本人に対して、手数料を請求することができます。

③保有個人データの開示請求（個人情報保護法33・38条）

本人は、個人情報取扱事業者に対し、当該本人が識別される保有個人データの電磁的方法等による開示を請求することができます。そして、個人情報取扱事業者は、本人から、当該本人が識別される保有個人データの開示を求められたときは、本人に対し、政令で定める方法により、遅滞なく、当該保有個人データを本人が請求した方法で開示しなければなりません。この際、手数料を

注意！
本人が請求した方法による開示に多額の費用を要する場合その他の当該方法による開示が困難である場合にあっては、書面の交付による方法で提供できます。

徴収することができます。

過去問で CHECK!　H25-41-肢ウ

問 マンション管理業者は、特定の組合員から当該本人が識別される保有個人データの開示を求められたときは、無償で開示しなければならない。

答 当該保有個人データを開示する際は手数料を徴収できる。　×

ヒント
開示にも費用がかかりますので、その分の手数料はもらってもいいはずです。

6 要配慮個人情報（個人情報保護法2条3項）

要配慮個人情報とは、本人の人種、信条、社会的身分、病歴、犯罪の経歴、犯罪により害を被った事実その他本人に対する不当な差別、偏見その他の不利益が生じないようにその取扱いに特に配慮を要するものとして政令で定める記述等が含まれる個人情報をいいます。

講師より

要配慮個人情報は本人に同意を得て取得することが義務となっており、オプトアウトは禁止されています。

7 匿名加工情報（個人情報保護法2条6項）

匿名加工情報とは、特定の個人を識別することができないように個人情報を加工して得られる個人に関する情報であって、個人情報に含まれる記述等の一部を削除するなどして、当該個人情報を復元することができないようにしたものをいいます。

8 仮名加工情報（個人情報保護法2条5項）

仮名加工情報とは、個人情報の区分に応じて、個人情報の一部または全部を削除する等の措置を講じて他の情報と照合しない限り特定の個人を識別することができないように個人情報を加工して得られる個人に関する情報をいいます。

9 個人情報保護委員会

個人情報保護委員会は、個人情報の保護に関する独立した機関で、内閣府の外局です。

6章 消費者契約法

重要度 ★★☆　出題実績 H17〜19・23・26・28・30・R３

本日の講義

1. 消費者契約法とは
2. 消費者と事業者
3. 契約の取消し
4. 消費者に不利な契約条項の無効
5. 解除権を放棄させる条項の無効
6. 他の法律の適用

ココを覚える！

①どのような契約が消費者契約法の対象となるのかを理解する。
②事業者となる者をしっかり覚える。
③取消しと無効のケースを理解する。

「ごうかく！攻略問題集」
➡p.180〜182

1 消費者契約法とは（消費者契約法１条）

消費者と事業者との間の情報の質および量並びに交渉力の格差にかんがみ、事業者の一定の行為により消費者が誤認し、または困惑した場合について契約の申込みまたはその承諾の意思表示を取り消すことができることとするとともに、事業者の損害賠償の責任を免除する条項その他の消費者の利益を不当に害することとなる条項の全部または一部を無効とすることにより、消費者の利益の擁護を図り、もって国民生活の安定向上と国民経済の健全な発展に寄与することを目的とします。

2 消費者と事業者（消費者契約法２条）

消費者契約法は、個人消費者と事業者との間の消費者契約に適用されます。消費者と事業者との間には知識や資金等の面で差があるため、消費者を保護する必要があるからです。事業者間の契約には適用されません。

そして、以下の者は事業者とされます。

①法人（株式会社等）
②弁護士・税理士・医療機関
③個人が事業のために契約当事者となる場合

個人であっても、個人事業者のような場合もあるので、個人が事業のために契約当事者となる場合は事業者扱いになるのです。

個人である宅建業者が、販売目的で建物を購入する場合は事業者になりますが、自己の居住用として建物を購入する場合は、事業のために購入していないので消費者となります。

R3－問40－エ

マンションの賃貸業者から、マンションの一住戸を個人の居住用として賃借する契約の場合に、その賃借人が個人の宅地建物取引業者であるときは、消費者契約法が適用される。

宅建業者であっても、事業のためではなく、個人の居住用として契約しているので、消費者契約法の適用がある。　○

ヒント

個人の居住用の賃借は「事業のため」といえるでしょうか。

3 契約の取消し（消費者契約法４条）

事業者が以下のような不当な勧誘行為をしたため、消費者が誤認や困惑して契約したときは、消費者はその契約を取り消すことができます。

①重要事項について事実と異なる内容を告げた（不実告知）
②不確かな事項を「確実」と説明した（断定的判断の提供）
③消費者に不利な情報を故意または重大な過失により告げなかった（不利益事実の不告知）
④消費者は退去をお願いしているのに強引に居座った（不退去）
⑤消費者は帰りたいと伝えているのに強引に引き留めた（退去妨害）
⑥社会経験の乏しさを利用して消費者の不安をあおった（不安をあおる告知）
⑦社会経験の乏しさを利用してデート商法などで消費者の好意を利用した（好意の感情の不当な利用）
⑧高齢による判断力低下を不当に利用して消費者の不安をあおった
⑨霊感等特別な能力によって消費者の不安をあおった
⑩契約前なのに消費者に対し、強引に損失補償を請求する等、契約締結前に債務の内容を実施した
⑪消費者にとって分量や回数などが多すぎる契約をした（過量契約）
⑫勧誘すると告げずに山等の退去困難な場所へ同行して勧誘した
⑬威迫する言動を交えて消費者の第三者への相談の連絡を妨害した
⑭消費者が成年後見制度を利用すると契約を解除する条項を定めた
⑮契約前に目的物の原状を変更（加工等）して回復を著しく困難にする行為をした

注意！

霊感などによる知見を用いた場合、取消権は追認できる時点から３年間、契約の締結時から10年間で時効消滅します。

③の場合でも、瑕疵の修補責任や代替物の提供などを定めたときは無効になりません。

ただし、この取消権は、善意無過失の第三者に対抗できません。また、追認をすることができるときから１年または契約締結のときから５年を経過で、時効消滅します。

4 消費者に不利な契約条項の無効（消費者契約法８条）

以下の条項は無効となります。

①事業者の債務不履行責任を「全部免除・事業者に責任の有無を決定する権限を付与する」または「故意または重過失の場合に一部を免除・事業者に責任の有無を決定する権限を付与する」する条項
②事業者の不法行為責任を「全部免除・事業者に責任の有無を決定する権限を付与する」または「故意または重過失の場合に一部を免除・事業者に責任の有無を決定する権限を付与する」する条項
③事業者の契約不適合責任を全部免除・事業者に責任の有無を決定する権限を付与する条項

5 解除権を放棄させる条項の無効（消費者契約法８条の２）

次に掲げる消費者の解除権を放棄させる消費者契約の条項は、無効となります。

①事業者の債務不履行により生じた消費者の解除権を放棄させる・事業者に解除権の有無を決定する権限を付与する条項
②消費者契約が有償契約である場合において、当該消費者契約の目的物が種類・品質に関して契約の内容に適合しないことにより生じた消費者の解除権を放棄させる・事業者に解除権の有無を決定する権限を付与する条項

6 他の法律の適用（消費者契約法11条）

消費者契約の取消しおよび消費者契約の条項の効力について、民法・商法以外の他の法律の定めがあるときは、そちらが優先して適用されます。

たとえば、宅建業法の適用がある場合、そちらが優先になります。

過去問で CHECK!　H26-44-肢2

問　事業者と消費者との間で締結される契約の条項の効力について宅地建物取引業法に別段の定めがある場合でも、消費者契約法の規定が優先して適用される。

答　宅地建物取引業法の方が優先される。　×

ヒント
特定のケース等に対応するように制定された法律の方が、より適切な規定を設けているのです。

1 管理費の遅延損害金に消費者契約法の適用はあるか？

事例

管理組合は、管理費を滞納している区分所有者に対し、管理規約所定の遅延損害金（年利30%）を請求した。これに対し被告は、本件マンションの管理規約の第55条2項が管理費及び修繕積立金の未払に対する遅延損害金を年30%と定めていることについて、消費者契約法が施行された平成13年4月1日以降、同法が定める損害賠償の予定の上限である年14.6%を超える部分は公序良俗に反し無効であると主張している。

判決　遅延損害金に消費者契約法の適用はない

マンションの管理規約は対等当事者で構成された団体の自治規範であり、非対等な契約当事者間の消費者契約とは異なるから、**消費者契約法の**適用対象とならないことはもとより、同法の趣旨を及ぼすべき対象とならないこともまた明らかである。その他、本件マンションの**管理規約が管理費及び修繕積立金の未払に対する遅延損害金について年30%と定めていることが公序良俗に反すると認めるべき事情はない**から、被告の主張は採用できない。

7章 賃貸住宅管理業法

重要度 ★★☆　出題実績 R3～5

本日の講義

ココを覚える！

①賃貸住宅管理業の登録制度を覚える。
②賃貸住宅管理業者の義務を覚える。
③特定転貸事業者の義務を覚える。

「ごうかく！攻略問題集」➡p.184

1 賃貸住宅管理業法の目的 (賃貸住宅管理業法1条)

賃貸住宅管理業法は、社会経済情勢の変化に伴い国民の生活の基盤としての**賃貸住宅**の役割の重要性が増大していることに鑑み、賃貸住宅の入居者の居住の安定の確保および賃貸住宅の賃貸に係る事業の公正かつ円滑な実施を図るため、賃貸住宅管理業を営む者に係る**登録制度**を設け、その業務の適正な運営を確保するとともに、**特定賃貸借契約**の適正化のための措置等を講ずることにより、良好な居住環境を備えた賃貸住宅の安定的な確保を図り、もって国民生活の安定向上および国民経済の発展に寄与することを目的としています。

2 用語の定義 (賃貸住宅管理業法2条)

(1) 賃貸住宅

賃貸住宅管理業法でいう**賃貸住宅**とは、次のものをいいます。

①**賃貸の用**に供する住宅であること
②**人の居住の用**に供する家屋または家屋の部分（分譲マンションの一室等）であること
注意 店舗やオフィスビルは非該当！
③旅館や民泊の目的で使用されていないこと

（2）管理業務

管理業務は、次のものが該当します。

①維持保全

住宅の居室およびその他の部分について、点検・清掃その他の維持を行い、必要な修繕を行うこと

②家賃等の管理業務

注意 ①の維持保全業務と併せて行う必要がある

3 賃貸住宅管理業

（1）賃貸住宅管理業の登録（賃貸住宅管理業法３条）

賃貸住宅管理業者とは、賃貸住宅管理業の**登録**を受けて賃貸住宅管理業を営む者をいいます。賃貸住宅管理業を営もうとする者は、**国土交通大臣の登録**を受けなければなりません。

登録の有効期間は５年間です。また、有効期間満了後も引き続き登録を受ける場合は、次の更新手続が必要となります。

更新の申請期間	有効期間の満了の日の90日前から30日前までの間
更新後の有効期間	従前の登録の有効期間の満了の日の翌日から起算して５年間

（2）業務管理者（賃貸住宅管理業法12条）

業務管理者とは、賃貸住宅管理業者の業務の管理・監督に関する事務を行うために必要な知識と能力、実務経験を有する者をいいます。賃貸住宅管理業者は、その**営業所等ごと**に、**１人以上**の**業務管理者**を選任しなければなりません。

（3）管理受託契約重要事項の説明（賃貸住宅管理業法13条）

賃貸住宅管理業者は、**管理受託契約の締結前**に、管理業務を委託しようとする賃貸住宅の**貸主**に対し、管理受託契約の内容およびその履行に関する**重要事項**について、**重要事項説明書を交付**（相手方の承諾を得れば電磁的方法による提供も可）して**説明**しなければなりません。

(4) 管理受託契約締結時の書面交付 (賃貸住宅管理業法14条)

賃貸住宅管理業者は、**管理受託契約**を締結した**とき**は、管理業務を委託する賃貸住宅の貸主(委託者)に対し、遅滞なく、一定の事項を記載した**管理受託契約締結時の書面**を交付(相手方の承諾を得れば電磁的方法いによる提供も可)しなければなりません。

(5) 賃貸住宅管理業者の義務 (賃貸住宅管理業法10条・11条・15〜21条)

賃貸住宅管理業者は、以下の義務を負います。

標識の掲示	賃貸住宅管理業者は、**営業所等ごと**に、公衆の見やすい場所に、国土交通省令で定める様式の標識を掲げなければならない
従業者証明書の携帯等	・賃貸住宅管理業者は、業務に従事する使用人その他の従業者に、その従業者であることを証する証明書(従業者証明書)を携帯させなければ、その者をその業務に従事させてはならない ・賃貸住宅管理業者の使用人その他の従業者は、その業務を行うに際し、委託者その他の関係者から**請求があったとき**は、従業者証明書を提示しなければならない
帳簿の備付け等	・賃貸住宅管理業者は、営業所等ごとに、その業務に関する**帳簿**を備え付け、委託者ごとに管理受託契約について一定の事項を記載しなければならない ・帳簿は、各事業年度の末日をもって閉鎖し、閉鎖後5年間**保存**しなければならない
財産の分別管理	賃貸住宅管理業者は、管理受託契約に基づく管理業務において受領する**家賃**等を、整然と管理する方法により、自己**の固有財産**および他の**管理受託契約**に基づく管理業務において受領する**家賃**等と分別**して管理**しなければならない
委託者への定期報告	賃貸住宅管理業者は、一定の事項につき、**定期的**に、委託者**に報告**しなければならない
業務処理の原則	賃貸住宅管理業者は、信義を旨とし、誠実にその業務を行わなければならない
名義貸しの禁止	賃貸住宅管理業者は、自己の名義をもって、他人に賃貸住宅管理業を営ませてはならない

管理業務の再委託の禁止	賃貸住宅管理業者は、委託者から委託を受けた管理業務の全部を他の者に対し、**再委託してはならない**
秘密を守る義務	・賃貸住宅管理業者は、正当な理由がある場合でなければ、その業務上取り扱ったことについて知り得た秘密を他に漏らしてはならない ・賃貸住宅管理業者の従業者等は、正当な理由がある場合でなければ、賃貸住宅管理業の業務を補助したことについて知り得た秘密を他に漏らしてはならない

4 特定転貸事業者

（1）特定転貸事業者（賃貸住宅管理業法2条4項・5項）

特定転貸事業者とは、特定賃貸借契約に基づき賃借した賃貸住宅を第三者に転貸する事業を営む者（サブリース業者）をいいます。**特定賃貸借契約**（**マスターリース契約**）とは、賃貸住宅の賃貸借契約で、借主が当該賃貸住宅を第三者に**転貸する事業を営むこと**を目的として締結されるものをいいます。

（2）勧誘者（賃貸住宅管理業法28条）

勧誘者とは、特定転貸事業者と関連性を有し、特定賃貸借契約の締結についての勧誘を行う者をいいます。

（3）誇大広告の禁止（賃貸住宅管理業法28条）

特定転貸事業者または勧誘者は、特定転貸事業者が支払うべき家賃等の一定の事項について、**著しく事実に相違する表示**をし、または実際のものよりも**著しく優良**であり、もしくは**有利**であると人を誤認させるような表示（**誇大広告等**）をしてはなりません。

（4）不当勧誘等の禁止（賃貸住宅管理業法29条）

特定転貸事業者または勧誘者は、特定賃貸借契約の勧誘の際に相手方に対し、当該特定賃貸借契約に関する重要事項につき、**故意に事実を告げず・不実のことを告げる**行為や特定賃貸借契約を締結等のため、特定賃貸借契約の相手方等を威迫**する行為**等をしてはなりません。

（5）特定賃貸借契約重要事項説明（賃貸住宅管理業法30条）

特定転貸事業者は、**特定賃貸借契約を締結する**前に、特定賃貸借契約の相手方となろうとする者（貸主）に対し、**特定賃貸借契約の内容およびその履行に関する事項**について、**重要事項説明書**を交付（相手方の承諾を得れば電磁的方法による提供も可）して説明しなければなりません。

（6）特定賃貸借契約締結時書面の交付（賃貸住宅管理業法31条）

特定転貸事業者は、**特定賃貸借契約を**締結した**とき**は、特定賃貸借契約の相手方（貸主）に対し、遅滞なく、一定の事項を記載した**特定賃貸借契約締結時書面**を交付（相手方の承諾を得れば電磁的方法による提供も可）しなければなりません。

8章 分譲マンションの統計

重要度 ★★☆　出題実績 R3～5

本日の講義

ココを覚える！

①マンションのストック数の推移等を覚える。
②建替え・マンション敷地売却の件数を覚える。
③マンションの居住や管理の状況について覚える。

「ごうかく！攻略問題集」
➡p.186

1 分譲マンションのストック数の推移

現在のマンションストック総数は約**694.3万戸**（2022年末時点）。これに令和2年国勢調査による1世帯当たり平均人員2.2人をかけると、約**1,500万人**となり、国民の1割超が居住している推計となります。また、2022年の分譲マンションの新規供給戸数は**9.4万戸**で2021年の10.6万戸よりも**減少**しています。

講師より

マンションとは、中高層（3階建て以上）・分譲・共同建で、鉄筋コンクリート造、鉄骨鉄筋コンクリート造または鉄骨造の住宅をいいます。

2 築40年以上のマンションストック数の推移

2022年末で、**築40年**以上のマンションは約**125.7万戸**存在します。今後、10年後には約**2.1倍**、20年後には約**3.5倍**に**増加**する見込みです。

3 マンション建替え等の実施状況

マンションの建替えの実績は累計で**282件**、約**23,000戸**（2023年3月時点）。近年は、**マンション建替え等円滑化法による建替えが**選択されているケースが**多い**。マンション建替え等円滑化法にもとづくマンション敷地売却の実績は累計で10件、約600戸（2023年3月時点）。

4 平成30年マンション総合調査結果

（1）マンション居住の状況

①世帯主の年齢

「**60歳代**」が**27.0%**と最も多く、次いで「50歳代」が24.3%、「70歳代」が19.3%、「40歳代」が18.9%となっています。前回調査と比較すると、**30歳代以下**は7.8%から7.1%へと**減少**する一方で、**70歳代以上**は18.9%から22.2%へと**増加**しています。

②所在不明・連絡先不通の戸数割合（新規調査項目）

総戸数に対する**所在不明・連絡先不通の住戸**の割合が**20%超**のマンションは**2.2%**、0%超〜20%のマンションは1.7%、所在不明・連絡先不通の住戸が無いマンションは31.4%となっています。

③永住意識

「**永住するつもりである**」が**62.8%**となっています。年齢別では、年齢が**高くなる**ほど**永住意識が高くなる**傾向にあります。前回調査と比較すると、「永住するつもりである」は52.4%から62.8%へと**増加**し、「いずれは住み替えるつもりである」は17.6%から17.1%と減少しています。

（2）マンション管理と管理事務委託の状況

①管理規約および細則等の作成状況

管理規約がある管理組合は**98.3%**であり、使用細則・協定等がある管理組合は91.0%となっています。定めている使用細則・協定等の種類では、「専有部分に係る使用・居住」と「駐車場」が80.1%と最も高く、次いで「ペット飼育」が72.1%、「自転車置場・バイク置場」が70.4%、「専有部分の修繕等」が66.6%、「ベランダ・バルコニー」が54.4%、「民泊」が50.8%となっています。単棟型と団地型を比較すると、団地型は単棟型に比べ、各使用細則・協定等を定めている**割合が高い**傾向にあります。

②月／戸当たり管理費

駐車場使用料等からの充当額を含む月／戸当たりの管理費の総額の平均**15,956円**で、総戸数規模が**大きくなる**ほど**低くなる**傾向にあります。形態別では、平均は、単棟型が16,213円、団地型が14,660円となっています。駐車場使用料等からの充当額を除く月／戸当たりの管理費の額の平均は10,862円です。形態別では、平均は、単棟型が10,970円、団地型が10,419円となっています。

③会計監査の実施状況

収支決算案の監査を行っている管理組合は**95.9%となっています**。会計監査の実施者は、「区分所有者の監事」が95.7%となっており、収支決算案の監査の内容は、「収支決算書案と領収書、請求書等、証拠帳票との照合」が81.1%となっています。

④マンション管理業者が提供するサービスの範囲として望ましいもの

「**共用部分の管理**」が**90.9%**と最も多く、次いで「専有部分で発生した水回り、鍵、電気などトラブルへの緊急対応」が66.9%となっています。

（3）建物・設備の維持管理の状況

①長期修繕計画の作成状況

長期修繕計画を作成している管理組合の割合は90.9%となっており、前回調査の89.0%から増加しています。

②長期修繕計画の計画期間

「**30年以上**」が**60.0%**と**最も多く**、次いで「25～29年」が12.7%であり、完成年次が新しくなるほど計画期間が長くなる傾向にあります。計画期間30年以上の割合は、単棟型で63.4%、団地型で46.4%となっており、計画期間は単棟型のほうが長くなっています。

③長期修繕計画の見直し時期

長期修繕計画の見直し時期は、「**5年毎**を目安に定期的に見直している」が**56.3%**、「修繕工事実施直前に見直しを行っている」が12.5%、「修繕工事実施直後に見直しを行っている」が10.1%となっています。一方、見直しを行っていないマンションの割合は5.7%となっています。

④月／戸当たり修繕積立金

駐車場使用料等からの充当額を含む月／戸当たり**修繕積立金の総額の平均**は**12,268円**である。形態別では、平均は、単棟型が11,875円、団地型14,094円となっています。駐車場使用料等からの充当額を除く月／戸当たり修繕積立金の額の平均は11,243円です。形態別では、平均は、単棟型が11,060円、団地型が12,152円となっています。

⑤修繕積立金の額の決定方法

「長期修繕計画で算出された必要額に基づき決めた」が72.5%と最も多くなっています。計画期間25年以上の長期修繕計画に基づいて修繕積立金の額を設定している割合は53.6%です。単棟型と団地型を比較すると、単棟型が55.7%、団地型が47.6%で、単棟型が高くなっています。過去5年以内に新築したマンションで、計画期間30年以上の長期修繕計画に基づいて修繕積立金の額を設定している割合は43.3%となっています。

⑥修繕積立金の積立状況

計画上の修繕積立金の積立額と現在の修繕積立金の積立額の差は、現在の積立額が計画に比べて**不足しているマンション**が**34.8%**となっており、不足がある割合が20%超のマンションが15.5%になっています。

⑦大規模な計画修繕工事の実施状況

大規模な計画修繕工事の際に行った工事項目の実施割合は、「**外壁塗装工事**」が**88.0%**と最も多く、次いで「鉄部塗装工事」

が77.5%、「屋上防水工事」が73.2%、「床防水工事」が61.1%となっています。

⑧**耐震診断・耐震改修の実施状況**

旧耐震基準に基づき建設されたマンションのうち**耐震診断を行ったマンションは34.0%**となっており、そのうち「**耐震性があると判断された**」割合は**40.8%**でした。また、「耐震性がないと判断された」マンションのうち、「耐震改修を実施する予定はない」割合は38.1%でした。

⑨**建替えの必要性について**

区分所有者の建替えの必要性に対する考えについては、「**建替えが必要である**」が**3.2%**となっています。一方、「**修繕工事または改修工事さえしっかり実施すれば建替えは必要ない**」が**35.2%**、「**今のところ建替えは必要ない**」が**60.2%**となっています。

第3編

区分所有法

区分所有法からは毎年6問程度の出題となっています。

ただし、標準管理規約や民法との複合問題が多く、年度によっては区分所有法単独での出題というのが少なくなる場合もあります。

標準管理規約を理解するうえでも重要な科目ですので、しっかりと押えておきましょう。

1章 専有部分と共用部分

重要度 ★★★　出題実績 H13･15･16･18～20･22～29･R２～４

本日の講義
1. 区分所有法ってなんでしょう？
2. 専有部分と共用部分
3. 共用部分の権利関係

ココを覚える！

①専有部分と共用部分の定義・要件を覚える。
②共用部分の権利関係を覚える。特に民法の共有の規定と何が違うのかを押えておく。保存行為・管理行為・変更行為の要件を覚える。

「ごうかく！攻略問題集」
➡p.160、190～204、240、260、288～290

1 区分所有法ってなんでしょう？

分譲マンションやオフィスビルのように、部屋ごとにオーナー（所有者）が異なる建物を区分所有建物といいます。１つの建物で他人と共同生活をすることになりますから、権利関係やトラブルの対処法を法律で定めておく必要があるのです。

注意！
あくまで区分所有法の適用があるのは分譲マンション（部屋ごとに持ち主が存在するマンション）です。

2 専有部分と共用部分（区分所有法１・２・４条）

専有部分とはマンションの各部屋のことです。これに対し、共用部分とは共同で使用する部分、例えば廊下や階段が該当します。

注意！
専有部分は個人で所有する不動産ですので、民法の規定が適用されます。
ex.専有部分を夫婦で共有する場合⇒民法の規定が適用され、当事者間でなにも定めなければ持分は相等しいものとされます。

（1）専有部分（区分所有法１・２条）

マンションは専有部分（マンションの部屋）単位で分譲されます。戸建住宅と同じように各区画ごとに販売されていますよね。そうすると、専有部分は**戸建住宅と同じに扱っても大丈夫なだけの要件**が必要になってくるのです。壁や天井がない状態では、戸建住宅と同じには扱えませんし、他人が勝手に入れるようでは、やはり戸建住宅と同じには扱えません。

そこで、専有部分となるためには**構造上の独立性・利用上の独立性**が必要となってくるのです。

構造上の独立性・利用上の独立性

	構造上の独立性	利用上の独立性
定義	壁などで構造上周りと区分されていること	独立して、住居や店舗等に利用できること
具体例	・駐車場や倉庫は３方が壁で、入口は枕木やシャッターが降りてくるというのでも可能	・他人の部屋を通行しないと自室に入れない場合は利用上の独立性なし ・専有部分内の小部分に共用設備があっても、専有部分の使用に支障がなければ利用上の独立性あり ・管理事務室と一体として利用することが予定されている管理人室は、利用上の独立性がない

専有部分の利用目的は居住用に限られていません。店舗や事務所、駐車場や倉庫でもいいのです。

なお、専有部分を所有する権利を区分所有権といい、その所有者のことを区分所有者といいます。“マンション全部”ではなく、あくまで専有部分という“区分されたマンションの一部”の所有権だからです。

➡p.277 +α で役立つ 判例集 1

では、過去問です。

過去問で CHECK!　H28-34-肢1

問 専有部分とは、一棟の建物に構造上区分され、かつ、住居、店舗、事務所または倉庫その他建物としての用途に独立して供することができるように利用上区分された、区分所有権の目的である建物の部分である。

答 専有部分には、構造上の独立性と利用上の独立性が必要である。　○

ヒント
構造上の独立性と利用上の独立性を確認しましょう。

（２）共用部分（区分所有法２・４条）

共用部分とは区分所有者が共同で所有する廊下や階段のことをいいます。この共用部分には**法定共用部分**と**規約共用部分**の２種類があります。

注意！
一棟の建物は専有部分か共用部分のどちらかに該当します。

ココが
出る

規約共用部分は、規約で定めて初めて共用部分となります。集会室として使用していても、規約で定められてないと、共用部分ではなく、誰かの所有物という可能性もあるのです。

法定共用部分	専有部分以外の建物の部分で、区分所有者が当然に共有する部分	廊下・階段・ベランダ・柱・外壁等
	専有部分に属さない建物の附属物	電気の配線・ガス・水道のメインの配管
規約共用部分	区分所有権の目的となる建物の部分（専有部分）	集会室
	附属の建物	倉庫

法定共用部分は、廊下等、共同で所有することが明白な部分です。**規約共用部分**の「規約」とは、マンション内のルールのことです。規約で専有部分や附属の建物（別棟の駐車場等）を共用部分にすることができます。

ヒント

専有部分や附属の建物は一応独立した不動産ですので、集会室や駐車場として共同で利用していたとしても、そのままでは民法の共有物となります。そこで、規約により共用部分とすることで、区分所有法が適用されるようにするのです。

講師より

専有部分や附属建物は戸建住宅のように売買できる部分だったわけですから、間違って売買契約しないように、共用部分であることを登記で公示しておくのです。なお、この登記は区分建物の表題部になされ、権利部（甲区・乙区）は間違った記録がされないように閉じられます（抹消されます）。

しかし、マンション内の人たちは規約共用部分であることは分かっていても、外部の人には分からないおそれがあります。そこで、規約共用部分については**登記をしないと共用部分であることを第三者に対抗できない**とされています。

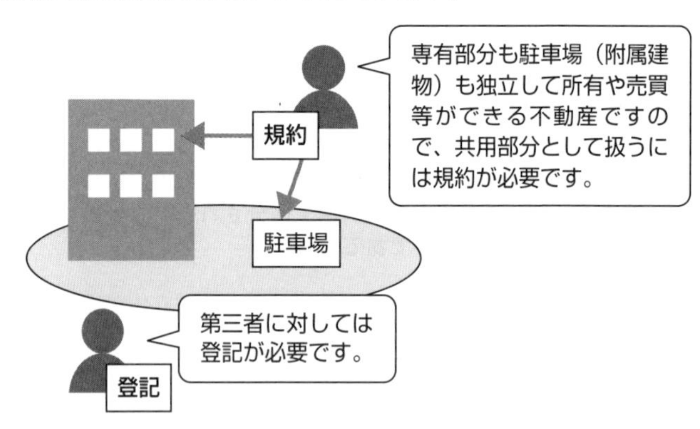
専有部分も駐車場（附属建物）も独立して所有や売買等ができる不動産ですので、共用部分として扱うには規約が必要です。
規約
駐車場
第三者に対しては登記が必要です。
登記

➡p.278〜279 (+α)で役立つ 判例集 2、3

3 共用部分の権利関係

（1）民法の共有と共用部分の共有の違い

共用部分は区分所有者が共同で所有する場所ですので、共有持分が発生します。ところで民法でも共有の規定がありましたよね、それと何が違うのでしょう？

民法の共有ですと、例えば車を順番で使う（**持分に応じた使用**）というやり方でしたが、廊下や階段は順番に使うのではなく、必要があるときに自由に使えないと意味がありません。

また、民法の共有ですと持分を自由に譲渡できたり、**分割請求が可能**でした。でも、廊下や階段でも同じことが可能だったら大変なことになりますよね。区分所有者でもない人が廊下の権利だけ持っているなんて状態になったら、マンションの管理ができなくなってしまうおそれがあります。

そこで、共用部分については、別途、区分所有法に規定を作ったのです。

本来、廊下や階段は建物の一部分であって、独立して売買等できないはずです。ですので、共用部分である廊下や階段の持分も独立して処分することができないのです。

民法の共有と共用部分に関する規定の違い

	民法の共有の規定	共用部分の規定
①持分	当事者間の合意で定める 合意がなければ当事者間で相等しい	専有部分の床面積の割合による ※規約で変更可能
②使用方法	**持分**に応じた使用	**用法**に従った使用
③持分の処分	持分だけの処分もできる 分割請求をすることもできる	共用部分の共有持分だけ処分することも、分割請求をすることも**不可**
④管理行為	持分の価格の過半数 ※頭数要件なし	**区分所有者**および**議決権の各過半数**
⑤変更行為	軽微変更は、持分の価格の過半数	軽微変更は、区分所有者および議決権の**各過半数**
	重大変更は全員の同意	重大変更は、区分所有者および議決権の**各4分の3以上**

専有部分を共有している場合は、民法の共有の規定が適用されます。
持分の割合の規定等、共用部分と対比して覚えましょう。

①**持分の割合**（区分所有法14条）

マンション等では、すべての専有部分が同じ面積とは限りません。ある部屋は３LDKで別の部屋は２LDKというのもありますよね。それなのに民法の原則どおり、区分所有者の共用部分の持分がみんな同じ割合というのはかえって不公平になります。また、共用部分は廊下や階段が該当しますので、契約により購入するわけではありませんから、契約時の特約で持分を決めるということもできません。そこで区分所有法では、共用部分の持分割合は「**専有部分の床面積の割合**」としたのです。

なお、専有部分の床面積の測り方は**壁や柱等で囲まれた部分の内側線**となります（**内法計算**といいます）。

また、この持分割合や床面積の図り方は規約で変更することもできます。たとえば、内側線ではなく壁や柱の中心線（壁心計算）とすることも可能です。

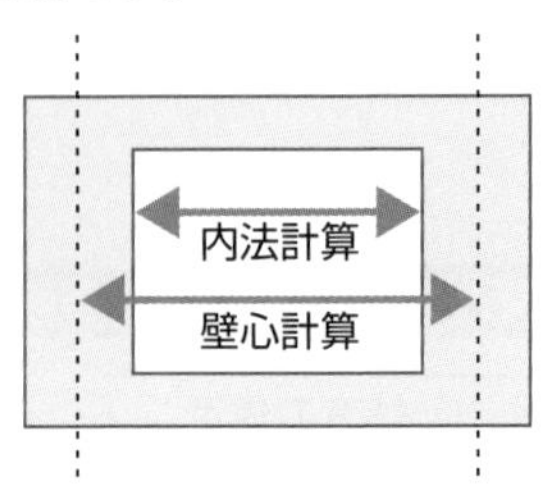

②**共用部分の使用方法**（区分所有法13条）

共用部分は、各共有者（各区分所有者）がその**用法に従って使用**できます。民法では「持分に応じた使用」でしたが、こちらは持分に応じたという制限はありません。廊下や階段は必要なときに使えないと意味がないからです。

③**持分の処分**（区分所有法15条）

共用部分の持分は共有者が有する**専有部分の処分に従う**とされています。廊下や階段を使う権利は、本体である専有部分とセットで売買されることになるのです。

したがって、規約で定めても専有部分と共用部分の持分とを分離して処分をしたり、分割請求をしたりすることはできません。

ただし、例外として**区分所有法**に定める次の場合があります。

注意！

「専有部分の範囲」が壁や柱の内側というわけではありません。測り方が内側というだけです。

標準管理規約では、壁心計算を採用しています（P293）。

Keyword

分割請求
共有物の共有関係を解消する請求のこと。現物分割・代金分割・価格賠償等があります。

ア）共用部分の持分割合を変更する場合
イ）区分所有者や管理者を共用部分の所有者とする場合

(２) 共用部分の管理（区分所有法17・18条）

①管理の種類

共用部分の管理は、大きく分けて保存行為・管理行為・変更行為の３つに分類できます。民法の共有と似ていますよね。しかし、当然民法とは違う部分も存在します。そこに注意しながらみていきましょう。

管理の考え方

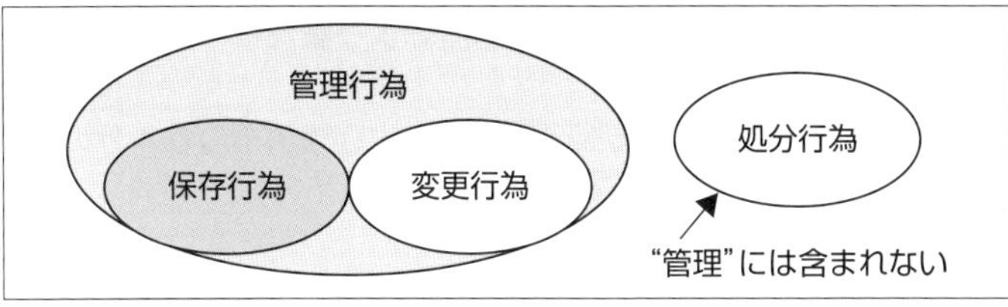

ア）保存行為

保存行為は**各区分所有者**が**単独**で行うことができます。集会の決議等はいりません。また、**管理者**（管理組合の代表者。一般的には理事長のこと）も**単独**で行うことができます。保存行為＝現状維持行為なのですから当然です。

ただし、**規約でこれを変更することも可能**とされています。

イ）管理行為

管理行為は非常に範囲が広くて、保存行為でも変更行為でもない、マンションの管理行為（性質や形状を変更せずに利用したり、価値を増加させたりする行為）のことをいいます。

この管理行為は、集会において**区分所有者および議決権の各過半数**の決議によって行います。ここが民法と大きく違いますね。まず、集会（Ｐ230参照）を開かないといけません。また、"**区分所有者**"ということで、**頭数要件**が追加されています。なお、**議決権**は、原則として**共用部分の持分割合**に応じて有するとされています。

講師より

民法でも各共有者は単独で保存行為が可能でした。

注意！

例えば、各区分所有者が単独で保存行為をすることができないようにして、管理者が保存行為を代表して行うこととする規約の設定も可能です。

講師より

民法では、持分の過半数で決しました。

共用部分につき損害保険契約をすることは、共用部分の管理行為とみなされます。

共用部分は廊下や階段なのですから、持分の多さ（議決権）だけで管理方法が決まると少数派に酷になる可能性があります。そこで、頭数要件も足されているのです。

なお、**管理行為も規約で別段の定めができます。**

たとえば、集会ではなく理事会に権限を委譲することも可能です。

ウ）変更行為

変更行為は、共用部分の形状や性質を変更する行為をいいます。この変更行為は、**共用部分の変更のうち、"形状または効用の著しい変更を伴うか否か"**で、重大変更（著しい変更を伴うもの）と軽微変更（著しい変更を伴わないもの）とに分類することができます。

軽微変更	集会における区分所有者および議決権の各過半数の決議
重大変更	集会における区分所有者および議決権の各４分の３以上の多数による決議

あくまで"形状または効用の著しい変更"で判断することになりますので、工期が長期にわたるとか、費用がかかるとかは関係ありません。これは、大規模修繕工事をやりやすくするためなのです。

たとえば、排水管の取替えですと、排水管がまるまる新しくされるので、費用や工期としては大規模となったりするのですが、形状や効用は以前のままですから、**軽微変更に該当する**のですね。そうすると区分所有者および議決権の各４分の３以上ではなく、**区分所有者および議決権の各過半数の決議**で可能となり、大規模修繕工事がやりやすいのです。

<table>
<tr><th colspan="2">管理の方法</th><th>要件</th><th>特別の影響を受ける者の承諾</th><th>規約での別段の定めができるか</th></tr>
<tr><td colspan="2">保存行為</td><td>区分所有者が単独でできる</td><td>不要</td><td>できる※3</td></tr>
<tr><td colspan="2">管理行為</td><td rowspan="2">区分所有者および議決権の各過半数</td><td rowspan="3">必要</td><td>できる</td></tr>
<tr><td rowspan="2">変更行為</td><td>軽微変更※1</td><td>できる</td></tr>
<tr><td>重大変更※2</td><td>区分所有者および議決権の各4分の3以上</td><td>区分所有者の定数は過半数まで減ずることができる</td></tr>
</table>

※1　形状または効用の著しい変更を伴わないものは軽微変更、それ以外は重大変更。

※2　共用部分を専有部分に変更したり、敷地の一部を売却したりする行為（処分行為）は区分所有法上の変更行為に該当せず、民法の原則どおり共有者全員の承諾が必要となる。

※3　各区分所有者が単独で保存行為をすることを禁止し、管理者を通じて行うこととする規約の定めも有効である。

講師より

管理行為・軽微変更行為については規約で別段の定めができるとしていますので、たとえば、理事会の決議で決すると規約で定めることもできます。

では過去問です。

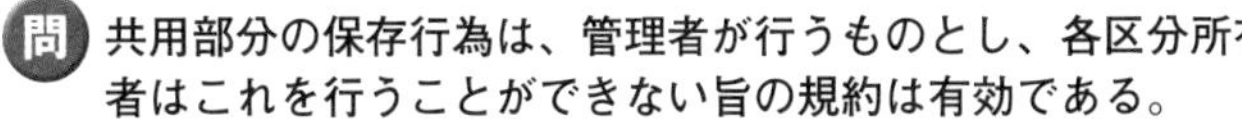

過去問で CHECK!　H23-35-肢イ

問　共用部分の保存行為は、管理者が行うものとし、各区分所有者はこれを行うことができない旨の規約は有効である。

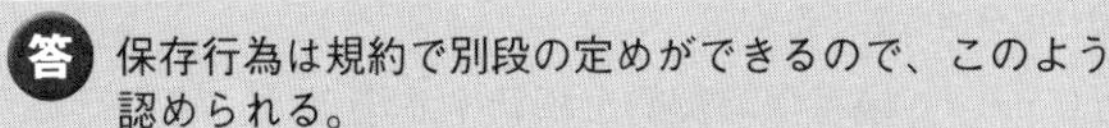

答　保存行為は規約で別段の定めができるので、このような規定も認められる。　○

ヒント

保存行為は規約で別段の定めができました。

第3編　区分所有法

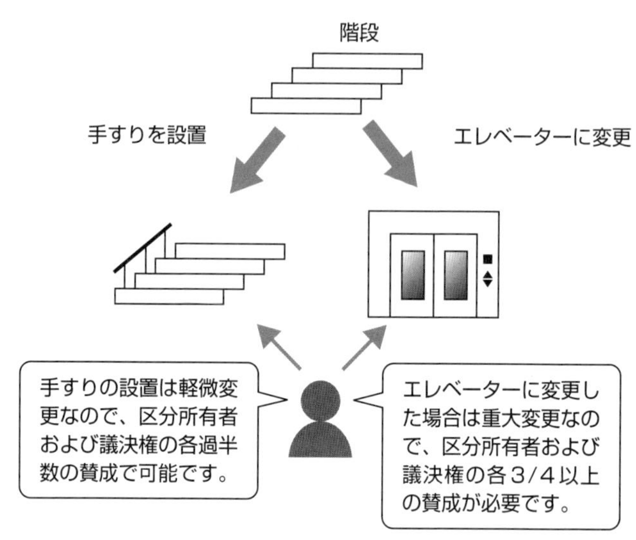

注意!
保存行為は特別の影響を受ける者の承諾を得なければならないとはされていません。

②特別の影響を受ける者の承諾（区分所有法17条２項・18条３項）

共用部分の管理・変更行為が**専有部分の使用に特別の影響**を及ぼすときは、その**専有部分の所有者の承諾**を得なければなりません。共用部分の管理や変更で、一部の区分所有者が共用部分を利用できないということがあっては困るからです。

講師より
区分所有者が個々に保険契約を締結し、収拾がつかなくなるのを防ぐため集会で決定するとしたのです。

③損害保険（区分所有法18条４項）

共用部分について**損害保険契約**を締結する場合は、**管理行為**として、集会の決議により行うのが原則です。

④規約による変更（区分所有法17・18条）

保存行為・管理行為・軽微変更行為については**規約**（マンション内のルール）で**別段の定めをすることができます**。つまり、規約を定めれば前述の説明とはまったく異なる取扱をしても平気なのですね。

たとえば、保存行為を各区分所有者が単独で行うことはできないようにし、管理者だけが行えるようにしたり、管理行為や軽微変更行為を集会ではなく理事会で決議できるようにしたりすることが可能なのです。

重大変更については、別段の定めをすることはできませんが、区分所有者数（頭数）については**過半数まで引き下げることが可能**となっています。**議決権は変更できません。**

つまり、重大変更行為については、頭数要件を過半数まで緩めることはできますが、必ず区分所有者で決議して決めなければならないわけです。

（3）一部共用部分

① 一部共用部分の管理（区分所有法16・31条）

一部共用部分とは、一部の区分所有者のみの共用に供せられる共用部分をいいます。例えば複合用途マンションにおける店舗用の入口がこれに該当します。これら一部共用部分は、区分所有者全員で管理するのではなく、一部の区分所有者（例えば店舗の区分所有者）だけで共有し、管理するのが原則です。

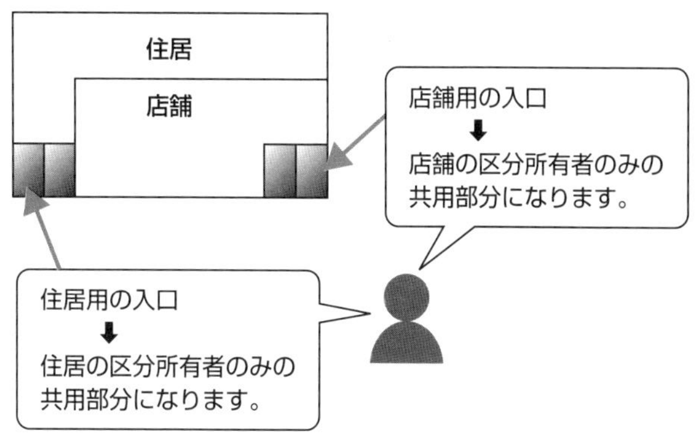

でも、一棟の建物なのに住居用入口と店舗用入口で別々に管理をしていくのも不便ということがあります。そこで、次の場合には、一部共用部分を区分所有者全員で管理することが可能とされています。

ア）区分所有者全員の利害に関するもの（一部共用部分も含めて、建物全体の外壁を塗装する場合等）
イ）区分所有者全体（全員）の規約に定めがある場合

区分所有者全員の利害に関係する場合、規約の定めは**不要**です。

第3編　区分所有法

4分の1を超える反対がないということは、言い換えれば、4分の3以上の人が黙認してくれている（黙示の賛成をしている）と考えられるからです。

ただし、イ）は、一部区分所有者の4分の1を超える者の反対またはその議決権の4分の1を超える反対があった場合は、規約を設定することはできません。

上記の場合、全体で4分の3以上の賛成（8人中7人の賛成）がありますが、一部区分所有者の4分の1を超える反対（3人中1人の反対、つまり3分の1の反対）があるので、規約を設定することはできません。

一部共用部分の管理方法

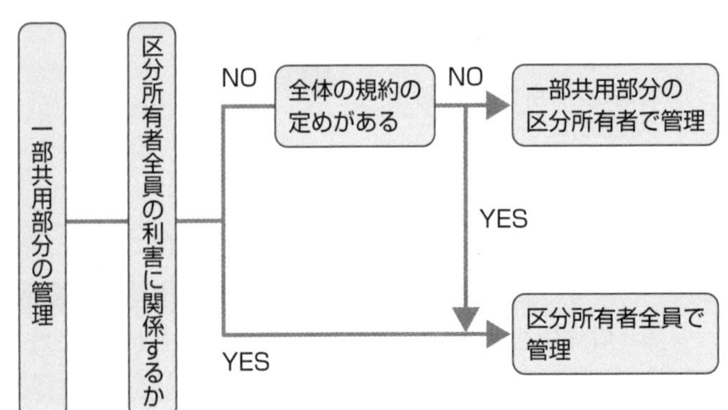

➡p.280 +α で役立つ 判例集 4

では、過去問です。

過去問で CHECK!　H28-36-肢２

問　一部の区分所有者のみの共用に供されるべきことが明らかな共用部分の管理のうち、区分所有者全員の利害に関係するものは、区分所有者全員で構成する区分所有法第３条に規定する団体が、その管理を行う。

答　一部共用部分の管理のうち、区分所有者全員の利害に関係するものは、区分所有者全員の団体（管理組合）で管理する。　○

ヒント
全員の利害に関係する場合は、全員の団体で管理しましたね。

語呂合わせ

一部共用部分の管理

一　　**頭に**
一部区分所有者の頭数または

決めて　**いい**　**よ**
議決権で　１　／　４を超える

反対がなければ
反対がない場合

②一部共用部分の持分の割合の算入（区分所有法14条２項）

一部共用部分の共有持分割合の算定基準は、その一部の区分所有者の専有部分の床面積によります。そして、区分所有者全員の共用部分の持分割合を算定する際に、一部区分所有者については、その有する専有部分の床面積に、**一部共用部分の床面積を一部区分所有者の専有部分の割合で配分したものが加えられます。**

たとえば、区分所有者Ａ、Ｂ、Ｃの３名がいて、それぞれの床面積が100㎡とします。このとき、ＡとＢが共有する一部共用部分50㎡があった場合、ＡとＢの専有部分の床面積は同じなのですから、50㎡÷２＝25㎡がそれぞれに加えられ、床面積は125㎡になるのです。

講師より
一部共用部分も建物の一部であることには違いありません。一部共用部分をしっかり管理してきたにもかかわらず、それが全員の管理組合の議決権に何も反映されないとすると不公平だからです。

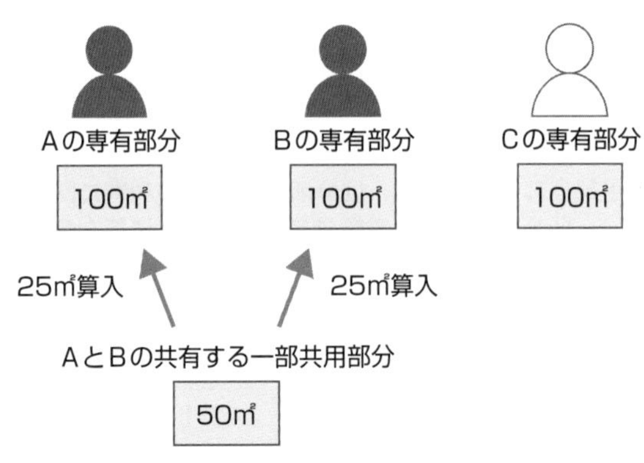

（4）共用部分の負担・利益の収取（区分所有法19条）

注意！
規約で別段の定めができますので、区分所有者に利益を分配せず、管理費用とすることもできます。

共用部分の各共有者は、規約に別段の定めがない限りその**持分に応じて**、共用部分の**負担**に任じ、共用部分から生ずる**利益**を収取します。管理費用等の負担が発生したり、共用部分に対する損害保険料等の利益が生じたりした場合、それらの負担と取得は共用部分の持分割合となるのです。

（5）管理所有（区分所有法20・27条）

共用部分を管理するため、対外的な関係で管理所有者の所有とすることを管理所有といいます。共用部分の管理は保存行為を除いて集会の決議による必要がありますが、これらを特定の人物の判断に委ねたいという場合もあります。そこで用いられるのが管理所有です。

注意！
区分所有者から所有権を奪うものではありません。

注意！
管理者は、区分所有者以外でもなれるので、管理者であれば区分所有者でなくても管理所有者になることができます。

①管理所有者は、管理者か区分所有者であることが必要
②規約による定めが必要
③管理所有者は、相当の管理費用を区分所有者に対して請求できる
④管理所有者は、ア）保存行為、イ）管理行為、ウ）軽微変更行為をすることが可能

管理所有者は、**重大変更はできません**が、それ以外の管理に関する事項は、**自分の判断で可能**なのです。これが後述する管理者

（一般的には理事長）との違いになります。管理者は管理行為も軽微変更行為も、どちらも原則として集会の決議に基づいて実施しなければなりません。

では、過去問です。

過去問で CHECK!　H23-30-肢4

問 管理者は、規約に特別の定めがあるときでも、共用部分を所有することができない。

答 管理者も規約に特別の定めがあれば、管理所有することができる。　×

ヒント
区分所有者以外でも管理者であれば管理所有できました。

重要度 ★★☆　出題実績 H13・14・18・19・23・26・29・R2～4

2章 敷地・敷地利用権

本日の講義

1. どんな土地が敷地になるのか？
2. 敷地を使う権利（敷地利用権）とは？

ココを覚える！

①敷地の種類・定義を覚える。
②敷地利用権の定義を覚える。
　共用部分との相違点を押えておこう。

「ごうかく！攻略問題集」
➡p.206～210

1 どんな土地が敷地になるのか？（区分所有法2条5項・5条）

私たちは一般用語として“敷地”という言葉を使っていますが、区分所有法ではきちんと定義されています。

①法定敷地	建物の底地のこと。法律上当然に敷地となる 注意 一筆の土地でなくてもかまわない（数筆の土地にまたがった場合、すべて法定敷地となる） また、一筆全体が法定敷地になる（一筆の土地であれば、空き地の部分も含めてすべて法定敷地となる） なお、敷地は同一人に帰属する必要はない
②規約敷地	法定敷地以外で、建物および法定敷地と使用・管理上一体的に扱う必要があり、規約で敷地とされたもの 注意 法定敷地と隣接していなくてもよい
③みなし規約敷地	ア）建物が所在する土地が建物の一部滅失により法定敷地以外の土地となった場合 イ）建物が所在する土地の一部が分割により法定敷地以外の土地となった場合 その土地は規約敷地とみなされる

講師より

②の規約敷地については、道路を挟んだ向かい側の土地が、マンションの駐車場となっている場合をイメージしていただくと、隣接してなくてもよいことが分かると思います。

Keyword

分筆
不動産登記法の規定に基づき、一筆の土地を数筆の土地に分割すること。

②の規約敷地ですが、マンションの底地となっていない駐車場等が該当します。③のみなし規約敷地ですが、いままで法定敷地であったものが、建物の滅失や一部の分筆で、いきなり敷地から外れてしまうと管理が大変になる可能性があります。そこで、規約敷地と“みなす”ことで、敷地として扱えるようにしたのです。

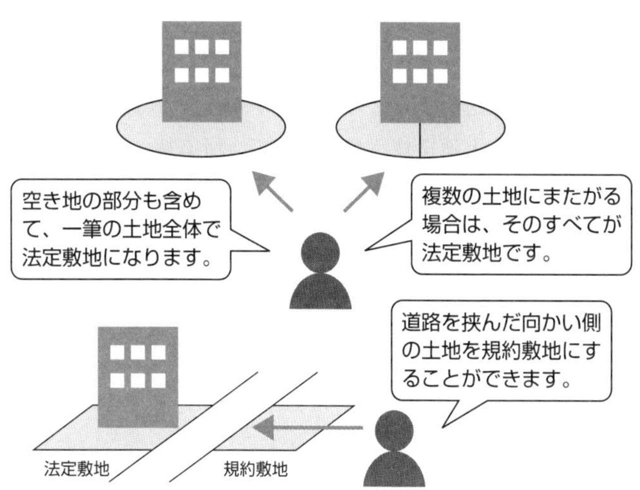
空き地の部分も含めて、一筆の土地全体で法定敷地になります。
複数の土地にまたがる場合は、そのすべてが法定敷地です。
道路を挟んだ向かい側の土地を規約敷地にすることができます。
法定敷地
規約敷地

注意！

法定敷地の一部を売却する場合、分筆してもみなし規約敷地になってしまうので、規約によりみなし規約敷地から除外する必要があります。

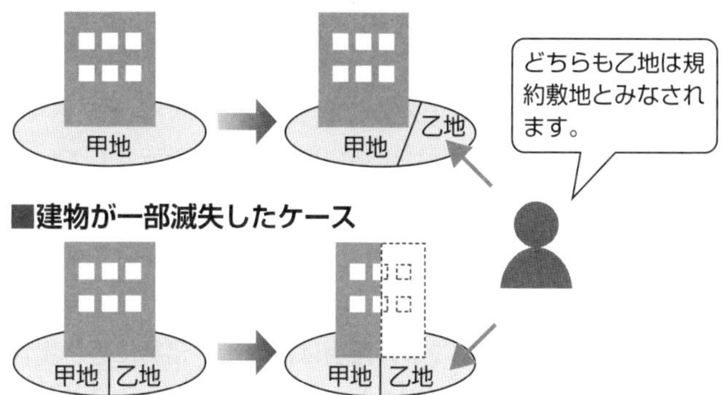
■一筆の土地が分筆されたケース
甲地
甲地
乙地
どちらも乙地は規約敷地とみなされます。
■建物が一部滅失したケース
甲地
乙地
甲地
乙地

では、過去問を見てみましょう。

過去問で CHECK!　H26-34-肢3

問 規約敷地は、区分所有者が建物及び建物が所在する土地と一体として管理または使用する庭、通路その他の土地を指すが、建物が所在する土地の隣接地でなくともよい。

答 規約敷地は、法定敷地と隣接している必要はない。　○

ヒント
隣接していることという要件はありませんでした。

2 敷地を使う権利(敷地利用権)とは？

敷地として土地を使うには、何らかの権限がないといけません。民法では、土地を使う権利として、所有権、地上権、賃借権、使用借権がありました。これらをまとめて区分所有法では**敷地利用権**と呼びます。

Keyword

地上権
工作物または竹木を所有する目的で、他人の土地を使用する権利。
賃借権と異なり地上権は物権なので、登記の請求ができ、また自由に第三者に譲渡可能です。

（1）分離処分の禁止（区分所有法22条）

区分所有法では、以下の場合に**専有部分と敷地利用権は分離処分が禁じられる**としています。たとえば、敷地利用権の持分だけを譲渡したり、抵当権を設定したりすることができないのです。

民法では持分のみの譲渡も許されていましたし、分割請求をすることもできました。

ア）複数の区分所有者で、敷地利用権が共有・準共有されている場合
イ）区分所有者が１人で、敷地利用権が単独で有する所有権その他の権利である場合

ア）は、区分所有者で土地の権利を共有しているケースです。イ）は、分譲会社が分譲前に土地の権利の全部を所有しているケースです。

注意したいのは、敷地利用権は**必ずしも区分所有者で共有しているとは限らない**ということです。たとえば、タウンハウスやテラスハウス型の共同住宅では、建物は区分所有建物でも、土地はそれぞれ単独所有という形式をとっていたりします。また、団地のように、区分所有者以外の者が共有者になることもあります。

Keyword

タウンハウス・テラスハウス
複数の戸建住宅が界壁を共有する低層集合住宅のこと。
長屋や京町家がこの形式に該当します。

分譲後のマンションで分離処分が禁止されるのは、あくまで敷地利用権が共有や準共有のケースに限定されているのです。

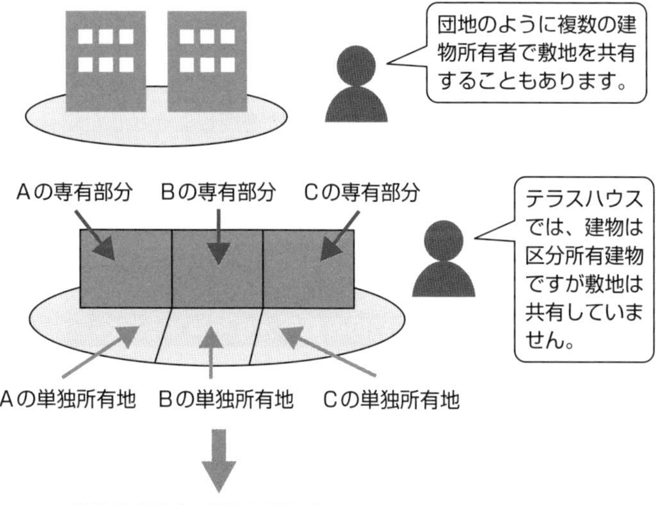
団地のように複数の建物所有者で敷地を共有することもあります。
Aの専有部分
Bの専有部分
Cの専有部分
テラスハウスでは、建物は区分所有建物ですが敷地は共有していません。
Aの単独所有地
Bの単独所有地
Cの単独所有地
分離処分禁止の対象にはならない

講師より

敷地共有の時に分離処分禁止となるのは、敷地共有者数が非常に多くなり、登記簿で共有者を確認することが困難だからです。分離処分禁止とすれば、専有部分といっしょに買うことになるので、敷地の共有者を確認する必要がなくなるのです。

この分離処分の禁止ですが、**規約で別段の定め**、つまり**分離処分を可能とすることもできます。**

では、過去問を見てみましょう。

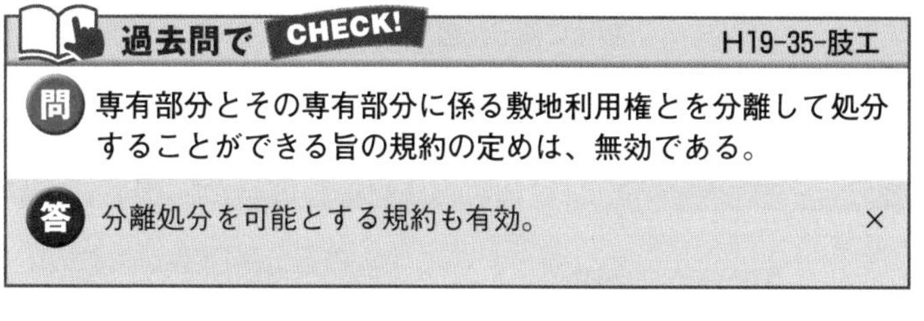

過去問で CHECK!　H19-35-肢エ

問 専有部分とその専有部分に係る敷地利用権とを分離して処分することができる旨の規約の定めは、無効である。

答 分離処分を可能とする規約も有効。　×

ヒント

敷地利用権の分離処分禁止は規約で別段の定めができました。

(2) 敷地利用権の共有持分割合（民法250条）

敷地利用権の共有持分については、区分所有法上規定はありません。通常は**分譲契約**でその割合を定めますが、何も定めなかったときは**民法の規定**によることになるので、**相等しい**こととされます。共用部分と違って、**専有部分の床面積割合とはされていません**。また、**規約で別段の定めもできません**。

これに対し、専有部分の床面積割合となるケースがあります。それは、敷地利用権と専有部分との分離処分が禁止されているマンションにおいて、**1人の区分所有者が複数の専有部分を所有す**

注意！

共用部分の持分割合は、規約に別段の定めがなければ専有部分の床面積の割合となります。

この場合の持分割合は、規約で別段の定めができます。

る場合です。

複数の専有部分を購入した際に、敷地利用権も専有部分と合わせて取得することになりますが、持分というのは合算されてしまうので、専有部分のうち1つを誰かに譲渡しようとした場合、敷地利用権の共有持分の再分配が必要となってくるのです。

そのとき、どれくらいの割合で再分配されるかの基準が、**専有部分の床面積割合**となるのです。

区分所有者が複数の専有部分を所有する場合

専有部分　敷地利用権の割合

A ＋ 10分の1

B ＋ 10分の1

C ＋ 10分の1

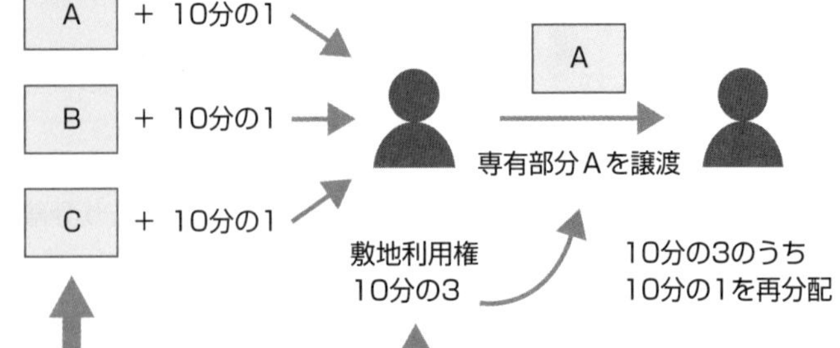

床面積同一

別々に買った敷地利用権も合算されてしまう

敷地利用権の持分割合

各区分所有者間	1人の区分所有者が複数の専有部分を所有する場合
区分所有法上特に規定なし ※通常は分譲契約で定める 何もなければ民法の規定（相等しいものとされる）	内法計算による専有部分の床面積の割合による ※規約で別段の定め可能

（3）分離処分無効の主張の制限（区分所有法23条）

専有部分と敷地利用権の分離処分が禁止されていることを知らずに取引してしまう人もいるおそれがあります。そこで、次の場合には、分離処分の禁止に違反する行為であっても有効となります。

ア）譲受人が善意
イ）敷地権の登記がされていない

ア）ですが、悪意の人間は保護する必要がないからです。イ）は敷地権の登記がされていれば、それで分離処分が禁止されていることに気づけるからです。

分離処分無効の主張

	譲受人が善意の場合	譲受人が悪意の場合
敷地権の登記前	**保護される（取引は有効）**	保護されない（取引は無効）
敷地権の登記後	保護されない（取引は無効）	保護されない（取引は無効）

（4）民法255条の適用除外（区分所有法24条）

民法255条では、共有者がその持分を放棄した場合や、相続人なくして死亡した場合は、その**持分は他の共有者に帰属する**とされています。また、民法239条２項では、無主（所有者のいない）不動産は**国庫に帰属する**とされています。

しかし、これをそのまま適用すると、専有部分は無主の不動産として国庫へ、敷地利用権の共有持分は他の共有者に帰属することなり、その結果、分離処分されたのと同じことになってしまいます。

それを防ぐため、敷地利用権の共有持分は、他の共有者に帰属せず、専有部分と共に特別縁故者や国庫に帰属するとしています。

Keyword
敷地権
分離処分が禁止されている敷地利用権で、登記されたものをいいます。
敷地権の登記がされると、敷地権は専有部分と一体として処分され、敷地権（土地の権利）については、移転登記や抵当権設定登記等をすることが不要となります。

注意！
相続人なくして死亡した場合でも、特別縁故者がいれば、その人に専有部分と敷地利用権の共有持分とが分与されることがあります。

重要度 ★★★　出題実績 H13〜15・17・19〜29・R1〜5

3章 管理組合と管理組合法人

本日の講義

1 管理組合
2 管理者
3 管理組合法人
4 理事
5 監事
6 管理組合法人の解散

ココを覚える！

①管理者の権利・義務について覚える。管理者はどのような行為が可能かを押さえる。
②管理組合法人の特徴について覚える。管理組合法人になるための要件と、法人になったことで発生する効果を押さえる。
③理事・監事の職務を覚える。

「ごうかく！攻略問題集」
➡p.212〜226、260、286

1 管理組合

（1）管理組合の成立（区分所有法3条）

私たちが一般的に管理組合と呼んでいるのは、**区分所有者の団体**を指します。区分所有建物では、階段や廊下といった共用部分を皆で管理しなければなりません。各人が勝手に管理をしてしまうと収拾つかなくなってしまいますから、区分所有者の団体、つまり管理組合で管理を行っていくのです。

管理組合の特徴として、以下の事項は覚えておきましょう。

①管理組合は区分所有者が2人以上いれば**当然**に成立
②区分所有者は管理組合に強制加入
③集会の開催・規約の設定等・管理者の選任は**任意**

Step Up
管理組合から脱退したいという場合、専有部分を譲渡するなどして、区分所有者ではなくなる必要があるのです。

（2）権利能力なき社団

実は管理組合は株式会社等と違って、法人格というものを持っていません。株式会社なら当然にできる“団体名義での取引”というのは、原則として認められません。

ただし、団体として組織を備え、多数決原理が行われている等の一定の要件を満たした管理組合は、**権利能力なき社団**として、取引をすることが認められています。

(3) 一部管理組合

管理組合は、マンション一棟あたり1つとは限りません。3つ管理組合が存在するようなこともあります。管理組合は、**共用部分の共有者ごとに集まって団体を作るため**、共有者が異なる場合は、別の団体となるのです。P189で一部共用部分というのを勉強しました。たとえば、下層階が店舗、上層階が住居として利用されているマンションでは、全体の共用部分とは別に一部共用部分というものがありました。

この場合、住居の区分所有者だけしか使用しない共用部分は、住居の区分所有者だけで共有し、管理することになりますので、**住居の区分所有者だけの管理組合**（一部管理組合と呼びます）**が成立**します。同じように、**店舗の区分所有者だけの管理組合**も成立し、さらには、マンションの基礎や柱といった、店舗・住居どちらも使用する共用部分については、区分所有者全員で使用しているのですから、**全員の管理組合**が成立するのです。

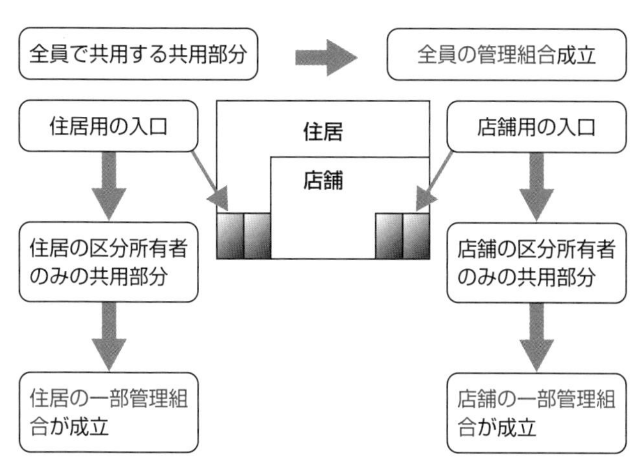

管理組合は共用部分の共有者で構成する団体ですので、たとえ区分所有者でも、自己が持分を有しない管理組合には、原則として参加することができません。

2 管理者

(1) 管理者とは？（区分所有法25条）

管理者は区分所有者の代理人で、一般的なマンションでは、理

管理者の設置は任意です。
これに対して、管理組合法人の理事の設置は必須となっています。

事長がこれに該当します。共用部分は区分所有者で共有しているわけですから、区分所有者全員で管理を実行しなければなりません。しかし、これだと人数が多いマンションでは大変なことになります。そこで、区分所有者を**代理**して管理を執行する管理者を選任することが認められているのです。

（2）管理者の選任・解任（区分所有法25条）

管理者は原則として**集会の普通決議**（区分所有者および議決権の各過半数）で選任・解任をします。

また、管理者の資格や任期に制限はありませんので、管理者は、自然人だけでなく**法人**でもかまいませんし、**区分所有者でなく**てもかまいません。

なお、理事長は一般的に管理者とされますが、理事長と管理者が同一である必要はありません。例えば、内部での事務を理事長が代表して行い、対外業務は理事長以外の管理者が行うという規約も有効となります。

ただし、管理者の選任・解任については**規約で別段の定めが可能**とされています。

たとえば「管理者は理事会で選任する」と定めることができます。

裁判所への解任請求は、不祥事があるのに解任の集会が開催されなかったり、開催されても解任案が否決されたときの救済策です。

また、管理者の解任については、管理者に不正その他職務に適しない事情がある場合は、区分所有者は**1人でも**裁判所に解任の請求（つまり解任請求訴訟の提起）が可能です。

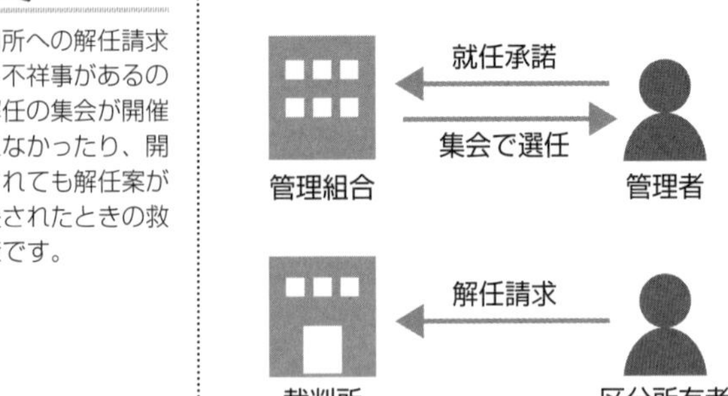

では、過去問です。

過去問で CHECK!　H23-30-肢 2

問 管理者に選任することができるのは、自然人、法人を問わず、また区分所有者でなくてもよいが、規約に定める理事長と同一人でなければならない。

答 管理者の資格に制限はないので、理事長と同一である必要もない。　×

理事長と同一人でないといけないという要件はありませんでした。

(3) 管理者の権限・義務（区分所有法26・43条）

管理者は代表者として管理を執行することになりますので、次の権限が認められ、義務が課せられます。

	内容
①保存行為	管理者は単独で保存行為をすることができる
②管理・変更行為	**規約**または**集会の決議**に基づき、管理・変更行為等を実行する
③管理者の代理権	管理者は、その職務に関し、区分所有者を代理する 代理権を制限することも**できる**が、**善意**の第三者には対抗できない
④損害保険金等の請求および受領	ア）共用部分等の損害保険の保険金 イ）共用部分等について生じた損害賠償金 ウ）不当利得による返還金 の請求・受領の代理権が認められる
⑤原告または被告となる権限	**集会の決議**または**規約の定め**により、訴訟における管理者の当事者（原告・被告）への就任権（訴訟追行権）が認められる
⑥規約・議事録等の保管・閲覧	管理者は規約・議事録・全員合意書面等の保管・閲覧義務を負う
⑦集会の招集権	集会の招集は、原則として管理者にその権限が認められている
⑧集会の議長	集会においては、規約に別段の定めがある場合および別段の決議をした場合を除いて、管理者または集会を招集した区分所有者の１人が議長となる

管理所有者と異なり、管理者は管理・変更行為を単独では行えません。

③の代理権を制限できないというわけではないので注意してください。

代理権の制限の例

- 複数の管理者のうち、１人にだけ代表権を認める。
- 管理者と管理組合の利益が相反する場合に、管理者の代表権を制限する。

注意！

③の管理者の代理権、④の損害保険金等の請求および受領、⑤の原告または被告となる権利は、管理組合法人では、理事ではなく管理組合法人の権限とされています。

⑨事務報告	管理者は、集会において、毎年１回一定の時期に、その事務に関する報告をしなければならない 注意 この事務報告は、区分所有者全員の承諾があったとしても省略したり、書面または電子メール等で行ったりすることはできない
⑩集会の招集	管理者は、少なくとも毎年１回集会を招集しなければならない
⑪管理所有	管理者は規約に別段の定めがあれば、共用部分の所有者となることができる
⑫先取特権	管理者が共用部分等に関する業務を行った際に支出した費用について先取特権が認められる 注意 報酬については先取特権は認められません

それでは、解説していきましょう。

④の**損害保険金等の請求および受領**ですが、本来共有物である共用部分から発生した金銭等は、共有者である区分所有者が、それぞれの持分に応じて取得することができます。

しかし、共用部分の損害保険金等は共用部分の復旧に使用する金銭なのですから、区分所有者が勝手に使ったら大変です。そこで、代理人である管理者が請求・受領できるようにしたのです。

なお、この代理権は管理者であれば**当然に認められ、"集会の決議"や"規約の定め"は必要ありません**。

⑤**原告または被告となる権限**ですが、管理組合の訴訟は本来区分所有者全員が訴えを提起する必要があるのですが、それだと手続きが煩雑になるので、管理者に原告または被告となる権限を認めているのです。

ただし、④損害保険金等の請求および受領と異なり、当然に区分所有者を代理するのではなく、**集会の決議**か**規約の定め**かどちらかの方法による授権が必要となります。

また、**規約で原告または被告となった場合**、集会の決議と違い、いつ管理者が原告または被告となったか分からないので、規約に基づく場合には区分所有者への**通知義務**があります。

規約により原告または被告となるケースとして、標準管理規約では、理事長（管理者）が"理事会"の決議を経て規約違反行為等の差し止め請求ができるとしています。

では、ここで１問解いてみましょう。

過去問で CHECK!　H15-40-肢2

問 管理者が、マンションの敷地を不当に使用している者に対し、不当利得による返還金の請求または受領をするには、集会の決議が必要である。

答 不当利得による返還金の請求または受領については、集会の決議は不要である。　×

ヒント
不当利得返還金の請求・受領は管理者であれば当然に代理できました。

では、もう1問。こちらは事務報告の問題で、繰り返し出題されています。

過去問で CHECK!　H27-33-肢4

問 管理者は、毎年1回一定の時期にその事務に関する報告をしなければならないが、当該報告を各区分所有者に郵送または電子メールで送信することにより、総会での報告に代えることができると規約に定めることができる。

答 事務に関する報告は、書面や電子メール等に代えることはできない。　×

ヒント
事務報告は集会で行わなければなりませんでした。

（4）委任の規定の準用（区分所有法28条）

管理者と管理組合との関係は委任となりますので、民法の委任の規定が準用されます。

善管注意義務	管理者はその職務を執行するにあたって善良なる管理者の注意義務を負う
受取物の引渡義務	受取物の引渡し義務を負う
報酬請求権	特約があれば報酬を請求することも可能
費用前払請求権	管理事務費用の前払いが求められる
費用償還請求権	管理事務費用を支出した場合、費用償還を求められる
解除の不遡及	解除の効果は遡及しない

3 管理組合法人

（1）管理組合法人化の要件（区分所有法47条）

管理組合には法人格がありませんので、原則として、管理組合名義では取引ができません。一応、権利能力なき社団というもの

Keyword
権利能力なき社団
社団（人の集まり）としての実態はあるのですが、法人としての要件を満たさないので法人格を有しない団体をいいます。

もありますが、この場合でも不動産登記は行うことができません。

それだとやはり不便なこともありますので、区分所有法は管理組合を法人にする手続きを定めています。

管理組合が法人となるには次の要件を満たさないといけません。

①次の事項を区分所有者および議決権の各４分の３以上の多数による集会の決議によって定める

ア）法人となる旨
イ）名称
ウ）事務所

②理事と監事を設置する（こちらは集会の普通決議でOK）
③主たる事務所の所在地において、設立手続終了の日から２週間以内に登記する

管理組合法人では、登記が成立要件となっています。

（２）管理組合法人の権限（区分所有法47条６項～８項）

管理組合法人の事務は、区分所有法に定めるもののほか、すべて集会の決議により行われます。

また、管理組合法人は以下の権限を有します。

①管理組合法人の事務に関して区分所有者を代理する
②損害保険契約に基づく保険金
共用部分等について生じた損害賠償金
不当利得による返還金
}の代理請求・受領ができる
③規約または集会の決議により区分所有者のために原告または被告となれる

注意！
管理組合法人の代理権に加えた制限は善意の第三者に対抗できません。

Keyword
不当利得
法律上の原因なくして、他人の財産もしくは労務によって受けた利益をいいます。たとえば、マンションの敷地に無断駐車をされた場合、無断駐車をした相手に対して、この不当利得の返還を請求できるのです。

管理組合法人では、法人名義で取引ができるようになるので、これらの権限も管理組合法人自身が実行することとされるのです。理事が区分所有者を代理するのではありませんので注意しましょう。

では、過去問を確認しましょう。

過去問で CHECK!　H26-32-肢イ

問 管理組合法人の理事は、損害保険契約に基づく保険金額の請求及び受領のほか、共用部分等について生じた損害賠償金及び不当利得による返還金の請求及び受領について、区分所有者を代理する。

答 保険金等の請求や受領については、理事ではなく管理組合法人が区分所有者を代理する。　×

保険金等の請求・受領権限は管理組合法人にありました。理事ではありません。

語呂合わせ

管理組合法人の権限

法人化して

大	**成**	**功**
区分所有者の代理	保険金等の請求・受領	告訴（原告・被告となる権利）

（3）管理組合法人の義務（区分所有法48条の2）

管理組合法人は以下について義務を負います。

代表者の行為についての損害賠償責任	管理組合法人は、代表理事その他の代表者がその職務を行うについて第三者に加えた損害を賠償する責任を負う
財産目録の作成	設立の時および毎年1月から3月までの間に財産目録を作成し、常にこれをその主たる事務所に備えおかなければならない ただし、特に事業年度を設けるものは、設立の時および毎事業年度終了時に作成し、備え置かなければならない
区分所有者名簿の備置き	区分所有者名簿を備え置き、区分所有者の変更があるごとに必要な変更を加えなければならない

講師より

事業年度を設けるものの例としては、毎年4月1日から翌年3月31日を事業年度とするというものがあります。
会計や仕訳の問題ですと、これを採用していたりします。

管理組合法人の債務は、共用部分の管理のためのものなのですから、共用部分の共有者である区分所有者が責任を負うのです。

（4）区分所有者の責任（区分所有法53条）

管理組合法人の財産で、その債務を完済することができない場合や、強制執行が功を奏しないときは、原則として**共用部分の持分割合**で**区分所有者が、債務の弁済の責任を負います**。

たとえば、マンションの修繕工事費の支払について、まず管理組合法人の財産で支払い、管理組合法人が完済できないときは、区分所有者が支払わないといけません。

ただし、区分所有者が管理組合法人に**資力**があり、かつ、**執行が容易**であることを証明できれば**責任を免れます**。

また、区分所有者の特定承継人（専有部分の買主等）は、その承継前に生じた管理組合法人の債務について責任を負います。

では、過去問を見てみましょう。

ヒント
管理組合法人が完済できないと区分所有者が責任を負いました。

過去問で CHECK! H27-37-肢1

問 計画修繕を怠っていたために、マンションの外壁が老朽化により落下して通行人に大けがをさせた場合の損害賠償責任について、理事Aの「当組合は管理組合法人なので、まずは、管理組合法人の財産によって損害賠償をしなければなりません。」という発言は適切である。

答 管理組合法人の債務は、まず管理組合法人の財産をもってその債務を弁済する必要がある。 ○

BACK TO P.319

標準管理規約の理事と異なり、管理組合法人の理事は代表権を有しています。

注意！

管理組合法人には理事が置かれることになるので、管理者は置くことができません。

4 理事

（1）理事（区分所有法49条）

理事は、管理組合の管理者に相当する人で、**管理組合法人を代表し**、その業務を執行する権限と義務があります。

管理組合法人には、理事を**必ず置かなければなりません**。管理者の設置は任意でしたが、こちらは必須です。

ヒント 管理組合法人は株式会社等と同様に、団体名義で取引することが認められるので、代表者が必要となります。

（2）理事の選任・解任（区分所有法49・25条）

理事の選任・解任は管理者と同じで、原則は**集会の普通決議**で行いますが、**規約で変更**することも可能です。また、理事に不正な行為等その職務に適しない事情がある場合、区分所有者の**1人**でも裁判所に**解任請求**が可能です。

(3) 理事の任期 (区分所有法49条6項)

理事の任期は2年が原則です。ただし、**規約で**3年以内なら変更が可能です。たとえば、任期を3年に延長したり、1年に短縮したりすることも可能なのです。

管理者に任期の規定はありませんでした。

(4) 理事の員数・資格 (区分所有法49条1項・50条2項)

理事の員数には区分所有法上制限がありませんので、最低1名いればよいことになりますが、もちろん複数名いてもかまいません。また、資格も区分所有者に限定されていませんから、区分所有者以外の第三者も理事になれますが、法人を代表しなければならないため自然人でなければなりません。

また、理事と監事の兼任は禁止されています。

区分所有者を代理するのは管理組合法人自身でした。
でも、管理組合法人自体は動いたりすることができないため、理事が法人を代表して契約をするのです。

(5) 理事の代表権 (区分所有法49条3項・49条の2)

理事は管理組合法人を**代表**します。代表といった場合、代表者と法人は同一視（同一人物）されます。したがって理事の行為はそのまま法人自身の行為と法律上は考えられ、その効果はすべて法人に及ぶことになります。この代表権の範囲は管理組合法人の一切の事務に及びます。

ただし、理事と管理組合法人の**利益が相反する場合**は、**監事が管理組合法人を代表し**、利益が相反する理事は代表することができません。

注意！

理事は、規約または集会の決議によって禁止されていないときに限り、特定の行為の代理を他人に委任することができます。

区分所有者

代理

理事と管理組合法人は同一視されます。

管理組合法人

代表

理事

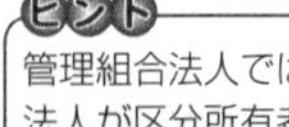

代表理事を定めた場合、代表理事以外の理事は**代表権のない理事**となります。

（6）代表理事、共同代表理事（区分所有法49条4項・5項）

複数の理事を置く場合、**各理事が単独で法人を代表**し、原則として**理事の過半数で事務の決定**を行います。でも、代表者は1人にしたいという要望も当然あるかと思います。そこで、**規約**または**集会の決議**により、**代表理事を定める**ことや、**共同代表理事**といって、複数の理事が共同しないと代表できないという共同代表制度を定めることもできます。

また、規約の定めがあれば、**理事の互選**で代表理事を定めることも可能です。

過去問で CHECK!　H24-34-肢4

問　共用部分に関する損害保険契約に基づく損害保険金の請求及び受領は、理事が行う。

答　管理組合法人が区分所有者を代理して損害保険金の請求及び受領をする。理事には請求及び受領の権限はない。　×

（7）管理者の規定の準用（区分所有法49条8項）

管理所有の規定は準用されていません。

理事が置かれることで**管理者は不要となります**。管理者はあくまで管理組合の代表者（区分所有者の代理人）で、管理組合法人の代表者は理事になります。

でも、どちらも団体の代表者ですから同じような業務を行うことになるはずです。そこで、理事は次の業務を管理者と同様に行います。

①規約・議事録等の保管
②集会の招集、集会の議長、事務の報告

ただし、規約や議事録等は**管理組合法人の事務所**で保管しなければなりません。

（8）理事会への代理出席

区分所有法では理事会についての明文の規定はありませんが、規約で理事会を設置しているマンションもあります。

この理事会は理事でないと出席できないのが原則ですが、規約で、「理事に事故があり、理事会に出席できないときは、その配偶者または一親等の親族に限り、これを代理出席させることができる」旨を定めることも可能です。

管理者と理事の差異

	管理者	管理組合法人の理事
役割	区分所有者の代理人 設置は任意	管理組合法人の代表者 設置が義務付け
任期	定めなし	原則として2年 規約で3年以内で別段の定め可能
資格	特に定めなし	自然人であることが必要

5 監事

（1）監事（区分所有法50条）

監事とは、管理組合法人の**財産や業務執行の状況等を監督する機関**です。管理組合法人には監督行政庁はありませんから、内部で監督する機関を必須としたのです。

（2）兼任禁止（区分所有法50条２項）

理事または管理組合法人の使用人と、監事は**兼ねることができません**。

監督する立場の監事と、監督される立場の理事や、その理事の支配下にある使用人とを兼ねると監督機関の意味がないからです。

第3編　区分所有法

理事と監事の兼任不可

監事に

利　子　はだめ
理事　使用人　兼任できない

監事も員数の制限はありません。1人でもかまいません。

(3) 監事の選任・解任 (区分所有法50条4項)

理事と同じです。原則は集会の**普通決議**で可能です。**規約や集会の決議**で選任方法を変えることも可能です。また、区分所有者の1人からの解任請求も可能です。

(4) 監事の業務 (区分所有法50条3項・51条)

監事は以下の業務を行います。

①管理組合法人の財産状況の監査
②理事の業務執行状況の監査
③財産状況または業務執行に不正な事実を発見した場合に集会で報告する
④上記報告のために必要があるときは集会を招集する
⑤理事と管理組合法人の利益が相反するときは、管理組合法人を代表する

監事が集会を招集することもある点には注意しましょう。

では、過去問を見てみましょう。

H22-29-肢4

問　管理組合法人と理事の利益が相反する事項については、監事が管理組合法人を代表する。

答　管理組合法人と理事との利益相反取引については監事が法人を代表する。　○

ヒント
監事に代表権が認められました。

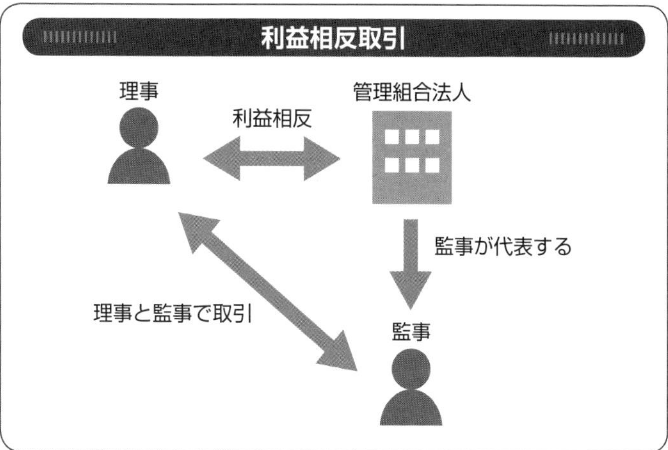

利益相反取引の具体例としては、理事が管理組合法人の財産を購入する場合や、管理組合法人が理事の債務の保証人になるケースがあります。また、利益相反取引に該当するか否かは行為自体で判断するため、たとえ適正価格でも理事が管理組合法人の財産を買い取ることは、利益相反取引になります。

6 管理組合法人の解散（区分所有法55条）

管理組合法人は以下の場合に解散します。

（1）建物の全部滅失（一部共用部分の管理組合法人の場合は、一部共用部分の滅失）
（2）建物に専有部分がなくなった場合
　例：区分所有者の１人が専有部分の全てを取得し、登記を変更して、専有部分をなくして賃貸物件にした場合
（3）区分所有者および議決権の各４分の３以上の多数による集会の決議

区分所有者が１人になったことは、管理組合法人の解散事由にはなっていません。

管理組合法人は区分所有建物の管理のための団体なのですから、建物全部や専有部分がなくなった場合には、もはや区分所有建物は存在しないため、管理組合法人はその意味を失い、解散します。なお、（3）の場合は、管理組合法人をやめるだけで、法人格のない管理組合に戻ることになります。

4章 区分所有者の権利・義務

重要度 ★★★　出題実績 H13〜15・17・19・23〜30・R2・3・5

ココを覚える！

①どんな行為が共同の利益に反する行為に該当するかを覚える。

②義務違反者に対する措置の種類と要件を覚える。マンションで起こるトラブルのすべてが義務違反者に対する措置の問題になるわけではないので注意。

③先取特権の対象について覚える。何が先取特権で担保されるか押さえておこう。

④特定承継人の責任について覚える。管理費の滞納の問題でよく出題されている。しっかり押さえておこう。

「ごうかく！攻略問題集」
➡p.130、160、164、228〜232、260、288〜290、386

1 共同の利益に反する行為の禁止（区分所有法6条1項）

占有者には、賃借人のような適法な占有者だけでなく、不法占有者も含まれます。

注意！

管理費の滞納が共同の利益に反する行為に該当するのは、あくまで著しい不払いの場合です。

著しい不払いといえないような段階だったら、管理者に規約または集会の決議で原告となってもらい訴える方法があります。

区分所有者と占有者は、建物の保存に有害な行為その他建物の管理または使用に関し、共同の利益に反する行為をしてはなりません。

共同の利益に反する行為には、以下のようなものがあります。

専有部分	**専有部分の不当使用・不当損傷**	・建物の基本構造に影響を及ぼす専有部分の増改築 ・専有部分への危険物・重量物の搬入 ・電気・ガス・給排水管の許容量に影響のある設備変更
	居住者の生活態度の不当性	・カラオケ騒音 ・床をフローリングにしたことによる騒音 ・ペット飼育禁止規約違反
共用部分	**共用部分の不当使用・不当損傷**	・ベランダ、バルコニーの改造 ・外壁の改造 ・屋上の特定利用
債権関係の義務違反		・管理費の著しい不払い

共同の利益に反する行為ですが、“共同の利益”といえないといけませんから、ある程度の区分所有者に影響があるものでないと該当しません。例えば、上階と下階の区分所有者のみの争いという場合は、共同の利益とはいえないのです。また、共同の利益に反する行為の禁止は区分所有者と占有者のみが対象となります。それ以外の第三者はこの義務を負いません。これは、共同生活を維持していく上での義務なので、マンションの持ち主でも居住者でもない第三者には関係ない話だからです。

➡p.281 +αで役立つ 判例集 5

注意！
たとえば、占有をしない抵当権者や清掃のために週1～2度マンションに立ち入る清掃業者等は区分所有者でも占有者でもないので、共同の利益に反する行為の禁止義務を負う者に該当しません。

2 義務違反者に対する措置

共同の利益に反する行為を放置しておくと、マンションでの共同生活ができなくなってしまうおそれがあります。そこで、区分所有法では、民法とは違った形で義務違反者に対する措置の規定を設けています。

(1) 行為の停止等の請求（区分所有法57条）

区分所有者や**占有者**が共同の利益に反する行為をした場合、またはそのおそれがある場合には、違反者に対して以下の行為を請求することができます。

①違反行為の停止
②違反行為の予防
③違反行為の結果の除去

この停止請求権を行使できるのは、違反行為者を除く他の区分所有者または管理組合法人です。

停止等の請求は、**訴訟外**（裁判外）でも行うことができますが、**訴訟上行使する場合は、集会の普通決議が必要**です。

行為の停止等の請求では、義務違反者に弁明の機会を付与する必要はありません。

では、過去問です。

ヒント
違反行為は停止だけでなく、予防や結果の除去も請求できました。

過去問で CHECK! H26-39-肢3

問 マンションにおける専有部分に接するバルコニーについては、管理組合の管理する共用部分であり、規約等によりその改築を禁止することができるにしても、管理組合は、規約等に違反してバルコニーの改築工事を終えた区分所有者に対しては、同改築部分を撤去して復旧すべき旨の請求をすることはできない。

答 違反行為の結果の除去請求をすることもできるので、改築部分を撤去して復旧すべき旨の請求をすることもできる。 ×

(2) 専有部分の使用禁止請求（区分所有法58条）

共同の利益に反する行為をした区分所有者に対して、上記違反行為の停止等の請求では有害行為を除去し、共同の利益を維持できない場合、義務違反行為をした区分所有者を建物内から一定期間排除して、共同の利益の回復を求めることができます。これを**専有部分の使用禁止請求**といいます。

この使用禁止請求の要件は以下のとおりです。

①集会の特別決議（区分所有者および議決権の各４分の３以上の多数）によること
②義務違反行為をした区分所有者に弁明の機会を与えること
③訴訟を提起すること

Keyword
弁明の機会
不利益な処分を受ける者に対して付与される意見陳述の機会のことです。

(3) 競売請求（区分所有法59条）

行為の停止請求や使用禁止請求では義務違反行為が解決できないという場合、最終的には義務違反行為をした区分所有者にマンションを去っていってもらわなければなりません。

そこで、区分所有者が共同の利益に反する行為をし、またはそのおそれがあり、その行為による区分所有者の共同生活上の障害が著しく、他の手段ではその障害を除去して共用部分の利用の確保その他の区分所有者の共同生活の維持が困難である場合、**競売請求**が可能となります。

この競売請求の要件は以下のとおりです。

①集会の特別決議（区分所有者および議決権の各４分の３以上の多数）によること
②義務違反をした区分所有者に弁明の機会を与えること
③訴訟を提起すること

（４）競売請求の効果（区分所有法59条３項・４項）

競売請求が認められると、原告（義務違反者を除く他の区分所有者または管理組合法人）は義務違反者の専有部分と、それに付随する共用部分の共有持分、敷地利用権の共有持分を競売により売却することができます。

ただし、この競売の申立ては**判決確定後６カ月以内**に行う必要があります。いくら相手が義務違反者だとはいっても、競売の申立てをだらだらと引き延ばしてはいけないのです。

また、競売を申し立てられた区分所有者とその区分所有者のために（その「計算で」といいます）買い受けようとする者は、買受人になれません。これを認めてしまうと、せっかく追い出したのに義務違反者がまたマンションに戻ってきてしまうからです。

この競売請求は、金銭債務を回収するためのものではないので、自分に配当されるような余剰が生じない場合でも可能です。

（５）占有者に対する引渡請求（区分所有法60条）

占有者が共同の利益に反する行為をし、またはそのおそれがあり、その行為による区分所有者の共同生活上の障害が著しく、他の手段ではその障害を除去して共用部分の利用の確保その他区分所有者の共同生活の維持が困難である場合、区分所有者の全員または管理組合法人は、以下の請求をすることができます。

①その占有者が占有する専有部分の使用または収益を目的とする契約の解除
②その専有部分の引渡請求

また、要件は以下のようになります。

占有者が不法占有者の場合は解除する契約がありませんので、専有部分の引渡しを占有者に対して訴えます。

①集会の特別決議
②占有者への弁明の機会の付与
③訴訟の提起

注意！
区分所有者には弁明の機会は不要です。

引渡請求訴訟では、借主である占有者と貸主である区分所有者とを共同被告とする必要があります。ただし、不法占有者に対する引渡請求訴訟の場合は、占有者のみを被告とします。

(6) 引渡請求訴訟の効果 (区分所有法60条3項)

原告勝訴の判決が確定した場合、原告（区分所有者の全員や管理組合法人等）は、占有者に対して**専有部分の引渡請求**をすることができます。本来であれば、持ち主である貸主（区分所有者）が占有者に明渡しを要求するべきですが、それだけでは貸主が、占有者が専有部分を使用することを黙認するおそれがあります。そこで、原告に引渡請求権が認められたのです。

しかし、専有部分の持ち主は、あくまで区分所有者であり、原告の物ではありませんから、原告が専有部分の引渡しを受けた場合、遅滞なく**専有部分を占有する権原を有する者**（普通は専有部分の区分所有者）に**引き渡さなければなりません**。

義務違反者に対する措置	決議要件	訴訟の必要性	弁明の機会
行為の停止等の請求（訴訟外）	集会の決議は不要	不要	不要
行為の停止等の請求（訴訟上）	区分所有者および議決権の各過半数	必要	
使用禁止請求	区分所有者および議決権の各4分の3以上の多数		必要
競売請求			
引渡請求			占有者に対してのみ必要

義務違反者が区分所有者の場合は、①行為の停止等の請求、②使用禁止請求、③競売請求が可能ですが、引渡請求はできません。引渡請求は占有者に対する措置だからです。
同様に義務違反者が占有者の場合は、①行為の停止等の請求、②引渡請求は可能ですが、使用禁止請求や競売請求はできません。

(7) 訴訟追行権の付与（原告となる権利）(区分所有法57条3項)

さて、管理者は**規約**または**集会の決議**により区分所有者のために原告または被告となれたのを覚えてますか？

では、義務違反者に対する措置に関する訴訟を提起する場合も、管理者を原告にすることができるのでしょうか？　実は、義務違反者に対する措置については、他の訴訟とは違うのです。

原告になれる者　⇒　管理者または指定された区分所有者
要件　　　　　　⇒　集会の普通決議

特徴としては、原告になれるものに**指定された区分所有者**とあるのが、まず1つ。また、**規約では原告になれず**、必ず集会の決議が必要とされています。義務違反者に対する措置については、管理者の独断で訴訟させたくないからです。

管理者は規約で区分所有者のために原告または被告となれた点と比較しましょう。

（8）他の訴訟との関係

すでに説明したように、義務違反者に対する措置は、**"共同の利益に反する行為"**を行った**"区分所有者"**または**"占有者"**に対して、**"共同生活の維持"**を目的として行うものです。

したがって、マンション内のトラブルのすべてを義務違反者に対する措置により処理するわけではなく義務違反者に対する措置以外にも、以下のような訴訟が考えられます。

①特定の区分所有者間だけのトラブル（上下階・隣室間だけでの争い）
②区分所有者・占有者以外の第三者との間のトラブル
③共同の利益に反する行為について、被害者である区分所有者等が加害者を訴える場合
⇒不法行為や債務不履行に基づく損害賠償請求
　所有権等の権利に基づく妨害排除請求
④貸主が、共同の利益に反する行為をした賃借人に対し、契約違反を理由として、契約を解除する場合
⇒債務不履行
⑤共同の利益に反する行為とまではいえない規約等の違反
⇒規約または集会の決議で管理者を原告にして訴える

③ですが、共同の利益に反する行為だからといって、必ず義務違反者に対する措置を行わなければならないというわけではありません。管理組合としては、共同生活の維持のため、義務違反者に対する措置により訴え、被害者は不法行為に基づく損害賠償請求訴訟をするということも可能なのです。

Keyword

物権的請求権
所有権といった物権に基づいて物権に対する侵害を除去したり、侵害を予防することを請求する権利のことを物権的請求権といいます。
自分の所有物なのに、他人に邪魔されて使えないという場合には、この物権的請求権に基づいて妨害を排除することができるのです。

3 隣室等の使用（区分所有法6条2項）

区分所有者は、自己の専有部分や共用部分を保存・改良するために必要な範囲で、他人の専有部分や自分に権利がない一部共用部分の使用を請求することができます。

ただし、占有者にはこのような権利は認められていません。

4 先取特権（区分所有法7条）

区分所有法では、滞納管理費等の一定の債権について、区分所有者や管理者は先取特権を有するとされています。担保権がないと、他の債権者がいたときに、債権額で按分された額しか請求できなくなってしまいます。優先的に自己の債権を回収するには、優先弁済権が必要となります。そこで、先取特権という担保権が認められるのです。

先取特権の目的物は以下のとおりです。

①債務者の区分所有権（共用部分に関する権利および敷地利用権を含む。）
②建物に備え付けた動産

先取特権で担保される権利は、以下の3つです。

①区分所有者が、共用部分、建物の敷地もしくは共用部分以外の建物の附属施設につき他の区分所有者に対して有する債権
例：公租公課や管理費用を立て替え払いした場合
②規約または集会の決議に基づき他の区分所有者に対して有する債権
例：管理費や修繕積立金
③管理者または管理組合法人がその職務または業務を行うにつき区分所有者に対して有する債権

なお、管理者の報酬は先取特権では担保されません。

講師より

この先取特権の順位は、共益費用の先取特権の順位と同じになります（P56）。

注意！

先取特権の目的物とされるのは、区分所有権と備え付けた動産とされています。したがって、銀行預金や損害保険金には優先弁済権は有しません。民法の一般の先取特権が**総財産**であったのと比較しましょう。

Keyword

備え付けた動産
建物に備え付けられた畳や建具が該当します。

では、過去問です。

過去問で CHECK!　H29-35-肢4

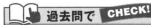

問 区分所有法第7条に規定される先取特権は、優先権の順位、効力及び目的物については、民法に規定される共益費用の先取特権とみなされる。

答 目的物については、民法と異なり、総財産ではなく、区分所有権及び建物に備え付けた動産に限定される。　×

ヒント
目的物は民法と区分所有法で異なりました。

5 特定承継人の責任（区分所有法8条）

滞納管理費等の支払請求は、債務者たる区分所有者の**特定承継人**（買主、受贈者や競落人等）に対しても行うことができます。

特定承継人は、他の区分所有者が支出してくれた管理費等が維持管理に使用されることで、価値が維持・増加された建物を取得できることになり、また修繕積立金として積み立てられている分の利益を受けることができ、それに対応した負担をするべきと考えられているからです。

なお、特定承継人は管理費の滞納について善意であっても**責任を負います**。

また、前区分所有者と特定承継人の間で、「滞納管理費は滞納した前区分所有者が支払い、特定承継人は支払わなくてよい」という特約を結んでも、管理組合は特定承継人に滞納分の請求が可能です。前区分所有者と特定承継人との間の特約は、その2人についてのみ効力が生じるので、特約に何も関与していない管理組合には効力が及ばないのです。

注意！
当然ですが、滞納した前区分所有者も支払義務を負います。免除されるわけではありません。

注意！
賃借人は特定承継人には含まれませんので、管理組合は滞納管理費の支払請求を賃借人に求めることはできません。

では、過去問です。

過去問で CHECK!　H26-10-肢2

問 管理費を滞納している区分所有者から、マンションの専有部分を購入した者が、売買契約に際して、当該滞納者から「管理費の滞納分はない」旨を告げられ、それを信ずるについて過失がない場合でも、滞納管理費の支払義務を負う。

答 特定承継人は、善意無過失であっても、前区分所有者の滞納管理費等の債務の支払義務を負う。　○

ヒント
特定承継人は善意でも免責されませんでした。

もう１問解いておきましょう。

ヒント
占有者は特定承継人ではありませんでした。

過去問で CHECK! H24-11-肢４

専有部分が賃貸され、その賃貸借契約において、管理費の支払いは賃借人が行う旨を定めていた場合でも、その滞納があったときは、管理組合は賃貸人である区分所有者に滞納管理費を請求することができる。

賃借人は特定承継人ではないので、そもそも管理費の支払義務がないため、賃貸人である区分所有者に請求することになる。

○

6 土地工作物責任（区分所有法９条）

マンションに欠陥があったため、第三者が怪我をしたような場合、民法で勉強した土地工作物責任が問題となります。

しかし、マンションでは困ったことに建物の部分によって持ち主が違うのです。専有部分の瑕疵なら専有部分の区分所有者のみが所有者としての責任を負いますが、共用部分だと、区分所有者全員が所有者として責任を負うことになります。

Keyword
推定
法律が一応の判断を下すこと。したがって、反証ができれば、結果を覆すことができます。

では、瑕疵の箇所が専有部分と共用部分のどちらにあるか不明だったらどうなるのでしょうか？　この場合、区分所有法では、建物の設置または保存に瑕疵があることにより他人に損害を生じたときは、その瑕疵は、**共用部分の設置または保存にあるものと推定**されるとしています。

つまり、瑕疵の箇所が不明だったり、専有部分と共用部分のどちらに該当するか判断できない場合、共用部分の瑕疵と推定され、区分所有者全員が共用部分の共有者として、土地工作物責任を負うことになるのです。

講師より
例えば、管理者がその職務の範囲内で締結した契約による金銭の支払義務は区分所有者にあり、管理者が支払うべきものではありません。

7 第三者に対する責任（区分所有法29条）

管理者がその職務の範囲内で第三者との間にした行為につき、区分所有者は**分割的**に責任を負います。

管理者はあくまでも区分所有者の**代理人**なので、管理者の行為は、原則として本人である区分所有者に帰属するのです。

8 区分所有権売渡請求権（区分所有法10条）

戸建住宅の所有者が賃料の未払い等で土地の賃貸借契約を解除された場合、土地所有者は建物の収去を請求できますが、マンションで区分所有者の１人が敷地利用権を失ってしまった場合に、その者の所有する専有部分だけを壊しても意味がありません。

そこで、敷地の所有者等専有部分の収去を請求する権利を有する者が、敷地利用権を有しない区分所有者に対して、区分所有権を時価で売り渡すように請求することができます。

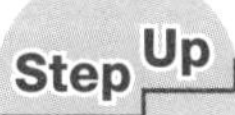

この売渡請求権は、形成権といって、相手方の承諾は不要なので一方的な意思表示で売買契約が成立します。

重要度 ★★★　出題実績 H13〜29・R1〜5

5章 規約

本日の講義

ココを覚える！

①規約で定められるもの、定められないものを覚える。規約で別段の定めができるものについては、必ず覚えておく。
②規約の設定・変更等の要件を覚える。特別の影響がある場合について覚える。
③公正証書規約の設定について覚える。内容と公正証書規約が設定可能となる要件を覚える。
④規約の保管・閲覧の手続きについて覚える。

「ごうかく！攻略問題集」
➡p.234〜246、286〜288

1 規約の意義（区分所有法30条）

規約とは、区分所有建物において建物またはその敷地もしくは附属施設の管理または使用に関する事項に関し区分所有者の権利義務を定めるものをいいます。簡単にいうと、マンション内のルールにあたるものです。そして、規約で定めることができる場合は以下の２つです。

①区分所有法で個別に「**規約で別段の定めができる**」との定めがあるもの
②上記①の定めはないが、建物またはその敷地もしくは附属施設の管理または使用に関する区分所有者相互間の事項と認められるもの

①はすでに何度か登場しているので分かるかと思います。②は簡単にいうと、区分所有法にない規定でも、使用・管理に必要なら法律に触れない範囲で規定を追加できるということなのです。

たとえば、標準管理規約では理事会に関する規定がありますが、区分所有法には理事会の規定はありません。理事会に関する規定は管理に必要だから追加されているのですね。

講師より

“建物”の管理または使用に関する事項に関して規約を定めることができます。つまり、共用部分だけでなく、専有部分も対象となるのです。

注意！

管理または使用に関するルールですので、専有部分の“売却”等の“処分”は制限できません。

2 一部共用部分に関する規約（区分所有法30条２項・31条２項）

一部共用部分については、全体共用部分と同様その共有者だけで**一部管理組合**を形成し、当該一部管理組合および一部共用部分の管理のために規約を設定することができます。

ただし、一部共用部分に関して、以下の場合は全体の管理組合で管理することとなり、一部区分所有者だけで規約を設定することはできません。

①区分所有者全員の利害に関係する場合
②規約で全体の管理組合で管理するとされた場合

これは、一部共用部分の管理についてお話したのと同じですね。

注意！
規約で、全体の管理組合で管理すると定める場合、一部区分所有者の４分の１を超える者の反対または一部区分所有者の議決権の４分の１を超える反対があったときは定めることができません。

3 規約の適正化（区分所有法30条３項）

規約は、専有部分もしくは共用部分または建物の敷地もしくは附属施設（建物の敷地または附属施設に関する権利を含む）につき、これらの形状、面積、位置関係、使用目的および利用状況並びに区分所有者が支払った対価その他の事情を総合的に考慮して、区分所有者間の利害の衡平が図られるように定めなければなりません。

4 規約等の効力（区分所有法46条）

規約および集会の決議は、区分所有者の**特定承継人**に対しても、その効力を生じます。

ただし、占有者は、建物またはその敷地もしくは附属施設の**使用方法**につき、区分所有者が規約または集会の決議に基づいて負う義務と**同一の義務**を負うことになります。

講師より
つまり管理に関する規約は占有者に効力が及ばないのです。

例えば、貸主である区分所有者が管理費等を支払わない場合、賃借人が管理費の支払義務を負う旨の規約の定めをしても、借主には効力を有しない

管理費は“管理”のため支払われるお金ですから、“管理に関する事項”になります。使用方法ではないので、占有者には効力

が及びません。

分譲業者と買受人との間で、専有部分を駐車場以外に変更できない旨の契約条項は、規約とは異なり、特定承継人には効力が及ばない

契約は規約や集会決議と異なり、契約をした当事者間でしか効力を生じないからです。

5 規約の設定・変更・廃止 (区分所有法31条)

規約の設定・変更・廃止は、**区分所有者および議決権の各4分の3以上の多数**による集会の決議によります。

注意！
規約で別段の定めができる旨の条文の記載がないので、定数を引き下げたりすることはできません。

6 特別の影響を及ぼす場合 (区分所有法31条)

規約の設定等は全員にその効力が及ぶため、規約の設定等が特定の**区分所有者の権利義務**に受忍限度を超えた**特別の影響**を及ぼすようなときは、その者の**承諾**を得ないと、**規約の設定等の効力が認められません**。

例えば、合理的な理由もないのに自分だけ他の人の倍の額の管理費を支払わなければならないとしたら不公平ですよね。それが多数決で決まってしまったら大変だからです。

➡p.281〜285 +α で役立つ 判例集 6〜10

規約の設定等の際に承諾が必要とされるのは、“一部の区分所有者の権利”に特別な影響を及ぼす場合です。
共用部分の管理・変更の場合に承諾が必要となるのは、“専有部分の使用”に特別な影響を及ぼす場合ですので、その違いに注意してください。

共用部分の重大変更と規約の変更

	共用部分の重大変更	規約の設定・変更・廃止
決議要件	区分所有者および議決権の各4分の3以上	
規約による定め	区分所有者数の要件を規約で過半数まで減じることが認められる	不可
特別の影響を受けるものの承諾	必要 ※専有部分の使用に特別な影響を及ぼす場合	必要 ※一部の区分所有者の権利に特別の影響を及ぼす場合

共用部分の重大変更は、頭数要件だけ規約で過半数まで引き下げることができる点が規約の設定等と大きく異なります。注意しましょう。

7 公正証書規約（区分所有法32条）

規約事項の中には分譲開始前の段階で定めておくことが必要なものもあります。そこで、規約は本来集会によって決議されるべきところを、例外的に“最初に”区分所有権を“全部所有”している者には、以下の4項目に限って、公正証書での規約の設定が認められています。

①規約共用部分の設定
②規約敷地の設定
③敷地利用権の分離処分の許容
④1人の区分所有者が複数の専有部分を有する場合の敷地利用権の割合の特段の定め

“最初に”とされていますので、一度分譲した専有部分を、後に1人の区分所有者が全部所有することになったとしても、公正証書で規約の設定をすることはできません。

注意！
共有者で、専有部分を全部所有する場合も公正証書規約を定めることができます。共有者は、全員で1人と考えるからです。

語呂合わせ

公正証書規約で定めておけるもの

約束の
規約

教会で
共用部分と

式を挙げたが
（規約）敷地

離婚して
分離処分の許容

式の利用割合
敷地利用権の割合

公正に定める
公正証書で定められる

8 規約の保管・閲覧（区分所有法33条）

注意！

規約・議事録を電磁的記録で作成することについては、規約の定めは不要です。

規約は、書面または電磁的記録で作成しなければなりません。また、必要に応じて閲覧できるように、保管・閲覧について定められています。何をすべきで、何をしてはいけないのか確認できないと、区分所有者としたら困ってしまうからです。

（1）保管者

管理者がいる場合	管理者
管理者がいない場合	以下の者の中から規約または集会の決議で定める者 ア）建物を使用している区分所有者 イ）上記ア）の代理人

利害関係人の例
専有部分の売却の代理・媒介の依頼を受けた宅建業者、抵当権者、賃借人等が該当します。

（2）閲覧の方法

規約を保管する者は、利害関係人の請求があったときは、正当な理由がある場合を除いて、規約の閲覧を拒んではなりません。

（3）保管場所の掲示

保管場所は建物内に限定されていません。また、規約そのものを掲示するのでもありません。

規約の保管場所を建物内でかつ見やすい場所に掲示する必要があります。

では、過去問です。

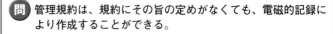

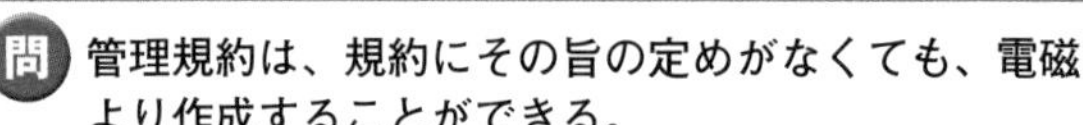

問　管理規約は、規約にその旨の定めがなくても、電磁的記録により作成することができる。

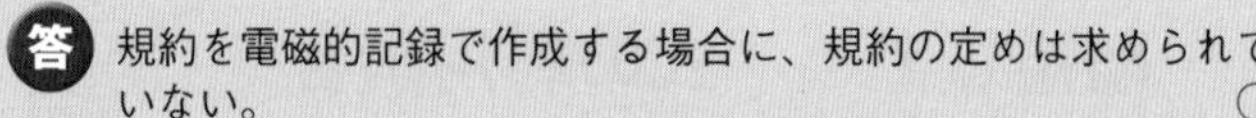

答　規約を電磁的記録で作成する場合に、規約の定めは求められていない。　○

規約の作成方法に要件はありませんでした。

規約の定めができるとされているもの

（1）規約共用部分の定め
（2）規約敷地の定め
（3）共用部分の持分割合
（4）一部共用部分の管理
（5）共用部分の保存行為・管理行為・軽微変更
（6）共用部分の重大変更 ※区分所有者数を過半数まで下げられる
（7）共用部分の負担と利益収取
（8）敷地利用権分離処分禁止の例外
（9）専有部分に対応する敷地利用権の割合算定の例外
（10）管理者の選任・解任
（11）訴訟追行権
（12）管理所有
（13）規約の保管者
（14）少数区分所有者の集会招集請求権の定数 ※減ずるのみ
（15）集会招集の通知期間
（16）掲示による集会招集通知
（17）議決権の割合
（18）普通決議の決議要件
（19）集会の議長
（20）管理組合法人の理事の代表権
（21）管理組合法人役員（理事・監事）の任期
（22）理事の人数
（23）管理組合法人の清算
（24）小規模滅失に関する定め
（25）団地共用部分の定め
（26）団地規約

注意！

（6）共用部分の重大変更は、区分所有者の定数を過半数まで減ずることができます。

注意！

（14）少数区分所有者の集会招集請求権の定数は、規約で減ずることができますが、増やすことはできません。

講師より

（24）小規模滅失に関する定めは規約で別段の定めができますが、大規模滅失からの復旧については、規約で別段の定めはできません。

6章 集会

重要度 ★★★　出題実績 H13・15～24・26・30～R3・5

本日の講義

1. 集会の意義
2. 集会の招集
3. 集会の決議
4. 議長
5. 議事録の作成・保管・閲覧

ココを覚える！

①集会の招集要件を覚える。
招集手続の方法は確実に覚える。
②集会の決議要件を覚える。
普通決議、特別決議、建替え決議の要件をそれぞれ押さえておく。

「ごうかく！攻略問題集」
➡p.248～258

1 集会の意義

集会は管理組合の意思決定機関です。共用部分の変更や規約の設定といった管理に関する事項は、原則としてこの集会で決議して決することになります。

2 集会の招集

注意！

集会の開催は任意でした。
ただし、管理者が設置されている場合、管理者には集会での事務報告義務があるので、年に1回は集会が開催されることになります。

(1) 管理者からの集会招集 (区分所有法34条1項)

集会は管理者が招集するのが原則です。管理を代表して行っている者が招集するのが妥当ですし、また、管理者には毎年1回集会を開催して**事務報告**を行わなければならないからです。

区分所有者の5分の1以上及び議決権の5分の1以上で集会の招集請求をする場合、当該請求をする区分所有者の連署や連名によります。

(2) 少数区分所有者の集会招集権 (区分所有法34条3項)

さて、管理者が集会をきちんと招集してくれればよいのですが、もしかしたら招集を怠ってしまうかもしれません。そこで、**区分所有者の5分の1以上で議決権の5分の1以上を有するもの**（少数区分所有者）は、管理者に対して、集会の招集を請求できるとしています。これはあくまで請求です。では、請求しても管理者が集会を招集してくれなかったらどうしましょう？　もう区分所有者から集会を招集するしかありませんね。

そこで、以下の要件を満たすときは、区分所有者は集会の招集を行うことができます。

①少数区分所有者から管理者に対する会議の目的（議題）を示した集会の招集請求が行われた
②上記①の請求により管理者が所定の期間内（**2週間以内**にその請求の日から**4週間以内**の日を会日とする集会の招集）に招集しなかった場合には自ら招集できる（区分所有者の連名で行う）

この少数区分所有者の集会招集請求の定数は、規約で減じることができます。

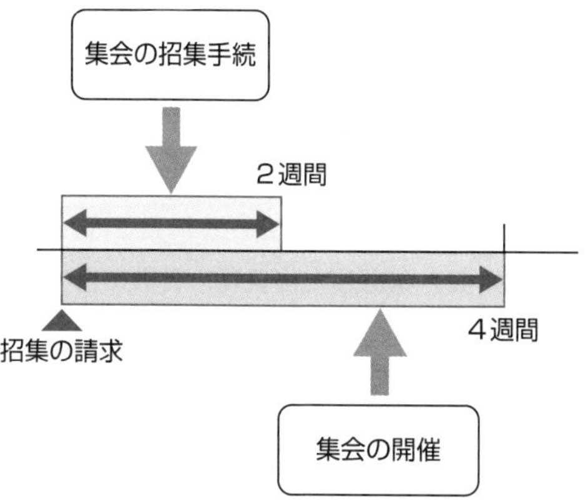

定数の減少が許されるのであり、増加することは許されません。
また、定数の減少には、区分所有者数、議決権の双方が対象となります。したがって、区分所有者数、議決権の双方の要件を緩和することも、どちらか一方を緩和することも認められます。

では、過去問です。

過去問で CHECK!　H24-31-肢2

問 管理者が一定期間内に区分所有者の5分の1以上で議決権の5分の1以上を有するものの集会招集請求に応じなかった場合、5分の1以上の者の代表者1人が、その名で集会の招集通知を発することができる。

答 代表者1人の名前ではなく、5分の1以上の者の連名で招集通知を発する必要がある。　×

代表者1人の名前だと、$\frac{1}{5}$以上という要件をクリアしているか判断できませんね。

なお、管理者がいない場合は、区分所有者の5分の1以上で議決権の5分の1以上を有する者が、直接集会を招集することができます。

集会の招集請求

故意に 集会呼ばないと
5分の1 集会招集請求

客に 点数 下げられる
規約で 定数 引き下げ可能

注意！
集会は、区分所有者全員の同意があるときは、招集の手続を経ないで開くことができます。

（3）招集通知（区分所有法35条1項）

集会の招集通知は、会日よりも少なくとも**1週間前**に、会議の目的たる事項を示して、各区分所有者に発しなければなりません。この場合、**通知を発送した当日は、日数に含まれません**。民法では初日不算入といって、24時間丸々とれない日は、1日と数えないのです。したがって、通知の発送日と会日の間に**中1週間**ないといけません。ただし、**規約で伸縮することが可能**ですので、2週間前（伸長）や5日前（短縮）とすることもできます。なお、決議事項が建替え決議の場合は、集会の会日より**2カ月前**に発しなければなりません。こちらは規約でも短縮できません。

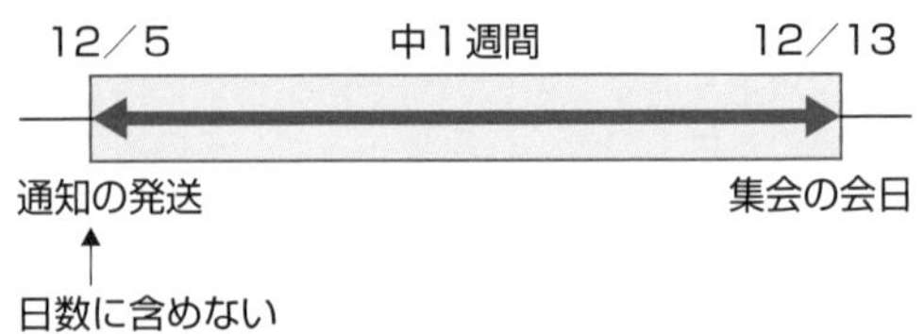

では、過去問です。

過去問で CHECK!　　H21-33改-肢１

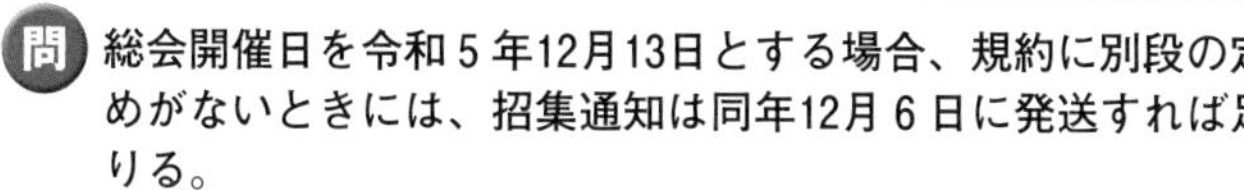
問　総会開催日を令和５年12月13日とする場合、規約に別段の定めがないときには、招集通知は同年12月６日に発送すれば足りる。

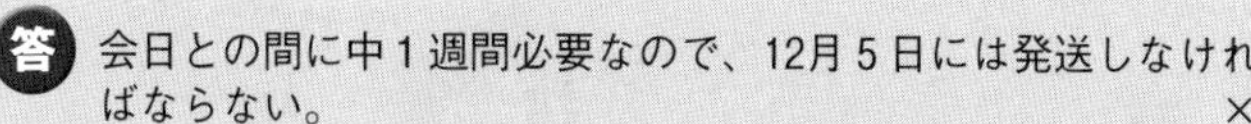
答　会日との間に中１週間必要なので、12月５日には発送しなければならない。　×

ヒント
中１週間あるかどうかがポイントでした。

（４）通知のあて先（区分所有法35条２項～４項）

原則	集会の招集通知は、区分所有者が管理者に対して通知を受けるべき場所を通知したときはその場所に、これを通知しなかったときは区分所有者の所有する専有部分が所在する場所にあててすれば足りる
掲示による通知	以下の者には、規約で定めることにより、建物の内の見やすい場所に掲示してすることができます ①専有部分あてに通知すべき区分所有者 ②区分所有建物内に居住してないが、届出がないために専有部分あてに通知される区分所有者 つまり、建物外の場所をあて先として届出した区分所有者は、掲示による招集は認められない
共有の場合	専有部分が共有の場合には、そのうちの議決権行使者がいればその者に、いなければ招集者が選択する者１名に通知を発すれば足りる

掲示による通知の方法を採るためにはその旨の規約の定めが必要です。

（５）議案の要領の通知（区分所有法35条５項）

以下の事項については、議案の要領もあわせて通知する必要があります。

①共用部分の**重大**変更
②規約の設定・変更・廃止
③建物の**大規模**滅失からの復旧
④建物の建替え
⑤団地規約の設定・変更・廃止
⑥団地内建物について、一括建替え承認決議に付す旨

➡p.286 +αで役立つ 判例集 11

Keyword
議案の要領
決議内容についての案を要約したものをいいます。

議案の要領の通知が必要なもの

重　**機の**
重大変更　規約の設定等

代　**替**
大規模滅失復旧　建替え

談義で　**承認**
団地規約　一括建替え承認

講師より

小規模なマンションでは、集会とは別の機会に区分所有者が一堂に会するということもあり、その機会を使って決議を採りたいという場合に、招集手続きの省略が必要となるのです。

（6）招集手続きの省略（区分所有法36条）

区分所有者全員の同意があれば、招集手続きを省略することができます。そもそも何で招集通知をしなければならないかというと、“集会に出席して議決権を行使できる”ということを、教えてあげなさいということなのです。議決権行使は、区分所有者にとって非常に重要ですから、権利行使したかったのにできなかったということがないように、通知が義務とされているのです。

そのため、権利者である区分所有者の全員が通知は不要といってくれたのであれば、この義務は免責されたと考えられるのです。

（7）集会の出席資格・占有者への通知（区分所有法44条）

区分所有者の承諾を得て**専有部分を占有する者**は、会議の目的たる事項につき利害関係を有する場合には、**集会に出席して意見を述べることができます。**

この場合、集会を招集する者は、集会招集通知を発した後、遅滞なく、集会の日時、場所および会議の目的たる事項を建物内の見やすい場所に掲示しなければなりません。

注意！

占有者には招集通知を発する必要はありません。

では、過去問です。

過去問で CHECK!　H28-38-肢 2

問 会議の目的たる事項につき利害関係を有する占有者がいる場合には、集会を招集する者は、各区分所有者へ招集の通知を発した後遅滞なく、集会の日時、場所及び会議の目的たる事項を建物内の見やすい場所に掲示しなければならない。

答 利害関係を有する占有者に対しては、集会の日時、場所及び会議の目的たる事項を建物内の見やすい場所に掲示しなければならない。　○

ヒント
利害関係のある占有者に、集会へ出席するチャンスを与えないといけませんね。

3 集会の決議

(1) 集会の決議事項

集会の決議には、決議要件によって以下の種類があります。

普通決議	区分所有者および議決権の各過半数
特別決議	区分所有者および議決権の各 4 分の 3 以上の多数
建替え決議	区分所有者および議決権の各 5 分の 4 以上の多数

なお、団地には、さらに以下の決議があります。

団地内建物の建替え承認決議	議決権の 4 分の 3 以上の多数で決する
団地内建物の一括建替え決議	団地内建物の区分所有者および議決権の各 5 分の 4 以上の多数で決する ＋ 各棟ごとにそれぞれの区分所有者および議決権の各 3 分の 2 以上の多数の賛成が必要

注意！
団地内建物の建替え承認決議では、議決権は共有土地の持分割合となります。

第 3 編　区分所有法

特別決議事項

<table>
<tr><td rowspan="7">区分所有者および議決権の各4分の3以上の多数で決するもの</td><td>・共用部分の重大変更</td><td>区分所有者の定数は過半数まで減らせる</td></tr>
<tr><td>・規約の設定・変更・廃止</td><td rowspan="9">決議要件を緩和できない</td></tr>
<tr><td>・管理組合の法人化</td></tr>
<tr><td>・管理組合法人の解散</td></tr>
<tr><td>・大規模滅失の場合の復旧</td></tr>
<tr><td>・義務違反者に対する使用禁止・競売・引渡請求</td></tr>
<tr><td>・団地内の区分所有建物について団地規約を設定する場合の各棟の承認</td></tr>
<tr><td>区分所有者および議決権の各5分の4以上の多数で決するもの</td><td>・建替え決議</td></tr>
<tr><td>議決権（土地の持分割合）の4分の3以上の多数で決するもの</td><td>・団地内建物の建替え承認決議</td></tr>
<tr><td>団地内建物の区分所有者および議決権の各5分の4以上の多数で決する
＋
各棟ごとにそれぞれの区分所有者および議決権の各3分の2以上の多数の賛成が必要</td><td>・団地内建物の一括建替え決議</td></tr>
</table>

注意！

義務違反者に対する措置のうち、行為停止等の請求は普通決議で可能でした。

語呂合わせ

4分の3以上の決議が必要なもの

渋滞に　重大変更
気分は　規約の設定等
崩　法人化
壊　解散（法人）

諸　使用禁止
経　競売請求
費で　引渡し請求

大　大規模滅失
福　復旧

三時に食べる　4分の3以上

（2）議決権（区分所有法38・39条）

①議決権の割合

議決権の割合は、**共用部分の共有持分の割合**（内法計算で算定される専有部分の面積の割合）とされています。ただし、**規約で別段の定めも可能**です。

では、過去問です。

講師より

持分を内法面積基準以外の壁心面積基準とした場合の持分割合や、建物の階層別方位別の効用比を加味した価値基準による持分割合とすることも、規約に定めれば可能です。

過去問で CHECK!　H27-33-肢3

問 規約で、各住戸の専有部分の床面積に差異が少ない場合に、総会における議決権割合を、議決権の過半数による決議事項について1住戸1議決権、議決権の4分の3以上の多数による決議事項については専有部分の床面積割合と定めることができる。

答 議決権の割合は規約で別段の定めができるので、このような定めも可能である。　○

ヒント

議決権の割合は規約で変更できました。

②議決権の行使方法

議決権は区分所有者が集会に出席して行使するのが原則です。しかし、どうしても都合が悪くて集会に出席できないという方もおられると思います。そういう方もできる限り議決権を行使できるようにするべきと区分所有法は考えています。

そこで、議決権には以下のような行使方法も認められています。

ア）代理人による議決権行使（委任状）
イ）書面による議決権行使（議決権行使書）
ウ）電磁的方法（電子メールなど）による議決権行使

なお、ウ）の電磁的方法を採用するためには、**集会の決議か規約の定めが必要**となります。マンションによってはメール等による議決権行使に対応していないこともあるからです。

区分所有法では代理人の範囲や資格に制限はありません。
なお標準管理規約では、①その組合員の配偶者（婚姻の届出をしていないが事実上婚姻関係と同様の事情にある者を含む）又は一親等の親族、②その組合員の住戸に同居する親族、③他の組合員に代理人の範囲が限定されています。

③共有の場合

共有の場合、共有者は**議決権行使者を1人定めなければなりません**。各共有者がそれぞれ議決権を行使できるわけではありません。

（3）書面または電磁的方法による決議（区分所有法45条）

区分所有法または規約により集会において決議をすべき場合において、**区分所有者全員の承諾**のあるときは、**書面または電磁的方法による決議**をすることができます。これは、集会を開催せずに、書面や電磁的方法で決議をしてしまうという方法です。

書面・電磁的方法による議決権行使との違いに注意。
議決権行使は、集会は開催されているけれど、出席できない場合の手段でした。

本来区分所有者には、集会に出席して、意見を述べて、議決権を行使することができる権利があります。集会を開催しないということは、この集会出席・意見陳述の機会が失われてしまうので、区分所有者全員の承諾が必要とされているのです。

ここで、「全員の承諾が必要」なのは集会を開催しないということについてであって、**決議要件自体は普通の集会と変わりませんし、招集期間の代わりに回答期間が原則1週間となることに注意してください。**

例えば、規約の設定であれば、区分所有者及び議決権の4分の3以上の多数の賛成が必要となります。

また、**区分所有者全員の書面または電磁的方法による合意**があったときは、書面または電磁的方法による決議があったものとみなされます。こちらは全員が合意（同意）していますので、集会を開催せず、また多数決を採りませんが、書面または電磁的方法による決議があったのと同じ扱いとなります。

書面等による議決権行使と書面等による決議

	書面または電磁的方法による議決権行使	書面または電磁的方法による決議
定義	「**議決権**」を書面または電磁的方法で決議すること 集会は開催**される**	集会を開催**せず**に、書面または電磁的方法で決議（多数決）をすること
要件	書面による議決権行使に代えて電磁的方法による議決権行使にするときは、**規約**または**集会の決議**が必要	**全員の承諾**が必要

（4）議決権行使の制限（区分所有法37条）

集会においては、あらかじめ通知した事項についてのみ、決議をすることができます。

ただし、**普通決議事項**に関しては、通知していない事項についても決議できる旨を**規約で定めることも可能**とされています。

つまり、集会では緊急動議のように、その場で議題を提案することは原則としてできないのです。

では、過去問です。

過去問で CHECK!　H23-31-肢3

問　「地震による外壁落下の補修工事の実施について」の議題に関連して、防災グッズを購入し各組合員に配布すべきとの緊急動議が出たので、その動議について決議したことは区分所有法に違反しない。

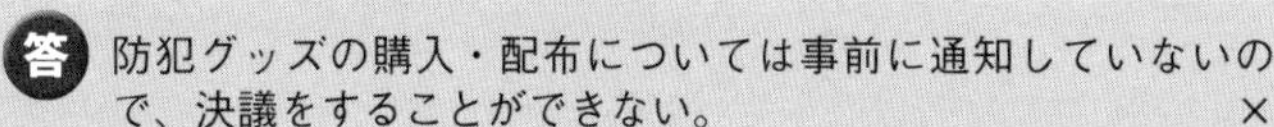

答　防犯グッズの購入・配布については事前に通知していないので、決議をすることができない。　×

事前に通知してある議題かチェックしましょう。

4 議長（区分所有法41条）

議長になる者は次のとおりです。

原則	管理者
	集会を招集した区分所有者の１人
例外	①規約に別段の定めがある場合 ②別段の決議をした場合

5 議事録の作成・保管・閲覧（区分所有法42条）

つまり、議事録の作成には、合計３名が署名する必要があるのです。

注意！

議事録を電磁的記録で作成する場合でも規約の定めは不要です。

書面または電磁的記録による決議を行った場合は、その書面、電磁的記録を保管する義務があります。この場合、集会が開催されず、議事録が作れないので、集会は開催されなかったけれど決議は行われたという証拠として、書面、電磁的記録を保管するのです。

（1）議事録の作成

集会の議事録は書面または電磁的記録により作成しなければなりません。そして、議事録が書面で作成されているときは、議長および**集会に出席した区分所有者の２人**（合計３人）がこれに**署名**しなければなりません（電磁的記録で作成した場合、電子署名等を行います）。また、次にある一定の者が保管し、**利害関係人の閲覧請求**に応じなければなりません。

（2）保管者

議事録の保管者は以下のようになります。

管理者がいる場合	管理者
管理者がいない場合	以下の者の中から規約または集会決議で定める者 ①建物を使用している区分所有者 ②上記①の代理人

（3）閲覧の方法

議事録を保管する者は、利害関係人の請求があったときは、**正当な理由**がある場合を除いて、議事録の**閲覧を拒んではなりません。**

（4）保管場所の掲示

議事録の**保管場所**を建物内で、かつ、見やすい場所に掲示することが要求されています。掲示するのは、あくまで保管場所であって議事録そのものを掲示するのではありません。

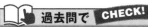

過去問で CHECK!　H22-38-肢 4

問 議事録が書面で作成されているときは、議長及び集会に出席した区分所有者 2 名がこれに署名しなければならない。

答 議長と出席した区分所有者 2 名の合計 3 名が署名しなければならない。　○

ヒント
出席した区分所有者は 2 名必要でした。

7章 滅失からの復旧

重要度 ★★☆　出題実績 H17・19・24・30・R4

本日の講義

ココを覚える！

①小規模滅失と大規模滅失の区分を覚える。建物価格の２分の１ちょうどまでは小規模滅失である。
②復旧の方法を覚える。専有部分と共用部分の復旧方法の違い、小規模滅失と大規模滅失の復旧要件の違いに注意。
③買取請求の手続きについて覚える。

「ごうかく！攻略問題集」➡p.262

1 滅失からの復旧（区分所有法61条）

講師より

建物が全部滅失した場合は、この滅失からの復旧にはなりません。

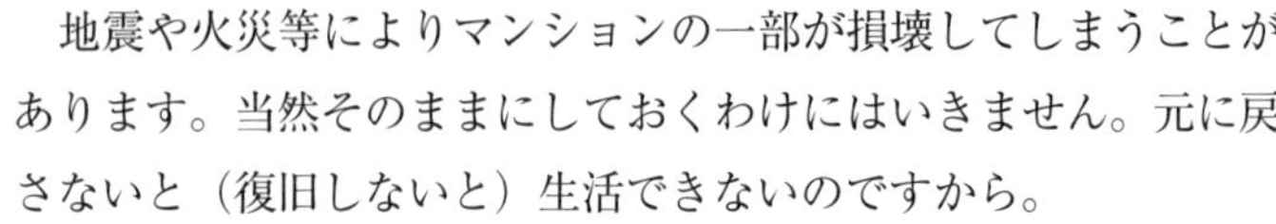

地震や火災等によりマンションの一部が損壊してしまうことがあります。当然そのままにしておくわけにはいきません。元に戻さないと（復旧しないと）生活できないのですから。

このとき専有部分は個人の財産ですから、区分所有者がそれぞれ直せばいいわけですが、問題となるのは共用部分です。共有財産である共用部分をどのようにして復旧するのでしょうか？

2 小規模滅失からの復旧（区分所有法61条１項）

区分所有法では、滅失した部分が**建物の価格の２分の１以下**のケースを**小規模滅失**と呼びます。２分の１以下ということは、２分の１ちょうどまでが小規模滅失になるということです。２分の１というのは結構大規模だと思うかもしれませんが、法律上の分類は小規模滅失なのです。

講師より

共用部分の復旧に要した費用は、他の区分所有者に持分の割合に応じて求償することができます。

（１）各区分所有者による単独復旧

小規模滅失については、各区分所有者は、専有部分とともに単独で**共用部分の復旧**をすることができます。

たとえば共用部分である窓枠や玄関扉が壊れたようなケースのように、専有部分を復旧するためには共用部分の復旧も必要になることもあるので、専有部分と併せて共用部分も単独で復旧する必要があるのです。

ただし共用部分の復旧を各人にやらせてしまうのは管理上の問題等もあります。そこで、以下の管理組合主導で集会決議により復旧することも認められています。

（2）集会による復旧決議

集会において復旧の決議をすることで、各区分所有者が**単独で共用部分の復旧することはできなくなり**、集会の決議にのっとった復旧となります。**小規模滅失からの復旧決議は、普通決議で可能**です。

なお、復旧決議だけでなく、**建替え決議**や**一括建替え決議**がされた場合も各区分所有者が単独で復旧することができなくなります。壊れた建物を復旧するのではなく、建て替えると決めた以上、それに従うことになるのです。

小規模滅失からの復旧については、規約で**別段の定め**が可能です。
たとえば、単独復旧を規約で禁止することができます。

3 大規模滅失からの復旧（区分所有法61条５項）

建物の価格の２分の１を超える部分が滅失した場合を**大規模滅失**といい、区分所有者が**単独で共用部分を復旧することはできず**、復旧するためには集会での復旧決議が必要となります。しかも、この決議については**特別決議**（区分所有者および議決権の各４分の３以上の多数の賛成）が必要となります。

なお、大規模滅失の場合でも、**専有部分は単独復旧が可能**です。

また、小規模滅失の場合でも、大規模滅失の場合でも、復旧をせずに建替えをすることもできます。

大規模滅失からの復旧決議の議事録には、各人の賛否の記載も必要となります。
買取請求権を行使できる者と買取請求される者とを分類する必要があるからです。

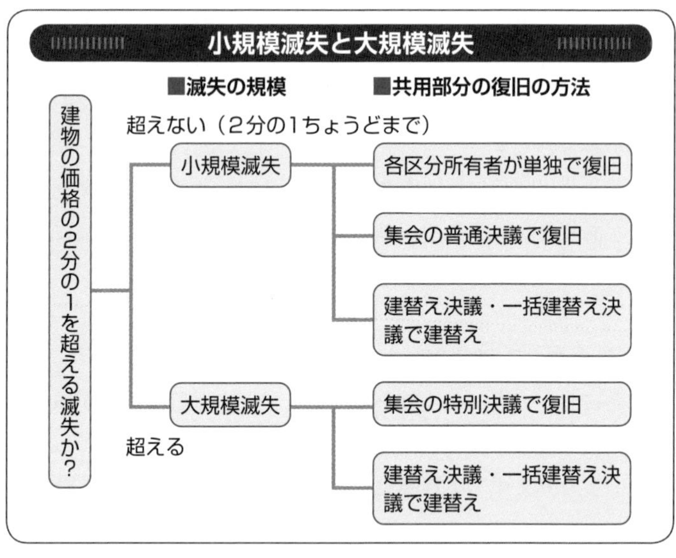

4 買取請求権 (区分所有法61条7項)

大規模滅失からの復旧決議に賛成しなかった区分所有者は、決議に**賛成した**区分所有者等に、建物およびその敷地に関する権利を時価で**買い取るよう請求することができます**。

集会の決議の効果は全区分所有者にも及ぶので、大規模滅失からの復旧決議に賛成していない者も復旧に参加しなければなりません。しかし、費用負担や自己の希望する復旧と異なることで復旧に参加したくないという区分所有者もいます。そこで、買取請求により、管理組合から離脱することで、復旧に参加しないことを認めたのです。

決議賛成者以外の者には、反対者だけでなく、欠席者や棄権者も含まれます。

①買取指定者がいない場合 (区分所有法61条7項)

大規模滅失からの**復旧決議の日から2週間経過**したときは、決議に賛成した区分所有者以外の区分所有者は、決議賛成者の全部または一部に対し、建物およびその敷地に関する権利を**時価で買い取るべきことを請求することができます**。

なお、この場合において、買取り請求を受けた決議賛成者は、その請求を受けた日から2カ月以内に、他の決議賛成者の全部または一部に対し、建物および敷地に関する権利を時価で買い取るべきことを請求できます。

買取請求をされた人だけが負担するのはおかしいからです。

この場合、買取を請求できるのは、決議賛成者以外の区分所有者を除いて算定した各共有部分の持ち分の割合となります。

②買取指定者がいる場合（区分所有法61条８項・９項）

大規模滅失からの**復旧決議の日から２週間以内**に、**決議賛成者**がその“**全員**”の合意により、建物およびその敷地に関する権利を買い取ることができる者（買取指定者）を指定し、かつ、買取指定者がその旨を決議賛成者以外の区分所有者に対して**書面または電磁的方法で通知**したときは、その通知を受けた区分所有者は、買取指定者に対してのみ、建物およびその敷地に関する権利を時価で買い取るべきことを請求することができます。

これは、買取請求が決議賛成者の１人に集中してしまったり、買い取るだけの資力がない人に買取請求がされてしまうことを防ぐための規定です。

電磁的方法により通知をするには通知を受ける区分所有者の承諾が必要です。

講師より

買取指定者が買取請求に基づく代金債務の全部または一部を弁済しないときは、買取指定者以外の決議賛成者は、連帯責任を負います。つまり、買取指定者の資力保証をしたことになるのです。

③買取請求権行使の催告（区分所有法61条11項・12項）

大規模滅失の復旧決議の集会を招集した者（買取指定者の指定がされているときは、買取指定者）は、決議賛成者以外の区分所有者に対し、**４カ月以上**の期間を定めて、買取請求権を行使するか否かを確答すべき旨を**書面または電磁的方法で催告**することができます。

そして、この催告を受けた区分所有者は、催告時に定められた期間を経過したときは、買取請求権を行使できなくなります。

決議賛成者以外の区分所有者は買取請求権を行使できますが、復旧工事の直前になって突然行使されたりすると、復旧が上手くいかなくなるおそれがあるからです。

注意！

電磁的方法により催告をするには、催告を受ける区分所有者の承諾が必要です。

Step Up

買取請求権を行使できなくなった以上、その者は復旧に参加することになります。

第３編　区分所有法

買取請求権が復旧決議後２週間経過してからでないと認められなかったのは、その２週間の間に買取指定者が指定されるかもしれないからです。
買取請求権が行使可能になる２週間後と、買取指定者の指定期限である２週間以内というのは、表裏一体の関係なのです。

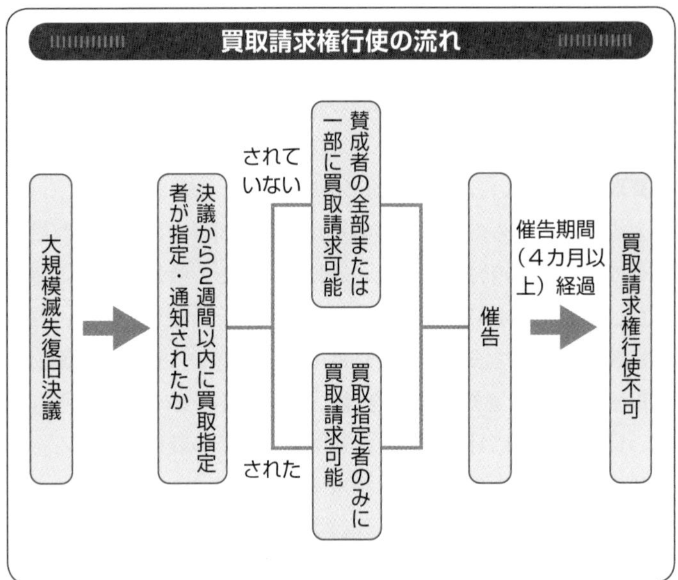

④復旧決議等がない場合の買取請求（区分所有法61条12項）

さて、いままでは、大規模滅失からの復旧が実施されることになった場合に、復旧に参加したくない区分所有者が買取請求権を行使するケースでしたが、これからお話するのは復旧決議等がされない場合です。

たとえば、皆さんが所有する専有部分が滅失してしまったと思ってください。当然復旧したいですよね。専有部分だけなら個人で復旧してかまいませんが、廊下や階段も滅失していたのでは、専有部分だけ復旧しても意味がありません。

共用部分を復旧したい。でも大規模滅失の場合は、個人で復旧はできない。しかし、待てども集会が開催されない、あるいは復旧決議が否決されてしまった。これでは、そのマンションで生活するのは事実上不可能です。もう出ていきたいですよね。

そこで、大規模滅失があった場合、その**滅失した日から６カ月以内**に大規模滅失の復旧決議、建替え決議、一括建替え決議がないときは、各区分所有者は、他の区分所有者に対し、建物および敷地に関する権利を時価で買い取るように請求できます。

5 期限の許与（区分所有法61条15項）

以下の場合には、裁判所は費用の償還請求または買取請求を受けた区分所有者、買取指定者等の請求により、償還金や代金の支払いについて相当の期限を与えることができます。

（1）小規模滅失の場合で、区分所有者が集会の決議によらず復旧した場合の復旧費用の償還請求
（2）買取請求
（3）買取請求を受けた決議賛成者による負担の分担請求
（4）買取指定者の資力保証

注意！
集会の決議により復旧することとなった場合の復旧費用については、期限の許与は認められていません。

重要度 ★★☆　出題実績 H13・15・17・26・R3・5

8章 建替え

本日の講義

ココを覚える！

①建替え決議の要件を覚える。
他の集会決議事項と異なる点は特に注意。
ex.集会の招集期間や説明会等

②売渡請求の手続を覚える。
決議に賛成しなかった者は、反対した者だけでない点に注意。

「ごうかく！攻略問題集」➡p.264

1 建替えとは（区分所有法62条）

建替えは、**いまある建物を取り壊して、新しい建物を再建する**ことをいいます。ですから、建物が災害等で全部滅失したときは、建替え決議の対象となる建替えになりません。

講師より

つまり、現に建物が存在していないと建替え決議をすることができないのです。したがって、建物が地震等で全部滅失したときは、建替え決議はできません。

2 建替え決議の要件（区分所有法62条）

では、新しく建物を建て替えれば、なんでも建替え決議の対象になるのかというと、やはりそうではありません。たとえば、東京のマンションを取り壊して北海道に再建したら建替え決議の対象になるのかというと、そうではありません。まずは、要件を確認していきましょう。

（1）建替え前と建替え後の建物の用途

建替え前と建替え後の建物の用途は、**同一でなくてもかまいません**。たとえば、建替え前のマンションが居住用であっても、建替え後の建物をオフィスビルとすることができます。

（2）建替え後の建物の敷地

建替え後の建物の敷地は、“建替え前の建物の敷地もしくはその一部の土地または当該建物の敷地の全部もしくは一部を含む土地”とされています。

これだとさっぱり分からないと思いますので、下の図で確認してください。簡単にいうと、**いままでの敷地の一部でもいいから含まれていないとダメ**ということです。

注意！
従前の敷地の一部をまったく含んでない場合は、建替え決議はできません。

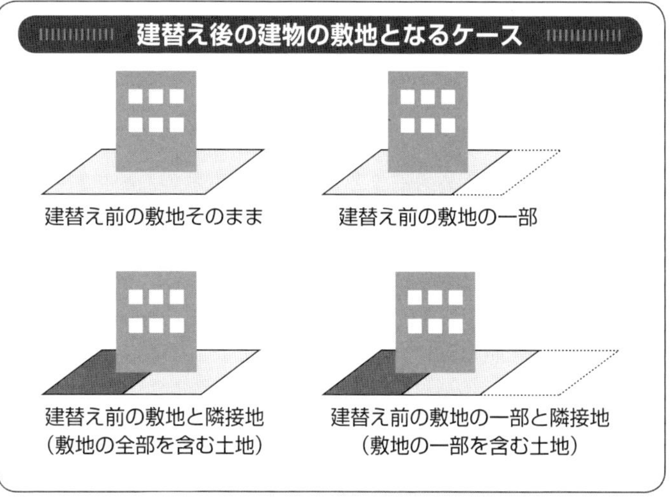

では、過去問をみてみましょう。

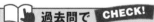

過去問でCHECK!　H15-38-肢 2

問 旧建物の敷地の全部とこれに隣接する土地を合わせた土地に新建物を建築するための建替え決議をすることもできるが、旧建物の敷地の一部とこれに隣接する土地を合わせた土地に新建物を建築するための建替え決議をすることもできる。

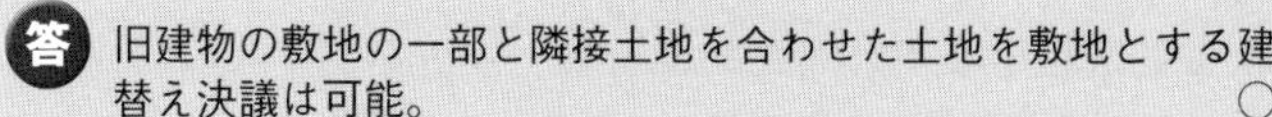

答 旧建物の敷地の一部と隣接土地を合わせた土地を敷地とする建替え決議は可能。　○

ヒント
敷地は旧建物の敷地の一部でも含んでいればかまいません。

（3）建替え決議（区分所有法62条 1 項）

建替え決議は区分所有者にとって他の集会決議よりも特に重要なものとなります。何といってもマンションを一度壊すことになるのですから。

そこで、区分所有法では、建替え決議については、他の決議とは異なる要件を定めています。これをしっかりと覚えていきましょう。

注意！

この期間は規約で伸長できます。短くはできないことに注意！

①２カ月前に招集通知発送（区分所有法62条４項）

建替え決議を会議の目的とする集会を招集するときは、**集会の招集通知**は、集会の会日より少なくとも**２カ月前**に発しなければなりません。建替えという重大な事項をたった１週間で判断しろというのは無理でしょう。

この説明会の招集手続は、集会の招集手続とほぼ同じです。したがって、説明会の１週間前までに説明会の招集通知を発しなければなりません。ただし、集会の規定と異なり、１週間という期間を延ばすことはできても、短くすることはできません。

②説明会の開催（区分所有法62条６項）

建替え決議を会議の目的とする集会を招集した者は、集会の会日より少なくとも**１カ月前**までに、区分所有者のために**説明会を開催しなければなりません**。通知だけだと判断しにくいこともあるので、説明会も設けるのです。

③招集通知の記載事項（区分所有法62条５項）

建替え決議を会議の目的とする集会の招集通知には、議案の要領のほか、以下の事項も記載しなければなりません。建替えが妥当か否か判断するためです。

①建替えを必要とする理由
②建物の効用の維持・回復をするのに要する費用の額とその内訳
③建物の修繕に関する計画が定められているときはその定め
④建物につき修繕積立金として積み立てられている金額

④必要的決議事項（区分所有法62条２項）

建替え決議には、必ず決議しなければならない事項（必要的決議事項）があります。

①新たに建築する建物（「再建建物」という）の設計の概要
②建物の取壊しおよび再建建物の建築に要する費用の概算額
③上記費用の分担に関する事項
④再建建物の区分所有権の帰属に関する事項

語呂合わせ

建替え決議において通知すべき事項

要領よく
議案の要領

理　工　学部　内の
建替えの理由　効用等を維持するための　額　内訳

集　計をした
修繕積立金の積立額　修繕の計画

語呂合わせ

建替え決議事項

災　害　被　害の
再建建物の設計の概要　費用の概算額

分担で
費用の負担割合

区役所に　帰る
区分　所有権の　帰属

⑤集会の決議要件

建替え決議は集会において、区分所有者および議決権の各5分の4以上の多数の賛成が必要となります。

講師より

建替え決議の議事録には、各人の賛否の記載が必要となります。

3 建替え参加の催告（区分所有法63条１～４項）

集会を招集した者は、遅滞なく、建替え決議に**賛成しなかった区分所有者**に対し、建替えに参加するか否かを回答するように書面または電磁的方法で催告します。**催告期間は２カ月**です。

つまり、建替え決議に反対した人や集会に欠席した人等もこの催告に対して“参加する”と回答すれば、建替えに参加できるのです。

なお、催告日から２カ月以内に回答をしないとどうなるのでしょうか？　この場合は、建替えに**不参加**の回答とみなされます。積極的に参加したいと申し出た人しか建替えのメンバーにしたくないのです。

注意！

電磁的方法で催告をするには、催告を受ける区分所有者の承諾が必要です。

4 売渡請求（区分所有法63条５項）

（１）売渡請求

さて、建替え参加の催告により、建替えに参加する人と不参加の人がふるい分けられることになります。

建替えに参加する人からすると、いつまでも建替え不参加の人にマンションに居座られても建替えができず困ります。

そこで、建替えに参加する区分所有者と買受指定者は、建替え**不参加者**に対して、**区分所有権および敷地利用権を時価で売り渡すように請求することができます**。これを**売渡請求**といいます。なお、売渡請求は、**建替え参加催告の回答期間満了日から２カ月以内**に行使しなければなりません。

Keyword

買受指定者
区分所有者以外で建替え事業に参加する人。ディベロッパー等が該当します。

買取請求権と売渡請求権

	買取請求権	売渡請求権
適用場面	大規模滅失からの復旧決議	建替え決議
権利行使者	大規模滅失の復旧決議に賛成しなかった者（反対者・欠席者・棄権者等）	建替え参加者（賛成者、決議反対者・棄権者・欠席者だが参加する旨の回答をした者、買受指定者）
権利行使の対象者	大規模滅失の復旧決議に賛成した者の一部または全部（買取指定者がいる場合はその者のみ）	建替え不参加者

注意！
参加者には、決議賛成者だけでなく、反対者・欠席者等で、建替えに参加すると回答した者も含みます。決議賛成者だけが行使できるというわけではないのです。

語呂合わせ

買取請求と売渡請求

貝は　**4月**
買取請求　催告から４カ月以内

瓜は　**2月**
売渡請求　催告から２カ月以内

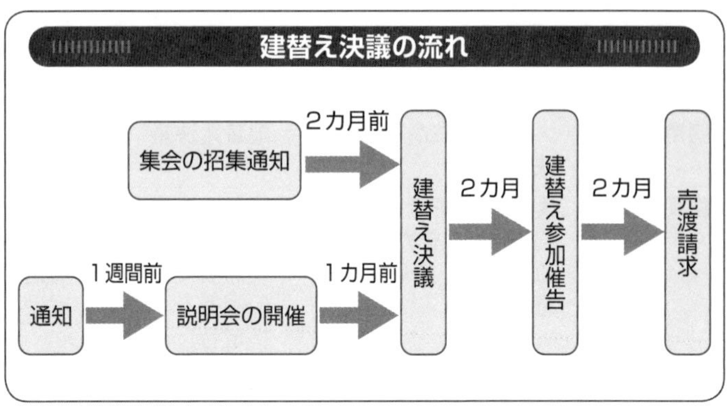

（2）再売渡請求（区分所有法63条７項）

売渡請求で専有部分を売り渡した後、建替え工事が実行されない場合、マンションに戻りたいと考える区分所有者もいます。その者のため、以下の要件を満たすと、再売渡請求が可能となります。

①正当な理由がないにもかかわらず、建替え決議の日から２年以内に建物の取り壊し工事に着手しないときは
②売渡請求権を行使され、区分所有権または敷地利用権を売り渡した者は
③建替え決議の日から２年の期間満了日から６カ月以内に
④区分所有権または敷地利用権を、現在所有している者に
⑤建替え参加者等が支払った代金に相当する金銭を提供し
⑥売り渡した区分所有権および敷地利用権を売り渡すように請求できる

Step Up
正当な理由があるときは、再売渡請求ができませんが、正当な理由が消滅したときは、その時から２年間または正当な理由が消滅したことを知ったときから６カ月のいずれか短い期間内に再売渡請求ができます。

注意！
再売渡請求は、売渡請求によって売り渡した相手に行使するのではありません。現在所有している者に対して行うのです。

5 明渡し期限の許与（区分所有法63条６項）

売渡請求がされ、いずれはマンションから出ていかなければならないとしても、今すぐ出ていけといわれたら、出ていかなければならないのでしょうか？　生活が困難になるような場合は、少し待って欲しいこともあるでしょう。そこで、明渡し期限の許与という制度があります。

明渡し期限の許与の要件・効果は以下のようになります。

①建物の明渡しによりその生活上著しい困難を生じるおそれがあり、かつ、建替え決議の遂行に、はなはだしい影響を及ぼさないと認める顕著な事由があるときは
②建替えに参加しない旨を回答した区分所有者に対して
③裁判所は、代金の支払いまたは提供の日から１年を超えない範囲において、建物の明渡しにつき相当の期限を許与することができる

6 建替えの合意（区分所有法64条）

建替え決議がなされ、建替えが実行されることになると、管理組合はその役目を終え消滅することになり、集会の決議や規約の定め等も効力がなくなってしまいます。

そこで、次の者およびその承継人は、たとえ管理組合が消滅しても、建替え組合等を設立したりして、建替え事業を行う旨の合意（契約）をしたものとみなされるとしました。

①建替え決議に賛成した区分所有者
②建替えに参加する旨の回答をした区分所有者
③買受指定者

たとえば、建替え賛成者がやっぱり建替えに参加できなくなりましたといっても、勝手には抜けられないのです。

建替え決議に賛成した者は、後から建替えに参加しないとはいえないわけです。また、建替えに参加する者に対しては売渡請求権は行使できません。

建替え決議

招集手続	2カ月前までに通知をしなければならない
説明会	1カ月前までに説明会を開催する
招集通知への記載事項	招集通知には議案の要領のほか、以下の事項も記載する ①建替えの理由 ②建物の効用の維持・回復をするのに要する費用の額とその内訳 ③建物の修繕に関する計画が定められているときはその定め ④建物につき修繕積立金として積み立てられている金額
建替え決議事項	①新たに建築する建物（「再建建物」という）の設計の概要 ②建物の取壊しおよび再建建物の建築に要する費用の概算額 ③上記費用の分担に関する事項 ④再建建物の区分所有権の帰属に関する事項
建替え参加催告	建替え決議後、集会招集者は、建替え決議に賛成しない区分所有者に対して、決議内容により建替えに参加するか否かを回答するように書面で催告しなければならない。 回答期間は催告を受けてから2カ月以内

9章 団地・罰則

重要度 ★★★　出題実績 H14・15・17・19・25・27・29・R1・4・5

本日の講義

ココを覚える！

①団地管理組合の成立要件を覚える。複数の団地管理組合が成立することもあるので注意。
②団地に準用されない規定を覚える。
③団地共用部分・団地規約設定の特例を覚える。団地管理組合が管理することができる土地や附属施設にはどのようなものがあるか覚える。
④団地内建物の建替え承認決議と一括建替え決議を覚える。
団地内の建物の建替え方法に注意。

「ごうかく！攻略問題集」➡p.266〜274

1 団地管理組合（団地建物所有者の団体）（区分所有法65条）

さて、ここからは一棟の建物ではなく、団地の話になります。なぜ区分所有建物に団地？　と思われた方もいるのではないでしょうか。でも、一棟のマンションの管理方法が団地でも使われているのです。

まずは、団地の要件です。

①一区画内に複数の建物があって
②区画内の土地または附属施設が団地建物所有者の共有に属している

団地内の建物は区分所有建物である必要はありません。戸建住宅でもかまいません（戸建団地もあります）。一棟の建物における“専有部分の区分所有者”に対応するのが、一団地内における“団地内の建物所有者”になるわけです。

次に、管理組合を確認してみましょう。管理組合は、

注意！
団地管理組合も団地内の建物所有者で当然に成立し、管理者の設置、集会の開催、規約の設定が可能です。

①共用部分等の管理のために
②その持ち主（共有者である区分所有者）で
③管理のための団体（管理組合）を構成する

というものでした。

団地の場合は以下のようになります。

Keyword

団地建物所有者
団地内の土地または附属建物を共有する者を指します。

①共有土地、共有附属施設の管理のために
②その持ち主（団地建物所有者）で
③管理のための団体（団地管理組合）を構成する

ところで管理組合は、共用部分の共有者でないと組合員になれませんでした。たとえば、複合用途型のマンションでは、店舗の区分所有者だけの共用部分（入口や階段）については、店舗の区分所有者だけで管理組合を構成し、住居の区分所有者は共有者ではないので、組合員にはなれませんでした。一部共用部分の問題ですね。

BACK TO P.201

一部共用部分については、一部の区分所有者で管理組合を構成し管理するのが原則でした。

まったく同じことが団地でも起こるのです。団地内にＡＢＣの三棟が存在し、その内のＡＢの区分所有者で共有する土地があったらどうでしょう。ＡとＢの区分所有者は共有者ですから、共有土地の管理のため、団地管理組合を構成します。ではＣは組合員になれますか？　なれないのですね。共有者ではないからです。

ここで注意していただきたいのは、**団地の場合、法定共用部分に相当するものがありません**。法定共用部分は、一棟内の廊下や階段ですから、各建物ごとの問題となります。隣の建物の廊下や階段の持分なんてあっても意味ないからです。

そうすると、団地の場合は、絶対に管理組合ができるか分からないことになります。共有の土地か附属施設が存在することを確認しないといけないのです。

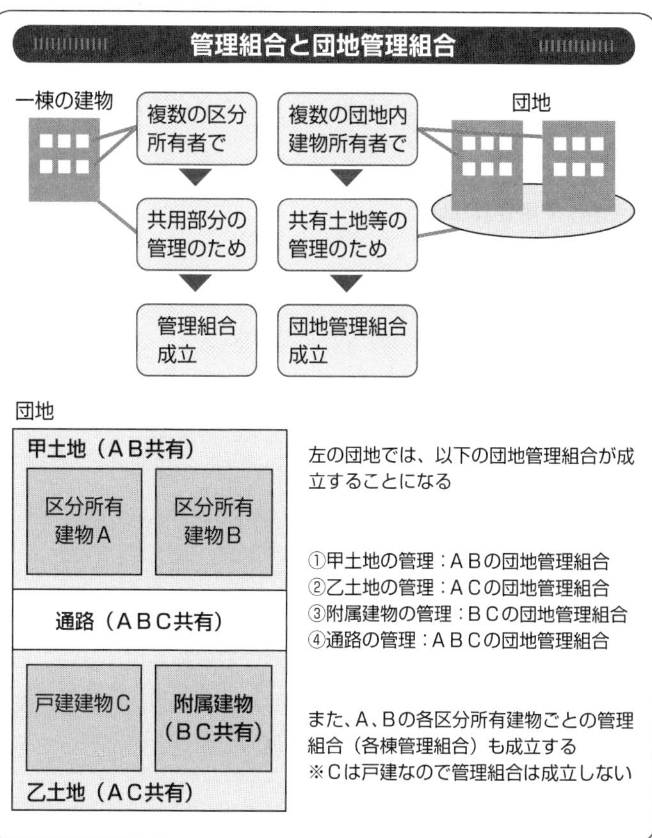

では、過去問です。

H25-31-肢1

問 一筆の土地である甲の上に建物Ａ（区分所有建物）、建物Ｂ（区分所有建物）、建物Ｃ（区分所有建物）、建物Ｄ（区分所有建物）が存在する場合において、甲が建物Ａ、建物Ｂ、建物Ｃ、建物Ｄの区分所有者全員の共有に属しているときは、団地管理組合が成立する。

答 団地内の甲土地がＡＢＣＤの共有に属しているので、団地管理組合が成立する。　○

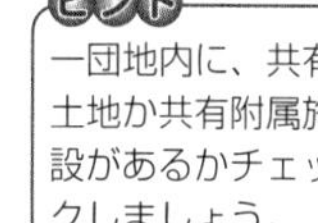

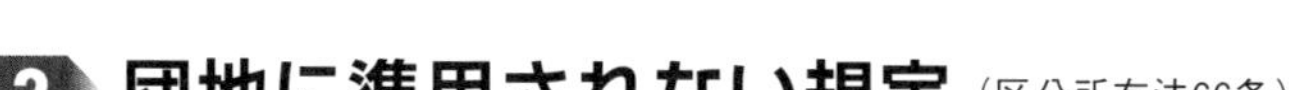

2 団地に準用されない規定（区分所有法66条）

団地には区分所有建物の規定が多く準用されていますが、それ

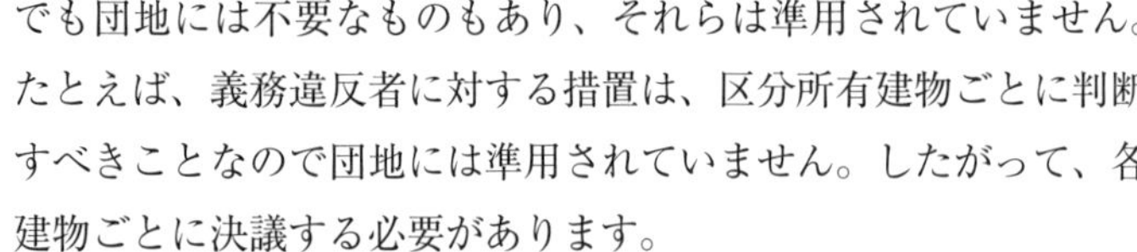

でも団地には不要なものもあり、それらは準用されていません。たとえば、義務違反者に対する措置は、区分所有建物ごとに判断すべきことなので団地には準用されていません。したがって、各建物ごとに決議する必要があります。

Step Up

①敷地・敷地利用権については、一棟の建物において分離処分の禁止等の規定がありましたが、団地では戸建住宅も存在しますし、また分離処分を禁止するか否かは各建物ごとで決定する事項だからです。

〈団地に準用されない規定〉

①敷地・敷地利用権
②建物の設置・保存の瑕疵の推定
③敷地利用権を有しない者への売渡請求
④管理所有
⑤義務違反者に対する措置
⑥復旧
⑦建替え

3 団地共用部分 (区分所有法67条)

団地共用部分とは、一棟の建物における規約共用部分のことです。法定共用部分は団地にはありませんが、団地内の**附属建物**や団地内の区分所有建物の**専有部分**を規約で団地共用部分とすることが可能なのです。

団地共用部分は、規約共用部分と同趣旨なのです。

団地内の“土地”は団地共用部分にすることはできません。

団地共用部分の特徴

対象	一団地内の附属施設たる建物、団地内建物の専有部分
持分の割合	団地共用部分は団地建物所有者全員の共有に属する 持分は建物または専有部分の床面積の割合による
分離処分の禁止	団地共用部分の共有持分を建物または専有部分と分離処分できない
登記	団地共用部分を第三者に対抗するためには登記が必要
公正証書による規約の設定	一団地内の数棟の建物全部を所有する者は、公正証書により、団地共用部分を定める団地規約の設定ができる

4 団地規約設定の特例（区分所有法68条）

一棟の建物では、規約を設定して、一部共用部分の管理を全体の管理組合の管理対象とすることができました。団地でも同趣旨の規定があります。つまり、団地規約を定めることで団地内の一部の建物所有者の共有に属する土地・建物や団地内の区分所有建物の管理を団地管理組合に移管することができるのです。

ただし、共有者の意見を無視して団地で管理するというわけにはいきません。次の要件が必要になります。

団地内の一部の建物所有者の共有に属する団地内の土地または附属施設	→	当該土地の全部または附属施設の全部につき各所有者の4分の3以上で、かつその持分の4分の3以上を有する者の同意
団地内の区分所有建物	→	区分所有者および議決権の各4分の3以上の多数による集会の決議

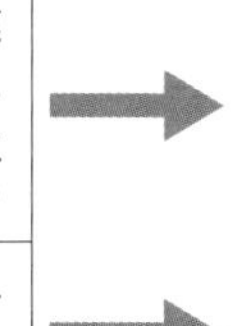

↓

団地管理組合の管理対象物とすることが可能

団地管理組合の管理対象物まとめ

管理の目的物	団地管理組合が管理できるか	要件
団地建物所有者の共有に属する団地内の土地および附属施設	当然に管理する	特になし
区分所有建物以外（戸建建物）の建物所有者のみの共有に属するもの	管理できない	
団地内の一部の建物所有者の共有に属する団地内の土地または附属施設	規約による設定可能	土地の全部または附属施設の全部につき各共有者の4分の3以上で、かつその持分の4分の3以上を有する者の同意による規約が必要

一部共用部分の管理を規約を定め全員で管理する場合、一部共用部分の区分所有者の4分の1を超える反対または一部共用部分の区分所有者の議決権で4分の1を超える反対がないことが要件でした。

第3編　区分所有法

注意！

戸建建物の所有者のみが共有する土地や附属施設については、規約で定めても団地管理組合で管理をすることができません。

講師より

団地内の一部の建物所有者の“共有”に属するとされているので、単独で所有する土地や附属施設は管理の対象とはできません。

当該団地内の区分所有建物	規約による設定可能	区分所有者および議決権の各４分の３以上の多数による集会の決議による規約が必要

注意！

民法の共有の規定によれば、変更行為には**全員の同意**が必要となってしまうので、建替え承認決議の規定が制定されたのです。

5 団地内建物の建替え承認決議

（１）建替え承認決議の意義（区分所有法69条）

団地内の土地が共有の場合に、団地内の建物を建て替えると土地に手を加えることになり、**共有物の変更**となります。そのため他の共有者に無断で建物を建て替えるわけにはいきません。

そこで、**建替え承認決議**といって、建物を建て替える際の共有土地の変更につき、承認をもらう決議が必要となるのです。

なお、建物を建て替えるか否かの判断は、**各建物ごとに行います**。たとえば、区分所有建物であれば建替え決議等です。

建替え決議は、団地では準用されていませんでした。

（２）建替え承認決議の要件（区分所有法69条１項）

では、この建替え承認決議をするにはどのような要件が必要となるのでしょうか。

この場合の議決権は管理組合の議決権一般とは異なり、その割合は建物共用部分の共有持分割合ではなく、**土地の共有持分の割合**によります。

①団地内の建物の所有する**土地**が団地建物所有者の**共有**に属すること
②団地内に数棟の建物が存在し、そのうちの**少なくとも１棟**は区分所有建物であること（すべてが区分所有建物でなくてもよい）
③その団地管理組合または団地管理組合法人の集会で議決権の**４分の３以上**の多数の決議を得ること
④当該建物について建替え決議または所有者の建替えの同意があること

この期間は規約で伸長することができます。

（３）通知事項（区分所有法69条４項）

建替え承認決議における招集通知には、議案の要領のほか、新たに建築する建物の設計の概要（当該建物の当該団地内における位置を含みます）をも示して、集会の会日の２カ月前に発しなければなりません。

（４）特別の影響を及ぼす場合（区分所有法69条５項）

建替え承認決議は、共有土地に変更を加えることについての承認でした。ところで、共用部分に変更を加えるときに、共用部分の使用ができなくなってしまうような区分所有者がいた場合、その人の承諾が必要となりました。

建替え承認決議でも似た規定が存在し、特別の影響を受ける他の建物があった場合、その建物の所有者等が建替え決議に賛成しているときに限って、建替え承認決議ができるとしています。

なお、団地内の建物は区分所有建物とは限りません。戸建住宅の可能性もありますよね。そこで、上記賛成については、建物の区分により以下のようになります。

特別の影響を受ける他の建物が区分所有建物の場合	区分所有者の全員の議決権の４分の３以上を有する区分所有者が賛成していること
特別の影響を受ける他の建物が戸建建物の場合	建物の所有者が賛成していること

建替え承認決議の基本的な流れ

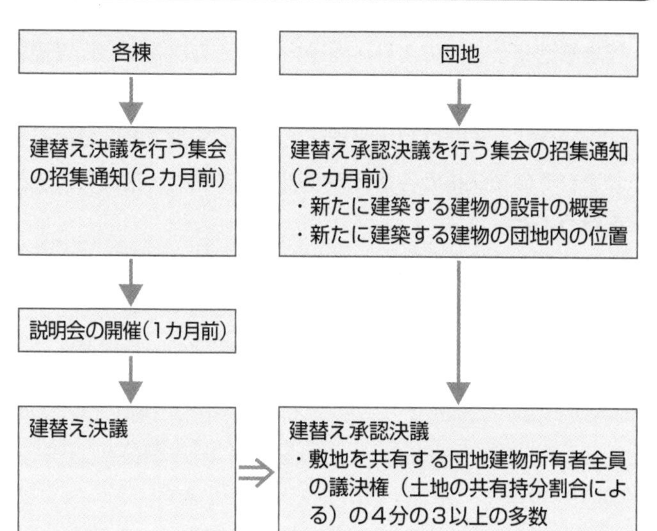

第3編　区分所有法

（5）一括建替え承認決議（区分所有法69条6項・7項）

Keyword

特定建物
建替え対象となる団地内の建物をいいます。

建替え承認決議において、特定建物が2以上あるときは、その2以上の特定建物の団地建物所有者は、各特定建物の団地建物所有者の合意により、その2以上の特定建物について、一括して建替え承認決議を受けることができます。

それぞれ別々に承認決議を受けるよりも、一括して承認を受けた方が効率的ということもあるからです。

この一括建替え承認決議は、区分所有建物の場合、各棟の**建替え決議の集会**で、区分所有者および議決権の各5分の4以上の多数で**一括建替え承認決議に付す旨の決議**をする必要があります。

6 一括建替え決議（区分所有法70条）

建替え承認決議は、団地内の一棟の建物を建て替えるケースでしたが、団地内の建物を**すべて取り壊し**、計画的に建物を再建した方が、団地を無駄なく利用できるということもあります。

そこで、以下の要件を満たす団地においては、**一括建替え決議**が認められています。

①ですが、建替え承認決議と異なり、すべて区分所有建物でないといけません。

①団地内建物の**すべてが専有部分のある建物**（区分所有建物）であること
②**敷地**が当該団地内建物の区分所有者の**共有**に属すること
③団地管理組合規約により、団地内区分所有建物が**団地管理組合の管理対象**となっていること
④団地管理組合または団地管理組合法人の集会で全区分所有者およびその議決権の各**5分の4以上**の多数で一括建替え決議を行うこと
⑤一括建替え決議の集会において、各棟の区分所有者およびその議決権の**3分の2以上**の賛成があること

注意 各棟で集会を開くわけではなく、団地の一括建替え決議の集会で満たす必要がある

注意！

⑤の3分の2以上の賛成は、一括建替え決議において必要となるのであって、一括建替え決議とは別に、各棟で個別に決議を採るのではありません。

一括建替え決議が可能な団地

全　**区域で**
すべてが　区分所有建物

客員　**教師が**
規約の定め　共有敷地

一括採用
一括建替え可能

では、過去問を確認してみましょう。

過去問で CHECK!　H17-31-肢4

問 一団地内にある区分所有建物であるA、B、Cの3棟を一括して建替え決議をするには、その団地内建物の区分所有者および議決権の5分の4以上による賛成のほかに、各棟ごとに決議し、区分所有者の3分の2以上で議決権の3分の2以上を有する者が賛成しなければならない。

答 各棟ごとに決議をとるのではなく、一括建替え決議において必要。　×

ヒント
この3分の2以上の賛成は、“一括建替え決議の集会”において必要とされていました。各棟ごとに決議するのではありません。

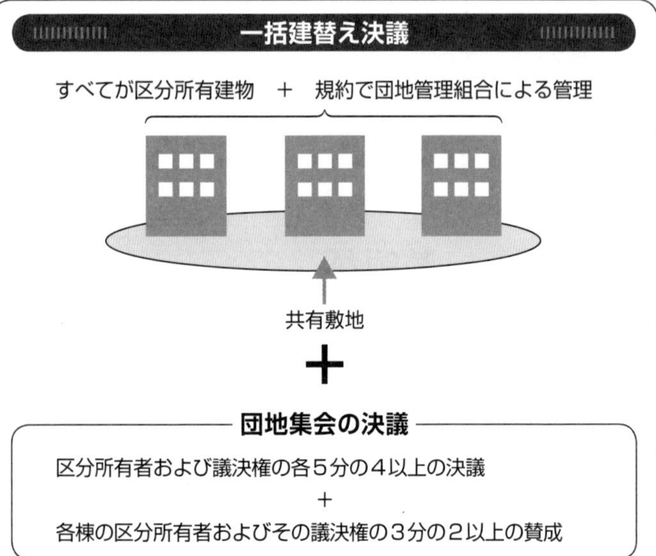

一括建替え決議
すべてが区分所有建物　＋　規約で団地管理組合による管理
共有敷地
＋
団地集会の決議
区分所有者および議決権の各５分の４以上の決議
＋
各棟の区分所有者およびその議決権の３分の２以上の賛成

7 罰則

以下の場合は、管理者・理事・規約等の保管者・議長・清算人は過料に処されます。

①	規約等の保管義務違反	20万円以下
②	規約等の閲覧拒絶	20万円以下
③	議事録作成義務違反	20万円以下
④	事務報告義務違反	20万円以下
⑤	法人の登記義務違反	20万円以下
⑥	財産目録作成義務違反	20万円以下
⑦	理事・監事の選任義務違反	20万円以下
⑧	清算の公告義務違反・清算中の破産開始申立懈怠・検査妨害	20万円以下
⑨	法人でない者の法人名称使用	…10万円以下

①の保管義務違反では規約等の保管者に過料は課されませんが、②の閲覧拒絶では、規約等の保管者にも過料が課されます。

10章 マンションの建替え等の円滑化に関する法律（建替え等円滑化法）

重要度 ★★☆　出題実績 H15〜17・24・27・29・R 1・R 4

本日の講義

ココを覚える！

①建替組合の成立要件について覚える。
②総会の決議事項について覚える。
③権利変換計画の効果について覚える。

「ごうかく！攻略問題集」➡p.276〜282

1 建替え等円滑化法の趣旨（建替え等円滑化法１条）

建替え円滑化法は、

①**マンション建替事業**
②除却する必要のあるマンションに係る特別の措置
③**マンション敷地売却事業**
④**敷地分割事業**
について定める

ことにより、マンションにおける良好な居住環境の確保ならびに地震によるマンションの倒壊、老朽化したマンションの損壊その他の被害からの国民の生命、身体および財産の保護を図り、もって国民生活の安定向上と国民経済の健全な発展に寄与することを目的とします。

Keyword
マンション
建替え等円滑化法のマンションは、２以上の区分所有者が存する建物で人の居住の用に供する専有部分のあるものとされています。

2 建替組合（建替え等円滑化法６条）

区分所有法で建替え決議を勉強しました。そのとき、管理組合はその役目を終え消滅することになると説明しました（P255）。

そこで、管理組合からバトンタッチして建替えを実行するための団体が必要となるのです。建替え等円滑化法では、この建替えのための団体として、**建替組合**を定めています。

建替え等円滑化法制定以前は、この建替えを実行するための団体の法的な位置づけが不明瞭であり、建替えが円滑にできなかったので、"法人格"を有する団体として建替組合が規定されたのです。

ただし、マンションの建替えは、絶対に建替組合でなければできないというわけではありません。**個人施行**といって、ディベロッパー等に建替えの実行をお願いする方法もあります。

では、建替組合設立の要件をみていきましょう。

(1) 定款・事業計画の策定（建替え等円滑化法9条1項）

建替え決議の内容により建替えを行う旨の合意をしたとみなされる者は、5人以上共同して、**定款および事業計画**を策定する必要があります。

建替えを行う旨の合意をしたとみなされる者には、建替え決議賛成者だけでなく、反対した者や決議に欠席した者で、建替えに合意した者等も含んだことに注意しましょう。

(2) 建替え合意者の同意（建替え等円滑化法9条2項）

建替組合の設立については、**建替え合意者の4分の3以上の同意**が必要です。建替組合を設立して、それに基づき建替えを行っていくことが必ずしも建替え合意者の意思に沿ったものとは限りません。そこで、建替組合を設立するには、建替え合意者の同意が必要となるのです。

この場合、同意した者の議決権の合計が、建替え合意者の議決権の合計の4分の3以上でないといけません。

組合の設立要件を確認してみましょう。

H24-42-肢4

問 マンション建替組合の設立の認可を申請しようとする建替え合意者は、組合の設立について、建替え合意者の5分の4以上の同意を得なければならない。

答 建替え合意者の「4分の3」以上の同意が必要。 ×

公告があるまでは、組合の設立を第三者に対抗することができません。

(3) 都道府県知事の認可・公告（建替え等円滑化法14条）

建替組合は、都道府県知事の**認可**によって**成立**します。登記や建替え合意者の同意で成立するのではありません。そして、この認可は遅滞なく**公告**されます。

3 売渡請求（建替え等円滑化法15条）

建替え参加者は、建替え不参加者に対して区分所有権等の売渡請求ができました。でも、せっかく建替組合ができたのでしたら、個人で請求するよりも団体名義で請求した方がいいこともあります。

そこで、建替組合は、**認可の公告の日から２カ月以内**に、建替えに参加しない旨を回答した区分所有者やその承継人に区分所有権および敷地利用権を時価で**売り渡すように請求することができる**とされています。

また、マンションによっては敷地利用権だけ譲渡されることもあります。この場合、敷地利用権のみを取得した者に対しても売渡請求が可能です。

4 建替組合の組合員

建替えに無関係の人を組合員としても意味がありません。では、建替組合の組合員になれる人は誰なのでしょうか？

（1）建替え合意者等（建替え等円滑化法16条）

施行マンションの建替え合意者等はすべて組合員となります。

なお、専有部分が共有されている場合は、その共有者を併せて１人の組合員とされます。

Keyword
施行マンション
建替えの対象となるマンションのこと。

（2）参加組合員（建替え等円滑化法17条）

たとえば、ディベロッパーが建替えに参加し、建替え後のマンションの専有部分を分譲したいと考えることもあります。建替組合にとっても、知識や資力、信用力を有する人の加入が必要というケースもあるでしょう。

そこで、組合が施行するマンション建替え事業に参加することを希望し、かつ、それに必要な資力および信用を有する者であって、定款で定められたものは、**参加組合員**として組合員になることができます。

5 役員（建替え等円滑化法20条）

建替組合も組合である以上、それを運営する役員が必要となります。

理事	3人以上設置	原則として総会の選挙で組合員から選任
監事	2人以上設置	
理事長	1人設置	理事の互選

講師より

理事および監事の任期は、3年以内とし、補欠の理事および監事の任期は、前任者の残任期間となります。

6 総会（建替え等円滑化法29・30条）

総会は総組合員で組織します。総会の決議は以下のとおりです。

普通決議	出席者の議決権の過半数
特別決議	組合員の議決権および持分割合の各4分の3以上の多数
権利変換計画の作成と変更	組合員の議決権および持分割合の各**5分の4**以上の多数

講師より

組合員の数が50人を超える組合は、総会に代わってその権限を行わせるために総代会を設けることができます。

7 権利変換計画

（1）権利変換計画の認可（建替え等円滑化法57条）

建替組合は、権利変換計画の認可を申請しようとする場合、原則として、総会の議決を経るとともに以下の者の同意が必要とされます。

- 施行マンション
- その敷地
- 隣接施行敷地（存在する場合）

の権利を有するものの同意が必要

建替組合での総会においては
①議決権＝1人1個が原則
②持分割合＝共用部分の共有持分割合（組合の専有部分は除く）
とされています。

（2）売渡請求（建替え等円滑化法64条1項）

建替組合は、総会で権利変換計画の議決に賛成しなかった組合員に対して、議決のあった日から**2カ月以内**に、区分所有権および敷地利用権を時価で**売り渡すように請求**できます。

（3）買取請求（建替え等円滑化法64条3項）

総会で権利変換計画の議決に賛成しなかった組合員は、組合に対して、議決のあった日から2カ月以内に、区分所有権および敷地利用権を時価で**買い取るように請求できます**。

権利変換計画は、建替えをどのように行うかの根幹となりますので、建替組合からの売渡請求はもちろん、組合員からの買取請求も認められているのです。

つまり、権利変換計画作成の場面では、売渡請求と買取請求のどちらも可能なのです。

（4）権利変換の効果（建替え等円滑化法70条、71条）

権利変換により、区分所有者は、建替え後のマンションの区分所有権を取得することを希望すれば権利変換計画の内容の権利を取得します。希望しない場合は補償金を受け取ることができます。

借家人も希望すれば、建替え後のマンションに賃借権を取得しますが、希望しない場合は補償金を受け取れます。

さらに担保物権も建替え後のマンションに移行することになります。区分所有者が区分所有権を取得しなかった場合は、補償金の上に物上代位をして債務を回収することになります。

注意！

権利の変換を希望せず、自己の有する区分所有権または敷地利用権に代えて金銭の給付を希望する旨を申し出ることができるのは、組合認可の公告の日から30日以内です。

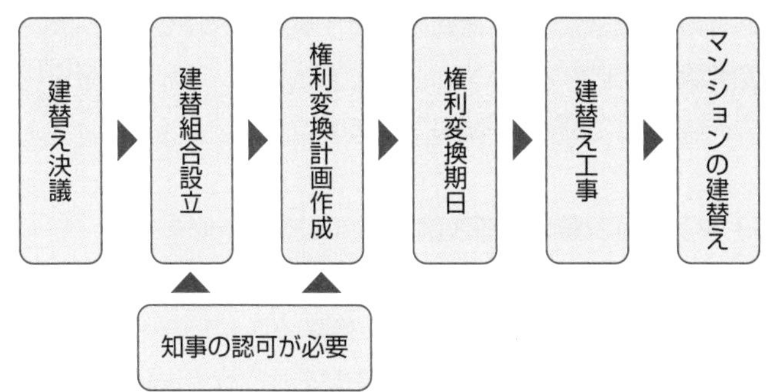

8 マンション敷地売却組合

（1）マンション敷地売却制度の趣旨（建替え等円滑化法106条）

マンションおよび敷地の売却は、区分所有法に規定がありませんので、原則として民法の共有物の処分となってしまい、区分所有者全員の合意が必要となります。そのため、区分所有者数が多い場合には、全員合意は実際上不可能となっていました。しかし、耐震性が不足したマンションが存在することは、居住者のみならず、周辺住民にも悪影響を及ぼします。

そこで、平成26年6月に、「マンションの建替え等の円滑化に関する法律（建替え等円滑化法）」が改正され、マンションおよびその敷地を売却するための特例が創設されました（マンション敷地売却制度）。

（2）除去する必要がある旨の認定（建替え等円滑化法102条）

以下の場合は、マンション敷地売却制度は適用されませんが、除却の必要性が認められると（要除却認定）容積率が緩和されます。
①給水、排水その他の配管設備の損傷、腐食その他の劣化により著しく衛生上有害となるおそれがあるものと認められるとき、②マンションがバリアフリー法の建築物移動等円滑化基準に準ずる基準に適合していないと認められるとき

マンション敷地売却制度は、どんなマンションにも適用されるわけではありません。以下の事由がある場合に適用されます。

①マンションが地震に対する安全性に係る建築基準法等の基準に適合していないと認められるとき
②マンションが火災に対する安全性に係る建築基準法等の基準に適合していないと認められるとき
③マンションが外壁等が剝離し、落下することにより周辺に危害を生ずるおそれがあると認められるとき

これらの事由に該当し、除却の必要性が認定されたマンションを**特定要除却認定マンション**といいます。また、これらの事由に該当する場合は、容積率が緩和されます。

（3）マンション敷地売却決議（建替え等円滑化法108条）

敷地利用権の持分の価格も要件となっているので注意しましょう。

特定要除却認定マンションについては、**区分所有者（頭数）**、**議決権**および**敷地利用権の持分の価格**の**各5分の4以上の多数**で、マンションおよびその敷地の売却を行う旨を決議することができます。

（4）マンション敷地売却組合の設立（建替え等円滑化法120条）

マンション敷地売却決議合意者は、**5人以上共同して**、定款および資金計画を定め、**都道府県知事の認可**を求めるとともに、マンション敷地売却決議合意者等の**4分の3以上の同意**で、マンションおよびその敷地の売却を行う組合を設立します。決議に係る

マンションを買い受けようとする者は、決議前にマンションに係る買受計画を作成し、都道府県知事等の認定を受けます。決議で定める買受人は、認定を受けた者でなければなりません。

（5）マンションの除却（建替え等円滑化法149条）

都道府県知事等の認可を受ければ、分配金取得計画で定める権利消滅期日に、マンションおよびその敷地利用権は組合に帰属し、マンションとその敷地利用権に係る借家権・担保権も消滅します。その後、組合と買受人との間で売買契約を締結し、買受人は組合に売買代金を支払い、買受人が買受計画に従って従前マンションの除却を実施することになります。

マンション敷地売却手続きの流れ

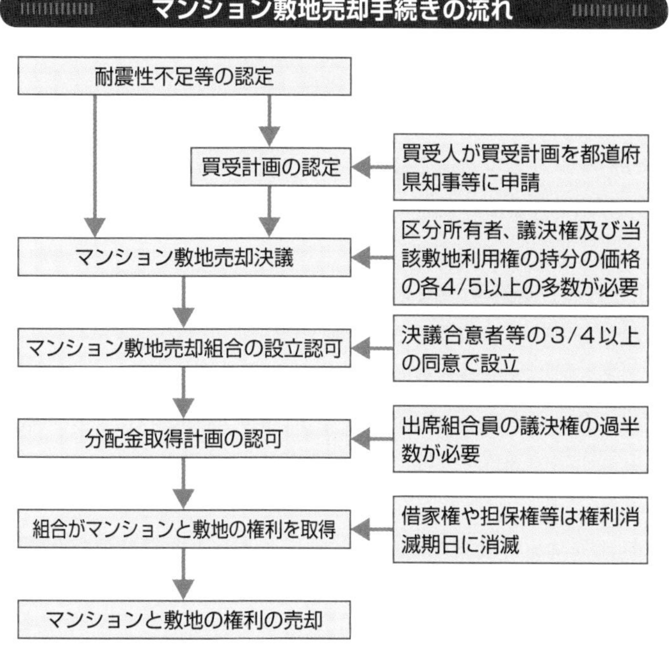

耐震性不足等の認定
買受計画の認定
買受人が買受計画を都道府県知事等に申請
マンション敷地売却決議
区分所有者、議決権及び当該敷地利用権の持分の価格の各4/5以上の多数が必要
マンション敷地売却組合の設立認可
決議合意者等の3/4以上の同意で設立
分配金取得計画の認可
出席組合員の議決権の過半数が必要
組合がマンションと敷地の権利を取得
借家権や担保権等は権利消滅期日に消滅
マンションと敷地の権利の売却

9 敷地分割決議

(1) 団地建物所有者集会の特例（建替え等円滑化法115条の２）

特定要除却認定を受けたマンションの場合においては、団地内建物を構成する特定要除却認定マンションの敷地（当該特定要除却認定マンションの敷地利用権が借地権であるときは、その借地権）の共有者である当該団地内建物の団地建物所有者（特定団地建物所有者）は、**団地建物所有者集会**を開くことができます。

(2) 敷地分割決議（建替え等円滑化法115条の４）

特定要除却認定を受けた場合においては、特定団地建物所有者および議決権の各５分の４以上の多数で、当該特定団地建物所有者の共有に属する団地内建物の敷地またはその借地権を分割する旨の決議（敷地分割決議）をすることができます。これは、団地内の一部のマンションについて耐震性不足等により除却をしたい場合に、敷地が団地全体の共有のままだと当該一部のマンションだけをマンション敷地売却の対象とすることができないので、敷地を分割できるようにしたのです。

(3) 敷地分割組合（建替え等円滑化法168条の４）

敷地分割決議の内容により敷地分割を行う旨の合意をしたものとみなされた者（敷地分割合意者）は、５人以上共同して、定款及び事業計画を定め、国土交通省令で定めるところにより、都道府県知事等の認可を受けて**敷地分割組合**を設立することができます。

敷地分割組合設立の認可を申請しようとする敷地分割合意者は、組合の設立について、敷地分割合意者の**４分の３以上**の同意（同意した者の議決権の合計が敷地分割合意者の議決権の合計の４分の３以上となる場合に限る）を得なければなりません。

11章 被災区分所有建物の再建等に関する特別措置法（被災区分所有法）

重要度 ★☆☆　出題実績 H19

本日の講義

1 敷地共有者等集会
2 区分所有者集会

ココを覚える！

①再建決議・敷地売却決議の決議要件について覚える。
②建物敷地売却決議・建物取壊し敷地売却決議・取壊し決議の決議要件について覚える。

「ごうかく！攻略問題集」➡なし

1 敷地共有者等集会（被災区分所有法2条）

大規模な火災、震災その他の災害で政令で定めるものにより区分所有建物の全部が滅失した場合において、その建物に係る敷地利用権が数人で有する所有権その他の権利であったときは、その権利（敷地共有持分等）を有する者（敷地共有者等）は、その**政令の施行の日から起算して**3年が経過する日までの間は、この法律の定めるところにより、**敷地共有者等集会**を開き、及び管理者を置くことができます。

（1）再建決議（被災区分所有法4条）

敷地共有者等集会においては、**敷地共有者等の議決権の**5分の4**以上の多数**で、滅失した区分所有建物に係る建物の敷地もしくはその一部の土地または当該建物の敷地の全部もしくは一部を含む土地に建物を建築する旨の決議（**再建決議**）をすることができます。

（2）敷地売却決議（被災区分所有法5条）

敷地共有者等集会においては、**敷地共有者等の議決権の**5分の4**以上の多数**で、敷地共有持分等に係る土地（これに関する権利を含む）を売却する旨の決議（**敷地売却決議**）をすることができます。

2 区分所有者集会（被災区分所有法7条）

政令で定める災害により区分所有建物の一部が滅失した場合においては、区分所有者は、その**政令の施行の日から起算して1年**を経過する日までの間は、**区分所有者集会**を開くことができます。

建物敷地売却決議と建物取壊し敷地売却決議は、区分所有者および議決権だけでなく敷地利用権の持分の価格についても要件に含まれています。

（1）建物敷地売却決議（被災区分所有法9条）

区分所有建物にかかる敷地利用権が数人で有する所有権その他の権利であるときは、区分所有者集会において、**区分所有者、議決権**および**当該敷地利用権の持分の価格**の**各5分の4以上の多数**で、当該区分所有建物およびその敷地（これに関する権利を含む）を売却する旨の決議（**建物敷地売却決議**という）をすることができます。

（2）建物取壊し敷地売却決議（被災区分所有法10条）

区分所有建物にかかる敷地利用権が数人で有する所有権その他の権利であるときは、区分所有者集会において、**区分所有者、議決権**および**敷地利用権の持分の価格**の**各5分の4以上の多数**で、当該区分所有建物を取り壊し、かつ、これにかかる建物の敷地（これに関する権利を含む）を売却する旨の決議（**建物取壊し敷地売却決議**）をすることができます。

（3）取壊し決議（被災区分所有法11条）

区分所有者集会において、**区分所有者**および**議決権**の**各5分の4以上の多数**で、当該区分所有建物を取り壊す旨の決議（**取壊し決議**）をすることができます。

管理業務主任者試験では、判例がくり返し出題されています。一見すると長文で難しく思ってしまいますが、ポイントを押えておけば得点できます。

1 共用設備のある車庫を専有部分とすることができるか？

事例

建築会社の所有する車庫（壁で仕切られている。出入口はシャッター）の一部が店舗や住居にされて賃貸された。これに対して、マンション居住者が車庫は共用部分であるとして店舗や住居とした部分の明け渡しを求めた。この車庫にはマンション全体で用いられる配管や浄化槽、マンホールが存在し、専門業者が車庫に立入り作業をすることが予定されていた。

判決 共用設備のある車庫も専有部分となれる！

１棟の建物のうち構造上他の部分と区分され、独立の建物の用途に供することができる建物部分の一部に、他の区分所有者の共用設備が設置されていても、専有部分として区分所有権の目的となり得るための要件は、以下のようになる。

①共用設備が建物の部分の小部分を占めるにとどまる

②その余の部分をもって独立の建物の場合と実質的に異ならない排他使用が可能

③共用設備の利用管理によって建物の排他使用に制限や障害が生じない

④共用設備の保存や利用に影響を及ぼさない

出題例① H22-39-肢 2

問 マンションの建物内の倉庫部分や車庫部分の内部に排気管や雑排水マンホール等の共用設備がある場合であっても、当該建物部分が建物の専有部分となるための基準として、当該建物部分について、専有部分である旨の登記がなされ、かつ、規約において専有部分である旨の定めがあることが必要である。

答 登記がなされ、かつ、規約において専有部分である旨の定めがある必要はない。 ×

出題例② H25-39-肢 1

問 構造上及び機能上、独立性を有する建物部分ではあるが、その一部に他の区分所有者らの共用に供される設備が設置されている以上、当該建物部分は、専有部分として区分所有権の目的とはなり得ない。

答 共用設備が設置されていても専有部分になれるケースがある。 ×

出題例③ H16-40-肢 3

問 区分所有建物の建物部分に、他の区分所有者の共用に供される設備が設置されている場合は、その共用設備が当該建物部分のごく小部分を占めているにとどまるときであっても、当該建物部分は、専有部分として区分所有権の目的となることはない。

答 共用設備が建物のごく小部分を占めているにとどまるときは、専有部分になれるケースがある。 ×

2 共用部分とされた管理人室

事例

管理会社が所有権の名義人となっている管理人室（管理人が生活できるスペース。外部への独立した出入口あり＝つまり、構造上の独立性・利用上の独立性あり）について、管理人が常駐するためのスペースであり、また管理組合が管理事務室（共用設備が設置されていて、来客等の対応・監視をするスペース＝利用上の独立性がない）と一体として利用する部分であるから共用部分に該当するとして、管理会社の登記名義の抹消を請求した。

判決 管理人室は共用部分である！

本件のマンションは規模が大きい居住用マンションであり、マンションの環境維持のため管理人を常駐させているが、管理事務室だけではその環境維持は困難である。そのため、管理人室と管理事務室とを併せて一体として利用することが予定されている部分であり、構造上の独立性はあるが、利用上の独立性はないため、管理人室は共用部分となる。

3 水漏れ事故の責任は誰が負うのか？

事例

本件マンションの607号室の天井裏を通っている排水管に漏水事故が発生した。本件排水管は707号室の排水を本管に流すものであり、707号室のコンクリート床下と607号室の天井裏の間に設置されている。707号室の区分所有者が本件排水管が共用部分であり、自己に損害賠償義務がない旨を訴えた。

コンクリート床下の排水管は共用部分である！

①本件排水管が躯体部分であるコンクリート床と階下の天井裏との間に設置されていること

②707号室からは点検修理は不可能で、607号室の天井裏に入ってこれを実行するしかない

以上から、本件排水管は、その構造及び設置場所に照らし、専有部分に属しない建物の附属物に当たり、かつ、区分所有者全員の共用部分に当たると解するのが相当とされた。

出題例④ H28-39-肢ウ

本件専有部分にある排水管は、その構造及び設置場所に照らし、専有部分に属しない（ C ）に当たり、かつ、区分所有者全員の共用部分に当たると解するのが相当である。

（ C ）には、「建物の附属物」が入る。

出題例⑤ H26-39-肢 1

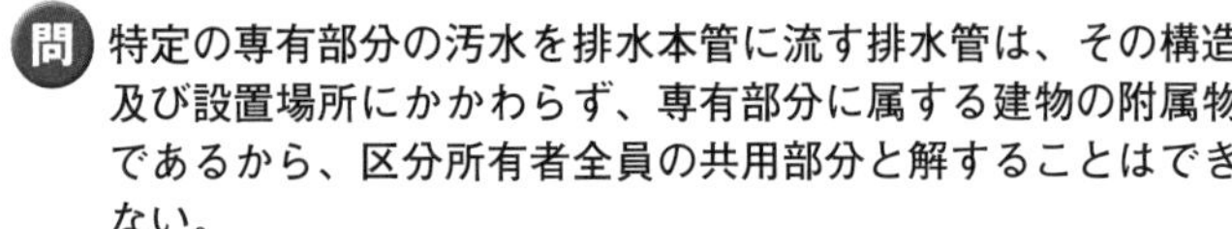
特定の専有部分の汚水を排水本管に流す排水管は、その構造及び設置場所にかかわらず、専有部分に属する建物の附属物であるから、区分所有者全員の共用部分と解することはできない。

本件判例のような構造や設置場所の場合は共用部分と解される。 ×

4 一部共用部分の判断

事例

住居店舗複合用途型のマンションにおいて、１階店舗部分を分譲会社が所有し、２階以上を分譲した。１階部分に廊下、階段、エレベーターがあるが、分譲会社の専有部分から直接に通じておらず、これらは２階以上の住居の区分所有者が専ら使用していて、ごく限られたケースだけ分譲会社が使用することがあった。共用部分の管理費用値上げについて、管理組合は分譲会社にも値上げ後の管理費の支払を求めたが、分譲会社は当該共用部分は一部共用部分であって、自分は共有者でないとして管理費の支払を拒んだ。

ごく限られたケースでも使用する可能性がある場合は一部共用部分に該当しない！

①ごく限られたケースであっても、分譲会社も使用・共用をしている

②建物の管理の問題や法律関係の簡潔化を考えると、共用部分が構造上・機能上特に一部区分所有者のみの共用に供されるべきことが明白な場合に限

ってこれを一部共用部分とし、それ以外の場合は全体共用部分として扱うことが相当である。

以上2点から、当該共用部分は一部共有部分には該当しない。

5 区分所有者による誹謗中傷行為と共同の利益に反する行為

事例

ある区分所有者が、①管理組合の役員が修繕積立金を恣意的に運用したと誹謗中傷する文章の頒布、②マンションの防音工事や防水工事受注業者に工事辞退を求める業務妨害行為、③管理組合の役員への暴行行為等の誹謗中傷、を繰り返しており、これによって管理組合の役員の成り手がいなくなったり、工事の進行が妨げられたりした。そこで、違反行為をしている区分所有者を除く他の区分所有者は、行為の停止請求訴訟を提訴した。

判決 誹謗中傷行為は共同の利益に反する行為に該当する！

マンションの区分所有者による管理組合の役員を中傷する文書の配布等の行為は、それにより管理組合の業務の遂行や運営に支障が生ずるなどしてマンションの正常な管理または使用が阻害される場合には、区分所有法6条1項の「共同の利益に反する行為」に当たるとみる余地がある。

6 犬の飼育を禁止する規約と犬を飼育している区分所有者

事例

本件マンションでは入居以来犬の飼育をしている区分所有者がいるが、管理組合の集会で規約が改正され、マンションの居住者が犬・猫等の動物類を飼育することを禁止する旨の規定が新設された。そこで、管理組合が犬を飼育している区分所有者に対して犬の飼育禁止を求めた。これに対し犬を飼育している区分所有者は、飼育禁止規約は特別の影響を及ぼすので、承諾が必要であるとした。

判決 犬の飼育禁止規約は、犬を飼育している区分所有者に特別の影響を及ぼさない！

①わが国の社会情勢に照らせば、全面的にペット飼育を禁止する規約も、相当の必要性・合理性を有する

②ペットを飼育できなくなる区分所有者の不利益は、社会生活上受忍すべき限度は超えていない

以上から、犬の飼育を禁止する規約は、犬を飼育している区分所有者に特別の影響を及ぼさないとした。

※補足：盲導犬のように、区分所有者の生活に必要不可欠な場合は特別な影響があるといえます。

出題例⑥ H27-39-肢ア

問 甲マンションにおいて、これまでにペットの飼育に関する規約がなかった場合に、盲導犬等を除いて犬や猫などのペットの飼育を禁止する旨の規約を設定することは、その飼育による実害の発生またはその発生の蓋然性がないときでも許される。

答 実害の発生またはその発生の蓋然性は要件とはされていない。 ○

7 分譲契約で定めた専用使用権を消滅させる規約は有効か？

事例

本件マンションでは、区分所有者が分譲会社との分譲契約により駐車場を無償で使用（専用使用権を有していた）していたが、管理組合では、規約の変更によりこれを消滅させることとした。これに対し、専用使用権を有していた区分所有者が、分譲契約で認められた権利を規約の変更により消滅させることは、特別の影響があるとして、区分所有者の承諾のない規約の変更は無効であるとした。

判決 専用使用権の消滅は特別の影響があるといえる！

分譲時に設定された駐車場の無償の専用使用権を消滅させるという規約の変更により、一部の区分所有者が受ける不利益は受忍すべき限度を超えるものと認められるので、区分所有法31条に規定する「特別の影響」を及ぼすものであり、使用権者の承諾がない決議はその効力を有しない。

出題例⑦ H26-35-肢4

問 敷地に区画された駐車場について、無償で利用している一部の区分所有者等の専用使用権を消滅させるには、その変更に必要性、合理性、相当性が認められない限り、集会の決議のほかにその者の承諾が必要である。

答 専用使用権の消滅は、特別の影響があるので、専用使用権を有する区分所有者の承諾が必要である。 ○

8 専用使用料を増額する規約は有効か？

事例

本件マンションでは、区分所有者が駐車場を近隣の使用料よりも低額で使用していたが、規約の変更によりこれを増額（相当な額）することとした。これに対し、専用使用権を有していた区分所有者が、駐車場使用料を増額する旨の規約の変更は、特別の影響があるとして、区分所有者の承諾のない規約の変更は無効であるとした。

判決 合理的な理由のある増額は特別な影響を及ぼさない！

駐車場の専用使用権の使用料について、規約の変更により増額する場合、その増額が社会通念上相当であれば、一部の区分所有者に区分所有法31条に規定する「特別の影響」が及ぶとはいえず、よって使用権者（区分所有者）の承諾は必要ない。

H28-34-肢4

敷地に、特定の区分所有者に対して無償の駐車場専用使用権が規約に基づいて設けられていた場合に、後に、当該駐車場部分の使用を有償化する決議をするには、必ず当該専用使用権者の承諾を得なければならない。

合理的な範囲での有償化であれば特別な影響はおよぼさないので、専用使用権者の承諾は不要である。 ×

9 分譲契約時の専有部分の用途制限が、特定承継人にも及ぶか？

事例

駐車場である本件マンションの101号室を区分所有者が購入する際に、「101号室を駐車場以外の他の用途に変更しない」旨の合意をした。本件マンションでは、専有部分の用途の制限に関する規約は存在しなかった。その後、区分所有者が101号室を売却し、買主が店舗に用途変更をして使用していた。そこで本件マンション管理組合は、当該マンションが、101号室を除いてはすべての専有部分が居住の用に供されていることから、集会において規約を改正し、当該マンションの専有部分は、すべて住宅として使用しなければならない旨の定めを設けた。これに対し、買主が分譲契約による専有部分の用途制限は、効力が及ばないとして訴えた。

分譲契約時の専有部分の用途制限は特定承継人には及ばない！

①分譲契約による「101号室を駐車場以外の他の用途に変更しない」旨の合意は、**特定承継人には効力を及ぼさない**。

②専有部分はすべて住宅として使用しなければならない旨の規約の変更は、101号室にも適用されるか否かが明確でなく、また適用されるとしても、それは「**一部の区分所有者の権利に特別の影響を及ぼすとき**」に該当する。

以上2点から、買主の店舗使用も認められる。

出題例⑨ H23-39-肢1

問 Aは、マンション分譲業者Bから甲マンション1階部分に所在する屋内駐車場（101号室）の区分所有権を売買により取得したが、AB間の売買契約においてなされた101号室を駐車場以外の他の用途に変更しない旨の合意は、Aの特定承継人であるCに対しても、その効力を生ずるから、Cが当該専有部分を店舗へ改造したことは許されない。

答 契約による合意は、特定承継人には効力がおよばないので、Cの店舗への改造も禁止されない。 ×

出題例⑩ H26-39-肢2

問 マンションの専有部分を駐車場以外に変更することができない旨の制限条項を、分譲業者とその買受人である区分所有者との間で設けた場合には、同制限条項は規約で定めた場合と同様に、当該区分所有者の特定承継人に対しても効力を有する。

答 契約による合意は、特定承継人には効力がおよばない。 ×

10 協力金の負担を不在組合員に求めることができるか？

事例

本件管理組合は、管理規約では管理組合の役員は区分所有者、区分所有者の配偶者または同居する三親等内の親族で、かつ、同マンションに居住する者から総会で選任されることになっており、不在組合員（区分所有者で当該マンションに居住していない者）はその配偶者や三親等内の親族を居住させている場合を除き、役員になることができなかった。そのため居住組合員の中から、管理組合活動による建物や敷地の維持管理、環境保全活動などに参加しない不在組合員に対して不公平ではないかと不満を持つ者が増え、不満を解消するため、総会で不在組合員に対し、月額5,000円の協力金を徴収するとの規約改正が可決された。これに対し、一部の不在組合員が協力金の支払いを拒否した。

判決　協力金の負担に必要性と合理性がないとはいえず有効である！

マンションの管理組合を運営するにあたって必要となる業務及びその費用は本来、その構成員である組合員全員が平等にこれを負担すべきものであって、上記のような状況（本件マンションは規模が大きく、その保守管理や良好な住環境の維持には管理組合及びその業務を分掌する各種団体の活動やそれに対する組合員の協力が不可欠であること）の下で、管理組合が、その業務を分担することが一般的に困難な不在組合員に対し、本件規約変更により一定の金銭的負担を求め本件マンションにおいて生じている不在組合員と居住組合員との間の上記の不公平を是正しようとしたことには、その必要性と合理性は認められるべきものである。

H23-33-肢エ

問　管理費について、不在組合員に対して毎月1,000円を加算して課すことは理事会の決議のみで行うことができない。

答　不在組合員に対して毎月1,000円を加算することはできるが、理事会ではなく総会の決議が必要となる。　○

11 議案の要領を示さなかった集会決議は有効？　無効？

事例

管理組合法人の集会において規約の変更（議決権を１住戸１議決権とする）を決議したが、集会の招集通知には「規約変更の件」としか記載されていなかった。これに対し区分所有者から、議案の要領を欠いた集会の招集手続には瑕疵（欠陥）があるとして、決議の無効を求めた。

判決　手続に重大な瑕疵があるので無効！

議決権を専有部分の床面積に関係なく1住戸1議決権とすることは、議決権が減少する区分所有者にとっては重大な利害が発生することになる。そのため議案の要領を記載して、議決権の行使の機会を十分に与えなければならず、議案の要領を通知しなかった集会の決議の効力は無効となる。

※補足：軽微な瑕疵の場合、決議の成否を左右しなかったとして無効にならないこともありますが、本件では重大な瑕疵なので、無効という結論になりました。

第4編

マンション標準管理規約

標準管理規約は毎年７～10問程度の出題となっています。

何問かは区分所有法との複合問題として出題されますので、区分所有法と合計して12問程度と考えておくとよいと思います。

個数問題や組合せ問題も出題されていますが、大半が基本的な知識で解けるものばかりですので、得点できるようにしないといけない科目です。

1章 専有部分と共用部分

重要度 ★★☆　出題実績 H16・17・22・24〜27・30・R1

本日の講義

1. 標準管理規約の意義
2. 標準管理規約（単棟型）
3. 専有部分と共用部分
4. 敷地・共用部分等の共有

ココを覚える！

①マンションで、どの部分が専有部分となり共用部分となるかを覚える。共用部分なら管理組合が原則管理する点に注意。また、共用部分なら管理費や修繕積立金から支出される点にも注意。

②敷地・共用部分の共有持分の規定に注意区分所有法との相違点に注意する。

「ごうかく！攻略問題集」
➡p.294〜296、314、318

1 標準管理規約の意義

区分所有法で勉強したように、マンション内のルールは規約で設定変更することができました。でも、「じゃあ、皆さん好きなように規約を定めてください」と言われても、そう簡単にできるわけではありません。区分所有法に詳しくない人だったらさっぱり分からないどころか、もしかしたら違法な規約を定めてしまうかもしれません。

そこで、**管理規約を制定、変更する際の参考**として標準管理規約が制定されたのです。

講師より

標準管理規約は、あくまでモデルケースなので、これを絶対に採用しなければならないというものではありません。

2 標準管理規約（単棟型）

これからお話する標準管理規約は**単棟型**が中心となります。本試験もほとんどがこれからの出題となっているからです。以下、特にことわりがない限り、単棟型の標準管理規約についての説明になります。

単棟型の標準管理規約の対象とするマンションは、一般分譲の住戸専用の単棟型マンションです。なお、**管理組合法人は対象としていません**。

3 専有部分と共用部分（単棟型７・21条・別表第２）

（1）専有部分と共用部分の範囲

まずは、専有部分と共用部分の範囲を勉強します。区分所有法では、構造上の独立性・利用上の独立性がある建物の部分を専有部分、廊下や階段等を共用部分と定めていましたが、実際にマンションを管理する上では、より具体的な区分が必要になります。

そこで、専有部分と共用部分について、以下の規定があります。

①専有部分の範囲

対象物件のうち、区分所有権の対象となる専有部分は、**住戸番号を付した住戸**です。

②専有部分と共用部分の境界

専有部分と共用部分の境界はマンション管理上、大変重要となります。専有部分に該当すれば区分所有者が自己の財産として管理することになりますし、共用部分なら管理組合が管理することになるからです。

標準管理規約では、以下のように定めています。

専有部分の範囲

天井・床・壁	躯体部分を除いた部分が専有部分
玄関扉	錠・内部塗装部分が専有部分
窓枠・窓ガラス・雨戸・網戸	専有部分に含まれない（共用部分）
専有部分の専用に供される設備で共用部分内にある部分以外	専有部分内の電気の枝線・ガスや水道の枝管は専有部分

区分所有者は、その専有部分を専ら住宅として使用し、他の用途に供してはなりません。
また、**住宅宿泊事業**を禁止することも、営業可能とすることもできます。

注意！

窓ガラスは専有部分の一部と考えがちですが、共用部分扱いです。
ただし、通常の管理（割れた窓ガラスの入れ替え等）については、区分所有者が行います。

③共用部分（別表２）

対象物件のうち、共用部分の範囲は以下のように定められています。

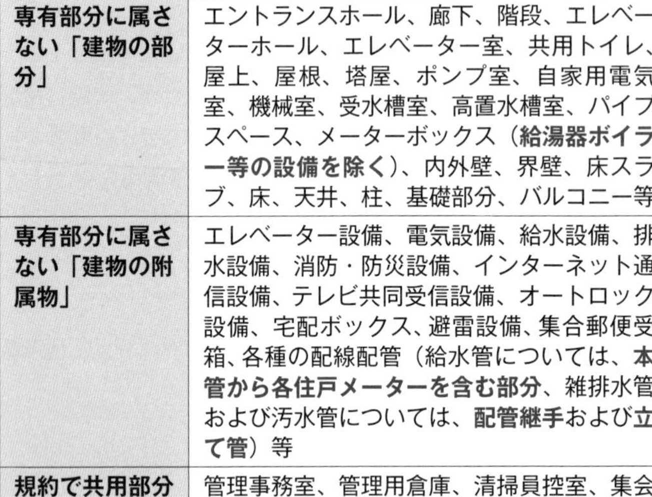

専有部分に属さない「建物の部分」	エントランスホール、廊下、階段、エレベーターホール、エレベーター室、共用トイレ、屋上、屋根、塔屋、ポンプ室、自家用電気室、機械室、受水槽室、高置水槽室、パイプスペース、メーターボックス（**給湯器ボイラー等の設備を除く**）、内外壁、界壁、床スラブ、床、天井、柱、基礎部分、バルコニー等
専有部分に属さない「建物の附属物」	エレベーター設備、電気設備、給水設備、排水設備、消防・防災設備、インターネット通信設備、テレビ共同受信設備、オートロック設備、宅配ボックス、避雷設備、集合郵便受箱、各種の配線配管（給水管については、**本管から各住戸メーターを含む部分**、雑排水管および汚水管については、**配管継手および立て管**）等
規約で共用部分とされたもの	管理事務室、管理用倉庫、清掃員控室、集会室、トランクルーム、倉庫およびそれらの附属物

専有部分と共用部分の区分は、費用負担と連動しません。ex.窓ガラスは共用部分ですが、通常使用に伴う割れた窓ガラスの入れ替えは専用使用している区分所有者が行います。

では、過去問を見てみましょう。

水道メーターは、個人の所有物ではありませんね。また、雑排水管では、継手と立て管は共用部分でした。確認しましょう。

過去問で CHECK! H28-32-肢ウ

問 各住戸の水道メーターは専有部分である。

答 水道メーターは共用部分である。 ×

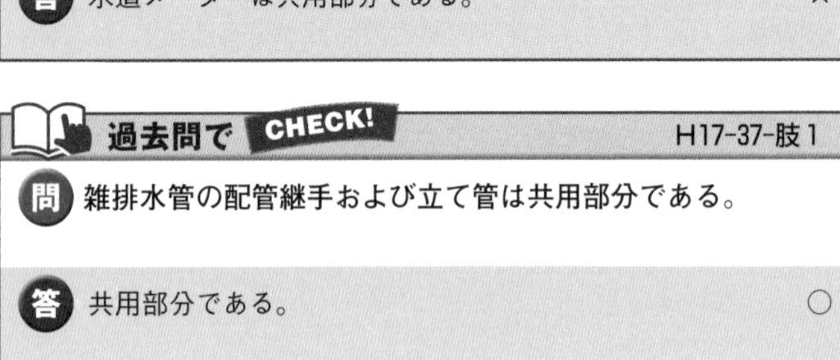

過去問で CHECK! H17-37-肢１

問 雑排水管の配管継手および立て管は共用部分である。

答 共用部分である。 ○

語呂合わせ

共用部分の範囲（給水管・排水管）

今日のヒットは
共用部分となるもの

9　**本**　**目**
給水管　本管・メーター

粗　**雑な**　**継投**
汚水・雑排水　継手

立場ない
立て管

4 敷地・共用部分等の共有

（1）共有（単棟型9条）

対象物件のうち、敷地と共用部分等（共用部分と附属施設のこと）は、区分所有者の共有になります。

（2）共有持分（単棟型10条コメント）

共有持分は**専有部分の床面積の割合**によります。

（3）持分割合の算定（単棟型10条コメント）

標準管理規約では、共有持分算定の基準となる床面積は、**壁心計算**といって、**界壁の中心線**で囲まれた部分の面積を算出する方法で測ります。マンション完成前でも床面積が算定できるように、壁心計算にしたのです。

ヒント　注意していただきたいのは、壁心計算は、あくまで計算方法であって、どこまでが専有部分かという話ではありません。

注意！
敷地の共有持分については、公正証書によりその割合が定まっている場合、それに合せる必要があります。

講師より
区分所有法では、内法計算でしたが、これは規約で別段の定めが可能でしたので、標準管理規約では壁心計算としたのです。

講師より

価値割合による議決権割合を設定する場合には、分譲契約等によって定まる敷地等の共有持分についても、価値割合に連動することが考えられます。

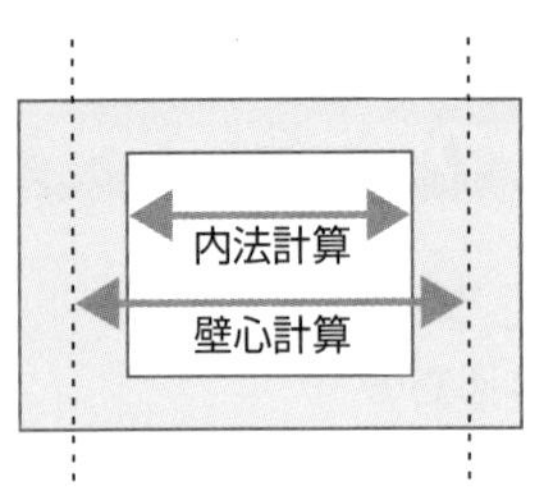

では、過去問です。

公正証書で割合が決まっている時は、そちらが優先でした。

過去問で CHECK!　H27-35-肢 2

問 **敷地については、公正証書によりその共有持分の割合が定まっている場合、それに合わせる必要がある。**

答 敷地の共有持分は、分譲契約等で定まるのが原則であるが、公正証書によりその共有持分の割合が定まっている場合、それに合わせる必要がある。　○

(4) 分割請求および単独処分の禁止（単棟型11条・同コメント）

区分所有者は、敷地や共用部分等の**分割請求ができません**。また、専有部分と敷地および共用部分等の共有持分とを**分離して、譲渡、抵当権の設定等の処分をしてはなりません**。

ただし、例外として、**倉庫または車庫が専有部分となっている場合**、倉庫または車庫のみを**他の区分所有者に対してのみ譲渡**することは**可能**です。また、分割請求や単独処分が禁止されているので、住戸を賃貸することは禁止の対象とはなりません。

講師より

部屋とは別に分譲ガレージという形で、車庫等が専有部分になることがあります。

重要度 ★★★ 出題実績 H16・24・27～R1・4・5

2章 用法・管理

本日の講義

1. 専有部分の修繕
2. バルコニー等の専用使用権
3. 駐車場の使用
4. 第三者の使用
5. 専有部分の貸与
6. 敷地及び共用部分等の管理
7. 窓ガラス等の改良
8. 必要箇所への立ち入り
9. 損害保険
10. 使用細則

ココを覚える！

①専有部分に関する制限について覚える。専有部分の修繕・貸与・立入り請求はしっかり押さえる。
②共用部分の使用・管理の方法に注意。専用使用部分や駐車場等の特殊な方法により、使用・管理する部分は特に注意。
③使用細則について覚える。規約と違い普通決議で可能な点に注意する。

「ごうかく！攻略問題集」
➡p.298～314、368

1 専有部分の修繕（単棟型17条）

（1）専有部分の修繕等の承認の申請

区分所有者は、その専有部分について、修繕、模様替えまたは建物に定着する物件の取付けもしくは取替え（修繕等）であって**共用部分または他の専有部分に**影響を与えるおそれのあるものを行おうとするときは、あらかじめ、**理事長**にその旨を申請し、書面または電磁的方法による**承認**を受けなければなりません。この場合において、区分所有者は、設計図、仕様書および工程表を添付した申請書を理事長に提出しなければなりません。

■共用部分等に影響を与えるおそれのある専有部分の修繕工事の例

①床のフローリングの修繕工事
②ユニットバスの設置
③主要構造部に直接取り付けるエアコンの設置
④配管（配線）の枝管（枝線）の取付け・取替え
⑤間取りの変更

注意！
承認を受けないで専有部分の修繕等の工事を行った場合には、理事長はその是正のため必要な勧告や原状回復のための措置をとることができます。

(2) 理事会の決議

共用部分の工事であっても躯体部分の撤去等は認められません。

理事長は、専有部分の修繕等の承認申請について、**理事会の決議**により、その承認または不承認を決定しなければなりません。この承認があったときは、区分所有者は、承認の範囲内において、**専有部分の修繕等に係る共用部分の工事を行うことができます**。

(3) 理事長等の立入調査

理事長またはその指定を受けた者は、必要な範囲内において、修繕等の箇所に立ち入り、必要な調査を行うことができます。この場合において、区分所有者は、**正当な理由**がなければこれを拒否してはなりません。

(4) 区分所有者の責任

理事会の承認を受けた修繕等の工事後に、当該工事により共用部分または他の専有部分に影響が生じた場合は、当該**工事を発注した区分所有者の責任と負担**により必要な措置をとらなければなりません。

(5) 承認を必要としない専有部分の修繕等

畳の交換や壁紙の張り替え工事が、理事会の承認を必要としない専有部分の修繕等に該当します。

区分所有者は、**理事会の承認を要しない修繕等**のうち、工事業者の立入り、工事の資機材の搬入、工事の騒音、振動、臭気等工事の実施中における共用部分または他の専有部分への影響について**管理組合が事前に把握する必要があるもの**を行おうとするときは、あらかじめ、**理事長にその旨を届け出なければなりません**。承認を要しない修繕等であっても、工事の実施期間中において、共用部分または他の専有部分に対し、工事業者の立入り、工事の資機材の搬入、工事の騒音、振動、臭気等の影響が想定されるので、管理組合が事前に把握する必要があるため、**事前に届出**を求めています。

2 バルコニー等の専用使用権（単棟型14条・同コメント）

専用使用権とは、敷地および共用部分等の一部について、**特定の区分所有者が排他的に使用できる権利**をいいます。区分所有者はバルコニー・玄関扉・窓枠・窓ガラス・一階に面する庭・屋上テラスについて専用使用権を有します。

これらは共用部分や敷地なのですが、普段は区分所有者全員で使用するような部分ではありません。そのため、特定の区分所有者のみが専有部分と一体として使用できることにしたのです。

また、区分所有者から専有部分の貸与を受けた者もバルコニー等を使用することができます。

なお、ベランダやバルコニー（専用使用部分といいます）の**通常の使用**（日常的な管理）に伴う保存行為は区分所有者が行い、**計画修繕や災害等による修繕等の通常の管理以外の管理**については**管理組合**が行います。

3 駐車場の使用（単棟型15条・同コメント）

標準管理規約では、駐車場の使用に関して、全戸分の駐車場がない場合を考え、**特定の区分所有者と駐車場使用契約を締結する**という方式を採っています。専用使用部分のように、特定の区分所有者が当然に使えるわけではありません。標準管理規約では、駐車場の使用に関して以下のとおり定めています。

①使用契約による、特定の区分所有者に使用させる定め
②管理組合への使用料の納入
③専有部分を、他の区分所有者または第三者へ譲渡・貸与したことによる駐車場使用契約の**失効**
注意　家主同居型の住宅宿泊事業を実施する場合は、対象とならない
④管理費・修繕積立金の滞納等の規約違反の場合、契約を解除できるか、または選定参加資格を剥奪できる旨を使用細則等に定めることも可能
⑤駐車場の管理は、管理組合がその責任と負担で行う

注意！

専用使用権が認められても、その対象はあくまで共用部分や敷地なのですから、通常の用法に従って使用しなければなりません。
また、管理のために必要な範囲で他の者の立ち入りを受けることがあります。

注意！

専用使用部分でない共用部分に物品を置くことは原則として認められませんが、宅配ボックスが無い場合等、例外的に共用部分への置き配を認める場合には、長期間の放置や大量・乱雑な放置等により避難の支障とならないよう留意する必要があります。

講師より

使用料は、近隣の駐車場との均衡を失しないように定める必要があります。

Step Up

マンションの状況等によっては、契約期間満了時に入れ替えるという方法、または契約の更新を認めるという方法について定めることも可能です。

平置きか機械式か、屋根付きの区画があるかなど駐車場区画の位置等による利便性・機能性の差異や、使用料が高額になっても特定の位置の駐車場区画を希望する者がいる等の状況に応じて、柔軟な料金設定を行うことも考えられます。

⇒車両自体の管理については、管理組合は責任を負わない旨を規定することが望ましい

では、過去問を見てみましょう。

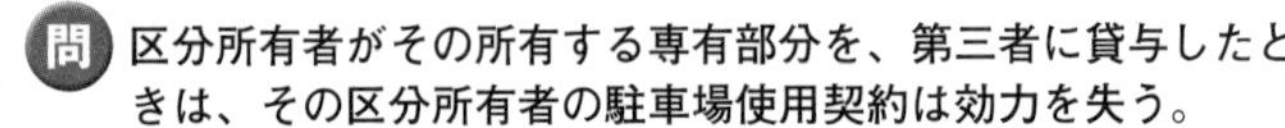

問 区分所有者がその所有する専有部分を、第三者に貸与したときは、その区分所有者の駐車場使用契約は効力を失う。

答 専有部分を、他の区分所有者または第三者に譲渡または貸与したときは、駐車場使用契約は効力を失う。 ◯

共用部分の管理

原則		管理組合が管理を行う
駐車場の管理		
専用使用部分	計画修繕等	
	通常の使用に伴う保存行為	専用使用権を有する者が管理を行う

また、専有部分内の配管等であっても、共用部分と一体として管理すべき必要がある部分は、管理組合が総会の決議により管理を行うことができます。

4 第三者の使用（単棟型16条・同コメント）

管理組合は、以下の者に共用部分や敷地の一部を使用させることができます。

管理事務を委託し、または請け負った者	管理員事務室・機械室等の管理の執行上必要な施設
対象物件に電気を供給する設備を維持し、および運用する事業者	電気室
当該設備を維持し、および運用する事業者	ガスガバナー（ガス調節施設）

BACK TO P.425

借室電気室の管理は、電力会社等が行います。

また、総会の決議により、共用部分や敷地の一部（駐車場および専用使用部分を除く）を第三者に使用させることができます。例えば、屋上に看板を設置する場合です。

5 専有部分の貸与（単棟型19・19条の2）

専有部分を貸与する場合、区分所有者および賃借人には以下の制限が課せられます。賃借人にも規約や総会の決議等を理解させ、共同生活のルールを遵守してもらわないといけないからです。

①区分所有者は、その専有部分を第三者に貸与する場合には、規約および使用細則に定める事項をその第三者に遵守させなければならない
②この場合において、区分所有者は、その貸与に係る契約に規約および使用細則に定める事項を遵守する旨の条項を定めるとともに、**契約の相手方**に規約および使用細則に定める事項を遵守する旨の**誓約書**を管理組合に**提出させなければならない**

暴力団排除条項が定められている場合、区分所有者は、貸与に係る契約に以下の条項を定めなければなりません。

①契約の相手方が暴力団員ではないことおよび契約後において暴力団員にならないことを確約すること
②契約の相手方が暴力団員であることが判明した場合には、何らの催告を要せずして、区分所有者は当該契約を解約することができること
③区分所有者が②の解約権を行使しないときは、管理組合は、区分所有者に代理して解約権を行使することができること

また、区分所有者は、解約権の代理行使を管理組合に認める旨の書面（電磁的方法含む）を提出するとともに、契約の相手方に暴力団員ではないこと、および契約後において暴力団員にならないことを確約する旨の誓約書を管理組合に提出させなければなりません。

Step Up

区分所有者は、その専有部分を第三者に貸与している間（当該専有部分から転出する場合のみならず、転出後さらに転居する場合も含む。）は、現に居住する住所、電話番号等の連絡先を管理組合に届け出なければならない旨を規約に定めることも、区分所有者に連絡がつかない場合を未然に回避する観点から有効です。また、長期間不在にする場合も、届出の規定を設けることが有効です。

区分所有者は、専有部分において、住宅宿泊事業を実施することを内容とする、住宅宿泊事業法の届出をした場合、管理組合へその旨を届出なければならないと規約等に定めることも有効です。また、宿泊者からの誓約書の提出義務を免除する旨を定めることも考えられます。

6 敷地及び共用部分等の管理（単棟型21条）

第三者の犯罪行為によりベランダや窓ガラス等が損傷した場合は通常使用に伴うものではないので管理組合がその責任と負担で行います。また、賃借人や同居人が窓ガラス等を不注意で損傷したときは、賃貸人等である区分所有者の責任と負担で行います。

（1）区分所有者等の保存行為（単棟型21条1・3～5項）

①理事長への申請

区分所有者は、原則として前述 2 のバルコニー等の専用使用権における**通常の使用に伴う保存行為**の場合または**あらかじめ理事長に申請して書面または電磁的方法による承認を受けた場合**を除き、敷地および共用部分等の保存行為を行うことができません。理事長への申請手続については、専有部分の修繕と同じとなりますので、**理事会の承認決議**が必要となります。

②緊急時の保存行為

専有部分の使用に支障が生じている場合に、当該専有部分を所有する区分所有者が行う保存行為の実施が、**緊急を要するもの**であるときは、区分所有者は**理事長への承認の申請なしに保存行為が可能**です。

③違反した場合

この規定に違反して保存行為を行った場合には、当該保存行為に要した費用は、**当該保存行為を行った区分所有者が負担**します。

理事長は緊急時の必要な保存行為を行う場合には必要な支出を行うことができます。

（2）理事長の保存行為（単棟型21条6項・同コメント）

理事長は、**災害等の緊急時**においては、**総会または理事会の決議によらずに**、敷地及び共用部分等の**必要な保存行為を行うことができる**と定められました。

これには、給水管・排水管の補修、共用部分等の被災箇所の点検、破損箇所の小修繕等が該当します。

共用部分の配管の取替えと専有部分の配管の取替えを同時に行うことにより、専有部分の配管の取替えを単独で行うよりも費用が軽減される場合には、これらについて一体的に工事を行うことも考えら

（3）共用部分と一体となった専有部分の設備の管理（単棟型21条・同コメント）

専有部分である設備のうち共用部分と構造上一体となった部分の管理を共用部分の管理と一体として行う必要があるときは、**総会の決議**を経て**管理組合**がこれを行うことができます。

例えば、排水管の枝管が該当します。排水管の清掃を共用部分である本管だけでなく、専有部分である枝管も一緒に行いたいと考えることもあるからです。そこで、**総会の決議**（普通決議）により管理組合が一括して管理を行うことも可能なのです。

なお、費用の負担は、原則として、以下のようになります。

枝管等の清掃費用	管理費から支出することができる
枝管等の取替費用	各区分所有者（組合員）が実費で負担する

では、過去問です。

過去問でCHECK!　H22-33-肢3

問　給水管本管と枝管（専有部分であるものを含む。）を一体的に取り替える工事を総会で決議した場合も、配管の取替え等に要する費用のうち専有部分に係るものについては、各組合員が実費に応じて負担すべきである。

答　配管等の取替え等の費用のうち、専有部分に係るものは、各組合員が実費で負担する。　○

7 窓ガラス等の改良（単棟型22条）

①計画修繕として実施

共用部分のうち各住戸に附属する窓枠、窓ガラス、玄関扉その他の開口部に係る改良工事であって、防犯、防音または断熱等の住宅の性能の向上等に資するものについては、管理組合がその責任と負担において、計画修繕としてこれを実施するものとします。

窓ガラス等は共用部分ですから区分所有者が勝手に改良してはいけません。そこで、管理組合が実施するのです。

②理事長への申請

しかし、管理組合がすぐに改良工事をできるとは限りません。そこで、管理組合は、窓ガラス等の**改良工事**を**速やかに実施できない場合**には、あらかじめ**理事長に申請**して**書面または電磁的方法による承認**を受けることにより、工事を**区分所有者の責任と負担**により実施することができます。なお、承認について**理事会の決議**が必要です。

れます。その場合には、あらかじめ長期修繕計画において専有部分の配管の取替えについて記載し、その工事費用を**修繕積立金から拠出する**ことについて**規約に規定する**とともに、先行して工事を行った区分所有者への補償の有無等についても十分留意することが必要です。

ヒント
枝管（専有部分）の取替費用は、組合員の負担でした。

過去問で CHECK! H28-29-肢1

区分所有者の不注意により損傷した窓ガラスを、区分所有者の希望により、窓枠等の変更を必要としない範囲で、強度の高いものに取り換える場合には、理事会の承認を得たうえ、区分所有者がその責任と負担で行うことができる。

ガラスを強度の高いものに取り換える場合は、窓ガラス等の改良に該当するので、理事長に申請し、理事会の承認を得て、区分所有者が実施することができる。 ○

バルコニー・窓ガラス等の破損の補修等

<table>
<tr><th>対象となる行為</th><th>実施者</th></tr>
<tr><td>通常の使用に伴う窓ガラス等の破損</td><td rowspan="2">バルコニー等の専用使用権を有する者がその責任と負担において保存行為を行う</td></tr>
<tr><td>同居人や賃借人等による破損</td></tr>
<tr><td>災害や事故・犯罪行為等の場合による破損</td><td>通常の使用に伴わないものであるため、管理組合がその責任と負担においてこれを行う
区分所有者が、理事長に書面による申請をし、理事会の承認決議を経て実施することも可能</td></tr>
<tr><td>専有部分の使用に支障を生じている緊急の場合</td><td>バルコニー等の専用使用権を有する者がその責任と負担において保存行為を行うことができる</td></tr>
<tr><td rowspan="2">窓ガラス等の改良</td><td>原則：管理組合がその責任と負担において、計画修繕としてこれを実施する</td></tr>
<tr><td>例外：区分所有者は、管理組合が上記の工事を速やかに実施できない場合には、あらかじめ理事長に申請して書面による承認を受けることにより、当該工事を当該区分所有者の責任と負担において実施することができる</td></tr>
</table>

8 必要箇所への立ち入り（単棟型23条）

前記6 敷地および共用部分等の管理と7 窓ガラス等の改良により管理を行う者は、管理を行うために必要な範囲内において、他の者が管理する専有部分または専用使用部分への立ち入りを請求することができます。この場合、立ち入りを請求された者は、正当な理由がなければこれを拒否してはならず、**正当な理由なく立ち入りを拒否した者は、その結果生じた損害を賠償しなければなりません。**

しかし、災害等の場合にまで、請求をしないと立ち入れないというのでは、適切な管理ができません。そこで、理事長は、災害、事故等が発生した場合であって、緊急に立ち入らないと共用部分等または他の専有部分に対して物理的にまたは機能上重大な影響を与えるおそれがあるときは、専有部分または専用使用部分に自ら立ち入り、または委任した者に立ち入らせることができます。

なお、立ち入りをした者は、速やかに立ち入りをした箇所を原状に復さなければなりません。

9 損害保険（単棟型24条）

区分所有者は、共用部分に関して、管理組合が火災保険等の損害保険契約を締結することを承認します。

これは規約で事前に共用部分の付保について、管理組合の契約締結権限を認めるという趣旨です。

10 使用細則（単棟型18条・同コメント）

敷地および共用部分等についての使用制限は、使用細則で幅広く定めることができます。使用細則で定めるものとしては、以下のものがあります。なお、使用細則は集会の普通決議で定めることができます。

第4編 マンション標準管理規約

区分所有法では、保険契約の締結は、管理行為となり、集会の普通決議（区分所有者および議決権の各過半数の決議）が必要でした。

注意！

専有部分の使用に関するものについては、その基本的な事項は規約で定めるべき事項です。

①専有部分の使用方法の規制

例：動物の飼育やピアノ等の演奏に関する事項

②共用部分の使用方法および対価等に関する事項

例：駐車場、倉庫等の使用方法、使用料等に関する事項

③住宅宿泊事業が可能な場合は標識の掲示場所等

マンション内における感染症の感染拡大のおそれが高いと認められた場合において、使用細則を根拠として、居住者による共用部分等の使用を一時的に停止・制限することが可能です。

3章 管理組合の業務

重要度 ★★★　出題実績 H13・15・16・17・21・23〜25・R４・５

本日の講義

1. 管理組合の業務
2. 長期修繕計画
3. 業務の委託等
4. 専門的知識を有する者の活用

ココを覚える！

①管理組合の業務について覚える。総会の決議や費用負担と併せて覚えるように。
②長期修繕計画の設定について覚える。頻出論点なので、絶対に押さえること。

「ごうかく！攻略問題集」➡p.316

1 管理組合の業務（単棟型32条）

管理組合は以下の業務を行います。

①管理組合が管理する敷地および共用部分等の保安、保全、保守、清掃、消毒およびごみ処理
②組合管理部分の修繕
③長期修繕計画の作成または変更に関する業務・長期修繕計画書の管理
④建替え等に係る合意形成に必要となる事項の調査に関する業務
⑤適正化法第103条第１項に定める、宅地建物取引業者から交付を受けた設計図書の管理
⑥修繕等の履歴情報の整理および管理等
⑦共用部分等に係る火災保険、地震保険その他の損害保険に関する業務
⑧区分所有者が管理する専用使用部分について管理組合が行うことが適当であると認められる管理行為
⑨敷地および共用部分等の変更および運営
⑩修繕積立金の保管・運用（債券の購入等）
⑪官公署、町内会等との渉外業務
⑫マンションおよび周辺の風紀、秩序および安全の維持、防災並びに居住環境の維持および向上に関する業務
⑬広報および連絡業務
⑭管理組合の消滅時における残余財産の清算
⑮その他建物並びにその敷地および附属施設の管理に関する業務

BACK TO P.518

⑤適正化法第103条に定める設計図書には、設計関係書類、特定行政庁関係書類、消防関係書類、機械関係設備施設の関係書類、売買契約書関係書類があります。

注意！

⑥管理組合が保管する長期修繕計画書・設計図書等・修繕等の履歴情報についても閲覧に関する規定を設置することが望ましいとされます。

2 長期修繕計画（単棟型32条コメント）

講師より

建物を長期にわたって良好に維持管理していくためには、一定年数の経過ごとに計画的な修繕を行うことが必要であり、その対象となる建物の部分・修繕時期・費用等についてあらかじめ長期修繕計画として定め、区分所有者の間で合意しておくことが重要です。

（1）長期修繕計画の設定

長期修繕計画には、最低限以下のものを定めます。

①計画期間が30年程度以上で、かつ大規模修繕工事が２回含まれる期間以上とすること
②計画修繕の対象となる工事として外壁補修、屋上防水、給排水管取替え、窓および玄関扉等の開口部の改良等が掲げられ、各部位ごとに修繕周期、工事金額等が定められているものであること
③全体の工事金額が定められたものであること

また、長期修繕計画の内容については**定期的な見直し**をすることが必要です。

（2）長期修繕計画の作成

長期修繕計画の作成または変更および修繕工事の実施の前提として、**劣化診断（建物診断）**を管理組合として併せて行う必要があります。

この診断の費用については以下のような分類があります。

劣化診断の種類	費用の充当
長期修繕計画の作成または変更に要する経費および長期修繕計画の作成等のための劣化診断（建物診断）に要する経費	管理組合の財産状態等に応じて管理費または修繕積立金の**どちらからでも**充当できる
修繕工事の前提としての劣化診断（建物診断）に要する経費	修繕工事の一環としての経費であることから、原則として**修繕積立金**から取り崩すこととなる

では、過去問です。

ヒント
長期修繕計画の“作成”等のための劣化診断です。

過去問でCHECK! H25-14-肢２

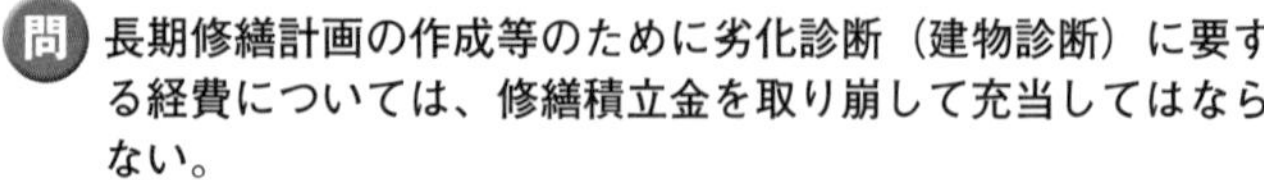

問 長期修繕計画の作成等のために劣化診断（建物診断）に要する経費については、修繕積立金を取り崩して充当してはならない。

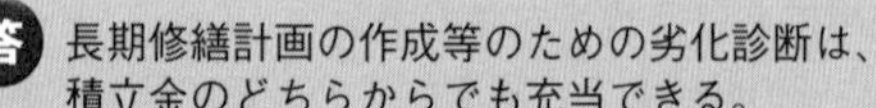

答 長期修繕計画の作成等のための劣化診断は、管理費または修繕積立金のどちらからでも充当できる。 ×

3 業務の委託等（単棟型33条）

管理組合は、その業務の全部または一部を、マンション管理業者等の**第三者に委託**し、または請け負わせて執行することができます。

講師より

管理会社に管理業務を委託する場合は、マンション標準管理委託契約書によります。

4 専門的知識を有する者の活用（単棟型34条）

管理組合は、マンション管理士その他マンション管理に関する各分野の**専門的知識を有する者**に対し、管理組合の運営その他マンションの管理に関し、相談したり、助言、指導その他の援助を求めたりすることができます。

重要度 ★★★　出題実績 H13～27・30～R５

4章 総会

本日の講義

1 総会
2 総会の議長
3 議決権の行使方法
4 総会の決議
5 総会議事録の作成・保管・閲覧

ココを覚える！

①総会の招集方法について覚える。
②議決権の行使方法について覚える。
代理人の資格制限には注意！
③総会の決議要件を覚える。普通決議は区分所有法と異なるので注意！

「ごうかく！攻略問題集」
➡p.308、312、318～336、356

1 総会

総会は区分所有法で定める集会であり、管理組合の最高意思決定機関です。

BACK TO P.204

区分所有法では、管理者は、少なくとも毎年１回集会を招集しなければなりませんでした。

（1）総会の種類（単棟型42条）

総会には以下の２種類があります。

通常総会	年１回定例的に開催する総会をいう 理事長は、通常総会を、毎年１回新会計年度開始以後**２ヵ月以内**に招集しなければならない
臨時総会	必要に応じて開催される総会をいう 理事長は、必要と認める場合には、**理事会の決議**を経て、いつでも臨時総会を招集することができる

災害または感染症の感染拡大等への対応として、WEB 会議システム等を用いて会議を開催することも考えられますが、やむを得ない場合においては、通常総会を必ずしも「新会計年度開始以後２ヵ月以内」に招集する必要はなく、これらの状況が解消された後、遅滞なく招集すれば足ります。

BACK TO P.230

区分所有法では、集会は、管理者が招集するのが原則なので、総会も理事長が招集するのが原則です。

（2）総会の招集（単棟型41・42・44条）

前述のとおり、理事長には**通常総会**を**年に１回**招集する義務があり、また理事会の決議を経て臨時総会を招集する権限があります。

①少数区分所有者の総会招集権

組合員が**組合員総数の5分の1以上で議決権総数の5分の1以上**にあたる組合員の同意を得て、会議の目的を示して、総会の招集を請求をした場合には、理事長は**2週間以内**にその請求があった日から**4週間以内**の日（会議の目的が建替え決議またはマンション敷地売却決議であるときは、2カ月と2週間以内の日）を会日とする**臨時総会**の招集通知を発しなければなりません。

理事長が上記の期間内に招集通知を発しない場合には、その請求をした組合員は、臨時総会を招集することができます。この場合、請求をした組合員全員の**連名**で臨時総会を招集します。

②監事の総会招集権

監事は、管理組合の業務執行および財産の状況について**不正があると認められるとき**は、**臨時総会**を招集することができます。

（3）招集通知（単棟型43条1項・9項）

①招集期間

総会を招集するには、少なくとも会議を開く日の**2週間前（建替え決議またはマンション敷地売却決議は2ヵ月前）**までに、会議の日時、場所（WEB会議の場合は、その開催方法）および目的を示して、組合員に通知を発しなければなりません。

ただし、緊急を要する場合には、理事長は、**理事会の承認**を得て、**5日間**を下回らない範囲において総会の招集期間を短縮することができます（建替え決議またはマンション敷地売却決議除く）。

②共有の場合（単棟型46条）

住戸一戸につき、2以上の組合員が存在する場合のこれらの者の議決権の行使については、**あわせて1の組合員とみなされます**。

区分所有法では、集会の招集通知は、会日よりも少なくとも1週間前に、会議の目的たる事項を示して、各区分所有者に発しなければなりませんでしたが、この期間は規約で伸縮することができるので、標準管理規約では、原則として2週間に伸ばし、緊急時には5日間まで短縮できるとしたのです。

区分所有法では、専有部分が数人の共有に属するときは、共有者は、議決権を行使すべき者1人を定めなければならないとされていました。

第4編　マンション標準管理規約

また、1の組合員とみなされる者は、議決権を行使する者1名を選任し、その者の氏名をあらかじめ**総会開会までに理事長に届け出なければなりません**。

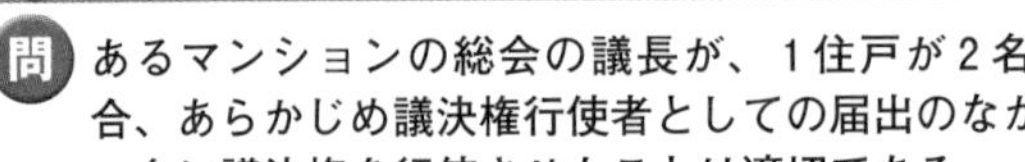

問 あるマンションの総会の議長が、1住戸が2名の共有の場合、あらかじめ議決権行使者としての届出のなかった共有者1名に議決権を行使させたことは適切である。

届出がない者が議決権行使したことは適切でない。 ×

ヒント

共有者は議決権行使者を定めなければならないのでした。ですから、届出がない者が議決権を行使してはなりません。

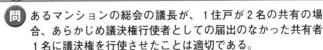

(4) 通知のあて先 (単棟型43条2項・3項)

①通知のあて先

通知のあて先は以下のようになります。

管理組合に対し組合員が届出をした場合	組合員が届け出たあて先に発する
上記届出のない組合員	対象物件内の専有部分の所在地あてに発する
専有部分内に居住する組合員	

②掲示による通知

マンション内に日常の伝達事項についての定まった掲示場所がある場合、**マンション内に居住している組合員**および**通知のあて先の届出をしない組合員**に対しては、掲示をもって通知に代えることができます。

すべての区分所有者に掲示によって通知ができるわけではない点に注意しましょう。

対象物件外に居住し、あて先の届け出がある組合員	組合員が届け出たあて先に発する必要がある
対象物件内に居住する組合員	所定の掲示場所に掲示することで通知を省略できる
届出のない組合員	

(5) 通知すべき事項 (単棟型43条4項)

総会の通知には、会議の日時・場所・目的を記載する必要があります。また、以下の場合には、議案の要領も通知する必要があります。

①規約の設定・変更・廃止
②敷地および共用部分の変更
③大規模滅失の場合の共用部分の復旧
④建替え決議
⑤マンション敷地売却決議

（6）占有者への掲示（単棟型45条2項・43条8項）

区分所有者の承諾を得て専有部分を占有する者は、会議の目的につき利害関係を有する場合には、**総会に出席して意見を述べることができます**。この出席・意見陳述権を確保するために、総会の招集者は、総会の招集通知を発した後遅滞なく、その通知の内容を所定の掲示場所に掲示しなければなりません。

注意！
対象となるのは、あくまで区分所有者の承諾を得た占有者です。不法占拠者は対象とはなりません。

2 総会の議長（単棟型42条5項・44条3項）

総会の議長は以下のようになります。

①総会の議長は理事長が務める
②組合員が招集請求をした臨時総会・組合員により招集された臨時総会においては、議長は、総会に出席した組合員の議決権の過半数をもって、組合員の中から選任する

総会において議長を選任する旨の定めをすることもできます。

3 議決権の行使方法

（1）議決権行使書（単棟型46条4項・同コメント）

書面による議決権の行使とは、総会には出席しないで、総会の開催前に各議案ごとの**賛否を記載した書面**（いわゆる「議決権行使書」）を総会の招集者に提出することをいいます。

この議決権行使書には、賛否の記載と区分所有者の署名があれば、有効として扱われます。

また、電磁的方法が利用可能な場合には、電磁的方法による議決権行使も認められます。

（2）委任状（単棟型46条4項・5項・同コメント）

代理人による議決権の行使とは、**代理権を証する書面**（いわゆる「委任状」）または電磁的方法によって、組合員本人から授権を受けた代理人が総会に出席して議決権を行使することをいいます。

代理人になれる者は以下に限定されています。

組合員または代理人は代理権を証する書面を理事長に提出しなければなりません。例えば、電話で委任したと告げても有効な議決権行使にはなりません。

①その組合員の配偶者（婚姻の届出をしていないが事実上婚姻関係と同様の事情にある者を含む。）または一親等の親族
②その組合員の住戸に同居する親族
③他の組合員

なお、成年後見人、財産管理人等の組合員の法定代理人については、法律上本人に代わって行為を行うことが予定されている者であり、当然に議決権の代理行使をする者の範囲に含まれます。

また、総会の円滑な運営を図る観点から、代理人の欠格事由として暴力団員等を規約に定めておくことも考えられます。

（3）白紙委任状

代理人による議決権の行使として、誰を代理人とするかの記載のない委任状（いわゆる「白紙委任状」）が提出された場合には、当該委任状の効力や議決権行使上の取扱いについてトラブルとなる場合があるため、そのようなトラブルを防止する観点から、例えば、委任状の様式等において、委任状を用いる場合には、誰を代理人とするかについて**主体的に決定する**ことが必要であること、そして、適当な代理人がいない場合には、代理人欄を空欄とせず議決権行使書によって自ら賛否の意思表示をすることが必要であること等について、記載しておくことが考えられます。

（4）議決権行使書と委任状の違い

議決権行使書と委任状は、いずれも組合員本人が総会に出席せずに議決権の行使をする方法ですが、議決権行使書による場合は組合員自らが主体的に賛否の意思決定をするのに対し、委任状による場合は賛否の意思決定を代理人に委ねるという点で、性格が大きく異なるものです。組合員の意思を総会に直接反映させる観点からは、議決権行使書によって、組合員本人が自ら賛否の意思

表示をすることが望ましく、そのためには、総会の招集の通知において、議案の内容があらかじめなるべく明確に示されることが重要であることに、留意が必要です。

(5) 議決権の不統一行使

議決権を複数有する組合員が、総会において、1つを賛成票に、残りを反対票に投じることを議決権の不統一行使といいます。標準管理規約では、この**不統一行使は認められていません**。

4 総会の決議

(1) 決議要件 (単棟型47・48条)

総会の会議(WEB会議により開催するものも含みます)には**議決権総数の半数以上**を有する組合員が出席しなければなりません。決議要件については以下のとおりです。

ア) 普通決議	出席組合員の**議決権の過半数**
イ) 特別決議	組合員総数の4分の3以上および議決権総数の4分の3以上の多数
ウ) 建替え決議	組合員総数の5分の4以上および議決権総数の5分の4以上の多数
エ) マンション敷地売却決議	組合員総数、議決権総数および敷地利用権の持分の価格の各5分の4以上の多数

特殊なのは普通決議です。組合員総数という頭数要件はありませんし、また議決権総数ではなく、出席組合員の議決権の過半数でよいとされています。

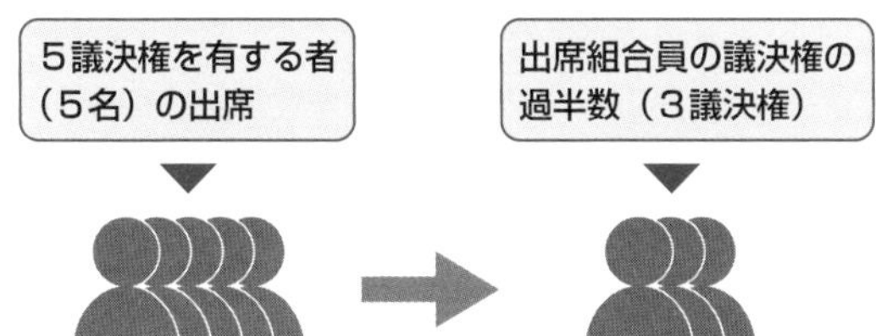

注意!
"半数"以上ですので、ぴったり半分で総会は開催できます。

区分所有法では、普通決議は、区分所有者(総数)の過半数および議決権(総数)の過半数とされていました。

講師より
ア)は、**議長を含む**出席組合員(書面・電磁的方法・代理人によって議決権行使をする者含む)の議決権の過半数で決議し、過半数の賛成を得られなかった議事は**否決**となります。

第4編 マンション標準管理規約

総会の普通決議事項

偽 議決権 **装で** 総数の **半数** 半数以上の出席

出 出席組合員の議決権の **荷した** 過半数

注意！

収支予算案、収支決算案、事業報告案、事業計画案は理事会の決議事項です。

講師より

規約の設定、変更、廃止は特別決議事項ですが、使用細則は普通決議事項です。

総会の決議事項

総会の決議事項
①規約および使用細則等の制定、変更または廃止
②役員の選任および解任ならびに役員活動費の額および支払方法
③収支決算および事業報告
④収支予算および事業計画
⑤長期修繕計画の作成または変更
⑥管理費等および使用料の額ならびに賦課徴収方法
⑦修繕積立金の保管および運用方法
⑧管理計画の認定の申請、管理計画の認定の更新の申請、管理計画の変更の認定の申請
⑨共用部分と一体として管理すべき専有部分の管理の実施
⑩特別の管理の実施ならびにそれに充てるための資金の借入れおよび修繕積立金の取崩し
⑪義務違反者に対する措置の訴えの提起ならびにこれらの訴えを提起すべき者の選任
⑫建物の一部が滅失した場合の滅失した共用部分の復旧
⑬除却の必要性に係る認定の申請
⑭建替えおよびマンション敷地売却
⑮建替え等に係る計画または設計等の経費のための修繕積立金の取崩し
⑯組合管理部分に関する管理委託契約の締結
⑰その他管理組合の業務に関する重要事項

大規模修繕工事の種類

	工事の内容	決議要件
バリアフリー化の工事	階段室部分を改造したり、建物の外壁に新たに外付けしたりして、エレベーターを新たに設置する工事	特別決議
	建物の基本的構造部分を取り壊す等の加工を伴わずに階段にスロープを併設し、手すりを追加する工事	普通決議
耐震改修工事	柱やはりに炭素繊維シートや鉄板を巻き付けて補修する工事や、構造躯体に壁や筋かいなどの耐震部材を設置する工事で基本的構造部分への加工が小さいもの	
防犯化工事	オートロック設備を設置する際、配線を、空き管路内に通したり、建物の外周に敷設したりするなど共用部分の加工の程度が小さい場合の工事や、防犯カメラ、防犯灯の設置工事	
ＩＴ化工事	光ファイバー・ケーブルの敷設工事を実施する場合、その工事が既存のパイプスペースを利用するなど共用部分の形状に変更を加えることなく実施できる場合や、新たに光ファイバー・ケーブルを通すために、外壁、耐力壁等に工事を加え、その形状を変更するような場合でも、建物の躯体部分に相当程度の加工を要するものではなく、外観を見苦しくない状態に復元するもの	
計画修繕工事	鉄部塗装工事、外壁補修工事、屋上等防水工事、給水管更生・更新工事、照明設備、共聴設備、消防用設備、エレベーター設備の更新工事	
その他	窓枠、窓ガラス、玄関扉等の一斉交換工事、既に不要となったダストボックスや高置水槽等の撤去工事	

講師より

普通決議事項のうち大規模修繕工事のように多額の費用を要する事項について、総組合員数および議決権総数の過半数で決する旨を規約で定めることもできます。

総会と理事会の相異

	総会	理事会
構成員	総組合員で組織する	理事会は理事をもって構成する
招集請求権	組合員は組合員総数の5分の1以上で議決権総数の5分の1以上にあたる組合員の同意を得て、会議の目的を示して、理事長に総会の招集を請求できる	理事が○分の1以上(「○」内は任意)の理事の同意を得て理事会の招集を請求した場合には、理事長は速やかに理事会を招集しなければならない
招集通知	①総会を招集するには、少なくとも会議を開く日の**2週間前まで**に、組合員に通知を発しなければならない ②緊急を要する場合には、理事長は、理事会の承認を得て、**5日間**を下回らない範囲において集会の招集期間を短縮することができる	総会の招集手続(左記)を準用(理事および監事に通知) ただし、**理事会で別段の定め**が可能
決議要件	総会の会議は議決権総数の半数以上を有する組合員が出席しなければならない 総会の議事は、議長を含む**出席組合員**(書面または代理人によって議決権を行使する者を含む。)**の議決権**の過半数で決議し、過半数の賛成を得られなかった議事は否決とする	理事の半数以上が出席しなければ開くことができず、その議事は**出席理事の過半数**で決する

(2) 書面または電磁的方法による決議 (単棟型50条)

注意!

書面または電磁的方法による決議は、区分所有法にもあった、集会を開催せずに決議を行う場合です。

規約により総会において決議をすべき場合において、**組合員全員の承諾**があるときは、**書面または電磁的方法による決議**をすることができます。

ただし、電磁的方法による決議に係る組合員の承諾については、あらかじめ、組合員に対し、その用いる電磁的方法の種類および内容を示し、書面または電磁的方法による承諾を得なければなりません。

（3）総会の出席資格（単棟型45条・同コメント）

組合員のほか、**理事会が必要と認めた者は総会に出席することができます**。これは、占有者に限らず、マンション管理業者やマンション管理士、税理士や弁護士でも理事会が認めれば出席できるということなのです。

また、**区分所有者の承諾を得て専有部分を占有する者は**、会議の目的につき利害関係を有する場合には、総会に出席して意見を述べることができます。この利害関係は、法的な利害関係を意味します。

たとえば「管理費や修繕積立金の値上げ」については、占有者は利害関係を有しませんから、総会に出席できません。管理費は区分所有者が負担する費用で、占有者は負担しないからです。

この場合において、総会に出席して意見を述べようとする者は、あらかじめ理事長にその旨を通知しなければなりません。

5 総会議事録の作成・保管・閲覧（単棟型49条）

（1）議事録の作成

議事録には、議長および**議長の指名する2名の総会に出席した組合員**がこれに**署名**（議事録が電磁的記録で作成されているときは電子署名）しなければなりません。

（2）議事録の保管

理事長は、議事録を保管し、組合員または利害関係人の**書面または電磁的方法による請求**があったときは、これらを閲覧させなければなりません。この場合、閲覧につき、相当の日時、場所等を指定することができます。そして、理事長は、所定の掲示場所に、議事録の保管場所を掲示しなければなりません。

注意！

理事会が必要と認めていないといけませんので、当然にマンション管理業者が総会に出席できるわけではありません。

注意！

組合員であれば、自分の利益と相反する内容が議題となっていても、総会に出席し、議決権を行使できます。

講師より

相当の日時・場所を指定できるのは、区分所有法において、正当な理由がある場合には、閲覧を拒否できたことの反映です。

5章 管理組合の役員・理事会

重要度 ★★★　出題実績 H13・14・17～23・25～27・30～R5

本日の講義

1. 組合員
2. 役員
3. 理事会
4. 専門委員会

ココを覚える！

①役員の種類と権限について覚える。
②理事会について覚える。総会と理事会の違いは頻出論点である。注意しよう。

「ごうかく！攻略問題集」
➡p.324、338～360、386

1 組合員（単棟型30・31条）

標準管理規約では、管理組合の組合員の資格について、区分所有者になったときに取得し、**区分所有者でなくなったときに喪失**すると規定されています。

また、新たに組合員の資格を取得しまたは喪失した者は、直ちにその旨を書面または電磁的方法により管理組合に届け出なければなりません。

講師より

管理組合は区分所有者全員で構成するのですから、その資格も区分所有者であるか否かで決まるわけです。

2 役員

（1）役員の種類（単棟型35・38～41条）

管理組合には、①**理事長**、②**副理事長**、③**会計担当理事**、④**理事**、⑤**監事**の役員をおく必要があります。これら役員となるためには、組合員であることが必要となります。ですので、専有部分を売却したりして、組合員でなくなったときは、当然に退任します。

役員のうち、**理事と監事は総会**で選任・解任します。**理事長、副理事長、会計担当理事は理事のうちから理事会**で選任・解任します。なお、「外部専門家を役員として選任することができる」と定めることもできます。

注意！

区分所有法には標準管理規約の役員のような規定はありませんでした。

講師より

組合員以外の者から理事監事を選任する場合の選任方法につきましては、**細則**で定めます。

ヒント

理事の互選により選任された理事長、副理事長および会計担当理事については理事の過半数の一致によりその職を解くことができます。ただし、その理事としての地位については、総会の決議を経なければその職を解くことができません。

過去問で CHECK!　R3－問38－エ

問 管理者である理事長が1箇月入院することになったため、理事長と他の理事との職務を交代することは、理事会の決議で行うことができる。

答 現理事長の職を解き、別の理事を理事長にすることは、理事会の決議で可能である。　○

ヒント
理事長の選任・解任は理事会で可能だったことを思い出しましょう。

（2）役員の職務等

では、各役員の職務や権限等についてみていきましょう。

ア）理事長	理事長は管理組合を代表しその業務を統括するほか以下の業務を遂行する ①規約、使用細則または、総会の決議もしくは、理事会の決議により、理事長の職務として定められた事項 ②**理事会の承認**を得て、職員を採用し、または解雇すること ③通常総会における、組合員に対する前会計年度における管理組合の業務の執行に関する報告 ④理事長は、○か月に1回以上、職務の執行の状況を**理事会に報告**しなければならない ⑤管理組合と理事長との**利益が相反する事項**については、理事長は、**代表権を有しない**。この場合においては、**監事**または**理事長以外の理事**が管理組合を代表する なお、理事長は理事会の承認を受けて、他の理事にその職務の一部を委任することができる
イ）副理事長	副理事長は、理事長を補佐し、理事長に事故があるときには、その職務を**代理**し、理事長が欠けたときはその**職務を行う**
ウ）理事	①理事は、理事会を構成し、理事会の定めるところに従い、管理組合の業務を担当する ②理事と監事はその職務上兼任が禁止される ③理事は、管理組合に著しい損害を及ぼすおそれのある事実があることを発見したときは、**直ちに**、当該事実を**監事に報告**しなければならない
エ）会計担当理事	会計業務についてはその重要性にかんがみて、会計担当理事を定める必要があり、また、会計担当理事は管理費等の**収納**、**保管**、**運用**、**支出等の会計業務**を行う

理事長は区分所有法に規定する管理者です。

注意！
③と④はWEB会議で報告することも可能です。

注意！
標準管理規約の理事には、管理組合の代表権はありません。あくまで理事長等になるための前提資格なのです。

監事が臨時総会を招集する場合、理事会の決議や理事長の承認は不要です。

監事の理事会招集については、直ちに招集するのではなく、まず理事長に請求します。またこの請求権は「できる」という任意のものです。

オ）監事	①管理組合の業務の執行および財産の状況を監査し､その結果を総会に報告しなければならない ②管理組合の業務の執行および財産の状況について不正があると認められるときは、**臨時総会を招集することができる** ③理事会に**出席**し、必要があると認めるときは**意見を述べなければならない** ④監事は、**いつでも**、理事および職員に対して**業務の報告**を求め、または**業務および財産の状況の調査**をすることができる ⑤監事は、**理事が不正の行為**をし、もしくは当該行為をするおそれがあると認めるとき、または法令、規約、使用細則等、総会の決議もしくは理事会の決議に違反する事実もしくは著しく不当な事実があると認めるときは、遅滞なく、その旨を**理事会に報告**しなければならない ⑥監事は、上記⑤の場合において、必要があると認めるときは、理事長に対し、理事会の招集を請求することが**できる** ⑦上記⑥の請求があった日から**5日以内**に、その請求があった日から**2週間以内**の日を理事会の日とする理事会の招集の通知が発せられない場合は、その請求をした監事は、理事会を招集することができる

それでは過去問をみてみましょう。

ヒント

業務等を監査するのは、監事の職務でした。

過去問で CHECK! H28-30-肢3

問 理事は、管理組合に著しい損害を及ぼすおそれのある事実があることを発見したときは、直ちに、その事実を理事長に報告しなければならない。

監事に報告しなければならない。 ×

もう1問、監事の理事会招集請求についてです。

ヒント

監事が、直接理事会を招集できたでしょうか。

過去問で CHECK! H28-30-肢4

問 監事は、会計担当理事に不正行為があると認めたときは、直ちに理事会を招集しなければならない。

答 直ちにではなく、必要があると認める時は、理事長に理事会の招集を請求できる。 ×

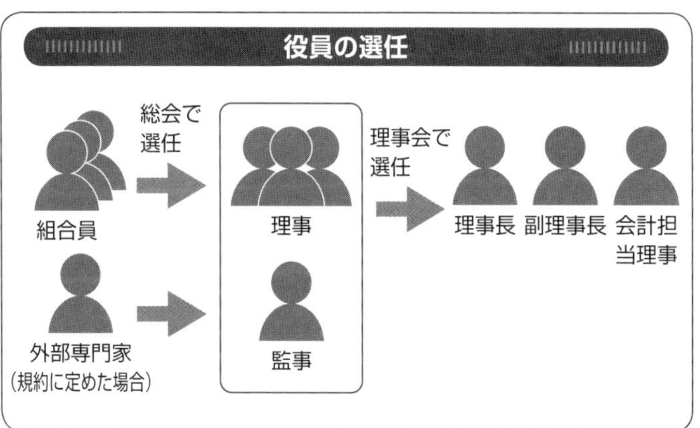

監事の臨時総会招集と理事会招集

	臨時総会の招集	理事会の招集
招集の要件	管理組合の業務の執行及び財産の状況について不正があると認めるとき	①理事が不正の行為をし、もしくは当該行為をするおそれがあると認めるとき ②法令、規約、使用細則等、総会の決議もしくは理事会の決議に違反する事実もしくは著しく不当な事実があると認めるとき
要件等	理事会の決議等は不要である	請求があった日から5日以内に、その請求があった日から2週間以内の日を理事会の日とする招集通知が発せられない場合は、その請求をした監事は、理事会を招集することができる

（3）特別な取扱いが必要なもの（単棟型35条コメント）

①大規模マンションの取扱い

200戸を超え、役員数が20名を超えるような大規模マンション

注意！

部会を設ける場合は、各部の部長と理事長等が兼任するような組織構成が望ましいとされます。

では、理事会のみで、実質的検討を行うのが難しくなるので、理事会の中に部会を設け、各部会に理事会の業務を分担して、実質的な検討を行うような、複層的な組織構成、役員の体制を検討する必要があります。

この場合、理事会の運営方針を決めるため、理事長、副理事長（各部の部長と兼任するような組織構成が望ましい。）による幹部会を設けることも有効です。なお、理事会運営細則を別途定め、部会を設ける場合は、理事会の決議事項につき決定するのは、あくまで、理事全員による理事会であることを明確にする必要があります。

②法人が専有部分を所有する場合

法人が区分所有する専有部分があるマンションにおいて、法人関係者が役員になる場合には、管理組合役員の任務にあたることを当該法人の職務命令として受けた者に限定する等どのような資格を有する者が実際に役員業務を行うことができるかについて、あらかじめ規約や細則に定めておくことが望ましいとされます。

（4）理事の員数・任期（単棟型36条35・36条コメント）

①員数

理事の員数に関しては、マンションの規模に応じて決められますが、おおむね10～15戸について１名を選出するものとされます。また、員数の範囲については、最低３名程度、最高20名程度とし、「○～○名」という枠により定めることもできます。

②任期

任期については、組合の実情に応じて、**１～２年で設定**することとし、選任にあたっては、その就任日および任期の期限を明確にすることとされています。また、役員の再任も認められますが、役員のなり手が少ない現状の下では、任期満了で役員全員が退任してしまうこともあります。これだと業務の継続性が欠けてしまいますので、半数改選とすることもできます。この場合、任期は２年とされます。

半数改選で任期を１年とすると、期中に役員の変更をしなければならなくなるからです。

③補欠の役員

役員が任期途中で欠けた場合、総会の決議により新たな役員を選任することが可能ですが、外部の専門家の役員就任の可能性や災害時等緊急時の迅速な対応の必要性を踏まえると、規約において、あらかじめ補欠を定めておくことができる旨規定するなど、補欠の役員の選任方法について定めておくことが望ましいとされます。役員が転出・死亡その他の事情で任期途中で欠けてしまった場合、補欠の役員を**理事会の決議**で選任できると**規約で定める**こともできます。補欠の役員の任期は、前任者の残任期間となります。

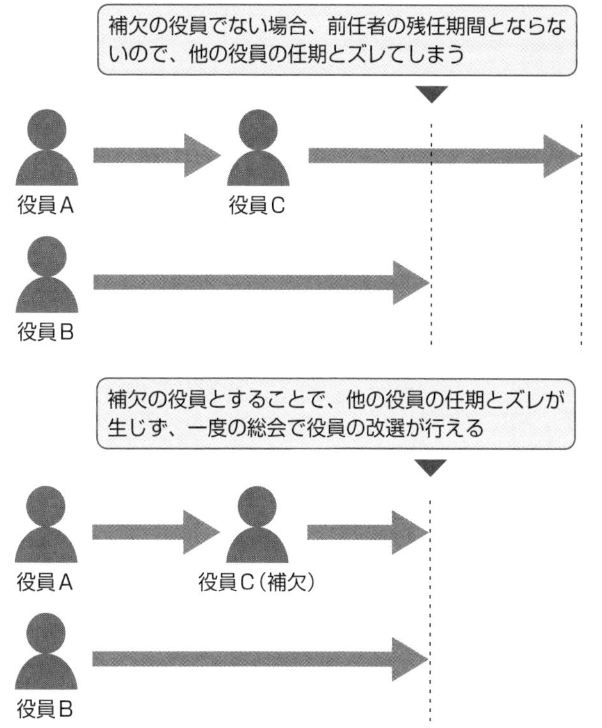

④職務の継続

任期満了または**辞任**によって退任した役員は、後任の役員が就任するまでの間、引き続き業務を行います。

解任や組合員でなくなったことによる退任では職務は継続しません。

管理者と理事長の差異

区分所有法（管理者）	標準管理規約（理事長）
区分所有者は、規約に別段の定めがない限り集会の決議によって、管理者を選任し、または解任することができる	①理事長は、区分所有法に定める管理者とする ②理事長は、理事の互選（理事会）により選任する
管理者は法人でもよく、資格、任期に制限がない	①理事および監事は当該マンションの組合員の内から総会で選任する。 ②役員の任期は組合の実情に応じ1～2年で設定する ③半数改選とすることもでき、この場合の任期は2年とする

管理組合法人の理事と管理規約の理事の差異

	管理組合法人の理事	標準管理規約の理事
役割	管理組合法人の業務執行機関 原則として代表権を有する	理事会の構成員。理事長の前提となる資格でもある 理事長にならないと代表権は有しない
任期	2年（規約で3年以内で変更可能）	1～2年（半数改選の場合は2年）
法人	法人は不可。自然人であることが必要	法人区分所有者を役員とする場合、一定の配慮が必要
資格	特に定めなし	組合員に限られる

講師より

外部の専門家からの役員の選任について、細則で選任方法を定めることとする場合、細則において、次のような**役員の欠格条項**を定めることとします。

①マンション管理の各分野の専門家（個人）
マンション管理士の登録の取消しまたは当該分野に係る資格についてこれと同様の処分を受けた者

②法人から専門家の派遣を受ける場合（①に該当する者に加えて）、以下のア）またはイ）に該当する法人から派遣される役職員
ア）銀行取引停止処分を受けている法人
イ）管理業者の登録の取消しを受けた法人

（5）役員の欠格条項（単棟型36条の2）

以下の者は、役員になることができません。

①精神の機能の障害により役員の職務を適正に執行するに当たって必要な認知、判断および意思疎通を適切に行うことができない者
②破産者で復権を得ないもの
③禁錮以上の刑に処せられ、その執行を終わり、またはその執行を受けることがなくなった日から5年を経過しない者
④暴力団員等（暴力団員または暴力団員でなくなった日から5年を経過しない者をいう）

（6）利益相反取引の防止（単棟型37条の2・同コメント）

役員は、次に掲げる場合には、**理事会**において、当該取引につき重要な事実を開示し、その承認を受けなければなりません。

①役員が自己または第三者のために管理組合と取引をしようとするとき
②管理組合が役員以外の者との間において管理組合と当該役員との利益が相反する取引をしようとするとき

なお、管理組合と理事長との利益が相反する事項については、**理事長は、代表権を有しません**。この場合においては、**監事または理事長以外の理事**が管理組合を代表します。

3 理事会

標準管理規約では、理事は理事会を構成するとしています。いままで勉強してきた中でも“理事会の決議を経て”というものがありました。総会ですべてを決議するのでは迅速な対応ができませんし、また、総会で決議をする場合でも、理事会で下準備をしておくことが必要なケースもあるからです。

理事会の特徴は次のようになります。

（1）理事会（単棟型51条）

理事会は、理事をもって構成します。監事にも理事会への出席義務がありましたが、理事会の構成員ではありませんので、**監事が欠席しても理事会の決議に影響はありません**。

また理事会は、次に掲げる職務を行います。

①規約もしくは使用細則等または総会の決議により理事会の権限として定められた管理組合の業務執行の決定
②理事の職務の執行の監督
③理事長、副理事長および会計担当理事の選任

（2）理事会の招集（単棟型52条）

理事会は、**理事長**が招集します。理事会には総会の招集手続の

第4編 マンション標準管理規約

注意！
理事に事故があり、理事会に出席できない場合は、その配偶者または一親等の親族に限り、代理出席を認める旨を規約に定めることもできます。

規定が準用されていますので、原則として**2週間前**までに理事及び監事に理事会の招集通知を発する必要があります。緊急を要する場合には、理事長は、**理事および監事の全員の同意**を得て、**5日間**を下回らない範囲において、招集通知の期間を短縮することができます。ただし、**理事会において別段の定め**をすることも可能です。

また、理事が○分の１以上の理事の同意を得て理事会の招集を請求した場合には、理事長は速やかに理事会を招集しなければなりません。この請求があった日から○日以内に、その請求があった日から○日以内の日を理事会の日とする理事会の招集の通知が発せられない場合には、その請求をした理事は、理事会を招集することができます。

理事会の招集

	招集権者
原則	理事長が招集する
監事からの招集	理事の不正行為等の報告のための**理事会招集請求があった日から5日以内**に、その**請求があった日から2週間以内の日を理事会の日**とする理事会の招集の通知が発せられない場合は、その請求をした監事は、理事会を招集することができる
理事からの招集	理事が○分の１以上の理事の同意を得て理事会の招集請求した場合で、請求があった日から○日以内に、その請求があった日から○日以内の日を理事会の日とする理事会の招集の通知が発せられない場合には、その請求をした理事は、理事会を招集することができる **注意** 具体的な人数や日数等は定められていない

（３）理事会の会議（単棟型51・53条）

理事会の議長は、理事長が務めます。理事会の会議（WEB会議による開催を含みます）は、理事の半数以上が出席しなければ開くことができず、その議事は出席理事の過半数で決しますが、**特別の利害関係を有する理事は、議決に加わることができません。**

なお、次の議題については、理事の過半数の承諾があるとき

特別の利害関係には利益相反取引の承認等が該当します。

は、書面または電磁的方法による決議によることができます。

①専有部分の修繕等の承認または不承認
②区分所有者が行う保存行為の承認または不承認
③窓ガラス等の改良工事の承認または不承認

注意！
総会（集会）決議事項について書面または電磁的方法による決議をする場合、区分所有者（組合員）全員の承諾が必要となった点との違いに注意しましょう。

利害関係人の議決権等の制限

総会	利害関係を有する区分所有者も議決権を行使できる
理事会	特別の利害関係を有する理事は、議決に加わることができない

（4）理事の議決権行使方法（単棟型53条コメント）

理事は、原則として、理事会に出席して議決権を行使しますが、以下のような議決権行使も規約で定めれば認められます。

①理事に事故があり、理事会に出席できない場合は、その配偶者または一親等の親族（理事が、組合員である法人の職務命令により理事となった者である場合は、法人が推挙する者）に限り、**代理出席を認める**」旨を定める**規約**の規定
②理事がやむを得ず欠席する場合には、代理出席によるのではなく、事前 に**議決権行使書**または意見を記載した書面を出せるようにすること **注意** あらかじめ 通知された事項について、書面をもって表決することを認める旨を、**規約**の明文の規定で定めることが必要

理事会に出席できない理事について、インターネット技術によるテレビ会議等での理事会参加や議決権行使を認める旨を規約に定めることもできます。

（5）理事会の議事録（単棟型53条）

理事会の議事録には、総会の議事録の規定が準用されています。したがって、議長は理事会の議事録を作成しなければならず、議事録には、**議長および理事会に出席した理事２名が署名（電磁的記録で作成した場合は電子署名）**をしなければなりません。なお、理事会の議事録は、**保管場所を掲示する義務はありません**。

（6）理事会の議決・承認事項（単棟型54条）

理事会は、標準管理規約に別に定めるもののほか、次に掲げる事項を決議します。

①収支決算案、事業報告案、収支予算案および事業計画案
②規約および使用細則等の制定、変更または廃止に関する案
③長期修繕計画の作成または変更に関する案
④その他の総会提出議案
⑤専有部分の修繕・共用部分の保存・窓ガラス等の改良に関する承認または不承認
⑥経常的な費用等の支出の承認または不承認
⑦未納の管理費等および使用料の請求に関する訴訟その他法的措置の追行
⑧共同の利益に反する行為等を行った者への勧告または指示等
⑨総会から付託された事項
⑩災害等により総会の開催が困難である場合における応急的な修繕工事の実施等
⑪理事長、副理事長および会計担当理事の選任・解任
⑫理事長の職務の決定
⑬職員の採用・解雇の承認
⑭理事長職務の他の理事への一部委任の承認
⑮理事の業務分担の決定
⑯臨時総会の招集の決定
⑰総会の招集手続の期間短縮の承認
⑱組合員以外の者の総会出席の承認
⑲理事会招集手続の別段の定め

理事会は、⑩災害等により**総会の開催が困難**である場合の**応急的な修繕工事の実施**の決議をした場合においては、当該決議に係る応急的な修繕工事の実施に充てるための**資金の借入れ及び修繕積立金の取崩し**について**決議することができます**。

では、過去問です。

理事長に専有部分等の修繕の申請をし、理事会で承認等を決定しました。

過去問で CHECK! H22-36-肢1

問 専有部分の修繕等に関する承認または不承認は、理事会の決議のみで行うことができる。

答 専有部分の修繕等に関する承認または不承認は、理事会の決議事項である。 ○

災害等の緊急時への理事長の対応

	保存行為	応急的な修繕行為等
要件	災害等の緊急時においては、**総会または理事会の決議によらずに**、敷地及び共用部分等の必要な保存行為を行うことができる	災害等により総会の開催が困難である場合における応急的な修繕工事の実施等は、**理事会**で決議することができる
費用の支出	敷地及び共用部分等の保存行為を行う場合には、必要な支出を行うことができる	理事会の決議に基づき、その支出を行うことができる
具体例	給水管・排水管の補修、共用部分等の被災箇所の点検、破損箇所の小修繕等	給水・排水、電気、ガス、通信といったライフライン等の応急的な更新、エレベーター附属設備の更新、炭素繊維シート巻付けによる柱の応急的な耐震補強等や被災箇所を踏まえた共用部分の使用方法の決定等
その他	あらかじめ定められた方法により選任された区分所有者等の判断により保存行為や応急的な修繕行為を実施することができる旨を、**規約**において定めることも考えられる	応急的な修繕行為の実施まで理事長単独で判断し実施することができる旨を、**規約**において定めることも考えられる

4 専門委員会（単棟型55条・同コメント）

理事会は、その責任と権限の範囲内において、**専門委員会**を設置し、特定の課題を調査または検討させることができます。ただし、専門委員会の調査課題が理事会の権限を超えるような場合や運営細則の規定が必要な場合等は、**総会の決議**により設置する必要があります。

大規模修繕に関する調査・建替えに関する調査等が、理事会の権限を超える場合に該当します。

重要度 ★★★　出題実績 H13～27・30～R 5

6章 費用の負担・会計・その他

本日の講義

1. 費用の負担
2. 会計
3. 雑則
4. 団地型標準管理規約
5. 複合用途型標準管理規約

ココを覚える！

①費用の負担について覚える。管理費から支出されるもの、修繕積立金から支出されるものについては絶対に押える。

②会計について覚える。予算や決算の方法、管理費の過不足について押さえておく。

「ごうかく！攻略問題集」
➡p.308、312、362～392

1 費用の負担（単棟型25・26条）

区分所有者（組合員）は、敷地および共用部分等の管理に要する経費に充当するために、**管理費等（管理費・修繕積立金）**を管理組合に納入しなければなりません。この管理費等の額は共用部分の共有持分に応じて算出します。

ココが出る
管理費等の額は各住戸で均一になるとは限りません。

ヒント　占有者は、管理費等の支払義務を負いません。

講師より
管理費等の負担割合を定める場合、使用頻度等は勘案しません。負担割合の算出が複雑になってしまうからです。

（1）管理費の充当先（単棟型27条）

組合員は管理費の支払義務があり、管理費は以下の費用に充当されます。

①管理員人件費
②公租公課
③共用設備の保守維持費および運転費
④備品費、通信費その他の事務費
⑤共用部分等に係る火災保険料、地震保険料その他の損害保険料
⑥経常的な補修費
⑦清掃費、消毒費およびごみ処理費
⑧委託業務費

⑨専門的知識を有する者の活用に要する費用
⑩管理組合の運営に要する費用
⑪その他管理組合の業務と定められた業務に要する費用

これに対し、例えば、一部の者のみに対象が限定されるクラブやサークル活動経費、主として親睦を目的とする飲食の経費などは、マンションの管理業務の範囲を超え、マンション全体の資産価値向上等に資するとも言い難いため、区分所有者全員から強制徴収する管理費をそれらの費用に充てることは適切ではなく、管理費とは別に、参加者からの直接の支払や積立て等によって費用を賄うべきとされています。

表中⑩に該当するマンション・その周辺の美化・清掃や景観形成、防災・防犯活動で、経費に見合ったマンションの資産価値を維持するためのコミュニティ形成は、日常的なトラブルの未然防止や大規模修繕工事等の円滑な実施などに資するものであり、マンションの適正管理を主体的に実施する管理組合にとって、必要な業務なので、その費用も管理費から支出できます。

第4編　マンション標準管理規約

（2）災害等における支出

①緊急の修繕工事等の支出（単棟型58条5項）

理事会が災害時における緊急の修繕工事等の決議をした場合には、理事長は、理事会の決議に基づき、その支出を行うことができます。

②緊急の保存行為の支出（単棟型58条6項）

理事長は、災害時における緊急の業務で、総会または理事会を開催できない場合の敷地及び共用部分等の保存行為を行う場合には、そのために必要な支出を行うことができます。

（3）修繕積立金（単棟型28条）

①修繕積立金の支払義務

管理組合は修繕積立金を積み立てる必要があり、組合員は修繕積立金の支払義務を負います。修繕積立金と管理費については、管理費と区分して経理しなければなりません。それぞれ目的が違うから、勝手に流用されては困るからです。

Step Up

分譲会社が分譲時に購入者から一括して修繕積立基金を徴収している場合も修繕積立金として区分経理します。

②借入金への充当

修繕積立金では大規模修繕等の特別な費用負担に対応できない場合、必要な範囲内において借入れを行うことができます。そして、この返済には修繕積立金を充当することができます。

管理費に不足が生じても、借入れをすることは認められていません。

③修繕積立金の充当先

修繕積立金は以下の特別の管理に要する経費に充当する場合に取り崩すことができます。

①一定年数の経過ごとに計画的に行う修繕
②不測の事故その他特別の事由により必要となる修繕
③敷地および共用部分等の変更
④建物の建替えおよびマンション敷地売却に係る合意形成に必要となる事項の調査
⑤その他敷地および共用部分等の管理に関し、区分所有者全体の利益のために特別に必要となる管理

建替えに係る調査に必要な経費を**管理費**から支出する旨を管理規約に定めることができます。

また、建替え決議または建替えに関する区分所有者全員の合意の後であっても、**マンション建替組合の設立の認可**またはマンション建替事業の認可までの間において、建物の建替えに係る計画または設計等に必要がある場合には、その経費に充当するため、管理組合は、修繕積立金から管理組合の消滅時に建替え不参加者に帰属する修繕積立金相当額を除いた金額を限度として、**修繕積立金を取り崩すことができます**。

同じように、マンション敷地売却決議の後であっても、**マンション敷地売却組合の設立の認可**までの間において、マンション敷地売却に係る計画等に必要がある場合には、その経費に充当するため、管理組合は、修繕積立金から管理組合の消滅時にマンション敷地売却不参加者に帰属する修繕積立金相当額を除いた金額を限度として、**修繕積立金を取り崩すことができます**。

語呂合わせ

修繕積立金から充当される費用

刑 計画修繕　**事が** 事故等による修繕　**変装し** 共用部分等の変更

建物調査を 建物の建替え合意形成に必要となる調査　**特別に行う** 特別に必要となる管理

（4）使用料

駐車場使用料その他敷地および共用部分等に係る使用料は、**それら（駐車場等）の管理に要する費用**に充当するほか、**修繕積立金**として積み立てます。

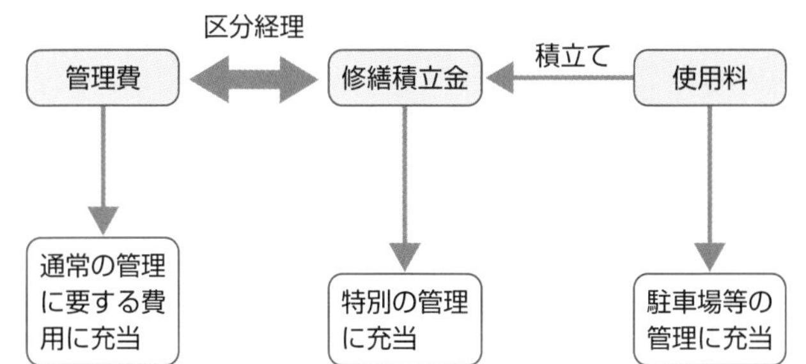

使用料は、まずその対象となっている部分（駐車場等）の管理に使用されるわけです。

では、過去問を見てみましょう。

過去問で CHECK!　H26-29-肢エ

問 駐車場使用料につき、駐車場の管理に要する費用に充てるほか、修繕積立金として積み立てたことは適切である。

答 使用料はそれらの管理に要する費用に充てるほか修繕積立金に充当される。　○

注意！

特定承継人：買主、受贈者等
一般承継人：相続人、合併による存続会社等

（5）承継人に対する債権の行使

管理組合が管理費等について有する債権は、区分所有者の包括承継人および特定承継人に対しても行うことができます。

2 会計

（1）収支予算の作成および変更・会計報告（単棟型57～59条）

"監事"の会計監査を受けなければなりません。
会計担当理事ではないので注意。

①収支予算案

理事長は、毎会計年度の**収支予算案**を**通常総会**に提出し、その承認を得なければなりません。また、収支予算を変更しようとするときは、理事長は、その案を**臨時総会**に提出し、その承認を得なければなりません。

②収支決算案

理事長は、毎会計年度の**収支決算案**を監事の**会計監査**を経て、**通常総会に報告**し、その承認を得なければなりません。

①の費用は前年の会計年度における同経費の支出額のおよその範囲内であることが必要とされます。
②は、総会の承認を得て実施している工事であって、その工事の性質上、施工期間が長期となり、二つの会計年度をまたがってしまうことがやむを得ないものであり、総会の承認を得た会計年度と異なる会計年度の予算として支出する必要があるものであって、かつ、総会の承認を得る前に支出することがやむを得ないと認められるものであることが必要です。

収支予算案・収支決算案

収支予算案	理事長は毎会計年度の収支予算案を通常総会に提出し、その承認を得なければならない
収支予算を変更	理事長は収支予算を変更しようとするときは、その案を臨時総会に提出し、その承認を得なければならない
収支決算案	理事長は、毎会計年度の収支決算案を監事の会計監査を経て、通常総会に報告し、その承認を得なければならない

（2）通常総会の承認前の支出（単棟型58条３項・４項）

理事長は、会計年度の開始後、総会の承認を得るまでの間に、以下の経費の支出が必要となった場合には、**理事会の承認**を得てその支出を行うことができます。

①一定の通常の管理に要する経費のうち、経常的であり、かつ、総会の承認を得る前に支出することがやむを得ないと認められるもの（委託業務費や水道光熱費等）
②総会の承認を得て実施している長期の施工期間を要する工事

に係る経費であって、総会の承認を得る前に支出することがやむを得ないと認められるもの

これらの費用は、新会計年度開始と予算の承認との間に一定の期間が空いてしまうため、支出することがやむを得ない経費について取扱いを明確にすることによって、迅速かつ機動的な業務の執行を確保するものです。

なお、上記支出は、収支予算案の承認を得たときは、当該収支予算案による支出とみなされます。

過去問で CHECK!　H25-34-肢3

問 新年度開始後に前年度理事長が理事会の承認を得て支出を行うことができるものは、経常的であり、かつ新年度の収支予算案が総会で承認する前に支出することがやむを得ないものに限られる。

答 長期の施工期間を有する工事に係る経費も理事会の承認を得て支払うことができる。　×

ヒント
理事会の承認で支出できる費用には2種類ありました。

（3）管理費等の徴収（単棟型60条）

管理組合は、管理費等や使用料について、組合員が各自開設する預金口座から口座振替の方法により管理組合の口座に受け入れることとし、当月分は別に定める徴収日までに一括して徴収します。ただし、臨時に要する費用として特別に徴収する場合には、徴収方法は別に総会で定められます。

組合員が期日までに納付すべき金額を納付しない場合には、管理組合は、その未払金額について、年利○%の遅延損害金と、違約金としての弁護士費用並びに督促および徴収の諸費用を加算して、その組合員に対して請求することができ、理事長は、未納の管理費等および使用料の請求に関して、**理事会の決議**により、管理組合を代表して、訴訟その他法的措置を追行することができます。なお、遅延損害金は、**通常の管理に要する経費**に充当されます。

BACK TO P.62

金銭債務については、約定利率が定められていなければ法定利率で、定められていれば約定利率で遅延損害金の請求ができました。

（4）納入済み管理費等の返還請求・分割請求（単棟型60条6項）

組合員は、納付した管理費等および使用料について、その返還請求または分割請求をすることができません。

①月末までに転居することを理由に、先払い管理費の返還を請求すること ②月の途中で転居することを理由に、管理費の日割り計算を求めること	できない

（5）管理費等の過不足（単棟型61条）

管理費の過不足については、以下のように取り扱います。

収支決算の結果、管理費に余剰を生じた場合	その余剰は翌年度における管理費に充当する
収支決算の結果、管理費等に不足を生じた場合	管理組合は組合員に対してその負担割合により、**その都度**必要な金額の負担を求めることができる

管理費の負担割合は、共用部分の共有持分の割合によって算出されるのが原則でした。

ヒント
管理費の余剰分は、翌年度へ繰り越されることになります。

では、過去問を見てみましょう。

過去問で CHECK! H25-13-肢ウ

問 収支決算の結果、管理費に余剰を生じた場合には、その余剰は翌年度の管理費に充当することも修繕積立金に充当することも可能である。

答 管理費の余剰分は、翌年度の管理費に充当する。 ×

（6）帳票類の作成・保管等（単棟型64条）

①帳票類の作成・保管・閲覧

理事長は、会計帳簿、什器備品台帳、組合員名簿およびその他の帳票類を作成して保管し、組合員または利害関係人の理由を付した書面または電磁的方法による請求があった場合には、これらを閲覧させなければなりません。

②長期修繕計画書等の保管・閲覧

理事長は、長期修繕計画書、設計図書および修繕等の履歴情報を保管し、組合員または利害関係人の**理由を付した書面**または**電磁的方法**による請求があったときは、これらを閲覧させなければなりません。この場合において、閲覧につき、相当の日時、場所等を指定することができます。

なお、①②については、**保管場所の掲示**は不要です。

注意！
"理由を付した書面"という要件が追加されています。
これは、組合員名簿等の個人情報等が含まれているものもあるからです。

(7) 管理組合の財務・管理に関する情報書面等の交付（単棟型64条）

閲覧の対象とされる管理組合の財務・管理に関する情報については、組合員または利害関係人の**理由を付した書面**または**電磁的方法**による請求に基づき、当該請求をした者が求める情報を記入した**書面を交付しまたは電磁的方法により提供することができます**。この場合において、理事長は、交付の相手方にその費用を負担させることができます。

講師より
(7) は、閲覧に加えて、必要な情報を記載した書面の交付を認める規定です。
財務・管理に関する情報には、以下のものが対象となります。
①総会の議事録、②理事会の議事録、③会計帳簿・什器備品台帳・組合員名簿、④長期修繕計画書・設計図書・修繕等の履歴情報、⑤規約原本等、⑥使用細則等

3 雑則

(1) 義務違反者に対する措置（単棟型66条）

区分所有者または占有者が建物の保存に有害な行為その他建物の管理または使用に関し区分所有者の共同の利益に反する行為をした場合またはその行為をするおそれがある場合には、区分所有法の規定（**行為の停止等の請求・使用禁止請求・競売請求・引渡請求**）に基づき必要な措置をとることができます。区分所有法と同じですね。

(2) 理事長の勧告および指示等（単棟型67条）

①理事長の勧告・指示・警告

区分所有者もしくはその同居人または専有部分の貸与を受けた者もしくはその同居人（「区分所有者等」といいます）が、法令、規約または使用細則等に違反したとき、または対象物件内における共同生活の秩序を乱す行為を行ったときは、理事長は、**理事会の決議**を経てその区分所有者等に対し、その是正等のため必要な勧告または指示もしくは警告を行うことができます。

また、区分所有者は、その同居人またはその所有する専有部分の貸与を受けた者もしくはその同居人が法令等に違反する行為を

行った場合には、その是正等のため必要な措置を講じなければなりません。

②**法的措置の実施**

区分所有者等がこの規約もしくは**使用細則等**に**違反**したとき、または区分所有者等もしくは区分所有者等以外の**第三者**が敷地および共用部分等において**不法行為**を行ったときは、理事長は、**理事会の決議**を経て、次の措置を講ずることができます。

ア）行為の差止め、排除または原状回復のための必要な措置の請求に関し、管理組合を代表して、訴訟その他法的措置を追行すること
イ）敷地および共用部分等について生じた損害賠償金または不当利得による返還金の請求または受領に関し、区分所有者のために、訴訟において原告または被告となること、その他法的措置をとること

理事長は、請求の相手方に対し、違約金としての弁護士費用および差止め等の諸費用を請求することができます。この請求した弁護士費用および差止め等の諸費用に相当する収納金は、**通常の管理に要する費用**に充当します。

管理者は"規約"で原告となることができました。②の法的措置の実施の規定は規約で管理者が原告になっているケースです。

理事長は、区分所有者のために、原告または被告となったときは、遅滞なく、区分所有者にその旨を通知しなければなりません。
この場合には、総会の招集通知の規定を準用します。

③**義務違反者に対する措置との違い**

区分所有法を勉強したときに、**義務違反者に対する措置**を管理者等が訴訟を提起する場合、規約により原告になることはできず、**集会（総会）の決議**によることとされていました。しかし、先ほど行為の差止めについて理事会の決議で原告になれるとされていました。この違いは何なのでしょう？　思い出していただきたいのが、区分所有法では義務違反者に対する措置以外にも以下の規定により管理者が訴訟を提起することが認められていました。

管理者は、規約または集会の決議により、その職務に関し、区分所有者のために、原告または被告となることができる

実は、いま勉強している標準管理規約の法的措置は、この管理者の訴訟追行権に基づくものなのです。義務違反者に対する措置は、共同の利益に反する行為を行った者にしか使うことができません。しかし、共同の利益に反する行為というのは、多数の区分所有者に悪影響を及ぼすものです。管理組合としては、もっと違反行為が小規模なうちに差止をしておきたいのですね。また、規約や使用細則等違反に限定することで、処罰の基準も明確となっていますから、区分所有者に不測の損害を与えることも少ないと考えられます。そこで、義務違反者に対する措置とは別に、規約または使用細則等違反行為の差止請求の規定を作ったのです。

なお、本試験では、特に指定がなく、単に「規約等違反」と出題された場合は、理事会の決議による差止請求で、義務違反者に対する措置としての行為の停止等の請求の場合は、「区分所有法57条に基づき」や「義務違反者に対する措置として」という説明がつきます。

では、実際に過去問で見てみましょう。

過去問で CHECK!　H25-30-肢エ

問 理事長が、外壁に穴を開けた区分所有者に対して、共同の利益に反することを理由に区分所有法第57条に基づき原状回復を請求するには、理事会の決議で行うことができる。

答 区分所有法第57条（行為の停止等の請求）に基づく請求なので、総会決議が必要となる。　×

ヒント
“共同の利益に反する”としているので総会決議ですね。

過去問で CHECK!　R5-37-肢イ

問 区分所有者が、専有部分の使用細則に違反して、常習的に深夜に大音量でピアノの演奏をしていることから、当該行為の差止めを求めて訴訟を提起する場合には、総会の決議を経る必要がある。

答 使用細則違反の区分所有者に対する違反行為の差し止め訴訟は、理事会の決議で行うことができる。　×

ヒント
“使用細則違反”なので理事会で差止め決議ができます。

注意！

変更後の規約では、理事長のみが署名または電子署名します。

（3）規約原本の保管・閲覧（単棟型71条）

①規約原本の保管

標準管理規約にしたがって定めた規約を証するため、**区分所有者全員が書面に署名または電磁的記録に電子署名した規約**を1通作成し、これを規約原本とします。規約原本は理事長が保管する必要がありますが、規約が規約原本の内容から総会決議により変更されているときは、理事長は、**1通の書面または電磁的記録**に、現に有効な規約の内容と、その内容が規約原本および規約変更を決議した総会の議事録の内容と相違ないことを記載または記録し、**署名または電子署名**したうえで、この書面または電磁的記録（変更後の規約）を保管します。

なお、理事長は、所定の掲示場所に、**規約原本等および使用細則等の保管場所を掲示しなければなりません。**

理由を付した書面等で閲覧請求することは求められていません。

②規約原本の閲覧

区分所有者または利害関係人の**書面または電磁的方法による請求**があったときは、理事長は、規約原本、規約変更を決議した総会の議事録および現に有効な規約の内容を記載した書面または記録した電磁的記録（規約原本等といいます）並びに現に有効な使用細則等の閲覧をさせなければなりません。なお、理事長は、閲覧につき、相当の日時、場所等を指定することができます。

注意！

区分所有法では、附属施設が共有の場合も団地が成立しました。

4 団地型標準管理規約

さて、ここから単棟型以外の標準管理規約になります。まずは団地型ですが、特徴的な点だけ説明していきます。

団地全体の管理対象物として各棟を一元的に管理するための団地規約を設定する場合、各棟および団地全体の区分所有者および議決権の各4分の3以上の多数の決議が必要です。

（1）団地型標準管理規約の対象（団地型全般コメント）

団地型標準管理規約の対象となるのは、団地内の土地全体が全団地建物所有者の共有となっている形態で、以下の要件が満たされているものです。

①団地内の数棟の建物が全部区分所有建物であること
②建物の敷地が団地内の団地建物所有者の共有に属していること
③団地管理組合において、団地内にある区分所有建物全部の管理または使用に関する規約が定められていること

(2) 費用負担 (団地型25条)

①管理費等

団地型標準管理規約では、費用負担について以下のように定められています。

	管理費	団地修繕積立金	各棟修繕積立金
費用の算出	①棟の管理費用 各棟の区分所有者の共用部分の共有持分で算出 ②それ以外の管理費用 団地建物所有者の土地の共有持分で算出	団地建物所有者の土地の共有持分で算出	各棟区分所有者の棟の共用部分の共有持分で算出
使途	通常の管理に要する費用	土地・附属施設および団地共用部分の特別の管理に要する費用	各棟共用部分の特別の管理に要する費用

管理費・団地修繕積立金・各棟修繕積立金はそれぞれ区分して経理しなければならず、また、各棟修繕積立金は、棟ごとにそれぞれ区分して経理しなければなりません。

②駐車場使用料等

駐車場使用料その他の土地および共用部分等に係る使用料は、それらの管理に要する費用に充てるほか、団地建物所有者の土地の共有持分に応じて棟ごとに**各棟修繕積立金**として積み立てます。

駐車場使用料等は、費用が大きくなる各棟の修繕費等の財源に充てるため、棟ごとに各棟修繕積立金として積み立てることにしています。

第4編　マンション標準管理規約

（３）団地総会（団地型44・48・50条）

団地総会は団地の総組合員で組織されます。各組合員の議決権については、土地の共有持分の割合あるいはそれを基礎としつつ賛否を算定しやすい数字に直した割合によるのが適当とされています。

団地総会の決議事項は以下になります。

①規約（団地関係に準用されていない規定を除く）および使用細則等の制定、変更または廃止
②役員の選任および解任ならびに役員活動費の額および支払方法
③収支決算および事業報告
④収支予算および事業計画
⑤長期修繕計画の作成または変更
⑥管理費等および使用料の額ならびに賦課徴収方法
⑦団地修繕積立金および各棟修繕積立金の保管および運用方法
⑧管理計画の認定の申請、管理計画の認定の更新の申請、管理計画の変更の認定の申請
⑨共用部分と一体として管理すべき専有部分の管理の実施
⑩特別の管理の実施（復旧・建替え・マンション敷地売却を除く）ならびにそれに充てるための資金の借入れおよび団地修繕積立金または各棟修繕積立金の取崩し
⑪建替え等および敷地分割に係る計画または設計等の経費のための団地修繕積立金または各棟修繕積立金の取崩し
⑫建替えの承認
⑬一括建替え
⑭除却の必要性に係る認定の申請
⑮敷地分割
⑯組合管理部分に関する管理委託契約の締結
⑰その他管理組合の業務に関する重要事項

団地型標準管理規約では、各棟の管理は団地管理組合で行うことから、各棟には管理者が置かれないため、区分所有者が総会を招集するしかないのです。

（４）棟総会（団地型68・71～73条）

棟総会は各棟の区分所有者全員で組織されます。棟総会はその棟の区分所有者が当該棟の**区分所有者総数の５分の１以上および議決権総数の５分の１以上**にあたる区分所有者の同意を得て招集します。各組合員の議決権については、棟の共用部分の共有持分の割合あるいはそれを基礎としつつ賛否を算定しやすい数字に直した割合によるのが適当とされています。

棟総会の決議事項は以下になります。

①区分所有法で団地関係に準用されていない規定に定める事項に係る規約の制定、変更または廃止
②義務違反者に対する措置等の訴えの提起及びこれらの訴えを提起すべき者の選任
③建物の一部が滅失した場合の滅失した棟の共用部分の復旧
④**建物の建替え等に係る合意形成**に必要となる事項の調査の実施及びその経費に充当する場合の**各棟修繕積立金の取崩し**
⑤建替えおよびマンション敷地売却
⑥建物の建替えを団地内の他の建物の建替えと一括して建替え承認決議に付すこと

注意していただきたいのが、④です。この場合の各棟修繕積立金の取崩しは、団地総会ではなく、棟総会の決議事項です。標準管理規約団地型は、団地内の各棟の管理も団地管理組合で行うことになります。そのため、「特別の管理の実施並びにそれに充てるための資金の借入れ及び団地修繕積立金または各棟修繕積立金の取崩し」は、団地総会の決議事項となります。しかし、**④建物の建替え等に係る合意形成に必要となる事項の調査の実施及びその費用に充当する場合の各棟修繕積立金の取崩しのみについて**は、棟総会の決議事項となっています。

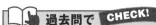

建替え等に係る合意形成に必要となる事項は、各棟ごとに違うので、棟総会で決議します。

では、過去問です。

H29-31-肢1

ともに専有部分のある建物であるA棟及びB棟の2棟からなる団地において、A棟の外壁タイル剥離の全面補修工事の実施及びそれに充てるためのA棟の各棟修繕積立金の取崩しには、A棟の棟総会の決議が必要である。

復旧でも建替え合意形成に必要となる事項の調査の実施等でもないので、団地総会の決議が必要となる。　×

各棟修繕積立金の取崩しは、原則として団地総会決議が必要でした。

5 複合用途型標準管理規約

続いて複合用途型です。店舗・住居複合型の特徴をみていきましょう。

(1) 複合用途型標準管理規約の対象（複合用途型全般コメント）

複合用途型標準管理規約の対象となるのは、低層階に店舗、その上層階に住戸があるような区分所有建物です。また、住宅または店舗の各区分所有者のみが共用する一部共用部分についても一元的に管理し、管理組合は全体のものを規定し、一部管理組合は特に規定していません。

(2) 費用負担（複合用途型25・26・28～31条・25・26条コメント）

①管理費等

複合用途型標準管理規約では、費用負担について以下のように定められています。

	全体管理費	全体修繕積立金	住宅一部管理費	住宅一部修繕積立金	店舗一部管理費	店舗一部修繕積立金
負担者	各区分所有者		住戸部分の各区分所有者		店舗部分の各区分所有者	
費用区分	住戸部分と店舗部分の費用を按分し、住宅または店舗ごとに全体共用部分の共有持分に応じて算出する		住宅各区分所有者の一部共用部分の共有持分に応じて算出する		店舗各区分所有者の一部共用部分の共有持分に応じて算出する	

注意!

これらの費用はそれぞれ区分して経理しなければなりません。

②駐車場使用料

駐車場使用料その他の敷地および共用部分等に係る使用料は、それらの管理に要する費用に充てるほか、**全体修繕積立金**として積み立てます。

(3) 住宅部会および店舗部会（複合用途型60条・同コメント）

管理組合には住宅部会および店舗部会が置かれます。

住宅部会および店舗部会は、それぞれ住宅部分、店舗部分の一部共用部分の管理等について**協議する組織**で、それぞれの区分所有者で構成します。意思決定をする機関ではありません。

決議は総会でなされるのであり、住宅部会および店舗部会はあくまで協議するための組織です。

第5編

標準管理委託契約書

標準管理委託契約書からは毎年３問、多いときには４問出題されています。

個数問題等で出題されることもありますが、問題の内容自体は非常に簡単ですので、得点源にしたい分野です。

民法やマンション管理適正化法の知識が役立つ分野ですので、それらの科目の復習も十分にやっておきましょう。

重要度 ★★★　出題実績 H13～R 4

1章 標準管理委託契約書

本日の講義

1 管理事務の範囲
2 管理事務
3 管理業者の責任
4 管理委託契約の解除と更新
5 管理員業務

ココを覚える！

①管理事務の内容について覚える。事務管理業務は特に重点的に。
②管理委託契約の解除と更新について覚える。更新の手続には注意！

「ごうかく！攻略問題集」➡p.396～458

1 管理事務の範囲（委託契約書2条・同コメント）

講師より

標準管理委託契約書は、管理委託契約書のひな形なので、これを使用しなければならないというわけではありません。

マンション標準管理委託契約書に定める管理対象部分とは、管理規約により管理組合が管理すべき部分のうち、管理業者が受託して管理する部分をいい、**区分所有者が管理すべき部分を含みません**。この管理対象部分は、名称を含めて、個々の状況や必要性に応じて適宜加除、修正削除すべきものです。

（1）専用使用部分

専用使用部分（バルコニー、トランクルーム、専用庭等）については、**管理組合が管理すべき部分の範囲内**において管理業者が管理事務を行います。

講師より

管理規約において管理組合が管理すべきことが明確になっていない部分が存在する場合は、管理業者は管理組合と協議して、契約の締結までに、管理組合が管理すべき部分の範囲および管理業者の管理対象部分の範囲を定める必要があります。

（2）団地・複合用途型マンション・リゾートマンション

管理事務の対象となるマンションが以下に掲げるものである場合、または共用部分の設備等の故障等発信機器やインターネット等の設備等が設置され、当該設備等の維持・管理業務をマンション管理業者に委託するときは、適宜追加、修正をすることが必要です。

①単棟で、大多数の組合員がマンション外に住所地を有する「リゾートマンション」

②専有部分の用途が住居以外の用途（事務所等）が認められている「複合用途型マンション」
③数棟のマンションが所在する団地

マンション管理計画認定制度および民間団体が行う評価制度等に係る業務ならびに警備業法で定める**警備業務**、消防法で定める**防火管理者が行う業務は管理事務に含まれていません。**

また、以下の業務を必要に応じて追加、修正することができます。

①共用部分の設備等の監視・出勤業務
②インターネット、ＣＡＴＶ等の運営業務
③除雪・排雪業務
④植栽管理業務
⑤管理組合が行うコミュニティ活動の企画立案及び実施支援業務（美化や清掃、防災・防犯活動等、管理規約に定めて組合員全員から管理費を徴収し、それらの費用に充てることが適切であるもの）

注意！
これらの業務に係る委託契約については、本契約と別個の契約にすることが望ましいとされています。

講師より
管理対象部分の部位に応じて、管理事務の内容および実施方法を変更する必要がある場合には、別表においてその相違が明らかになっていることが望ましいです。

（3）管理対象部分

管理業者が管理対象とする部分は以下になります。

敷地	
専有部分に属さない建物の部分（規約共用部分を除く）	エントランスホール、廊下、階段、エレベーターホール、共用トイレ、屋上、屋根、塔屋、ポンプ室、自家用電気室、機械室、受水槽室、高置水槽室、パイプスペース、内外壁、床、天井、柱、バルコニー、風除室
専有部分に属さない建物の附属物	エレベーター設備、電気設備、給水設備、排水設備、テレビ共同受信設備、消防・防災設備、避雷設備、各種の配線・配管、オートロック設備、宅配ボックス
規約共用部分	管理事務室、管理用倉庫、清掃員控室、集会室、トランクルーム、倉庫
附属施設	塀、フェンス、駐車場、通路、自転車置場、ゴミ集積所、排水溝、排水口、外灯設備、植栽、掲示板、専用庭、プレイロット

講師より
建物の附属物は、建物に直接定着しているもので、附属施設は、建物外に設置されるものという違いがあります。

ヒント
浄化槽法の水質検査は建物・設備管理業に該当します。

では、過去問です。

H28- 8 -肢イ

マンション管理業者が行う管理事務の内容に、警備業法に定める警備業務、消防法に定める防火管理者が行う業務及び浄化槽法に定める水質検査の業務は含まれない。

浄化槽法に定める水質検査の業務は含まれる。 ×

2 管理事務（委託契約書３条・同コメント）

（1）管理事務の内容および実施方法

まずは管理事務の内容です。管理事務の内容は、次のとおりで、所定の方法により実施するとされています。

①事務管理業務（基幹事務を含む）
②管理員業務
③清掃業務
④建物・設備管理業務（水道法・浄化槽法の水質検査等）

ここでは、特に事務管理業務の内容について紹介します。

まずは、基幹事務（管理組合の会計の収入および支出、出納、維持修繕の企画実施の調整）からです。

また、以下の専有部分内での業務や高齢者を対象とするサービスを含めることも可能です。

標準管理規約では、配管等のうち共用部分と構造上一体となった枝管等の管理を共用部分の管理と一体として行う必要がある時は、総会の決議により行えるとしていました（P300参照）。

①専有部分内の設備の管理

管理業者が組合員から専有部分内の設備の修繕等で対応を求められるケースがあります。管理業者の管理対象部分は、原則として、敷地及び共用部分等ですが、**専有部分である設備のうち共用部分と構造上一体となった部分**（配管、配線等）は共用部分と一体で管理を行う必要があるため、管理組合が管理を行うとされている場合において、管理組合から依頼があるときに管理委託契約に含めることも可能です。

②専有部分を対象とする業務

管理業者によって**専有部分内を対象とする業務**が想定される

が、費用負担をめぐってトラブルにならないよう、原則として、**便益を受ける者**が費用を負担することに留意した契約方法とする必要があります。

③高齢者向け業務

我が国の高齢化の進展に伴い、マンション管理の現場においても身体の不自由や認知機能の低下により日常生活や社会生活での介護を必要とする組合員および専有部分の占有者が増加しています。こうした状況を踏まえ、管理業者によって**高齢者や認知症有病者等特定の組合員を対象とする業務**が想定されますが、費用負担をめぐってトラブルにならないよう、原則として、**便益を受ける者**が費用を負担することに留意した契約方法とする必要があります。

④マンション全体の居住環境の維持等の業務

各マンションの個別の事情を踏まえ、マンション全体の居住環境の維持および向上や防災に資するなどマンション標準管理規約第32条第12号に該当すると認められる業務は、管理組合から依頼があるときに本契約に含めることも可能です。

⑤労働条件の見直し

管理業者は、管理員業務や清掃業務の**労働条件等の見直し**を行う場合は、必要に応じ、管理組合に対し、労働時間に関する法制度の概要や「働き方改革関連法」の「時間外労働の上限規制」および「年５日の年次有給休暇の確実な取得」の趣旨等を説明し、理解を促すことが望ましいです。説明に当たっては、「時間外労働の上限規制わかりやすい解説」や「年５日の年次有給休暇の確実な取得 わかりやすい解説」等を参考とすることが考えられます。

管理組合の会計の収入および支出の調定

以下、P355まで甲……管理組合、乙……管理業者。

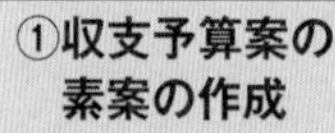 **①収支予算案の素案の作成**	甲の会計年度開始の○月前までに、甲の会計区分に基づき、甲の次年度の収支予算案の素案を作成し、甲に提出する
②収支決算案の素案の作成	甲の会計年度終了後○月以内に、甲の会計区分に基づき、甲の前年度の収支決算案（収支報告書および貸借対照表）の素案を作成し、甲に提出する
③収支状況の報告	乙は、毎月末日までに、前月における甲の会計の収支状況に関する**書面の交付を行う**ほか、甲の**請求があったとき**は、甲の会計の**収支状況に関する報告**を行う なお、あらかじめ甲が当該書面の交付に代えて電磁的方法による提供を承諾した場合には、乙は、当該方法による提供を行うことができる  この書面等の交付および報告については管理業務主任者がすべきとはされていない

管理業者が管理組合の出納業務の全部を受託していない場合においては、収入および支出の調定についても、受託した出納業務の範囲内で行います。

出納業務（収納）

ア）乙は、甲の管理規約等の定めもしくは総会決議、組合員名簿もしくは組合員異動届または専用使用契約書に基づき、組合員別の１ヵ月当たりの管理費等の負担額の一覧表（以下「組合員別管理費等負担額一覧表」という）を甲に提出する

イ）組合員別管理費等負担額一覧表に基づき、毎月預金口座振替日の○営業日前までに、預金口座振替請求金額通知書を○○銀行に提出する

ウ）甲の管理費等のうち余裕資金については、必要に応じ、**甲の指示に基づいて**、定期預金、金銭信託等に振り替える

組合別管理費等負担額一覧表は、毎月提出するものとされていません。

出納業務（管理費滞納者等に対する督促）

ア）**毎月**、甲の組合員の管理費等の滞納状況を、甲に報告する

イ）甲の組合員が管理費等を滞納したときは、最初の支払期限から起算して○月の間、電話もしくは自宅訪問または督促状の方法により、その支払いの督促を行う

ウ）上記イ）の方法により督促しても甲の組合員がなお滞納管理費等を支払わないときは、乙はその**業務を終了する**

講師より

滞納者に対する督促については、管理業者は組合員異動届等により管理組合から提供を受けた情報の範囲内で督促するものとされます。

通帳等の保管者

番号	口座の種類	金融機関名	支店名	預貯金の種類	名義	通帳等の保管者				
						通帳の保管者	印鑑の保管者	印鑑以外の預貯金引出用パスワード等		
								電子取引を利用する場合のパスワード（預貯金引出用）		甲または乙の収納口座における電子取引を利用する場合のパスワード（預貯金引出用）以外に乙が保管する預貯金引出用のキャッシュカード等の有無
								パスワードの名称	保管者	
1										
2										
3										

乙が保管する通帳等の管理責任者（乙名義の収納口座を含む。）

通帳、印鑑、パスワード等の別	部署名	役職名

本マンション（専有部分を除く）の維持または修繕に関する企画または実施の調整

①乙は、甲の長期修繕計画における修繕積立金の額が著しく低額である場合もしくは設定額に対して実際の積立額が不足している場合または、管理事務を実施する上で把握した当該マンションの劣化等の状況に基づき、当該計画の修繕工事の内容、実施予定時期、工事の概算費用もしくは修繕積立金の見直しが必要があると判断した場合には、**書面**をもって甲に助言する

②長期修繕計画案の作成業務ならびに建物・設備の劣化状況等を把握するための調査・診断の実施およびその結果に基づき行う当該計画の見直し業務を実施する場合は、当該管理委託契約とは**別個の契約**とする（数量計算等の手間がかかる業務が含まれているので）

長期修繕計画案の作成業務（長期修繕計画案の作成のための建物等劣化診断業務を含む）以外にも、必要な年度に特別に行われ、業務内容の独立性が高いという業務の性格から、以下の業務を管理業者に委託するときは、本契約とは別個の契約にすることが望ましい

ア）修繕工事の前提としての建物等劣化診断業務（耐震診断を含む）

イ）大規模修繕工事実施設計および工事監理業務

ウ）建物・設備の性能向上に資する改良工事の企画または実施の調整（耐震改修工事、防犯化工事、バリアフリー化工事、ＩＴ化工事等）

エ）マンション建替え支援業務

③乙は、甲が当該マンションの維持または修繕（大規模修繕工事を除く修繕または保守点検等）を外注により乙以外の業者に行わせる場合には、見積書の受理、甲と受注業者との取次ぎ、実施の確認を行う

講師より

長期修繕計画案の作成および見直しは、長期修繕計画標準様式、長期修繕計画作成ガイドライン、長期修繕計画作成ガイドラインコメントを参考にして作成することが望ましいとされています。

注意！

なお、「実施の確認」とは、管理員が外注業務の完了の立会いにより確認できる内容のもののほか、管理員業務に含まれていない場合または管理員が配置されていない場合には、乙の使用人等が完了の立会いを行うことにより確認できる内容のものをいいます。乙の使用人等が立会う場合における必要な費用負担については、甲と乙が協議して定めるものとします。ただし、甲と乙の協議により、施工を行った者から提出された作業報告書等の確認をもって「実施の確認」とすることを妨げるものではありません。

甲の会計に係る帳簿等の管理

①乙は、甲の会計に係る帳簿等を整備、保管する
②乙は、上記①の帳簿等を、甲の通常総会終了後、遅滞なく、甲に引き渡す

現金収納業務

現金収納は行わない。
（現金収納を行う場合には、次のとおりとする。）

① 乙が現金で受領する使用料等の種類は次に掲げるものとし、これら以外は、現金で受領することはできないものとする。
・○○使用料
・××使用料

② 乙は、現金を受領したときは、あらかじめ甲の承認を得た様式の領収書を支払者に発行するとともに、①に掲げる使用料等を毎月末で締め、速やかに甲の収納口座に入金する。

③ 乙は、①に掲げる使用料等の収納状況に関して所定の帳簿を備え、これに記載する。

基幹事務以外の事務管理業務

①組合員等の名簿の整備	組合員等異動届に基づき、組合員および賃借人等の氏名、連絡先（緊急連絡先を含む）を記載した名簿を整備し、書面をもって理事長に提出する
②理事会の開催、運営支援	a．甲の理事会の開催日程等の調整 b．甲の役員に対する理事会招集通知および連絡 c．甲が乙の協力を必要とするときの理事会議事に係る助言、資料の作成 d．甲が乙の協力を必要とするときの理事会議事録案の作成 e．WEB会議システム等を活用した理事会を行う場合において、甲が乙の協力を必要とするときの機器の調達、貸与および設置の補助

第5編　標準管理委託契約書

Keyword
基幹事務
①管理組合の収入および支出の調定、②出納、③マンション（専有部分を除く）の維持または修繕に関する企画または実施の調整をいいます。

講師より
大規模修繕、規約改正等、理事会が設置する各種専門委員会の運営支援業務を実施する場合は、その業務内容、費用負担について、別途管理組合と管理業者が協議して定めるものとします。

<table>
<tr><td></td><td colspan="2">なお、上記の場合において、甲が乙の協力を必要とするときは、甲および乙は、その協力する会議の開催頻度（上限回数○回／年）、出席する概ねの時間（1回当たり○時間を目安）等の協力方法について協議するものとする</td></tr>
<tr><td>③甲の契約事務の処理</td><td colspan="2">甲に代わって、甲が行うべき共用部分に係る損害保険契約、マンション内の駐車場等の使用契約、マンション管理士その他マンション管理に関する各分野の専門的知識を有する者との契約等に係る事務を行う</td></tr>
<tr><td>④総会支援業務</td><td colspan="2">ア）甲の総会の開催日程等の調整
イ）甲の次年度の事業計画案の素案の作成
ウ）総会会場の手配、招集通知および議案書の配布
エ）組合員等の出欠の集計等
オ）甲が乙の協力を必要とするときの総会議事に係る助言、資料の作成
カ）甲が乙の協力を必要とするときの総会議事録案の作成
キ）ＷＥＢ会議システム等を活用した総会を行う場合において、甲が乙の協力を必要とするときの機器の調達、貸与および設置の補助
なお、上記の場合において、甲が乙の協力を必要とするときは、甲および乙は、その協力する会議の開催頻度（上限回数○回／年、臨時総会への出席）、出席する概ねの時間（1回当たり○時間を目安）等の協力方法について協議するものとする</td></tr>
<tr><td rowspan="2">⑤その他</td><td>ア）各種点検、検査等に基づく助言等</td><td>管理対象部分に係る各種の点検、検査等の結果を甲に報告すると共に、改善等の必要がある事項については、具体的な方策を甲に助言する。この報告および助言は、書面をもって行う</td></tr>
<tr><td>イ）甲の各種検査等の報告、届出の補助</td><td>a．甲に代わって、消防計画の届出、消防用設備等点検報告、特定建築物定期調査または特定建築物の建築設備等定期検査の報告等に係る補助を行う
b．甲の指示に基づく甲の口座の変更に必要な事務を行う
c．諸官庁からの各種通知を、甲および甲の組合員に通知する</td></tr>
</table>

注意！

理事会支援業務や総会支援業務について、区分所有法及び甲の管理規約に照らし、管理組合の管理者以外の正規に招集の権限があると考えられる者から当該支援業務に関する契約書に規定する業務の履行の要求があった場合にも、これを拒否すべき正当な理由がある場合を除き、管理業者は業務を履行すべきとされます。

	ウ）図書等の保管等	a．乙は、当該マンションに係る設計図書を、甲の事務所で保管する b．乙は、甲の管理規約の原本、総会議事録、総会議案書等を、**甲の事務所で保管する** c．乙は、解約等により当該管理**委託契約が終了した場合**には、乙が保管する上記ａｂの**図書等、組合員の名簿**および出納事務のため乙が預かっている甲の口座の**通帳等**を遅滞なく、甲に**引き渡す**

（２）第三者への再委託（委託契約書４条）

管理業者は、**事務管理業務の管理事務の一部**または**管理員業務、清掃業務、建物・設備管理業務**の管理事務の**全部もしくは一部**を、第三者に再委託（再委託された者がさらに再委託を行う場合以降も含む）することができます。管理事務を第三者に再委託した場合においては、管理業者は、再委託した管理事務の適正な処理について、管理組合に対して、責任を負います。

（３）管理事務に要する費用の負担および支払方法（委託契約書６条）

管理組合は、管理事務として管理業者に委託する事務のため、管理業者に委託業務費を支払うものとされます。この委託業務費には、**定額委託業務費**といって、その**負担方法が定額でかつ精算を要しない費用**と**定額委託業務費以外の費用**として**精算が必要なもの**とがあります。

管理組合は、定額委託業務の支払いについて、管理業者に対し、毎月、次のとおり支払うものとされています。

①定額委託業務費の額	合計月額○○円 消費税および地方消費税抜き価格○○円 消費税額および地方消費税額（以下、当該管理委託契約において「消費税額等」という）○○円
②支払期日および支払方法	毎月○日までにその○月分を、管理業者が指定する口座に振り込む方法により支払う

注意！

事務管理業務については一部しか再委託が許されていません。これは、適正化法で基幹事務について一括再委託が禁止されていたことの反映です。

集金代行業者に業務を再委託する場合は、集金代行業者の氏名・住所を記載します。代表者の氏名は記載不要です。

定額委託業務費については内訳を記載しなければなりませんが、重要事項説明の際に見積書等で**あらかじめ**明示し、当事者間で**合意**しているときは、記載が不要となります。

③日割計算	期間が１月に満たない場合は当該月の暦日数によって日割計算を行う（１円未満は四捨五入とする）

定額委託業務費以外の費用には、業務の一部が専有部分内で行われる排水管の清掃業務、消防用設備等の保守点検業務等が想定されます。なお、定額委託業務費以外の費用についても内訳を記載する必要があります。

定額委託業務費以外の費用（消費税額等を含みます）については、管理組合は、各業務終了後に、管理組合および管理業者が別に定める方法により精算の上、管理業者が指定する口座に振り込む方法により支払うものとします。

また、管理組合は、委託業務費のほか、**管理業者が管理事務を実施するのに伴い必要となる**水道光熱費、通信費、消耗品費等の諸費用を負担します。委託業務費とは別に負担する点に注意しましょう。

特定建築物定期調査等の費用については、以下のようになります。

①②の費用を定額委託業務費に含める場合には、実施時期や費用を明示し、管理事務を実施しない場合の精算方法をあらかじめ明らかにすべきです。

①契約期間をまたいで実施する管理事務の取扱い

３年ごとに実施する特定建築物定期調査のように、契約期間をまたいで実施する管理事務の取扱いについては、ア）管理委託契約と別個の契約とする方法、イ）定額委託業務費に含める方法、ウ）定額委託業務費以外の費用に含める方法が考えられる

②契約期間内に複数回実施する管理事務の取扱い

１年に１回以上実施する消防用設備等の点検のように、契約期間内に複数回実施する管理事務の取扱いについては、ア）定額委託業務費に含める方法、イ）定額委託業務費以外の費用に含める方法が考えられる

（４）管理事務室等の使用（委託契約書７条）

管理事務室等の使用に係る費用の負担は、当事者間で定めるのであって、当然に管理組合の負担になるわけではありません。

管理組合は、管理業者に管理事務を行わせるために不可欠な管理事務室、管理用倉庫、清掃員控室、器具、備品等（管理事務室等といいます）を**無償で使用**させます。

管理業者の管理事務室等の使用に係る費用の負担は、次のような形式で管理委託契約書に定めます。

①○○○○費 管理組合（または管理業者）の負担とする。
②○○○○費 管理組合（または管理業者）の負担とする。
③○○○○費 管理組合（または管理業者）の負担とする。
④○○○○費 管理組合（または管理業者）の負担とする。

管理事務室等の使用に係る費用には、管理事務室に設置される冷蔵庫の光熱費等、管理事務に直結しない費用もあるので、トラブルにならないよう、費用負担者を管理委託契約書に明記しておくのです。

では、過去問を見てみましょう。

過去問で CHECK!　H26-7-肢4

問 管理業者は、管理事務を行うために不可欠な管理事務室の使用料及び管理事務室の使用に係る諸費用（水道光熱費、通信費、備品、消耗品費等）を負担する義務を負う。

答 管理業者、管理組合等の当事者間での協議により負担を決める。 ×

"管理事務室等の使用"に係る費用は、業者負担となっていませんでした。

（5）管理事務の指示（委託契約書8条）

管理委託契約に基づく管理組合の管理業者に対する管理事務に関する指示については、法令の定めに基づく場合（例えば、区分所有者からの集会招集請求等）を除き、管理組合の**管理者等**または**管理組合の指定する管理組合の役員**が管理業者の使用人その他の従業者（使用人等という）のうち**管理業者が指定した者**に対して行います。

管理組合または管理業者は、指定する者について、あらかじめ相手方に書面で通知することが望ましいです。

（5）の規定は、カスタマーハラスメントを未然に防止する観点から、管理組合が管理業者に対して管理事務に関する指示を行う場合には、管理組合が指定した者以外から行わないことを定めたものですが、組合員等が管理業者の使用人等に対して行う情報の伝達、相談や要望（管理業者がカスタマーセンター等を設置している場合に行うものを含む）を妨げるものではありません。

（6）緊急時の業務（委託契約書9条）

管理業者は、次に掲げる災害または事故等の事由により、管理組合のために、緊急に行う必要がある業務で、**管理組合の承認を受ける時間的な余裕がないもの**については、管理組合の承認を受けないで実施することができます。

注意！

あくまで、承認を受ける時間的余裕がない場合に限られています。

ここで想定する災害や事故は、天災地変による災害・漏水・火災等の偶発的な事故をいい、事前の発生予測が極めて困難なものをいいます。

専有部分は組合員が管理しますが、専有部分で犯罪や孤立死（孤独死）等があり、当該専有部分の組合員の同意の取得が困難な場合には、警察等から管理業者に対し、緊急連絡先の照会等の協力を求められることがあります。

管理業者は、災害または事故等の発生に備え、管理組合と管理業者の役割分担やどちらが負担すべきか判断が難しい場合の費用負担のあり方について、あらかじめ管理組合と協議しておくことが望ましいです。

本来、依頼されていない業務を勝手に行い、その費用を請求するのはダメなはずですが、緊急時はやむを得ないということなのです。

この場合において、管理業者は、速やかに、書面をもって、その業務の内容およびその実施に要した費用の額を管理組合に通知しなければなりません。

①地震、台風、突風、集中豪雨、落雷、雪、噴火、ひょう、あられ等
②火災、漏水、破裂、爆発、物の飛来もしくは落下または衝突、犯罪、孤立死（孤独死）等

管理組合は、管理業者が緊急時の業務を遂行する上でやむを得ず支出した費用については、速やかに、管理業者に支払わなければなりません。ただし、管理業者の責めによる事故等の場合は支払う必要はありません。

また、**組合員等で生じたトラブル**については、組合員等で解決することが原則ですが、管理組合がマンションの**共同利益を害する**と判断した場合、管理組合で対応することとなります。この場合に管理組合が管理業者に助言等の協力を必要とする場合、**緊急時の業務**に明記することも考えられます。

費用のまとめ

委託業務費	**定額委託業務費（定額でかつ精算を要しないもの）**	毎月、口座振替で管理組合が管理会社に支払う 1月に満たない場合は、日割り計算を行う
	定額委託業務費以外の費用（精算等を要するもの）	各業務終了後に、管理組合および管理業者が別に定める方法により精算のうえ、管理業者が指定する口座に振込む方法による ex. 専有部分も含んだ消防設備等の点検等
管理業者が管理事務を実施するのに必要となる水道光熱費		管理組合が負担する
管理事務室等の使用		無償で使用させる

管理事務室の使用に係る費用（水道光熱費等）	管理組合または管理業者の負担とする 当然に管理組合の負担となるわけではない
緊急の業務に要した費用	管理組合は管理業者に速やかに支払わなければならない ただし、管理業者の責任による事故等は除く

（7）専有部分等への立入り（委託契約書14条）

管理業者は、管理事務を行うため必要があるときは、組合員等に対して、その専有部分または専用使用部分（専有部分等といいます）への**立入りを請求することができます**。

ただこれはあくまでも請求ができるだけなので、拒否される可能性もあります。そこで、管理業者は、組合員等がその専有部分等への立入りを拒否したときは、その旨を管理組合に**通知**しなければなりません。

でも、災害の場合にまで、請求をしてからでないと立ち入れないというのもおかしな話です。そこで、管理業者は、災害または事故等の事由により、管理組合のために緊急に行う必要がある場合、専有部分等に立ち入ることができます。この場合、管理業者は、**管理組合**および管理業者が立ち入った**専有部分等に係る組合員等**に対し、事後速やかに、**報告**をしなければなりません。

（8）管理事務の報告等（委託契約書10条）

①管理組合の事業年度終了後の管理事務報告

管理業者は、管理組合の**事業年度終了後**○月以内に、管理組合に対し、当該年度における管理事務の処理状況および管理組合の会計の収支の結果を記載した書面を交付し、**管理業務主任者をして、報告をさせなければなりません**。

②会計の収支状況に関する書面交付

管理業者は、**毎月末日**までに、管理組合に対し、前月における管理組合の**会計の収支状況**に関する**書面を交付**しなければなりません。こちらは管理業務主任者が行う必要はありません。

注意！

組合員等が正当な理由なく、管理業者の立入りを拒否したときは、管理業者は、その部分に係る管理事務の実施が不可能である旨を管理組合に通知します。また、管理業者は、その場合の取扱い（費用負担を含む）について、あらかじめ管理組合と協議しておくことが望ましいです。

収支の結果を記載した書面は、収支決算の素案を提出することで代えることができます。

注意！

管理適正化法では、
①管理者等がおかれている場合は、管理者等に
②管理者等がいない場合は、説明会を開催して区分所有者等に
定期に管理業務主任者に管理事務の報告をさせなければならないとしています。

③**管理組合から請求があったときの管理事務報告**

管理業者は、管理組合から**請求があるとき**は、管理事務の処理状況および管理組合の会計の収支状況について**報告を行わなければなりません**。こちらも管理業務主任者が行う必要はありません。

前記①～③の場合において、管理組合は、管理業者に対し、管理事務の処理状況および管理組合の会計の収支に係る関係書類の提示を求めることができます。

では、過去問です。

上記①～③のうち、管理業務主任者が行わなければならないのは、①の管理組合の事業年度終了後の管理事務報告だけです。

過去問で CHECK! H24-7-肢3

問 管理業者は、管理組合に対し、管理事務の処理状況及び管理業者の会計の収支の結果を記載した書面を交付し、管理業務主任者をして、報告をさせなければならない。

答 管理業者は、管理業者の会計の収支の結果を記載した書面を交付する際に管理業務主任者に報告させる義務はない。 ×

（9）管理費等滞納者に対する督促（委託契約書11条）

管理業者は、事務管理業務のうち、出納業務を行う場合において、管理組合の組合員に対し、電話もしくは自宅訪問または督促状の方法で管理費、修繕積立金、使用料その他の金銭の督促を行っても、なお当該組合員が支払わないときは、その**責めを免れるもの**とし、その後の収納の請求は管理組合が行うものとされています。

この場合に、管理組合が管理会社の協力を必要とするときは、管理組合および管理業者は、その協力方法について協議するものとされています。

（10）有害行為の中止要求（委託契約書12条）

管理業者は、管理事務を行うため必要なときは、組合員およびその所有する専有部分の占有者（組合員等といいます）に対し、管理組合に代わって、次に掲げる行為の中止を求めることができます。

①法令、管理規約または使用細則に違反する行為

②建物の保存に有害な行為
③所轄官庁の指示事項等に違反する行為または所轄官庁の改善命令を受けるとみられる違法もしくは著しく不当な行為
④管理事務の適正な遂行に著しく有害な行為（カスタマーハラスメント含む）
⑤組合員の共同の利益に反する行為
⑥上記①～⑤に掲げるもののほか、共同生活秩序を乱す行為

管理組合の承諾を得ずに専有部分を賃貸することに対しては、中止要求することができません。

そして、管理業者が組合員等に行為の**中止を求めた場合**は、速やかに、その旨を管理組合に**報告**します。この時、管理業者が組合員等に行為の中止を求めても、なお組合員等がその行為を中止しないときは、**書面**をもって管理組合にその内容を報告しなければなりません。この報告を行った場合、管理業者はさらなる**中止要求の責務を免れ**、その後の中止等の要求は**管理組合**が行います。

講師より

管理業者は、報告の対象となる行為や頻度等について、あらかじめ管理組合と協議しておくことが望ましいです。また、④については、その是正のために必要な措置を講じるよう努めなければなりません。

(11) 通知義務（委託契約書13条）

管理組合または管理業者は、当該マンションにおいて滅失、き損、瑕疵等の事実を知った場合においては、速やかに、その状況を相手方に通知（**書面に限定されていません**）しなければなりません。

管理業者が、管理事務の実施に際し、コロナウィルス等新たな感染症への罹患の事実を知った場合にも、協議の上で、相手方に通知しなければならない内容とすることが考えられます。また、組合員等に認知症の兆候がみられ、組合員等の共同生活や管理事務の適正な遂行に影響を及ぼすおそれがあると認められる場合にも、協議の上で、相手方に通知しなければならない内容とすることが考えられます。

また、管理組合または管理業者は、次の場合は、速やかに、**書面をもって**、相手方に通知しなければなりません。

①管理組合の役員または組合員が変更したとき
②管理組合の組合員がその専有部分を第三者に貸与したとき
③管理業者が商号または住所を変更したとき
④管理業者が合併または会社分割したとき

講師より

管理規約等に組合員の住所変更や長期不在等について届出義務を設けている場合は適時追加することが望ましいとされます。

⑤管理業者がマンションの管理の適正化の推進に関する法律の規定に基づき処分（登録の取消し等）を受けたとき
⑥管理業者が契約の解除原因（P370）の①～③に掲げる事項に該当したとき

講師より

宅地建物取引業者には重要事項の説明義務があるので、説明のための情報の提供を求めてくるのです。

注意！

管理業者が受託した管理事務を通じて知ることができない過去の修繕の実施状況等がある場合には、管理組合から情報提供を受けた範囲で明示します。

(12) 管理規約の提供等（委託契約書15条）

管理業者は、組合員から、当該組合員が所有する専有部分の売却等の依頼を受けた宅地建物取引業者が、その媒介等の業務のために理由を付した書面の提出または電磁的方法による提出により、管理規約・会計帳簿・什器備品台帳その他帳票類・長期修繕計画書等の提供・別表5に掲げる事項の開示を求めてきたときは、管理組合に代わり**管理規約等の写し**を当該宅地建物取引業者に対して提供し、別表5に掲げる事項について書面または電磁的方法により開示するものとされています。

管理組合の組合員が、当該組合員が所有する専有部分の売却等を目的とする情報収集のためにこれらの提供等を求めてきたときも、同様です。

管理規約の提供等の業務に要する費用を管理規約等の提供または別表第5に掲げる事項の開示を行う相手方から受領することができます。

講師より

管理業者は、当該組合員が管理費等を滞納しているときは、管理組合に代わって、当該宅地建物取引業者に対し、その清算に関する必要な措置を求めることができます。

管理業者が提供・開示できる範囲は、原則として管理委託契約書に定める範囲となります。管理委託契約書に定める範囲外の事項については、組合員または管理組合に確認するよう求めるべきです。管理業者が受託した管理事務の実施を通じて知ることができない過去の修繕等の実施状況に関する事項等については、管理業者は管理組合から情報の提供を受けた範囲で、これらの事項を開示します。

なお、管理委託契約書に定める範囲内の事項であっても、「敷地および共用部分における重大事故・事件」のように該当事項の個別性が高いと想定されるものについては、該当事項ごとに**管理組合に開示の可否を確認**し、承認を得て開示する事項とすることも考えられます。

開示事項（別表５）

1　マンション名称等	①物件名称、総戸数 ②総戸数 ③物件所在地 ④対象住戸の住戸番号
2　管理計画認定の有無、認定取得日	
3　管理体制関係	①管理組合名称 ②管理組合役員数（理事総数および監事総数） ③管理組合役員の選任方法（立候補、輪番制、その他の別） ④通常総会の開催月と決算月 ⑤理事会の年間の開催回数 ⑥管理規約原本の発効年月と変更年月 ⑦共用部分に付保している損害保険の種類（火災保険（マンション総合保険）、地震保険等） ⑧使用細則等の規程の名称（駐車場使用細則、自転車置場使用細則、ペット飼育細則、リフォーム細則など）
4　共用部分関係	（１）基本事項 ①建築年次（竣工年月） ②共用部分に関する規約等の定め ・共用部分の範囲（規定している規約条項、別表名） ・共用部分の持分（規定している規約条項、別表名） ③専用使用に関する規約等の定め（規定している規約条項、使用細則条項、別表名） （２）駐車場 ①駐車場区画数 ・敷地内台数（内訳：平面自走式台数、機械式台数） ・敷地外台数（内訳：平面自走式台数、立体自走式台数、機械式台数） ②駐車場使用資格（賃借人の使用可否、規定している規約条項、使用細則条項） ③駐車場権利承継可否（駐車場使用の権利が専有部分と一体として承継することの可否） ④車種制限（規定している規約条項、使用細則条項、別表名） ⑤空き区画の有無

注意！

本来、宅地建物取引業者への管理規約等の提供・開示は組合員または管理規約等の規定に基づき管理組合が行うべきものであるため、これらの事務を管理業者が行う場合にあっては、管理規約等において宅地建物取引業者等への提供・開示に関する根拠が明確に規定されるとともに、これと整合的に管理委託契約書において管理業者による提供・開示に関して規定されることが必要です。

	⑥空き区画の待機者数 ⑦空き区画補充方法（抽選、先着順、その他の別） ⑧駐車場使用料 （3）自転車置場・バイク置場・ミニバイク置場 ①区画数（自転車置場、バイク置場、ミニバイク置場毎） ②空き区画の有無（自転車置場、バイク置場、ミニバイク置場毎） ③使用料の有無とその使用料（自転車置場、バイク置場、ミニバイク置場毎） （4）共用部分の点検・検査・調査 ①共用部分の点検・検査・調査の実施の有無（有（　年　月）、無） ②共用部分の点検・検査・調査の実施者（○○） ③共用部分の点検・検査・調査の実施結果に基づく是正の有無（有、無、検討中の別）
5　売主たる組合員が負担する管理費等関係（①～⑬の項目毎に金額を記載（滞納がある場合は滞納額も併せて記載））	①管理費 ②修繕積立金 ③修繕一時金 ④駐車場使用料 ⑤自転車置場使用料 ⑥バイク置場使用料 ⑦ミニバイク置場使用料 ⑧専用庭使用料 ⑨ルーフバルコニー使用料 ⑩トランクルーム使用料 ⑪組合費 ⑫戸別水道使用料・冷暖房料・給湯料 ⑬その他 ⑭遅延損害金の有無とその額 ⑮管理費等の支払方法（「翌月分（または当月分）を当月○○日に支払い） ⑯管理費等支払手続口座振替（○○銀行○○支店）、自動送金（○○銀行○○支店）、振込、集金代行会社委託の別）
6　管理組合収支関係	（1）収支および予算の状況（①～⑩の項目について直近の収支報告（確定額）を記載し、①～③および⑥～⑧については当年度の収支予算（予算額）も併せて記載） ①管理費会計収入総額 ②管理費会計支出総額 ③管理費会計繰越額

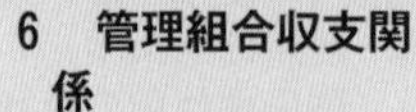

管理費の滞納の精算を宅建業者に求めることができます。

収支や予算の状況も開示対象となっています。

	④管理費会計資産総額 ⑤管理費会計負債総額 ⑥修繕積立金会計収入総額 ⑦修繕積立金会計支出総額 ⑧修繕積立金会計繰越額 ⑨修繕積立金会計資産総額 ⑩修繕積立金会計負債総額 （2）管理費等滞納および借入の状況 ①管理費滞納額 ②修繕積立金滞納額 ③借入金残高 （3）管理費等の変更予定等（①～⑬について変更予定有（令和　年　月から）、変更予定無、**検討中**の別を記載） ①管理費 ②修繕積立金 ③修繕一時金 ④駐車場使用料 ⑤自転車置場使用料 ⑥バイク置場使用料 ⑦ミニバイク置場使用料 ⑧専用庭使用料 ⑨ルーフバルコニー使用料 ⑩トランクルーム使用料 ⑪組合費 ⑫戸別水道使用料・冷暖房料・給湯料 ⑬その他 （4）修繕積立金に関する規約等の定め（規定している規約等の条項、別表名） （5）特定の組合員に対する管理費等の減免措置の有無（規定している規約条項、別表名）
7　専有部分使用規制関係	①専有部分用途の「住宅専用（住宅宿泊事業は可）」、「住宅専用（住宅宿泊事業は不可）」、「住宅以外も可」の別（規定している規約条項） ②専有部分使用規制関係 ・ペットの飼育制限の有無（規定している使用細則条項） ・専有部分内工事の制限の有無（規定している使用細則条項） ・楽器等音に関する制限の有無（規定している使用細則条項） ・一括受電方式による住戸別契約制限の有無

変更予定については、有・無・検討中の3つがあります。

第5編　標準管理委託契約書

	③専有部分使用規制の制定 ・変更予定の有無
8　大規模修繕計画関係	①長期修繕計画の有無（有、無、検討中の別） ②共用部分等の修繕実施状況（工事概要、実施時期（年月）） ③大規模修繕工事実施予定の有無（有（令和　年　月予定、工事概要）、無、検討中の別）
9　アスベスト使用調査の内容	①調査結果の記録の有無 ②調査実施日 ③調査機関名 ④調査内容 ⑤調査結果
10　耐震診断の内容	①耐震診断の有無 ②耐震診断の内容
11　建替え関係	①建替え推進決議の有無（有（　　年　月決議）、無、検討中の別） ②要除却認定の有無（有（　　年　月認定）、無、申請中（　　年　月申請）、検討中の別） ③建替え決議、マンション敷地売却決議の有無（有（　　年　月決議）、無、検討中の別）
12　管理形態	①管理業者名 ②業登録番号 ③主たる事務所の所在地 ④委託（受託）形態（全部、一部の別）
13　管理事務所関係	①管理員業務の有無（有（契約している業務内容）、無） ②管理員業務の実施態様（通勤方式、住込方式、巡回方式の別及び従事する人数） ③管理員勤務日 ④管理員勤務時間 ⑤管理事務所の電話番号 ⑥本物件担当事業所名 ⑦本物件担当事業所電話番号 ⑧本物件担当者氏名

14　備考	◯敷地および共用部分における重大事故・事件があればその内容 ◯ゴミ出しや清掃に関する情報 ◯自治体や民間団体が行う認定・評価制度等による結果 ◯設計図書等保管場所

また、マンション内の事件、事故等の情報は、管理委託契約の範囲外となるので、売主または管理組合に確認するよう求めるべきです。

注意！
手数料を請求することができます。

では、過去問です。

過去問で CHECK!　H29-9-肢4

問 宅地建物取引業者が、理由を付した書面により管理費等の変更予定等について開示を求めてきたときは、変更予定の有無のいずれかを記載するが、変更について検討中の場合は、「変更予定有」と記載する。

答 検討中の場合は、「検討中」と記載する。　×

ヒント
変更予定等には3種類ありました。

3 管理業者の責任

次に、管理業者が管理組合に対してどのような責任を負うのかみていきましょう。

（1）善管注意義務（委託契約書5条）

管理業者は、管理事務に関して**善管注意義務**を負います。

BACK TO P.113
被用者が事業の執行につき第三者に損害を与えた場合、使用者も被害者に対して不法行為責任を負います。

（2）管理業者の使用者責任（委託契約書16条）

管理業者は、管理業者の従業員が、その業務の遂行に関し、管理組合または組合員等に損害を及ぼしたときは、管理組合または組合員等に対し、**使用者としての責任を負います。**

BACK TO P.501
マンション管理適正化法で管理業者とその使用人に秘密保持義務が課されています。

（3）守秘義務（委託契約書17条）

管理業者および管理業者の使用人等は、**正当な理由**なく、管理事務に関して知り得た管理組合および組合員等の秘密を漏らし、または管理事務以外の目的に使用してはなりません。

（4）個人情報の取扱い等（委託契約書18条）

①個人情報の取扱い

管理業者は、管理事務の遂行に際して組合員等に関する個人情報を取り扱う場合には、本契約の目的の範囲において取り扱い、正当な理由なく、第三者に提供、開示または漏えいしてはなりません。

②安全管理措置

管理業者は、個人情報への不当なアクセスまたは個人情報の紛失、盗難、改ざん、漏えい等の危険に対し、合理的な安全管理措置を講じなければなりません。

③目的外使用等の禁止

管理業者は、個人情報を管理事務の遂行以外の目的で、使用、加工、複写等してはなりません。

④漏えい等の報告

管理業者において個人情報の漏えい等の事故が発生したときは、管理業者は、管理組合に対し、速やかにその状況を報告するとともに、自己の費用において、漏えい等の原因の調査を行い、その結果について、書面をもって甲に報告し、再発防止策を講じるものとします。

⑤再委託の禁止

管理業者は、個人情報の取扱いを再委託してはなりません。ただし、書面をもって管理組合の事前の承諾を得たときはこの限りではありません。この場合において、管理業者は、再委託先に対して、管理委託契約で定められている管理業者の義務と同様の義務を課すとともに、必要かつ適切な監督を行わなければなりません。

⑥**個人情報の返却等**

管理業者は、管理委託契約が終了したときは、管理組合と協議を行い個人情報を返却または廃棄するものとし、その結果について、書面をもって管理組合に報告します。

（5）免責事項（委託契約書19条・同コメント）

管理業者は、管理組合または組合員等が、災害または事故等（管理業者の責めによらない場合に限る）による損害および次に掲げる損害を受けたときは、その**損害を賠償する責任を負わない**ものとされています。

①管理業者が善良なる管理者の注意をもって管理事務を行ったにもかかわらず生じた管理対象部分の異常または故障による損害
②管理業者が、書面をもって注意喚起したにもかかわらず、管理組合が承認しなかった事項に起因する損害
③上記に定めるもののほか、管理業者の責めに帰することができない事由による損害

②は“書面をもって”とされていますので、口頭で注意喚起しただけでは免責されません。

管理業者の免責事項について、昨今のマンションを取り巻く環境の変化、特に予期できない自然災害等が増えてきていることから、当該マンションの地域性、設備の状況等に応じて、管理組合および管理業者の協議の上、例えば、「感染症拡大のため予定していた総会等の延期に係る会場賃借・設営に対する損害」「排水設備の能力以上に機械式駐車場内に雨水流入があったときの車両に対する損害」等、必要に応じて具体的な内容を記載することも考えられます。

4 管理委託契約の解除と更新

（1）契約の解除（委託契約書20条）

管理組合および管理業者は、その相手方が、当該管理委託契約に定められた義務の履行を怠った場合は、**相当の期間を定めてその履行を催告**し、相手方が当該期間内に、その義務を履行しないときは、当該**管理委託契約を解除することができます**。この場

直ちに解除はできません。

合、管理組合または管理業者は、その相手方に対し、損害賠償を請求することができます。

また、管理組合または管理業者の一方について次のいずれかに該当するときは、その相手方は、催告不要で管理委託契約を解除することができます。

注意！
業務停止処分は、契約の解除事由となっていません。

①管理業者が、銀行の取引を停止されたとき
②管理業者に、破産手続、会社更生手続、民事再生手続その他法的倒産手続開始の申立て、もしくは私的整理の開始があったとき
③管理業者が、合併または上記②以外の事由により解散したとき
④管理業者が、マンション管理業の登録の取消しの処分を受けたとき
⑤反社会的勢力に該当しない旨の確約に反する事実が判明したとき

解約の申入れに正当な理由は不要です。委任契約において、当事者のどちらからでも、いつでも解約を申し入れることができたことの反映です。

（2）解約の申入れ（委託契約書21条）

管理組合および管理業者は、その相手方に対し、少なくとも3カ月前に書面で解約の申入れを行うことにより、管理委託契約を終了させることができます。

管理委託契約の解除・解約

管理組合または管理業者は、その相手方が、管理委託契約に定められた義務の履行を怠った場合相当の期間を定めてその履行を催告し、相手方が当該期間内に、その義務を履行しないときは、管理委託契約を解除することができる	
管理組合または管理業者が次のいずれかに該当するとき	①管理業者が、銀行の取引を停止されたとき ②管理業者に、破産手続、会社更生手続、民事再生手続その他法的倒産手続開始の申立て、もしくは私的整理の開始があったとき ③管理業者が、合併または前号以外の事由により解散したとき ④管理業者が、マンション管理業の登録の取消しの処分を受けたとき ⑤反社会的勢力に該当しない旨の確約に反する事実が判明したとき

解約の申入れ	管理組合および管理業者は、その相手方に対し、少なくとも3月前に書面で解約の申入れを行うことにより、管理委託契約を終了させることができる

(3) 契約の更新 (委託契約書23条・同コメント)

管理組合または管理業者は、管理委託契約を更新しようとする場合、当該契約の有効期間が満了する日の**3カ月前**までに、その相手方に対し、**書面をもって**、その旨を申し出るものとします。

契約の更新について申出があった場合において、その有効期間が満了する日までに更新に関する協議がととのう見込みがないときは、管理組合および管理業者は、当該契約と同一の条件で、**期間を定めて**（3カ月が上限とはされていません）**暫定契約を締結することができます**。

契約更新に関する申出がない場合、本契約は当然に有効期間満了をもって終了となりますが、その場合、管理業者は、管理委託契約の終了時までに、管理事務の引継ぎ等を管理組合または管理組合の指定する者に対して行います。ただし、引継ぎ等の期限について、管理組合の事前の承諾を得たときは、管理委託契約終了後の日時とすることができます。

暫定契約を締結できるのは、更新の申出があった場合です。更新の申出がないのに暫定契約を締結することはできません。また、暫定契約は任意です。強制的に暫定契約が締結されるわけではありません。

(4) 法令改正に伴う契約の変更 (委託契約書24条)

管理組合および管理業者は、管理委託契約締結後の法令改正に伴い管理事務または委託業務費を変更する必要が生じたときは、協議の上、当該契約を変更することができます。ただし、消費税法等の税制の制定または改廃により、税率等の改定があった場合には、委託業務費のうちの消費税額等は、その改定に基づく額に変更します。

(5) ＩＴの活用 (委託契約書25条)

管理組合または管理業者は、あらかじめ、相手方に対し、その用いる電磁的方法の種類および内容を示した上で、その承諾を得た場合は、標準管理委託契約に規定する書面およびその事務処理上必要となる書面を電磁的方法により提供することができます。

また、管理業者は、管理組合の承諾を得た場合は、管理事務報告その他の報告をＷＥＢ会議システム等により行うことができます。

（６）反社会的勢力排除規定（委託契約書27条）

①確約事項

管理業者は、管理組合に対し、次の事項を確約します。

ア）自らが、暴力団、暴力団関係企業、総会屋もしくはこれらに準ずる者またはその構成員（以下これらを総称して「反社会的勢力」という）ではないこと
イ）自らの役員（業務を執行する社員、取締役、執行役またはこれらに準ずる者をいう）が反社会的勢力ではないこと
ウ）反社会的勢力に自己の名義を利用させ、本契約を締結するものではないこと
エ）本契約の有効期間内に、自らまたは第三者を利用して、次の行為をしないこと
　ａ．相手方に対する脅迫的な言動または暴力を用いる行為
　ｂ．偽計または威力を用いて相手方の業務を妨害し、または信用を棄損する行為

②契約の解除

管理業者について、本契約の有効期間内に、次のいずれかに該当した場合には、管理組合は何らの催告を要せずして、本契約を解除することができます。

ア）上記ア）またはイ）の確約に反する申告をしたことが判明した場合
イ）上記ウ）の確約に反し契約をしたことが判明した場合
ウ）上記エ）の確約に反する行為をした場合

5 管理員業務

管理業者は、以下の管理員業務を実施します。

■別表2　管理員業務

1　業務実施の態様	
(1)　業務実施態様	通勤方式、管理員○名
(2)　勤務日・勤務時間	勤務日・勤務時間等は、次の各号に掲げるとおりとする。 ①勤務日・勤務時間は、次のとおりとする。 週○日（○曜日、○曜日、○曜日、○曜日、○曜日） 午前・午後○時○分～午前・午後○時○分（休憩時間○分を含む。） ②緊急事態の発生したときその他やむを得ない場合においては、当該勤務日・勤務時間以外に適宜執務するものとする。
(3)　休　日	休日は、次の各号に掲げるとおりとする。 ①日曜日、祝日及び国が定める休日 ②夏期休暇○日、年末年始休暇（○月○日～○月○日）、その他休暇○日（健康診断、研修等で勤務できない場合を含む）。この場合、管理業者はあらかじめ管理組合にその旨を届け出るものとする。 ③忌引、病気、災害、事故等でやむを得ず勤務できない場合の休暇。この場合の対応について、管理業者はあらかじめ管理組合と協議するものとする。
(4)　執務場所	執務場所は、管理事務室とする。
2　業務の区分及び業務内容	
(1)　受付等の業務	①管理組合が定める各種使用申込の受理および報告 ②管理組合が定める組合員等異動届出書の受理および報告 ③利害関係人に対する管理規約等の閲覧 ④共用部分の鍵の管理および貸出し ⑤管理用備品の在庫管理 ⑥引越業者等に対する指示

(2) **点検業務**	①建物、諸設備および諸施設の外観目視点検 ②照明の点灯および消灯ならびに管球類等の点検、交換（高所等危険箇所は除く） ③諸設備の運転および作動状況の点検ならびにその記録 ④無断駐車等の確認
(3) **立会業務**	①管理事務の実施に係る外注業者の業務の着手、実施の立会い ②ゴミ搬出時の際の立会い ③災害、事故等の処理の立会い
(4) **報告連絡業務**	①甲の文書の配付または掲示 ②各種届出、点検結果、立会結果等の報告 ③災害、事故等発生時の連絡、報告

注意！

実施の立会いとは、終業または業務の完了確認等を行うものであり、外注業者の業務中、常に立会うことを意味しません。

第6編

建築法令・設備・維持保全

マンションの設備や維持保全に関する法令等からは、毎年13問程度の出題となっています。ただし、専門的・実務的知識が求められる分野であり、初めて勉強する方には分かりにくく、また難問が出題されることもあります。

過去の出題実績の多い論点から押えていきましょう。

1章 建築基準法（総則）

重要度 ★★★　**出題実績** H13〜29・R 1〜5

本日の講義

1. 用語の定義
2. 面積に関する規定
3. 高さに関する規定
4. 耐火・防火・不燃等に関する規定
5. 定期調査・定期検査等
6. 構造計算等
7. 建築確認

ココを覚える！

①用語の定義を覚える。ほぼ毎年1問出題される分野。得点源にしよう。

②定期調査・定期検査について覚える。頻出論点である。調査・検査できる資格について、必ず覚えるようにしよう。

「ごうかく！攻略問題集」
➡p.462〜480、572

1 用語の定義（建築基準法2条・施行令1条）

建築設備も建築物に含まれています。

居室は居住用だけでなく、集会室や作業室等も含まれています。

①建築物	①土地に定着する工作物のうち、屋根および柱もしくは壁を有するもの ②上記①に附属する門もしくは塀 ③観覧のための工作物 ④地下もしくは高架の工作物内に設ける事務所・店舗・興行場・倉庫・その他これらに類する施設 ⑤**建築設備含む**
②特殊建築物	学校・体育館・病院・劇場・観覧場・集会場・展示場・百貨店・市場・ダンスホール・遊技場・公衆浴場・旅館・**共同住宅**・寄宿舎・下宿・工場・倉庫・自動車車庫・危険物の貯蔵場・と畜場・火葬場・汚物処理場その他これらに類する用途に供する建築物
③建築設備	建築物に設ける電気・ガス・給水・排水・換気・暖房・冷房・消火・排煙もしくは汚物処理の設備または煙突・昇降機もしくは避雷針をいう
④居室	**居住**・執務・作業・**集会**・娯楽その他これらに類する目的のために継続的に使用する室をいう
⑤主要構造部	壁・柱・床・はり・屋根・または階段をいう ※建築物の構造上重要ではない間仕切壁・間柱・附け柱・揚げ床・**最下階の床**・廻り舞台の床・小ばり・ひさし・局部的な小階段・屋外階段等の部分は**主要構造部でない**

⑥構造耐力上主要な部分	基礎、基礎ぐい、壁、柱、小屋組、土台、**斜材**（筋かい、方づえ、火打材その他これらに類するもの）、床版、屋根版または横架材（梁、桁その他これらに類するもの）で、建築物の自重もしくは積載荷重、積雪荷重、風圧、土圧もしくは水圧、または地震その他の振動もしくは衝撃を支えるもの
⑦地階	床が地盤面下にある階で、床から地盤面までの高さがその階の天井の高さの**3分の1以上**のもの
⑧延焼のおそれのある部分	・隣地境界線から ・道路の中心線から ・同一敷地内の2以上の建築物（延べ面積の合計が500㎡以内の建築物は一の建築物とみなす）相互の外壁間の中心線から 1階にあっては**3m以下**、2階以上にあっては**5m以下**の建築物の部分 ただし、以下の部分は除かれます ①防火上有効な公園・広場・川その他の空地・水面・耐火構造の壁等に面する部分 ②建築物の外壁面と隣地境界線等との**角度**に応じて、当該建築物の周囲において発生する通常の火災時における火熱により燃焼するおそれのないものとして国土交通大臣が定める部分
⑨建築	建築物を新築し、増築し、改築し、移転することをいう
⑩大規模の修繕・模様替え	建築物の**主要構造部**の一種以上について行う過半の修繕・模様替えをいう
⑪耐水材料	れんが、石、人造石、コンクリート、アスファルト、陶磁器、ガラスその他これらに類する耐水性の建築材料のことをいう

講師より

⑤主要構造部は防火・防災上重要となる部分であるのに対して、⑥構造耐力上主要な部分とは、重さや力に対抗する上で重要な部分という違いがあります。

注意！

⑩は“主要構造部”が対象ですので、最下階の床を修繕しても“大規模の修繕”にはなりません。

■⑦地階

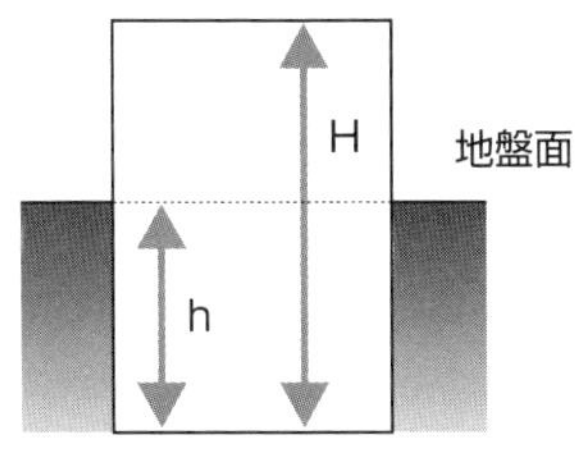

H……床から天井までの高さ
h……床から地盤面までの高さ

h≧1/3Hのとき地階となる

■⑧延焼のおそれのある部分

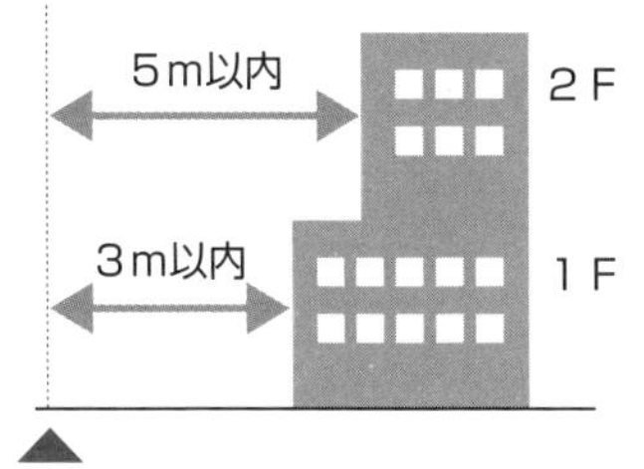

■⑧延焼のおそれのある部分から除かれる部分②の考え方

火源と正対している場合に比べ、火源に対して角度があると、同じ距離でも熱影響が小さいことを踏まえ、「延焼のおそれのある部分と除かれる部分」を定めることとしています。

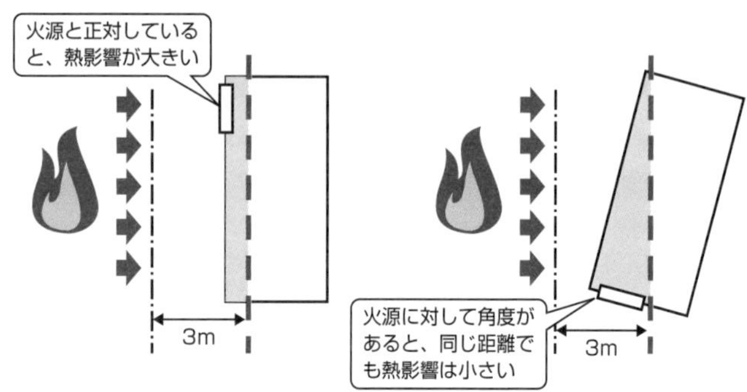

では、過去問を見てみましょう。

過去問で CHECK! H25-17-肢1

問 主要構造部に、最下階の床は含まれない。

答 最下階の床は主要構造部ではない。 ○

ヒント
最下階の床は火災時に最後の方で燃えるので、防火上の重要度は下がります。

では、過去問です。

過去問で CHECK! H27-18-肢1

問 延焼のおそれのある部分とは、防火上有効な公園、広場、川等の空地もしくは水面もしくは耐火構造の壁その他これらに類するものに面する部分等を除き、隣地境界線、道路中心線または同一敷地内の2以上の建築物（延べ面積の合計が500㎡以内の建築物は、1の建築物とみなす。）相互の外壁間の中心線から、1階にあっては5m以下、2階以上にあっては3m以下の距離にある建築物の部分をいう。

答 1階は3m以下、2階以上は5m以下の部分が延焼のおそれのある部分に該当する。 ×

ヒント
火災は上へ広がるので、1階よりも2階以上の方が距離を取らないといけません。

2 面積に関する規定（施行令2条）

（1）敷地面積

敷地面積は、敷地の水平投影面積によります。これは、敷地が坂になっていても、水平投影面積によるということなのです。

なお、**幅員4m未満の道路の中心線から水平距離で2mまでの部分（反対側ががけや川の場合は、がけ等から4m）は敷地面積に算入しません。**

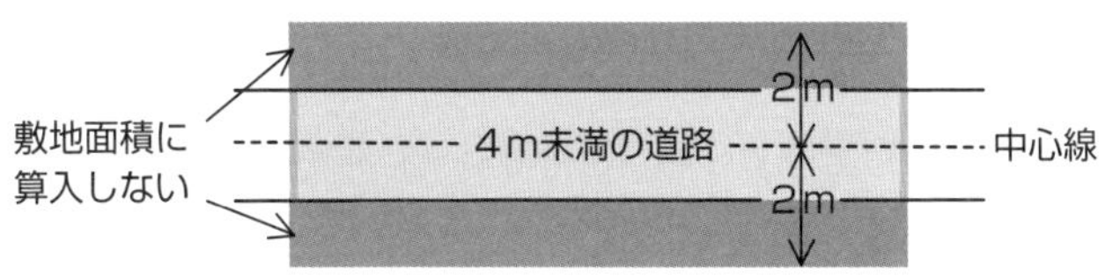

（2）建築面積

建築面積とは、建築物の面積のことで、建築物の柱・外壁の中心線で囲まれた部分の水平投影面積によります。この建築面積に含まれないものに、以下のものがあります。

①１m以上突出した軒・ひさし

建築物に**1m以上突出した軒・ひさし**がある場合、その先端から1m後退した部分までは建築面積に算入しない

②地階突出部

地階で**地盤面上1m以下**の部分は、建築面積に算入しない

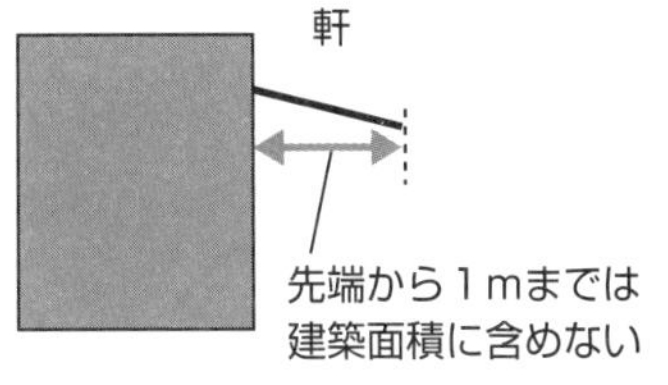

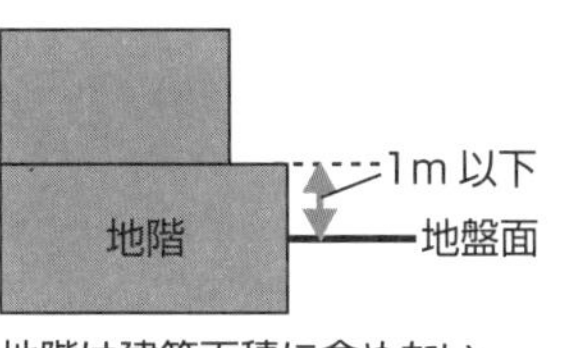

Keyword

水平投影面積
真上から光を当て、できた影の面積のこと。

単に地階といった場合、床から地盤面までの高さが、床から天井までの高さの3分の1以上であれば該当しましたが、建築面積に含まれない地階に該当するためには、地盤面からの突出が1m以下でないといけません。

（3）建蔽(べい)率（建築基準法53条）

建蔽率とは、建築物の建築面積の敷地面積に対する割合をいいます。建蔽率の計算方法は以下のようになります。

建蔽率＝建築面積／敷地面積

建蔽率は、以下の場合10分の1（10%）増加されます。

①防火地域内の耐火建築物等
②準防火地域内の耐火建築物等・準耐火建築物等
③特定行政庁指定の角地内の建築物

また、次のいずれかに該当する場合は、建蔽率の制限は適用されません。

建蔽率の限度が8/10の地域に限定されていることに注意しましょう。

①建蔽率の限度が10分の８とされている地域内でかつ防火地域内の耐火建築物等
②公衆便所、巡査派出所その他これらに類する建築物で公益上必要なもの
③公園・広場・道路・川その他これらに類するものの内にある建築物で、特定行政庁が安全上・防火上および衛生上支障がないと認めて許可したもの

（4）容積率（建築基準法52条）

注意！

建築物の敷地が容積率の異なる区域にわたる場合、各区域の容積率の限度に、敷地の当該区域内にある部分の面積の敷地面積に対する割合を乗じて得たものの合計以下としなければなりません。

容積率とは、建築物の延べ面積の敷地面積に対する割合のことをいいます。容積率の計算方法は以下のようになります。

容積率＝建築物の延べ面積／敷地面積

①緩和規定

容積率には、以下の緩和規定があります。

①自動車車庫

自動車車庫等の部分の床面積は、その建築物の各階の床面積の合計の**5分の1**を限度として、延べ面積に算入しない

②地階で住宅の用途に供する部分

建築物の地階で、その天井が地盤面からの高さ１m以下にあるものの住宅として使用する部分の床面積は、その建築物の住宅として使用する部分の床面積の合計の**3分の1**を限度として、延べ面積に算入しない

③共同住宅の共用部分等

昇降機の昇降路の部分・共同住宅の共用の廊下または階段として使用する部分の床面積は、容積率算定の際の延べ面積に算入されない。また、住宅等に設ける機械室の部分（特定行政庁が交通上、安全上、防火上および衛生上支障がないと認めるもの）は、容積率算定の際の床面積に算入されない

共同住宅の共用の廊下や階段は延べ面積に算入されない点に注意しましょう。

④備蓄倉庫・蓄電池設置部分

その建築物の各階の床面積の合計の**50分の1**を限度として、延べ面積に算入しない

⑤自家発電設備設置部分・貯水槽設置部分・宅配ボックス設置部分

その建築物の各階の床面積の合計の**100分の1**を限度として、延べ面積に算入しない

②前面道路の幅員

敷地の前面道路の幅員が12m未満の場合、容積率は、都市計画で定めた容積率と、前面道路の幅員に一定の数値（10分の４・10分の６）を乗じた数値の低い方になります。

用途が住居系の場合は10分の４を、それ以外の用途の場合は10分の６を乗じます。

3 高さに関する規定（施行令２条）

注意！

地盤面は、建築物が周囲の地面と接する位置の平均の高さにおける水平面をいいます。高低差が３ｍを超える場合、３ｍ以内ごとの平均の高さの水平面となります。

（1）建築物の高さの算定

建築物を無制限に高くすることはできず、一定の制限があります。では、建築物の高さはどのように算定するのでしょうか？建築基準法では、建築物の高さは原則として**地盤面からの高さ**によるとされています。

また、次のものは建築物の高さに算入されません。

①棟飾り等の屋上突出物
②ペントハウス（屋上部分の階段室や昇降機塔等）で一定のもの

講師より

棟飾り等は面積制限はありません。

②ですが、水平投影面積が当該建築物の**建築面積の８分の１**以下のペントハウスについては、その部分の高さは原則として**12m**までは建築物の高さに**算入されません**。

ただし、**避雷設備の設置**・北側斜線制限の規定が適用される場合、ペントハウスについても**高さに算入されます**。

注意！

高さ20mを超える建築物には、原則として避雷設備を設置しなければなりません。

	ペントハウスの取扱い
原則	12m以下のときは高さに算入されない
絶対高さ制限・日影規制	５ｍ以下のときは高さに算入されない
避雷設備・北側斜線制限	高さに算入する

ペントハウスの高さの特例

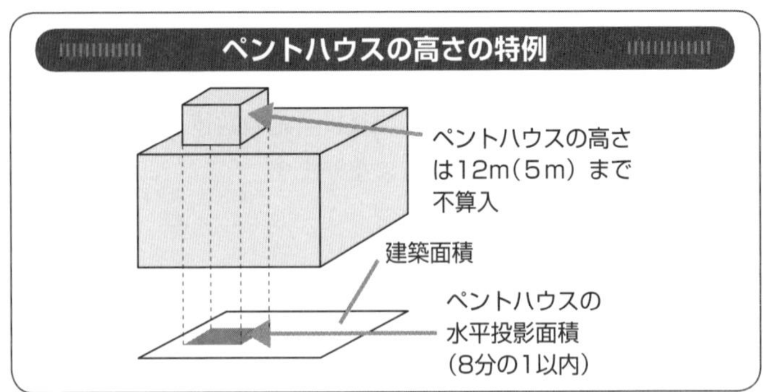

（2）階数

建築物の階数を算定する場合、昇降機塔、装飾塔、物見塔その他これらに類する建築物の屋上部分（ペントハウス）または地階の倉庫、機械室その他これらに類する建築物の部分で、水平投影面積の合計がそれぞれ当該建築物の建築面積の８分の１以下のものは、当該建築物の階数に算入しません。

また、建築物の一部が吹き抜きとなっている場合や建築物の敷地が段地または斜面である場合等、建築物の部分によって階数が異なるときは、これらの階数のうち最大のものが階数となります。

階数

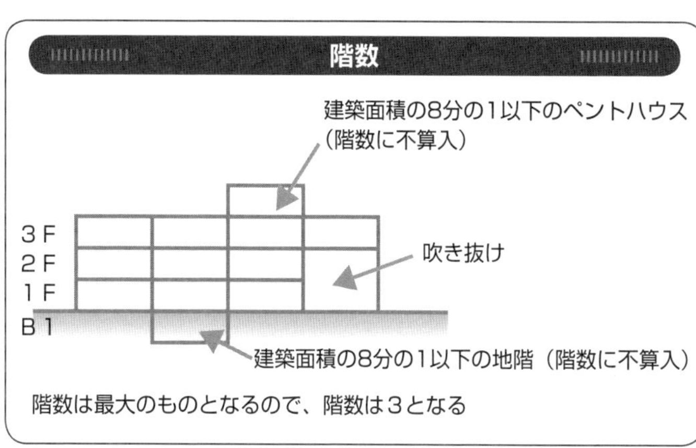

階数は最大のものとなるので、階数は３となる

4 耐火・防火・不燃等に関する規定（施行令２条）

建築基準法では、防火等に関して、以下のように定義しています。

防火等に関する用語の定義

耐火構造	壁、柱、床その他の建築物の部分の構造のうち、耐火性能（通常の火災が終了するまでの間当該火災による**建築物の倒壊**および**延焼を防止**するために当該建築物の部分に必要とされる性能をいう）に関して政令で定める技術的基準に適合する鉄筋コンクリート造、れんが造その他の構造で、国土交通大臣が定めた構造方法を用いるものまたは国土交通大臣の認定を受けたものをいう
準耐火構造	壁、柱、床その他の建築物の部分の構造のうち、準耐火性能（通常の火災による**延焼を抑制**するために当該建築物の部分に必要とされる性能をいう）に関して政令で定める技術的基準に適合するもので、国土交通大臣が定めた構造方法を用いるものまたは国土交通大臣の認定を受けたものをいう

防火構造	建築物の外壁または軒裏の構造のうち、防火性能（**建築物の周囲において発生する通常の火災**による**延焼を抑制**するために当該**外壁または軒裏**に必要とされる性能をいう）に関して政令で定める技術的基準に適合する鉄網モルタル塗、しっくい塗その他の構造で、国土交通大臣が定めた構造方法を用いるものまたは国土交通大臣の認定を受けたものをいう
不燃材料	建築材料のうち、不燃性能（通常の火災時における火熱により燃焼しないことその他の政令で定める性能をいう）に関して政令で定める技術的基準（**加熱開始後20分間**法に掲げる要件を満たすもの）に適合するもので、国土交通大臣が定めたものまたは国土交通大臣の認定を受けたものをいう
準不燃材料	建築材料のうち、通常の火災による火熱が加えられた場合に、**加熱開始後10分間**法に掲げる要件を満たしているものとして、国土交通大臣が定めたものまたは国土交通大臣の認定を受けたものをいう
難燃材料	建築材料のうち、通常の火災による火熱が加えられた場合に、**加熱開始後5分間**法に掲げる要件を満たしているものとして、国土交通大臣が定めたものまたは国土交通大臣の認定を受けたものをいう

5 定期調査・定期検査等

（1）建物の維持保全（建築基準法8条）

建築物の所有者・管理者・占有者は、その建築物の敷地、構造および建築設備を常時適法な状態に維持するように努めなければなりません。

また、一定の共同住宅の所有者・管理者は、その建築物の敷地・構造・建築設備を常時適法な状態に維持するため、必要に応じ、その建築物の維持・保全に関する準則または計画を作成し、その他適切な措置を講じなければなりません。

この場合、国土交通大臣は準則または計画の作成に関し必要な指針を定めることができます。

Step Up

複数の建物が一団地を形成している場合には、準則または計画は、当該一団地について作成することができます。

（2）定期調査・定期検査（建築基準法12条）

共同住宅等で、安全上、防火上または衛生上特に重要なものは、その所有者または管理者（異なるときは管理者）は、建築物の敷地および構造および設備について、**おおむね6ヵ月〜3年**までの間に、その状況を**一級建築士・二級建築士・建築物調査員**に調査させて、その結果を特定行政庁に報告しなければなりません。

また、**昇降機**およびマンション等の**特定建築物の昇降機以外の建築設備等**で、安全上、防火上衛生上特に重要なものとして政令で定めるものおよび特定行政庁が指定するものの所有者または管理者は、**おおむね6ヵ月〜1年**までの間に、一級建築士、二級建築士または**建築設備等検査員**に検査をさせて、その結果を特定行政庁に報告しなければなりません。

この**建築設備等検査員**は、さらに以下の3つに区分されます。

①建築設備の検査・・・建築設備検査員
②昇降機等の検査・・・昇降機等検査員
③防火設備の検査・・・防火設備検査員

注意！
定期調査・定期検査では、建築物の敷地・構造・設備等の損傷腐食その他の劣化点検が含まれます。

講師より
①建築設備の検査の対象となる設備は、機械式換気設備・排煙設備・非常用の照明装置・給排水設備等です。
③防火設備の検査の対象となる設備は、防火戸・防火シャッター等です。

定期調査・定期検査まとめ

<table>
<tr><th></th><th>特定建築物等定期調査</th><th colspan="3">建築設備等定期検査</th></tr>
<tr><td>対象等</td><td>①特殊建築物で安全上、防火上または衛生上特に重要であるものとして政令で定めるもの
②上記①以外の特定建築物で、特定行政庁が指定するもの</td><td colspan="3">①特定建築設備等（昇降機及び特定建築物の昇降機以外の建築設備等をいう）で安全上、防火上または衛生上特に重要であるものとして政令で定めるもの
②上記①以外の特定建築設備等で特定行政庁が指定するもの</td></tr>
<tr><td>報告者</td><td colspan="4">所有者（所有者と管理者が異なる場合は管理者）</td></tr>
<tr><td rowspan="4">実施者</td><td colspan="4">一級・二級建築士</td></tr>
<tr><td rowspan="3">建築物調査員</td><td colspan="3">建築設備等検査員</td></tr>
<tr><td>建築設備</td><td>昇降機</td><td>防火設備</td></tr>
<tr><td>建築設備検査員</td><td>昇降機等検査員</td><td>防火設備検査員</td></tr>
</table>

第6編　建築法令・設備・維持保全

報告時期	おおむね6ヵ月～3年までの間隔で特定行政庁が定める時期（3年間隔）	おおむね6ヵ月～1年までの間隔で特定行政庁が定める時期（原則は1年で、0.5年間隔まで短縮できる。また国土交通大臣の定める検査は1年～3年までの時期となる）

特定行政庁に報告をするのは、あくまでも所有者か管理者のどちらかで、一級建築士等が行うわけではありません。

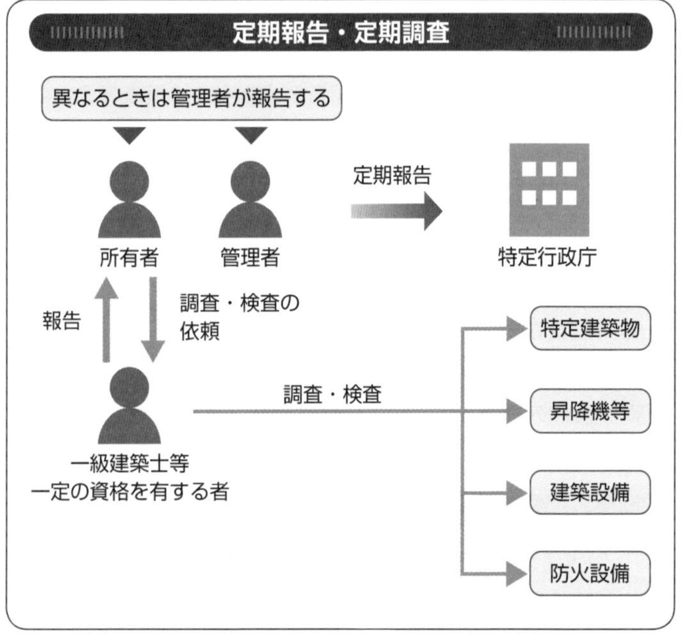

6 構造計算等

（1）構造計算が必要な建築物（建築基準法6条）

建築物の構造や規模によっては、構造計算によって確かめられた安全性を有していなければなりません。

構造計算が義務付けられる建築物

構造の種別	階数	面積	高さ
木造	3以上	500㎡超	13m超 または軒高9m超
木造以外（コンクリート造等）	2以上	200㎡超	

（2）積載荷重・外力（施行令86〜88条）

積雪荷重	【積雪の単位荷重】×【屋根の水平投影面積】×【その地方における垂直積雪量】で求める
風圧力	【速度圧】×【風力係数】で計算する
地震力	【当該部分の固定荷重＋積載荷重】×【当該高さにおける地震層せん断力係数】として計算する

（3）構造設計一級建築士でないと設計等を行えない建築物

建築基準法20条では、一定規模以上の建築物の構造設計については、**構造設計一級建築士**が自ら設計を行うかもしくは構造設計一級建築士に構造関係規定への適合性の確認を受けることが義務付けられています。

構造設計一級建築士の設計等が必要な建築物

- 高さ60m超の建築物
- 木造は高さ13m超または軒高９m超
- 鉄骨造は地上階４階以上、高さ13m超または軒高９m超
- 鉄筋コンクリート・鉄骨鉄筋コンクリート造は高さ20m超

鉄骨造・鉄筋コンクリート造・鉄骨鉄筋コンクリート造については階数２以上または延べ面積200㎡超のものに限られます。

7 建築確認（建築基準法６条）

建築物の建築等をしようとする人は、都道府県や市町村の建築主事または指定確認検査機関に確認申請書を提出し、建築基準法等の基準に適合していることの審査を受けなければなりません。これを建築確認といいます。建築物の安全性などを確保するために、建築物を建てる際には、行政の建築主事または民間の指定確認検査機関による審査や検査を受けなければならないのです。

共同住宅の場合は、以下の場合に建築確認が必要となります。

建物種類・規模	新　築	増・改築・移転	大規模修繕等	用途変更
特殊建築物（共同住宅）（床面積200㎡超）	○	10㎡以下は確認不要※	○	○

※防火地域・準防火地域内では、面積が10㎡以下でも建築確認が必要となります。

ホテルを特殊建築物である共同住宅で床面積200㎡超のものにすることは、用途変更として、建築確認が必要です。

第6編　建築法令・設備・維持保全

2章 建築基準法(居室等に関する規定)

重要度 ★★☆　出題実績 H14〜18・23・27・29・R2〜4

本日の講義

1. 居室の採光と換気
2. 居室の天井の高さ
3. 地階における防湿の措置
4. 共同住宅の界壁
5. 石綿に関する規制
6. シックハウス対策

ココを覚える！

①居室の採光・換気について覚える。それぞれ7分の1以上、20分の1以上という数字は必ず押さえる。
②石綿に関して覚える。近年の改正点でもあるから、建築基準法上どのような扱いがされているのかを注意する。

「ごうかく！攻略問題集」
➡p.482〜490、572

1 居室の採光と換気（建築基準法28条）

まずは居室の採光と換気です。

居室の採光	住宅の居住のための居室には、採光に有効な開口部を設けなければならない。この開口部に必要な面積は、居室の床面積に対して、7分の1以上の割合とする。ただし、国土交通大臣が定める基準に従い、照明設備の設置、有効な採光方法の確保等の措置が講じられているものは、7分の1から10分の1までの間で国土交通大臣が別に定める割合とする
居室の換気	居室には、換気に有効な開口部を設け、その開口部の面積は、各室の床面積の**20分の1以上**が必要となる。換気に有効な部分の面積が20分の1未満の居室や**火を使用する室**では換気設備を設けなければならない

講師より

採光上有効な部分の面積は、居室の開口部ごとの面積に、採光補正係数を乗じて得た面積を合計して求めます。

過去問を確認してみましょう。

過去問で CHECK!　H17-17-肢1

問 住宅の居室には、採光のための窓その他の開口部を設け、その採光に有効な部分の面積は、その居室の床面積に対して、5分の1以上としなければならない。

答 住宅の居室では、採光に有効な部分の面積は、居室の床面積の7分の1以上としなければならない。　×

講師より

ふすま、障子その他随時開放することができるもので仕切られた2室は、1室とみなすことができます。

また、火を使用する設備または器具の通常の使用状態において、換気設備は、当該室内の酸素の含有率をおおむね20.5％以上に保つことができるものとして、国土交通大臣の認定を受けたものも認められます。

なお、換気設備を設けるべき調理室等に煙突、排気フードなどを設けず、排気口または排気筒に換気扇を設ける場合にあっては、その有効換気量を、**（燃料の単位燃焼量当たりの理論廃ガス量）×（火を使用する設備または器具の実況に応じた燃料消費量）の40倍以上**としなければなりません。

機械換気には以下の方式があります。

第1種機械換気方式	送風機（給気機）によって室内に外気を送入するとともに、排風機（排気機）によって室内の空気を排出する方式
第2種機械換気方式	送風機によって室内に外気を送入し、排気口により室内の空気を自然に押し出す方式
第3種機械換気方式	排風機によって室内の空気を排出し、外気は給気口より自然に流入させる方式 浴室やトイレで用いられる

講師より

建築基準法によれば、建築物の調理室等で火を使用する設備または器具の近くに排気フードを有する排気筒を設ける場合においては、排気フードは、不燃材料で造らなければなりません。

2 居室の天井の高さ（施行令21条）

居室の天井の高さは**2.1m以上**でなければなりません。1つの部屋で天井の高さの異なる部分がある場合は、その平均の高さとなります。

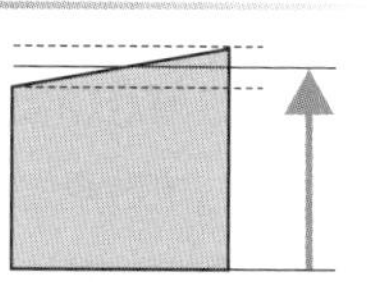

傾斜天井の場合は平均の高さが天井の高さになる

講師より

傾斜天井の場合、天井の高さが異なることがあります。

3 地階における防湿の措置（施行令22条の2）

住宅の居室で地階に設けるものは、**壁および床の防湿の措置**その他の事項について、衛生上必要な政令で定める技術的基準に適合するものとしなければなりません。

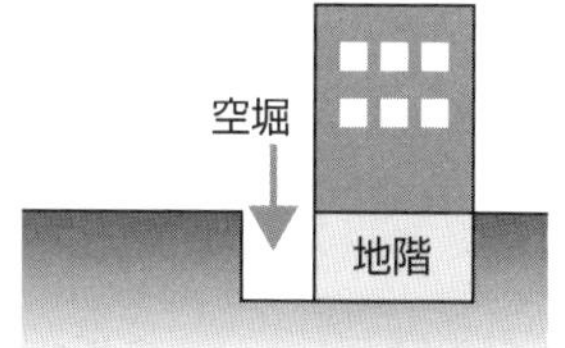

技術的基準には以下のものがあります。

第6編　建築法令・設備・維持保全

①からぼりその他の空地に面する開口部が設けられていること
②直接土に接する外壁、床及び屋根又はこれらの部分に水の浸透を防止するための防水層を設けること

4 共同住宅の界壁（建築基準法30条）

長屋または共同住宅の各戸の界壁は、小屋裏または天井裏に達するものとするほか、その構造を遮音性能（隣接する住戸からの日常生活に伴い生ずる音を衛生上支障がないように低減するために界壁に必要とされる性能をいいます）に関して一定の政令で定める技術的基準に適合するもので、国土交通大臣が定めた構造方法を用いるもの、または国土交通大臣の認定を受けたものとしなければなりません。また、準耐火構造ともしなければなりません。

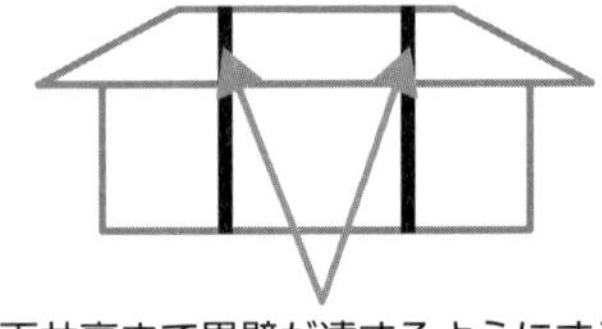
天井裏まで界壁が達するようにする

長屋又は共同住宅の各戸の界壁は、次に掲げる基準に適合するものとしなければなりません。

①その構造が、隣接する住戸からの日常生活に伴い生ずる音を衛生上支障がないように低減するために界壁に必要とされる性能に関して政令で定める技術的基準に適合するもので、国土交通大臣が定めた構造方法を用いるもの又は国土交通大臣の認定を受けたものであること
②**小屋裏または天井裏に達するもの**であること

ただし、以下の場合には、界壁の規定が緩和されます。

要件	緩和される内容
①床面積200㎡以内ごとに防火区画 ②スプリンクラーを住戸内に設置 ③界壁と**天井**は遮音性能を確保	①界壁に防火性能が不要となる ②界壁を小屋裏・天井裏まで到達させなくてもよい
防火性能を強化した**天井**と遮音性能を確保した**天井**を設ける	界壁を小屋裏・天井裏まで到達させなくてよい

5 石綿に関する規制（建築基準法28条の２）

建築材料に石綿（アスベスト）等「著しく衛生上有害なもの」として政令で定める物質の添加が禁止されています。石綿等をあらかじめ添加した建築材料も、**吹付けロックウール**で、その含有する石綿の重量が、建築材料の重量の0.1％を超えるものをあらかじめ添加した建築材料も使用禁止です。

講師より

ロックウールは石綿とは別の材料で、岩綿ともいい、石綿のような発がん性リスクは存在しません。

それでは、過去問です。

過去問で CHECK!　H27-19-肢１

問 建築材料に添加しないこととされている、石綿その他の著しく衛生上有害なものとして政令で定められている物質は、石綿のみである。

答 衛生上「有害」とされる物質は、石綿のみである。　○

ヒント

“有害”と“支障を生じる”物質をそれぞれ確認しましょう。

6 シックハウス対策（建築基準法28条の２）

クロルピリホスとホルムアルデヒドが「衛生上の支障を生ずる」おそれのある物質として定められています。

（１）クロルピリホスの使用禁止

建築材料にクロルピリホスを**添加してはならず**、クロルピリホスをあらかじめ添加した建築材料を用いないこととされています。

Keyword

クロルピリホス
有機リン系の化合物でシロアリ除去剤として使用されていました。

ホルムアルデヒド
有機化合物の一種で、塗料や接着剤等に幅広く使用されています。

（２）ホルムアルデヒドの使用制限

ホルムアルデヒドを用いた建築材料については、以下の制限が課せられます。

JIS・JAS等の表示	告示で定める建築材料の区分	ホルムアルデヒドの発散速度夏期条件（28℃、相対湿度50％）の値	内装の仕上げの制限
F☆☆☆☆	建築基準法の規制対象外	0.005mg/㎡h以下	制限なし

講師より

第１種ホルムアルデヒド発散建築材料が一番低性能であることに注意しましょう。

F☆☆☆	第３種ホルムアルデヒド発散建築材料	0.005mg/m² h超～0.02mg/m² h以下	使用面積制限
F☆☆	第２種ホルムアルデヒド発散建築材料	0.02mg/m² h超～0.12mg/m² h以下	
F☆	第１種ホルムアルデヒド発散建築材料	0.12mg/m² h超	使用禁止

ヒント
0.005㎎/m²h以下は制限がありませんでした。

H27-19-肢４

問 ホルムアルデヒドの夏季における発散速度が、表面積１m²につき毎時0.005ミリグラムを超えないものとして国土交通大臣の認定を受けた建築材料のみを、居室の内装の仕上げに用いる場合は、その使用面積に対する制限はない。

夏季においてその表面積１m²につき毎時0.005ミリグラムを超える量のホルムアルデヒドを発散させないものとして国土交通大臣の認定を受けたものについては、使用面積に対する制限はない。 ○

講師より

住居の居室におけるシックハウス対策用として設けられる機械換気設備は、原則として**0.5回/h**（１時間で室内の空気が半分(0.5) 入れ替わる性能）とされます。

（３）機械換気設備の設置義務

居室を有する建築物は、その居室内において政令で定める化学物質の発散による衛生上の支障がないよう、建築材料および換気設備について政令で定める技術的基準に適合するものとしなければなりません。ただし、１年を通じて、居室内の人が通常活動することが想定される空間のホルムアルデヒドの量を空気１m³につきおおむね**0.1㎎以下**に保つことができるものとして国土交通大臣の認定を受けた場合は、政令で定める技術的基準を満たした換気設備たる必要はありません。

また、居室に機械換気設備を設ける場合にも、天井裏、床裏などから居室へのホルムアルデヒドの流入を抑制するための措置を講ずるなど、衛生上の支障がないようにしなければなりません。

3章 建築基準法（避難に関する規定）

重要度 ★★☆　出題実績 H13・15・16・18・19・21・26〜28・R1・5

本日の講義

1. 幅・踏面・けあげの寸法
2. 手すり
3. 廊下の幅
4. 非常用の照明装置
5. 非常用の昇降機
6. 直通階段
7. 避難階段
8. 防火設備の設置
9. 内装制限

ココを覚える！

①階段の幅等の寸法を覚える。
②手すりについて覚える。原則として、階段には手すりが必要となることに注意。
③非常用の照明装置を覚える。繰り返し問われている論点である。やや細かいところまで出題されているので、注意する。
④屋外への出口等の施錠装置の構造を覚える。

「ごうかく！攻略問題集」➡p.492〜502、538

1 幅・踏面・けあげの寸法（施行令23条、24条）

階段の寸法に関して、共同住宅では以下のような制限が課されます。

階段の種類	階段・踊り場の幅	けあげ	踏面
・直上階の床面積の合計が200㎡を超える地上階 ・居室の床面積の合計が100㎡を超える地階	120cm以上 （踊り場は高さ4m以内ごとに設置）	20cm以下	24cm以上

なお、回り階段の部分における踏面の寸法は、踏面の狭い方の端から30cmの位置において測ります。

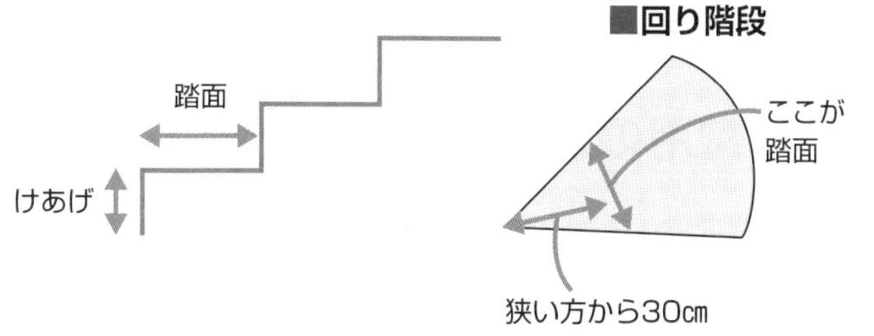

また、階段の高さが4mを超える場合、4m以内ごとに踊場が

Keyword
けあげ
階段の一段の高さのこと。

階段の寸法等については、この規定に適合する階段と同等以上に昇降を安全に行うことができるものとして国土交通大臣が定める構造方法を用いる階段には適用しません。

必要となります。

2 手すり（施行令23条、25条）

高さ1mを超える階段には手すりを設けなければなりません。手すりが設けられていない側には側壁等を設けなければなりません。

また、**階段の幅が3mを超える場合**には、**中間にも手すりが必要となります**。ただし、けあげが15cm以下、かつ、踏面が30cm以上の場合は中間の手すりは不要となります。

手すりおよび階段の昇降を安全に行うための設備でその高さが50cm以下のものを設けた場合の階段の幅については、**10cmまでの手すり幅はないとみなされます**。

講師より

階段は避難路にもなる部分ですので、手すり等の出っ張りがある場合、その出っ張り部分から幅を測るのが原則ですが、10cmまでは緩和されるのです。

3 廊下の幅（施行令119条）

共同住宅の共用廊下については、次のような廊下の幅の制限があります。

用途・規模	両側に居室がある場合	片側廊下の場合
共同住宅の共用廊下 （その階の住戸や住室の床面積が100㎡を超える場合）	1.6m以上	1.2m以上

講師より

廊下は災害時の避難経路になりますので、スムーズな避難が可能となるように、両側廊下の方が片側廊下よりも広く幅を設けないといけません。

4 非常用の照明装置（施行令126条の4・126条の5）

（1）一定の特殊建築物の居室（共同住宅の居室は不要）
（2）階数が3以上で延べ面積が500㎡を超える建築物の居室
（3）窓その他の開口部を有しない居室

（4）延べ面積が1000㎡を超える建築物の居室

およびこれらの居室から地上に通ずる廊下、階段その他の通路（採光上有効に直接外気に開放された通路を除きます）並びにこれらに類する建築物の部分で照明装置の設置を通常要する部分には、非常用の照明装置を設けなければなりません。

ただし、共同住宅の居室には設置義務はありません。

5 非常用の昇降機（建築基準法34条・施行令129条の13の2、129条の13の3）

高さが31mを超える建築物には、非常用の昇降機を設置しなければなりません。

ただし、以下の場合には、設置が不要となります。

（1）高さ31mを超える部分を階段室、昇降機その他の建築設備の機械室、装飾塔、物見塔、屋窓その他これらに類する用途に供する建築物
（2）高さ31mを超える部分の各階の床面積の合計が500㎡以下の建築物
（3）高さ31mを超える部分の階数が４以下の主要構造部を耐火構造とした建築物で、当該部分が床面積の合計100㎡以内ごとに耐火構造の床もしくは壁または特定防火設備で区画されているもの
（4）高さ31mを超える部分を機械製作工場、不燃性の物品を保管する倉庫その他これらに類する用途に供する建築物で主要構造部が不燃材料で造られたもの、その他これと同等以上に火災の発生のおそれの少ない構造のもの

非常用昇降機の設置数は床面積に応じて以下のようになっています。

（1）1500㎡以下 ……………１基
（2）1500㎡超～4500㎡……２基
以降、3000㎡ごとに１基追加

Step Up

非常用の照明装置の構造は以下のようなものでなければなりません。
①**30分間**非常点灯させた状態で、床面１ルクス以上（蛍光灯とLEDライトは２ルクス以上）の照度を確保すること
②予備電源を有すること
また、水平面の照度測定は、十分に補正された低照度測定用照度計を用いた物理測定法によらなければなりません。

講師より

高さ31mまでははしご車のはしごが届きますので、非常用の進入口を設けて、そこから消火活動等を行います。

また、以下のような構造にしなければなりません。

(1) かごを避難階または避難階の直上もしくは直下階に呼び戻す装置を設け、操作ボタンを乗降ロビーおよび中央管理室に設ける
(2) かご内と中央管理室とで電話連絡する装置を設ける
(3) ドアスイッチの機能を停止し、ドアを開いたまま昇降する装置を設ける
(4) 予備電源を設ける
(5) 定格速度を60m/min以上とする

Keyword
定格速度
エレベーターで定格積載荷重を作用させて上昇するときの最高速度のこと。

乗降ロビーの床面積は、非常用エレベーター1基について、10㎡以上としなければなりません。

6 直通階段 (施行令120・121条)

直通階段とは、直接、避難階または地上に通じる階段をいいます。建築基準法では、居室の各部分（一番遠いところ）から直通階段への歩行距離が決められています。

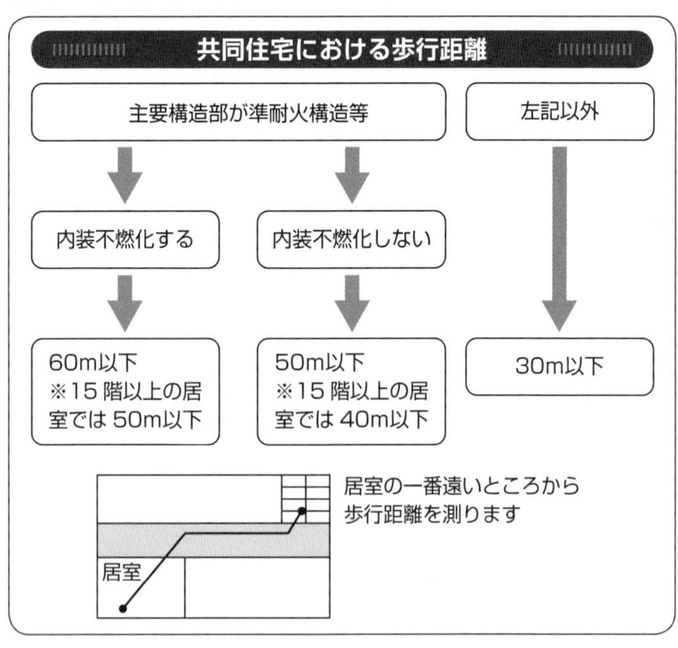

　また、以下の場合は直通階段が２以上必要となります。このとき、２以上の階段それぞれまでの経路について、１/２以上重複してはいけません。

共同住宅で２以上の直通階段が必要となる場合

５階まで	主要構造部を準耐火構造等にした場合	床面積200㎡超のとき必要
	その他	床面積100㎡超のとき必要
６階以上の階	居室を有する場合には面積と関係なく必要	

7 避難階段（施行令122・123条）

　避難階段の構造等については以下のように規定されています。

屋内避難階段	①階段室は耐火構造の壁で囲むこと ②**階段室の壁、天井は下地・仕上共に不燃**材料としなければならない ③階段室には窓その他採光上有効な開口部または予備電源を有する照明設備を設けること ④階段室の屋外に面する壁に設ける開口部（１㎡以内のはめごろしの防火設備を除く）は、階段室以外の当該部分に設けた開口部並びに階段室以外の当該建築物の壁および屋根（耐火構造の壁及び屋根を除く）から90cm以上の距離に設けること ⑤階段室の屋内に面する壁に窓を設ける場合は、面積１㎡以内かつ、はめごろしの防火設備とすること ⑥階段に通ずる出入り口には、防火戸を設置し、戸の部分は避難方向に開くことができること ⑦階段は耐火構造とし、避難階まで直通すること
屋外避難階段	①階段に通ずる出入り口以外の開口部（開口面積は１㎡以内で、はめごろしの防火設備を除く）から２m以上の距離に設けること ②屋内から階段に通ずる出入り口には、防火戸を設置し、戸の部分は避難方向に開くことができること ③階段は耐火構造とし、地上まで直通すること

特別避難階段	①屋内と階段室とはバルコニーまたは外気に向かって開くことができる窓もしくは排煙設備を有する付室を通じて連絡すること ②階段室、バルコニー、付室は⑤の開口部または⑦の窓または⑨の出入り口の部分を除き、耐火構造の壁で囲むこと ③階段室および付室の天井・壁の室内に面する部分は、下地・仕上共に不燃材料としなければならない ④階段室には付室に面する窓その他の採光上有効な開口部または予備電源を有する照明設備を設けること ⑤階段室、バルコニー、付室の屋外に面する壁に設ける開口部（面積が1㎡以内のはめごろしの防火設備を除く）は、階段室、バルコニー、付室以外の当該建築物の部分に設けた開口部並びに階段室、バルコニー、付室以外の当該建築物の部分の壁および屋根（耐火構造の壁および屋根を除く）から90cm以上の距離にある部分で延焼のおそれのある部分以外の部分に設けること ⑥階段室にはバルコニー、付室に面する部分以外に屋内に面して開口部を設けないこと ⑦階段室のバルコニーまたは付室に面する部分に窓を設ける場合は、はめごろし戸とすること ⑧バルコニー、付室には階段室以外の屋内に面する壁に出入り口以外の開口部を設けないこと ⑨屋内からバルコニーまたは付室に通ずる出入り口には、特定防火設備を、バルコニーまたは付室から階段室に通ずる出入り口には防火設備を設けること ⑩階段は耐火構造とし、避難階まで直通すること

8 防火設備の設置

防火地域または準防火地域内にある建築物は、その外壁の開口部で延焼のおそれのある部分に防火設備等を設け、かつ壁・柱・床等および防火戸等の防火設備を一定の技術基準に適合し、国土交通大臣の定めた構造方法を用いるものまたは国土交通大臣の認定を受けたものとしなければなりません。

9 内装制限

以下の規模のマンションは、内装（壁紙等）を不燃材料等にしなければなりません。

床は内装制限の対象となっていません。

（1）対象となる規模等

<table>
<tr><td>耐火建築物</td><td rowspan="2">3階以上の部分の床面積の合計が300㎡以上のもの
注意 共同住宅で200㎡以内に防火区画されたものは対象外</td></tr>
<tr><td>準耐火建築物（イ）</td></tr>
<tr><td>準耐火建築物</td><td>2階の部分の床面積の合計が300㎡以上</td></tr>
<tr><td>その他</td><td>床面積の合計が200㎡以上のもの</td></tr>
</table>

準耐火建築物（イ）とは、主要構造部を準耐火構造としたものをいいます。

（2）制限の内容

居室等	壁：難燃材料以上 注意 **床面から1.2m以下除く** 天井：難燃材料以上（3階以上に居室を有するものは準不燃以上）
通路・階段等	壁・天井とも準不燃材料以上

重要度 ★★★　出題実績 H13〜16・18〜21・23・28・30〜R5

4章 消防法・消防設備

本日の講義

1. 防火対象物
2. 防火管理者の選任
3. 統括防火管理者
4. 消防用設備の点検
5. 遡及適用
6. 消防用設備等
7. 特定共同住宅

ココを覚える！

①防火管理者の選任について覚える。
②消防設備の点検と報告について覚える。
報告は3年ごとであることに注意。
③遡及適用について覚える。

「ごうかく！攻略問題集」
➡p.500、504〜516、552〜554

1 防火対象物（消防法2条）

防火対象物には、特定防火対象物と非特定防火対象物とがありますが、マンションは非特定防火対象物に該当します。

講師より

管理権原者は、マンションでは理事長です。

Step Up

延べ面積が500㎡以上の共同住宅では、甲種防火管理者等でないといけません。

2 防火管理者の選任（消防法8条）

共同住宅については、**収容人員が50人以上**のものには、**防火管理者を設置する必要があります。**

共同住宅の管理について権原を有する者（管理権原者といいます）は、政令で定める資格を有する者のうちから防火管理者を定め、防火管理者に消防計画を作成させなければなりません。そして、その消防計画に基づき、消火・通報・避難訓練の実施や火気の使用・取扱いに関する監督等をさせなければなりません。

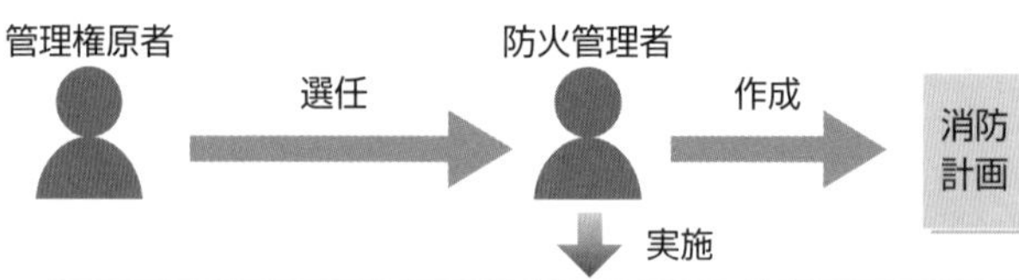

ア）消火・通報・避難訓練の実施
イ）消防用設備・消防用水・消火活動上必要な施設の点検整備
ウ）火気の使用・取扱に関する監督
エ）避難または防火上必要な構造および設備の維持管理
オ）収用人員の管理

講師より

防火管理者が定められていない場合、消防長または消防署長は、管理権原者に対して、これを定めるべきことを命ずることができます。

管理権原者は、**防火管理者を選任・解任したとき**は、遅滞なくその旨を消防長または消防署長に**届け出なければなりません**。

3 統括防火管理者（消防法8条の2）

近年、雑居ビル等で多くの死傷者等を伴う火災が相次いで発生していることや、東日本大震災での激しい揺れにより、高層ビル等において、人的・物的被害が発生したことを受け、高層ビル等の防火・防災管理体制を強化するため、統括防火管理者の選任が義務付けられました。

（1）選任が必要な防火対象物

管理権原が分かれている防火対象物のうち、次のいずれかに該当するものは、**統括防火管理者**の選任が必要となります。

①**高さ31mを超える高層建築物（共同住宅等）**
②特定防火対象物で地上3階以上、かつ、収容人員が30人以上のもの
　ただし、社会福祉施設などの用途を含む場合は、収容人員が10人以上のもの
③地下街（消防長または消防署長が指定したもの）および準地下街
④**複合用途の非特定防火対象物で地上5階以上、かつ、収容人員が50人以上のもの**

（2）統括防火管理者の業務・役割

統括防火管理者は、建物全体の防火管理体制を推進する必要があるため、各テナント等の防火管理者と連携・協力しながら、以下のような業務・役割を行います。

①建物全体についての消防計画の作成
　ア）各テナント等の権限の範囲
　イ）防火管理業務の委託範囲
　ウ）火災時の消防隊への情報提供など
②消防計画に基づく消火、通報および避難の訓練の実施

講師より

マンションの管理的または監督的地位にある者のいずれもが、防火管理上必要な業務を適正に行うことができない合理的な理由があると消防長または消防署長が認めた場合は、防火管理者の業務を外部委託することができます。

③廊下や階段等の共用部分等の避難上必要な施設の管理

4 消防用設備の点検（消防法17条の3の3）

消防用設備の点検には、以下の2種類があります。

種別	具体的内容	期間
機器点検	①消防用設備等に附置される非常用電源または動力消防ポンプの正常な作動を確認する	6カ月以内に1回
	②消防用設備の機器の適正な配置・損傷・漏水等の有無、その他主として外観から判断できる事項を確認する	
	③消防用設備等の機器の機能について、外観からまたは簡易な操作により判別できる事項を確認する	
総合点検	消防用設備等の全部もしくは一部を作動させ、または当該消防設備等を使用することにより、当該消防設備等の総合的な機能を確認する	1年以内に1回

注意！
マンション（共同住宅）は非特定防火対象物でした。

また、この点検結果を、特定防火対象物の場合は1年に1回、非特定防火対象物の場合は3年に1回消防長・消防署長に報告する義務を負います。したがって、マンションは非特定防火対象物なので3年に1回の報告となります。

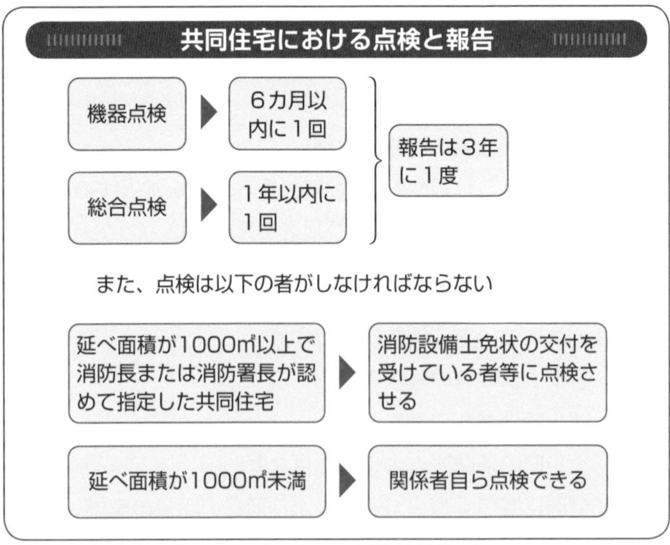

共同住宅における点検と報告
機器点検
6カ月以内に1回
総合点検
1年以内に1回
報告は3年に1度
また、点検は以下の者がしなければならない
延べ面積が1000㎡以上で消防長または消防署長が認めて指定した共同住宅
消防設備士免状の交付を受けている者等に点検させる
延べ面積が1000㎡未満
関係者自ら点検できる

5 遡及適用（消防法17条の２の５）

本来、消防用設備を設置した際の法令に適合していれば、後に法改正があり、現行法に適合していなくても消防用設備を変更する必要はありません。

しかし、消防法は火災の予防・鎮圧により我々の生命を保護するための法律ですので、変更が必要となるものもあります。そこで、以下のものについては、現行法が適用されることになります。これを法令等の遡及適用といいます。

①消火器
②避難器具
③簡易消火器具
④自動火災報知設備・ガス漏れ火災警報設備
　（ただし、共同住宅では除外＝遡及適用を受けない）
⑤漏電火災警報器
⑥非常警報器具および非常警報設備
⑦誘導灯および誘導標識

誘導灯には、LED照明も認められます。

6 消防用設備等

（1）消火器（消防法施行令10条）

消火器は初期消火に用いられる消防用設備で、Ａ火災（紙や木の火災）、Ｂ火災（油火災）、Ｃ火災（電気火災）それぞれに対応するものがあります。

共同住宅においては、延べ面積が150㎡以上の場合に設置が義務付けられています。

ＡＢＣ火災すべてに対応する消火器も存在します。

（2）屋内消火栓設備（消防法施行令11条）

屋内消火栓は**１号消火栓**（半径25m以下）と**２号消火栓**（半径15m以下）とに分けられます。１号消火栓は消火作業の操作に熟練を要し、かつ、１人で操作するのは難しく、通常２人以上の人員を要します。これを１人でも操作できるようにしたのが２号消火栓です。

最近では、易操作性１号消火栓といって、１人で操作可能な１号消火栓も存在します。

停電時の非常電源として自家発電設備を用いる屋内消火栓設備は、有効に**30分間**以上作動できるものでなければなりません。

共同住宅では、**延べ面積が700㎡**（主要構造部を準耐火構造＋難燃材料で仕上げ＝1,400㎡、主要構造部を耐火構造＋難燃材料で仕上げ＝2,100㎡）以上のものに設置が義務付けられています。

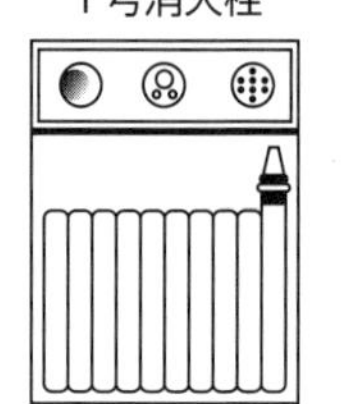

（3）スプリンクラー設備（消防法施行令12条）

寒冷地では乾式が用いられます。

スプリンクラー設備は、建物の室内天井面にあらかじめ散水装置を取り付けておき、火災の熱で自動的に水が噴出し消火する装置です。スプリンクラーには湿式と乾式とがあります。スプリンクラー設備は**11階以上の階**に設置が義務付けられています。

（4）自動火災報知設備（消防法施行令21条）

停電時の非常電源として蓄電池を用いる自動火災報知設備は、有効に**10分間**以上作動できるものでなければなりません。

自動火災報知設備は、火災の発生を熱や煙で感知し、自動的に火災を報知する設備をいいます。共同住宅では、**延べ面積が500㎡**以上のものに設置が義務付けられています。

消防用設備の分類

消防の用に供する設備	**消火設備**	消火器・簡易消火用具・屋内消火栓設備・スプリンクラー設備・屋外消火栓設備・泡消火設備・水噴霧消火設備等
	警報設備	自動火災報知設備・非常警報器具・非常警報装置等
	避難設備	避難器具・誘導灯・誘導標識
消防用水		防火水槽・貯水池等
消火活動上必要な施設		排煙設備・連結散水管・連結送水管・非常コンセント設備・無線通信補助設備

（5）住宅用火災警報器（消防法9条の2・同施行令5条の6・5条の7）

設置場所は以下のとおりです。

ア）就寝の用に供する居室
イ）上記アの居室から直下階へ通じる階段
※避難階にある居室はのぞかれる
※屋外階段は除かれる
ウ）上記ア・イの規定により住宅用火災警報器または感知器が設置される階以外のうち、床面積が7㎡以上である居室が5以上存する階の廊下等

講師より

共同住宅用スプリンクラー等を設置した場合は、住宅用火災警報器の設置は不要です。

マンションの場合、廊下や階段、エレベーター、エレベーターホール、機械室、管理事務所、その他入居者の共同の福利等のため必要な共用部分は対象となりません。

また、以下の設置方法が求められています。

ア）天井に取り付ける場合…火災警報器の中心を壁や梁から60㎝以上離す
イ）壁に取り付ける場合…天井から15㎝～50㎝以内に火災警報器の中心がくるようにする
また、換気口等（エアコンや換気扇）の吹き出し口から1.5m以上離す

では少し細かい論点ですが、過去問です。

過去問で CHECK!　H25-18-肢3

問 住宅用防災警報器及び住宅用防災報知設備の感知器は、天井にあっては壁またははりから0.6m以上離れた屋内に面する部分、壁にあっては天井から下方0.15m以上0.5m以内の位置にある屋内に面する部分で、かつ、換気口等の空気吹出し口から1.0m以上離れた位置に設置しなければならない。

答 換気口等の空気吹出し口から1.5m以上離さないといけない。　×

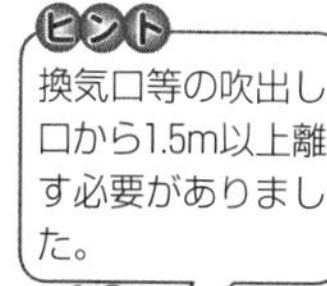

ヒント
換気口等の吹出し口から1.5m以上離す必要がありました。

7 特定共同住宅（消防法施行令29条の４第１項）

ココが出る

店舗住居複合用途型マンションやホテルは、特定共同住宅等には含まれません。

（1）定義

特定共同住宅等とは、寄宿舎・下宿・共同住宅および防火対象物のうち独立した部屋の床面積が100㎡以下の複合型小規模福祉施設等であって、火災の発生または延焼のおそれが少ないものとして、その位置、構造および設備について消防庁長官が定める基準に適合するものをいいます。

（2）類型

①二方向避難型特定共同住宅	特定共同住宅等における火災時に、すべての住戸、共用室および管理人室から、少なくとも一以上の避難経路を利用して安全に避難できるようにするため、避難階または地上に通ずる二以上の異なった避難経路を確保している特定共同住宅等として消防庁長官が定める構造を有するもの
②開放型特定共同住宅	すべての住戸、共用室および管理人室について、その主たる出入口が開放型廊下または開放型階段に面していることにより、特定共同住宅等における火災時に生ずる煙を有効に排出することができる特定共同住宅等として消防庁長官が定める構造を有するもの
③二方向避難・開放型特定共同住宅	特定共同住宅等における火災時に、すべての住戸、共用室および管理人室から、少なくとも一以上の避難経路を利用して安全に避難できるようにするため、避難階または地上に通ずる二以上の異なった避難経路を確保し、かつ、その主たる出入口が開放型廊下または開放型階段に面していることにより、特定共同住宅等における火災時に生ずる煙を有効に排出することができる特定共同住宅等として消防庁長官が定める構造を有するもの
④その他特定共同住宅	上記①～③以外の特定共同住宅等

（3）必要とされる防火安全性能を有する消防の用に供する設備等

特定共同住宅等（福祉施設等を除く）においては、火災の拡大を初期に抑制する性能（初期拡大抑制性能）・火災時に安全に避難することを支援する性能（避難安全支援性能）・消防隊による活動を支援する性能（消防活動支援性能）を主として有する通常用いられる消防用設備等に代えて用いることができます。この必要とされる防火安全性能を有する消防の用に供する設備等は、特定共同住宅等の構造類型や階数により決められています。

例えば、二方向避難型特定共同住宅等で、地階を除く階数が5以下の場合は、次のようになります。

通常用いられる消防用設備等	必要とされる防火安全性能を有する消防の用に供する設備等
消火器 自動火災報知設備 屋外消火栓設備 動力消防ポンプ	住宅用消火器および消火器具 共同住宅用自動火災報知設備または住戸用自動火災報知設備および共同住宅用非常警報設備

では、過去問を見てみましょう。

過去問で
CHECK!

H28-22-肢2

問　特定共同住宅等には、1階が飲食店、2階以上が住戸になっている建物は含まれない。

答　店舗住居複合用途型マンションは、特定共同住宅等には含まれない。　○

ヒント
複合用途は対象外でした。

重要度 ★★★　出題実績 H13・14・16〜21・23・24・26〜28・30・R2・3・5

5章 給水設備・水道法

本日の講義

1. 水道の種類
2. 給水方式
3. 受水槽
4. 配管とトラブル

ココを覚える！

①水道の定義を覚える。専用水道・簡易専用水道・貯水槽水道の定義はしっかりと覚える。
②受水槽の点検・管理・構造について覚える。

「ごうかく！攻略問題集」
➡p.518〜524

1 水道の種類 （水道法3・34・34条の2）

（1）専用水道

「専用水道」とは、寄宿舎、社宅、療養所等における自家用の水道（井戸水等）その他水道事業の用に供する水道以外の水道であって、次のいずれかに該当するものをいいます。

①100人を超える者にその居住に必要な水を供給するもの
②その水道施設の一日最大給水量が20㎥を超えるもの

注意！
100人を超える者に水を供給するか、最大給水量が20㎥を超えるか、どちらか一方に該当すれば専用水道に該当することになります。

ただし、次の３つの要件すべてを満たすと専用水道の適用除外となります。

①他の水道（上水道等）から供給を受ける水だけを水源とすること
②地中または地表に施設されている口径25㎜以上の導管の全長が1500m以下であること
③地中または地表に施設されている水槽の有効容量の合計が100㎥以下であること

言い換えると、水源が上水道であっても、地中または地表に施設されている口径25mm以上の導管の全長が1500mを超えたり、受水槽の有効容量が100㎥を超えると専用水道になるということです。

（2）簡易専用水道

水道事業用の用に供する水道および専用水道以外の水道であって、水道事業用の用に供する水道から受ける水のみを水源とするもので、**受水槽の有効容量が10㎥を超えるもの**が該当します。

マンションの受水槽をイメージすると分かりやすいと思います。

注意！
水源は水道事業用に供する水道でなければなりませんので、井戸水等が水源の場合は簡易専用水道・貯水槽水道に該当しません。

（3）貯水槽水道

水道事業用水道・専用水道を除き、受水槽を介して給水する建物内水道の総称を貯水槽水道といいます。

受水槽の容量が10㎥を超える	簡易専用水道
受水槽の容量が10㎥以下	小規模貯水槽水道

注意！
貯水槽水道からは専用水道は除かれていますので、受水槽を介して給水する場合でも、その有効容量が100㎥を超えるときは、専用水道になってしまうので貯水槽水道にはなりません。

つまり、簡易専用水道に該当しない小規模受水槽水道も水道事業者の供給規定（貯水槽水道の管理の基準や利用者に対する情報提供を定める規定）に基づき管理の義務を負うことになります。

では、過去問を確認してみましょう。

 **過去問で** 　H16-22-肢3

問 貯水槽水道とは、水道事業の用に供する水道および専用水道以外の水道であって、水道事業の用に供する水道から供給を受ける水のみを水源とするものをいう。

答 貯水槽水道には水道事業用水道と専用水道は含まない。　○

ヒント
水道事業の用に供する水道と専用水道は対象外でした。

（4）給水装置

給水装置とは、需要者に水を供給するために水道事業者の施設した配水管から分岐して設けられた給水管およびこれに直結する給水用具をいい、マンションでは**給水管**に直結している**受水槽の給水用具**までが給水装置に該当します。

水道直結方式・増圧直結方式は直結方式、高置水槽方式・圧力タンク方式・ポンプ直送方式は、受水槽方式というように分類されます。

Keyword

圧力タンク
内部に空気が封入されており、その空気圧縮性を利用して配管内の圧力を安定させるタンクをいいます。

Step Up

ポンプ直送式では小流量時にポンプを使用することで締切運転に近い状態となりポンプが加熱焼損することがあります。これを防止するために、小流量時用圧力タンクを設けます。

2 給水方式

水道直結方式	水道本管から給水管を直接分岐して建物内に引込み、各住戸に直接給水する方式	・管理が簡単 ・断水時には給水できない ・一般的に2階建まで採用
増圧直結給水方式	水道本管から引き込んだ水を、増圧給水設備を経て各住戸に給水する方法	・**省スペース化**、設備コストの低減化が可能 ・断水時は利用できない
高置水槽方式	水道本管から引き込んだ水を一度受水槽に貯水し、揚水ポンプでマンションの屋上等に設置された水槽に揚水し、そこから重力を使って各住戸に給水する方法	・設備費は割高 ・断水時でも水槽内の水が使える ・**給水圧力は安定している**
圧力タンク方式	水道本管から引き込んだ水を一度受水槽に貯水し、そこから給水ポンプで圧力タンクに給水し、圧力タンクを使用して各住戸に給水する方法	・高置水槽不要。省スペース化が可能となる ・小規模マンションで採用されている ・停電時には使用できない
ポンプ直送方式	ポンプ直送式ともいい、水道本管から引き込んだ水を一度受水槽に貯水し、そこから給水ポンプで直接圧縮した水を各住戸に給水する方法	・高置水槽不要。省スペース化が可能となる ・大規模な団地や**超高層マンションに用いられる** ・停電時には使用できない

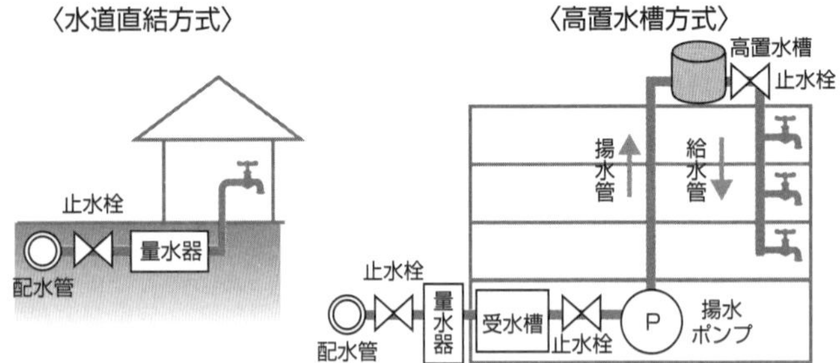

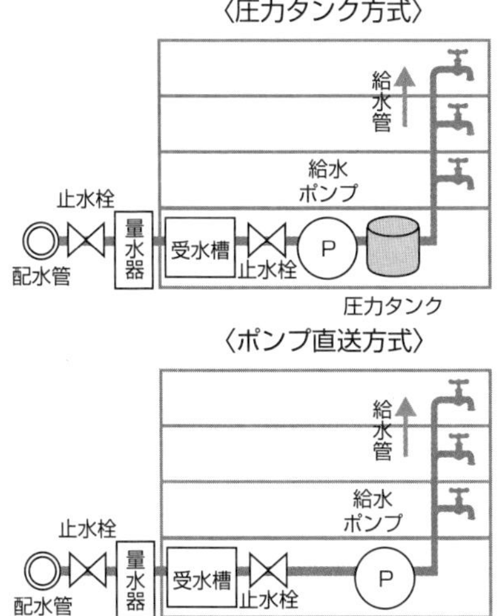

3 受水槽

（1）受水槽の構造

①6面点検

受水槽（水を貯める施設）は、6面（上下左右前後）点検ができるように設置する必要があります。なお、**上部は100cm以上**、**底部および周壁は60cm以上**の保全スペースが必要となります。また、内部点検等のため**内径60cm以上のマンホール**（受水槽上部より10cm以上立ち上げる）が必要となります。

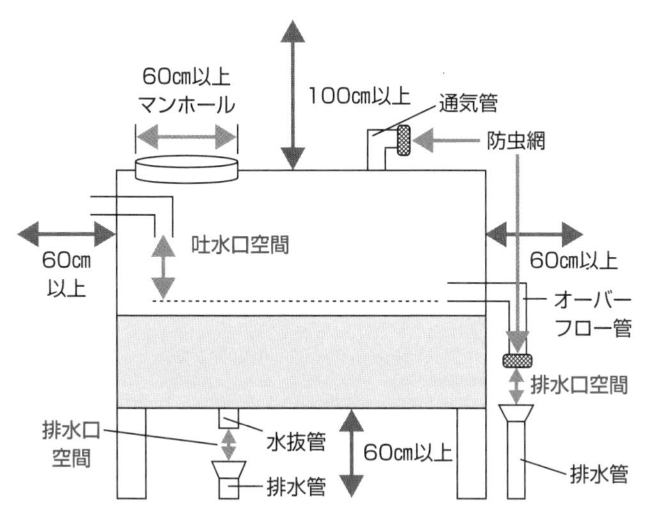

給水タンク等の天井、底または周壁は、建築物の他の部分と兼用しないこととされます。

受水槽の底部には100分の1程度の勾配を設け、最底部のピットまたは溝に水抜管を設置します。

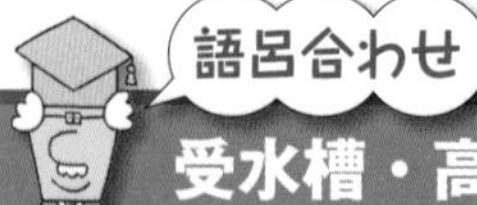

吐水口空間は、給水間端から、オーバーフロー管の"下"端までの間に設けます。上端ではありません。

②吐水口空間、排水口空間

吐水口空間といって、逆流等を防ぐために、給水管端からオーバーフロー管下端までの間に一定の空間を設ける必要があります。また、排水が受水槽内に逆流しないようにするため、水抜管とオーバーフロー管と排水管との間に**排水口空間**を設ける必要があります。これを**間接排水**といいます。

また、通気管とオーバーフロー管には**防虫網**の設置が必要です。**水抜管には不要です**（普段は閉じているので）。

（2）受水槽の容量

一般に受水槽の容量は、マンション全体の１日の使用水量の２分の１程度、高置水槽は10分の１程度で設定されます。

語呂合わせ

受水槽・高置水槽の容量

口　　**頭（とう）で**
高置水槽　1/10程度

受　　**任（に）**
受水槽　1/2

一般的には250ℓ／人・日で設定されます。

（3）平均給水量

マンションにおける１人あたりの１日平均給水量は、200～350ℓ／人・日となります。

では、過去問です。

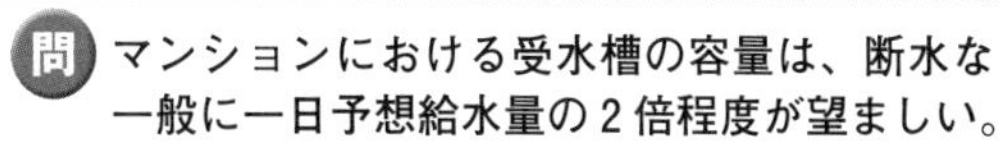

H18-22-肢4

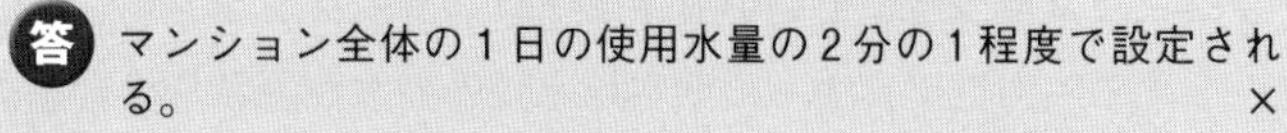

問 マンションにおける受水槽の容量は、断水などを考慮して、一般に一日予想給水量の2倍程度が望ましい。

答 マンション全体の1日の使用水量の2分の1程度で設定される。 ×

2倍は多すぎです。たくさん貯めすぎると塩素消毒の効果が次第に薄れてしまうおそれがありますから、衛生上よくありません。

4 配管とトラブル

配管とは、各機器を連結する流体の通路となる物をいいます。飲料水なら給水配管、排水なら排水管が該当します。

マンション用の配管には、以下のようなものがあります。

水道用亜鉛メッキ鋼管	白ガス管とも呼ばれ、現在はほとんど採用されることはない
水道用硬質塩化ビニルライニング鋼管	錆の発生を防止するため、鋼管の内側に、硬質塩化ビニルをライニング（比較的厚い膜で表面処理すること）したもの
水道用架橋ポリエチレン管	ポリエチレンの分子を結合させて、立体の網目構造にした超高分子量のポリエチレンで作成された管 耐熱性・耐食性が高く、衝撃に強い
水道用ポリブデン管	ポリオレフィン系の樹脂で作成された管 耐熱性・耐食性が高く、衝撃に強い

水道用架橋ポリエチレン管や水道用ポリブデン管は**専有部分内のさや管ヘッダー方式**で採用されます。

また、配管については、以下のようなトラブルに注意しなければなりません。

（1）ウォーターハンマー

ウォーターハンマーとはバルブの急閉等による急激な圧力変化によって給水管等が振動し、騒音が発生することをいいます。その結果、器具や配管を破損するおそれがあるので、配管内に凹凸部を設けないようにしたり、ウォーターハンマー防止機器を設け

ウォーターハンマーを防止するには、給水管内の流速を1.5m～2.0m/s以内に抑えることが有効です。また、エアチェンバー等のウォーターハンマー防止装置も有効です。

第6編　建築法令・設備・維持保全

たりして、防止する必要があります。

(2) クロスコネクションの禁止

飲料用水系統の給水配管と他の配管系統とを直接接続することを**クロスコネクション**といいます。クロスコネクションがされると、上水の圧力低下によって飲料用水以外の水が混ざる場合があるため、**直接接続**してはなりません。

(3) さや管ヘッダ配管工法

さや管ヘッダ式配管工法とは、住戸の入口近くにヘッダ**を設置**し、床下などに各衛生器具と一対一で対応させた**さや管を敷設**しておき、後から**さや管内に樹脂管を通管して配管する工法**をいいます。

6章 排水設備

重要度 ★★☆　出題実績 H13〜17・19〜21・23〜27・29〜R 3

本日の講義

ココを覚える！

①トラップの仕組みを覚える。
破封の原因も覚える！
②通気管の種類構造を覚える。
③浄化槽法を覚える。

「ごうかく！攻略問題集」
➡p.520、526〜536

1 トラップ

(1) トラップの役割

トラップとは、水を封じる（封水）ことにより排水管を通して下水臭気や虫等が室内に入らないようにするために、配水管と排水がされる器具の間に設けられている装置をいいます。

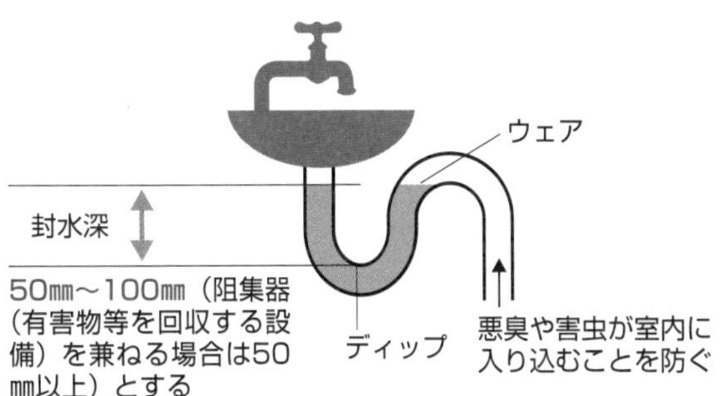

では、過去問を見てみましょう。

過去問でCHECK!　H21-25-肢 3

問 排水トラップの封水深は、5㎝以上10㎝以下（阻集器を兼ねる排水トラップについては5㎝以上）としなければならない。

答 封水深は5㎝以上10㎝以下とする。　○

講師より

衛生器具1個について直列に2個以上のトラップを設ける2重トラップは、トラップ間に空気が溜ってしまい、それがクッションとなって排水の流れを阻害するので禁止されています。

ヒント

封水深は50㎜〜100㎜でした。

封水深

風水　**信じて**
封水　深

5　等（とう）　に当選
5cm ～10cm

（2）破封

トラップ封水がなくなることを破封といいます。破封の主な原因には以下のものがあります。

	内容
自己サイホン作用	水受け容器などから、多量の排水が行われた場合、排水トラップと器具排水管の空気がなくなって満管流となり、サイホン作用により封水が消滅する現象
吸出し作用	排水立て管等で瞬間的に配管が満水の状態で流れると、その付近の排水横管が激しい負圧状態となり、封水が排水管内に吸い込まれて消滅する現象
跳ね出し作用	上階と下階で同時に多量の排水があった場合に、その中間階の排水管の部分が一時的に正圧状態となり、中間階の排水トラップの封水が室内側に跳ね出す現象
毛細管現象	トラップウェアに毛髪や糸くずが引っかかることで、その毛髪等を通じ封水が逃げていき破封する現象

Keyword
サイホン作用
液体を一度高いところにあげてから初めの水面より低いところへ導くために使用する管をサイホンといい、排水トラップにおいて、このような現象が生じることをサイホン作用といいます。

Keyword
正圧：大気に比べて圧力が高い状態
負圧：大気に比べて圧力が低い状態

自己サイホン作用

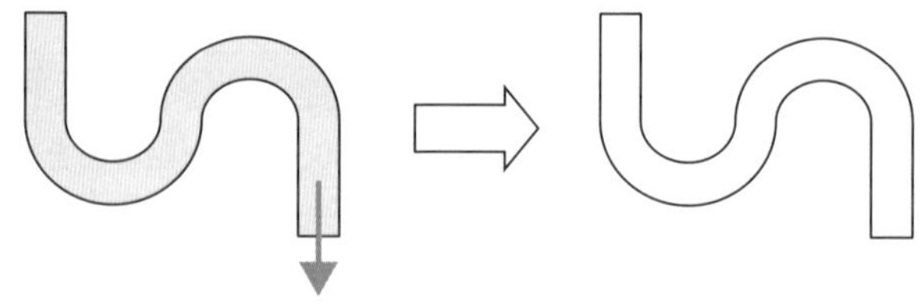

多量の水が満管状態で流れるとトラップ封水が破れてしまう

吸出し作用

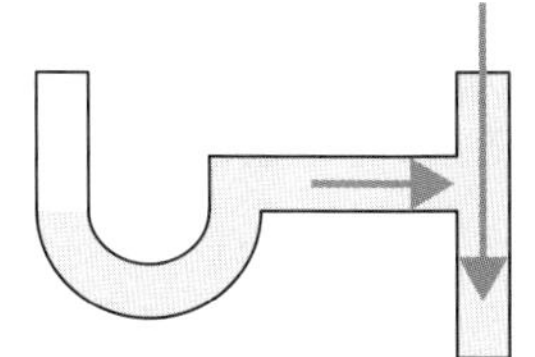

跳ね出し作用

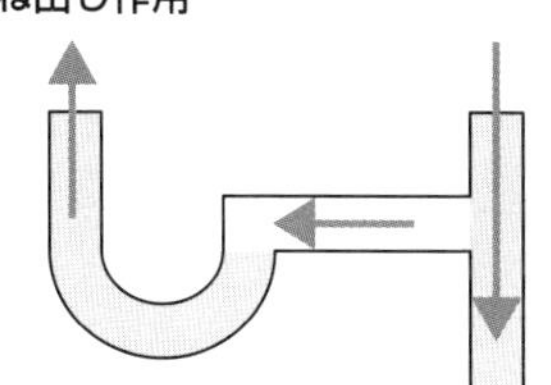

2 通気管

通気管とは、トラップ封水を維持し、排水管内の気圧と外気の気圧差をできるだけ生じないようにし、排水をスムーズにする施設をいいます。

通気管は、**配管内の空気が屋内に漏れることを防止する装置**（通気弁など）を設けた場合を除いて、**直接外気に衛生上有効に開放しなければなりません**。

通気の方式

各個通気方式	一個のトラップごとに通気管を設ける方式
ループ通気方式	一本の排水横枝管に接続される２個以上の器具トラップを一括して通気するために通気管を設ける方式
伸頂通気方式	排水立て管の頂部を延長し大気に開放する方法
特殊継手排水方式	伸頂通気方式を改良したもので、特殊継手により、排水立て管内部の流れと排水横枝管内の流れを円滑に交差させ、立て管内の流速を減速させるなどの工夫をしている。通気立て管を設置する必要がなく、また、排水管の数を減らすことができる

通気管の種類

ループ通気管	ループ通気方式に用いられる通気管
伸頂通気管	最上部の排水横枝管と接続した箇所から排水立て管を、管径を延長しそのまま大気中に開放する通気管 排水立て管の管径より小さくしてはなりません

Step Up

排水の立て管には、二管式と単管式があります。二管式は、排水管と通気管の二管があって、片方は水が流れて、もう一方は空気が上に移動して外気へ逃げていく仕組みとなっています。
単管式は、一本の排水管に伸頂通気管を設ける方式です。

伸頂通気管の管径は、排水立て管の管径より小さくしてはなりません。

第6編　建築法令・設備・維持保全

各個通気管	個々の器具排水管に接続する通気管
結合通気管	高層建築物で排水立て管内の圧力変化を防止・緩和するため、一定の間隔で排水立て管・通気立て管を相互接続する通気管。逃がし通気管ともいう

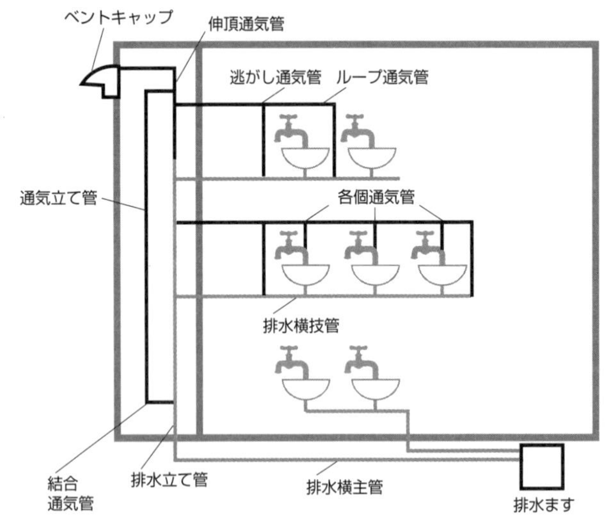

3 排水管の管径と勾配

勾配が急すぎると水だけ流れて汚物が流れていかず、緩やかすぎると、汚物が付着してしまいます。

排水横枝管は、傾けないと排水が流れていきません。しかし、適切な勾配でないと、有効な排水ができません。そこで、排水横枝管の管径に対する勾配の最小値というものが決まっています。

管径（㎜）	勾配
65以下	最小　50分の1
75・100	最小　100分の1
125	最小　150分の1
150以上	最小　200分の1

また、**排水管の管径は、トラップの口径以上で、かつ30㎜以上**とし、**地中または地階の床下に埋設される排水管**の管径は、**50㎜以上**とするのが望ましいとされています。

排水立て管は、どの階においても最下部の最も大きな排水負荷を負担する部分の管径と同一としなければなりません。

排水管の種類

器具排水管	衛生器具に設置されるトラップに接続されている排水管で、トラップから他の排水管までの間の管
排水横枝管	器具排水管から、排水立て管、または排水横主管までの排水管
排水立て管	排水横枝管から排水を受けて、排水横主管へ接続するまでの立て管
排水横主管	建物内の排水を集めて、屋外排水設備に排除する横引き管
雨水排水立て管	屋根の雨水を屋外排水管へ排除するための排水立て管。**汚水管・雑排水管・通気管と直接接続してはならない**

講師より

雨水排水立て管は、汚水雑排水管、通気管と兼用したり、接続させてはなりません。

4 排水ます

排水ますとは、排水管のつまり等が起きやすい個所に、点検や清掃のために設置されているますをいいます。つまり、排水管の点検口をいいます。排水ますには、以下の種類があります。

インバートます	汚水桝のこと。汚物による管の詰まるのを避け、汚水が流れやすいように、ますの底面に排水管を半分に切ったような溝がある
雨水排水ます	雨水排水管の点検を容易にするためのます。**15cm以上の泥だめを設けて、直接土砂が下水道に流れ込まないようになっている**
トラップます	敷地内で雨水排水管と排水横主管を接続する場合に、臭気が雨水排水管に逆流しないように、**トラップ機能を設けた排水ます**

また、敷地に降る雨の排水設備を設計する場合には、その排水設備が排水すべき敷地面積に、当該敷地に接する**建物外壁面積の50%を加えて計算します。**

講師より

敷地の雨水排水設備を設計する場合、地域の最大降水量を採用します。

5 浄化槽法（浄化槽法7・10・11条）

（1）保守点検・清掃

浄化槽の保守点検とは、浄化槽の機能が正常に保持されるように点検・調整・修理をする作業をいい、清掃とは、槽内に生じた汚泥等を引き出し、各装置や附属機器類の洗浄・掃除を行う作業

Keyword

浄化槽
水洗式便所と連結して、屎尿（糞および尿）と併せて雑排水（生活に伴い発生する汚水(生活排水)）を処理し、終末処理下水道以外に放流するための設備をいいます。

をいいます。これらの浄化槽の保守点検・清掃はそれぞれの技術基準に従って行わなければなりません。

（2）保守点検・清掃の回数

浄化槽管理者は、環境省令で定めるところにより、毎年1回浄化槽の保守点検・浄化槽の清掃（全ばっ気方式では6カ月ごとに1回）をしなければなりません。

水質検査は、3カ月間使用した後に受けます。これは、ある程度作動させた後に、浄化槽が期待通りの性能を発揮しているかを調べるためなのです。

（3）浄化槽管理士の設置義務

政令規模（処理対象人員501人以上）に該当する浄化槽の浄化槽管理者は、浄化槽の保守点検および清掃技術上の業務を担当させるため、技術管理者（浄化槽管理士の資格を有し、2年以上の実務経験を有する者）を設置しなければなりません。

（4）水質検査

浄化槽が新たに設置され、または構造・規模を変更した場合、使用開始後3カ月経過した日から5カ月以内に浄化槽管理者は、環境省令で定めるところにより、指定検査機関の行う水質検査を受けなければなりません。

（5）定期検査

浄化槽管理者は、浄化槽が所定の機能を十分発揮し、放流水質が悪くなることがないように、毎年1回、指定検査機関の行う定期検査を受ける必要があります。

6 配管の洗浄法

配管の洗浄方法には、主に次のようなものがあります。

高圧洗浄法	高圧洗浄機からホースで導水し、ホース先端のノズルで拘束噴流を噴射し、管内の付着物等を除去する方法。前方噴射・横噴射・後方噴射があり、後方噴射は自走機能がある

スネークワイヤー法	先端に取り付けられたワイヤーを排水管内に回転させながら挿入し、押し引きを繰り返しながら管内の付着物を除去する方法 スクリュー形やブラシ形がある 塩ビ管では、ワイヤーにより曲り部分で管を削るおそれがある
ロッド法	長い棒をつなぎ合わせて、手動で排水管内に挿入する方法 敷地排水管や雨水敷地排水管に採用される。排水マスから挿入して作業する
ウォーターラム法	閉塞した排水管内に水を送り込み、空気ポンプを用いて圧搾空気を管内に一気に放出し、その衝撃により閉塞物を除去する方法
化学的洗浄方法	機械的洗浄方法が適用しにくい場合に、アルカリ性洗浄剤や酸性洗浄剤により、管内の付着物を除去する方法 金属管に腐食を生じさせるおそれがある。また、下水道の終末処理場や浄化槽の機能を損なうおそれがある

7章 エレベーター

重要度 ★★☆　出題実績 H13・15・17〜20・23・27・R 4

本日の講義

1. エレベーターの種類
2. エレベーターの保守契約
3. エレベーターの安全に係る技術基準

ココを覚える！

①エレベーターの保守契約の違いを覚える。
②昇降機の維持および運行の管理に関する指針を覚える。
点検・整備等についての規定を覚える。
③乗用エレベーターの構造を覚える。
数字の部分は注意しておくこと。

「ごうかく！攻略問題集」
➡p.538〜540

1 エレベーターの種類

エレベーターには以下の種類があります。マンションで一般的に使われているのはロープ式エレベーターです。

油圧式エレベーターは主に荷物用として使用されています。

油圧式エレベーター	機械室に設置してあるパワーユニットと昇降路に設置する油圧ジャッキを油圧配管で連結し、パワーユニットで油を油圧ジャッキに注入し、抽出させることにより油圧ジャッキに連結しているかごを昇降させる方式
ロープ式エレベーター	ワイヤーロープによって、かごと重りをつるべ式にしてロープで駆動する方式 最近は、昇降路内に機械を設けるマシンルームレスエレベーターが主流となっている

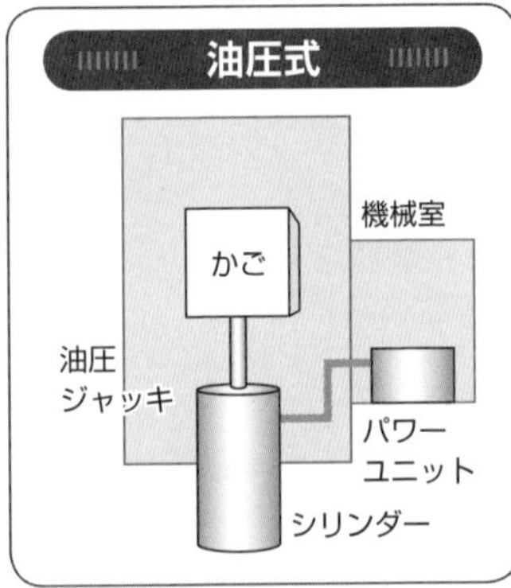

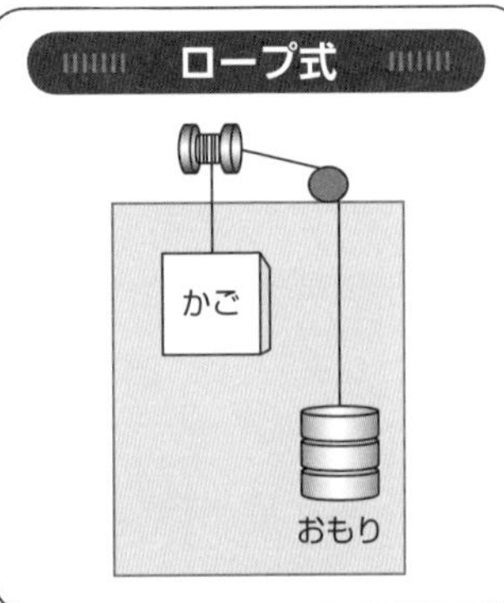

2 エレベーターの保守契約

エレベーターの機能を十分に発揮させるためには、点検・整備が必要となります。また、故障を防止するために、予防保全が必要となります。これら保守点検は製造メーカー等との保守契約を締結することで行われます。

保守契約には以下の種類があります。

フルメンテナンス契約	昇降機の部品取替え、機器の修理を状況に応じて行うことを内容とした契約。大規模な修繕も含まれており、ＰＯＧ契約よりも割高になる契約 フルメンテナンス契約には、乗場扉・三方枠の塗装、意匠変更は**含まれない**
ＰＯＧ契約 (Parts Oil and Grease)	消耗部品交換付メンテナンス契約のことで、定期的な点検・消耗品の交換は含まれるが、それ以外の部品の交換や修理は**別途料金**となる契約

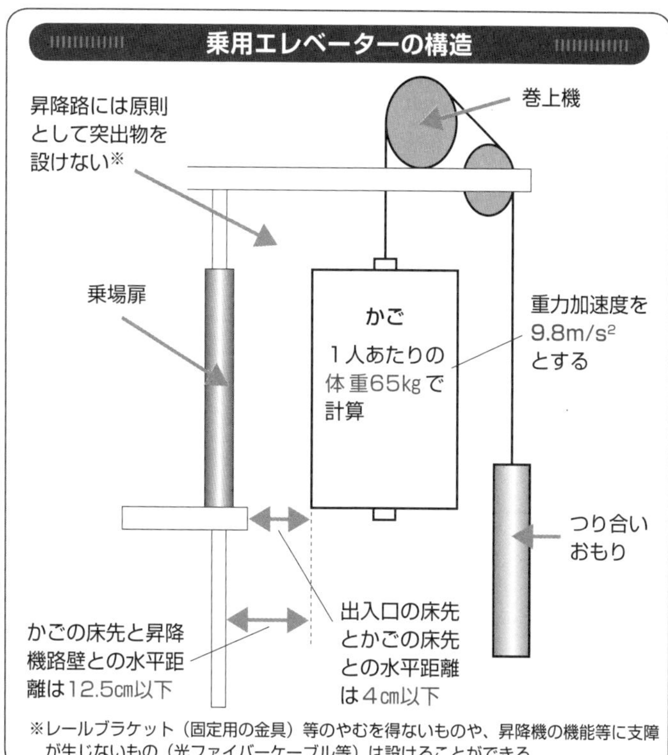
乗用エレベーターの構造
昇降路には原則として突出物を設けない※
巻上機
乗場扉
かご
１人あたりの体重65kgで計算
重力加速度を9.8m/s²とする
つり合いおもり
かごの床先と昇降機路壁との水平距離は12.5cm以下
出入口の床先とかごの床先との水平距離は４cm以下
※レールブラケット（固定用の金具）等のやむを得ないものや、昇降機の機能等に支障が生じないもの（光ファイバーケーブル等）は設けることができる

講師より

エレベーターの保守会社は、各部位の点検を日本工業規格の昇降機の検査標準に基づいて行っています。

ココが出る

フルメンテナンス契約とした場合でも、長期修繕計画にはエレベーターの交換費用を見込んでおくことが望ましいとされます。

講師より

乗用エレベーターのかごの積載荷重は、エレベーターの実況に応じて定めなければなりません。また、エレベーターのかごの積載荷重の最小値は、単位面積当たりでは、床面積が大きいものほど大きくしなければなりません。これは、エレベーターについて、かごの床面積に対する積載荷重の下限を設けて安全性を確保しているのです。

3 エレベーターの安全に係る技術基準（建築基準法施行令129条の10）

（1）地震時管制運転

エレベーターには、地震その他の衝撃により生じた国土交通大臣が定める加速度を検知し、自動的に、かごを昇降路のもよりの階の出入口の戸の位置に停止させ、かつ、当該かごの出入口の戸および昇降路の出入口の戸を開き、またはかご内の人がこれらの戸を開くことができることとする装置（地震時管制運転装置）を設けなければなりません。

（2）火災時管制運転

火災時管制運転とは、防災センター等の火災管制スイッチの操作や自動火災報知器からの信号により、エレベーターを一斉に避難階に呼び戻す装置をいいます。

（3）戸開走行保護装置

エレベーターには駆動装置または制御器に故障が生じ、かごおよび昇降路のすべての出入口の戸が閉じる前にかごが昇降したときなどに、自動的にかごを制止する装置（戸開走行保護装置）を設けなければなりません。

8章 電気設備

重要度 ★★☆　出題実績 H13・14・16、20〜22・27・30・R5

本日の講義

ココを覚える！

①借室電気設備について覚える。
②電灯設備について覚える。省エネについても問われる可能性があるので注意。
③テレビ共同受信設備について覚える。
④インターネット設備について覚える。
⑤避雷設備について覚える。

「ごうかく！攻略問題集」
➡p.500〜502、542〜544

1 借室電気設備

各住戸ごとの契約電力と共用部分の契約電力の総量が50kVA以上のマンションは、電力会社の要望により、借室電気設備を設けて、敷地内に高圧で引き込まれた電力を各住戸に低圧で引き込むことになります。

なお、電力の引き込みには、以下の３種類があります。

低圧（100V、200V）	契約電力50kVA未満
高圧（６kV）	契約電力2,000kVA未満
特別高圧（20kV 〜70kV）	契約電力2,000kVA以上

講師より

借室電気設備を設置する際、電力会社は無償で建物内の必要な空間を借り受けることができます。
また、借室電気設備は、電力会社関係者の立会いがなければ入室できず、維持管理一切が電力会社の責任で行われます。

2 電灯設備

マンションの共用の廊下やエントランス、階段の天井等に設置されている電灯設備には、以下のものがあります。

照度センサー付照明設備	照度センサーにより暗くなると点灯し、明るくなると消灯する仕組みの照明設備
人感センサー付照明設備	赤外線などを利用して、周囲との温度差があるものが動いた際に、その温度変化を検知する仕組みの人感センサーにより、人が近づくと点灯し、離れると消灯する仕組みの照明設備

講師より

照度センサーや人感センサーを設置することで省エネにもなります。

ソーラータイマー付照明設備	日没、日の出の時間変化に対応するソーラータイマーが付いた照明
高周波点灯方式（Hf型）蛍光灯	インバータ装置により、交流電流を高周波に変換して点灯するもので、省エネ化が図れるとともに、すばやく点灯し、ちらつきが少ない

インバータ
交流モータの回転数を制御する手法で、機器の省エネになります。

3 避雷設備（建築基準法33条）

高さ20mを超える建築物には、有効に避雷設備を設けなければなりません。ただし、周囲の状況によって安全上支障がない場合においては不要となります。

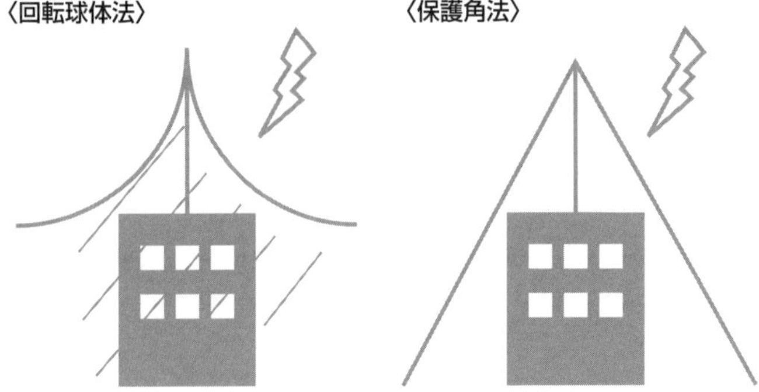

講師より

従来の避雷設備は、保護角法（避雷針から一定の角度内になる建築物を保護する）が採用されていましたが、これに加えて回転球体法、メッシュ法が採用されることにより、保護角法も改定されました。
現在はこれらの方法のいずれかまたは組み合わせたものが採用されています。

4 電力の供給方式

マンションの住戸などでの電力の供給方式には、以下のものがあります。

ア）単相２線式	住宅等に用いられ、電灯やコンセント等に使用される。100Vしか取り出せない
イ）単相３線式	住宅等で用いられ、200Vを取り出せるので、エアコン等の電気容量の大きな機器も使用できる

単相３線式の場合には、中性線欠相保護機能付きにすべきとされています。

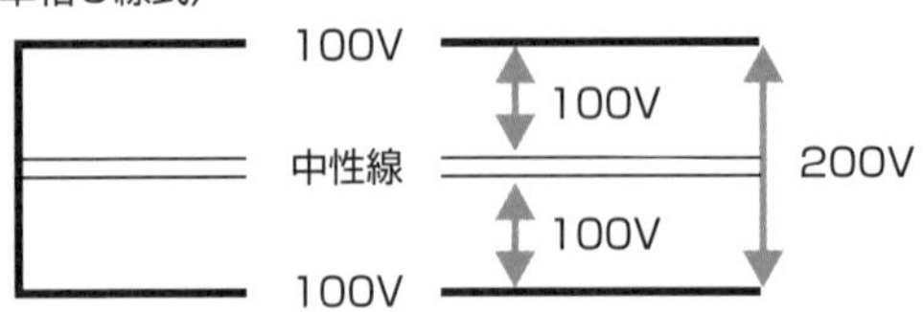

5 電気工作物

電気工作物とは、送電、配電、電気の使用のために設置する設備をいいます。電気工作物には以下の種類があります。

一般用電気工作物	電気事業者から低圧（600ボルト以下）の電圧で受電している場所等の電気工作物
事業用電気工作物	電気事業用電気工作物 …電気事業者の発電所、変電所、送配電線路などの電気工作物
	自家用電気工作物 …一般用及び電気事業用以外の電気工作物、をいい、電気事業者から高圧以上の電圧で受電しているマンション等の**変電設備**等の電気工作物

講師より

50kw未満の太陽光発電装置は、一般用電気工作物に該当します。

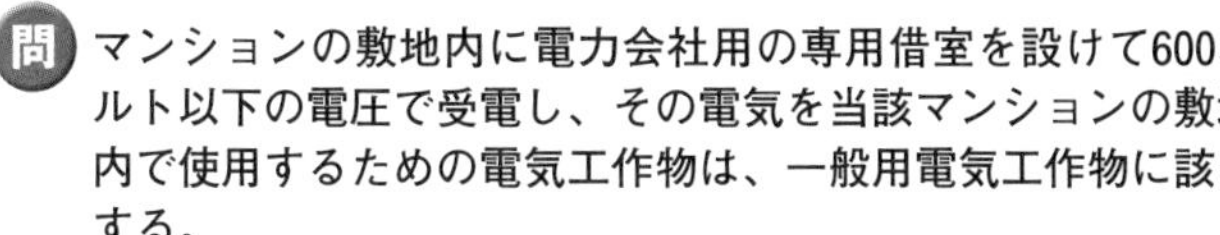

マンションの敷地内に電力会社用の専用借室を設けて600ボルト以下の電圧で受電し、その電気を当該マンションの敷地内で使用するための電気工作物は、一般用電気工作物に該当する。

答　電力会社等から600ボルト以下の電圧で受電し、その受電の場所と同一の構内においてその受電に係る電気を使用するための電気工作物は、一般用電気工作物に該当する。　○

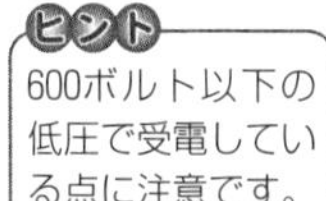

ヒント
600ボルト以下の低圧で受電している点に注意です。

6 住宅用分電盤

住宅用分電盤内に設置されているアンペアブレーカーは**電力会社の所有物**で、漏電遮断器（**漏電ブレーカー**）および配線用遮断器（**安全ブレーカー**）は、**消費者の所有物**です。また、感震遮断機能付住宅用分電盤は、安全確保を行うことを目的に、分電盤に内蔵されたセンサーによって揺れを感知すると警報を発し、一定時間を経過してから電気が遮断されるものです。

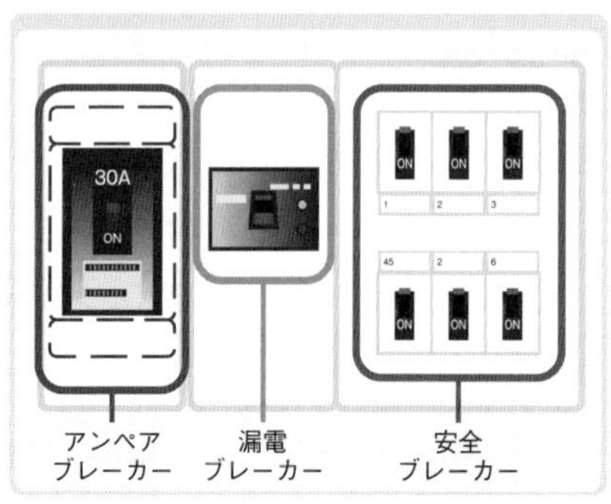

7 LEDランプ

LEDランプには以下の特徴があります。

LEDランプは、建築基準法の非常用の照明設備・消防法の誘導灯の光源に採用することができます。

LEDランプから放射される全光束（電球そのものが発する明るさの総量）は、ルーメン単位で表される
LEDランプは、紫外線をほとんど放出しないため、照らされた物の退色を軽減できる
直管形のLEDランプを従来の蛍光灯照明器具に設置すると、発熱・発煙などの事故が起きる場合がある
LEDランプは、同じ光束の場合において、白熱灯や蛍光灯よりも発熱量が少ない
LEDランプは、電気用品安全法の規制の対象となっている

9章 給湯設備・ガス設備

重要度 ★★☆　出題実績 H14・17・18・20・26・30・R 4・5

本日の講義

1. 給湯方式
2. ガス給湯設備
3. 白ガス管
4. ガス設備の安全装置
5. ガス漏れ警報機

ココを覚える！

①給湯方式について覚える。
②ガス給湯設備について覚える。
それぞれの分類を押さえておく。
③白ガス管について覚える。劣化・修繕の問題で問われる可能性があるので注意。

「ごうかく！攻略問題集」
➡p.546～548

1 給湯方式

まずは給湯方式です。給湯方式には以下の分類があります。

局所式給湯方式	瞬間式局所給湯方式	浴槽やキッチン等の独立した箇所に瞬間式ガス湯沸かし器を設置して、即座に湯を供給する方式
	貯湯式給湯方式	貯湯する加熱器を設置し、配管により必要な箇所に給湯する方式
中央式給湯方式		機械室に大型のボイラーや貯湯タンクを設置配管することで、各部屋に給湯を行う方式

講師より

局所式給湯方式とは、各部屋の必要箇所に小型の給湯器を設ける方式をいいます。

中央式給湯方式

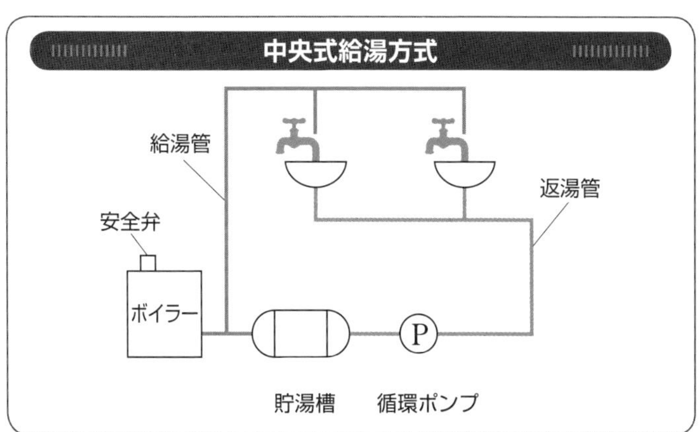

2 ガス給湯設備

(1) 給排気による分類

注意！
密閉式とは、燃焼用の空気を屋外から取り入れ、燃焼排ガスを屋外に排出する方式をいいます。

BF式（自然給排気式）	密閉式で送風機を設けない方式
FF式（強制給排気式）	密閉式で送風機を設ける方式

なお、ガス瞬間式給湯機器の能力表示に用いられる単位である1号は、1ℓの水の温度を1分間に25℃上昇させる能力をいいます。

(2) 点火・消火による分類

先止め式	蛇口等で開閉したときにガスが着火・消火するもの。住戸セントラル方式はこれを採用
元止め式	給湯器本体の操作で点火・着火するもの（家庭用の小型湯沸かし器）

では、過去問を見てみましょう。

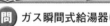

過去問で CHECK! H17-25-肢3

問 ガス瞬間式給湯器には元止め式と先止め式があるが、住戸セントラル方式に用いられるのは元止め式である。

答 元止め式ではなく先止め式が用いられている。 ×

ヒント
住戸セントラル方式（台所・浴室・洗面所の3箇所に給湯する方式）では、先止め式が採用されています。

(3) 自然冷媒ヒートポンプ式給湯器

大気の熱を吸収した二酸化炭素を冷媒として、それを圧縮し高熱にして熱源とする給湯器のことで、貯湯タンクユニット、ヒートポンプユニット、これらを繋ぐ配管で構成されています。エネルギー効率が高く、省エネになります。

(4) 潜熱回収型ガス給湯器

高温の排気を使って給水を予熱した後に、燃焼部へと送り再加熱する給湯器のことで、エネルギー効率が高く、省エネになります。

3 白ガス管

亜鉛メッキ鋼管を白ガス管と呼びますが、これは戦後～昭和30年代にかけて盛んに使用され、当時は腐食しないため半永久的に使用できると考えられてきました。土中に埋設すると次第に亜鉛メッキが溶け出し、鋼管が腐食し、実際には20年程度の寿命ということが分かりました。そこで現在では、ポリエチレン系の樹脂管が使用されています。

講師より

個人の敷地内に埋設されている白ガス管は、個人の所有物なので、ガス会社でも漏洩対策を勝手に行えません。

4 ガス設備の安全装置

ガス設備（マイコンメーター）の安全装置には、ガス漏れ警報設備と自動ガス遮断装置があります。ガス漏れ警報設備は、ガス漏れを検知し、建築物の関係者や利用者に警報する設備です。

自動ガス遮断装置は、流量や圧力の異常あるいは漏洩を検知し、自動的にガスの供給を遮断する装置です。

都市ガス用のガス漏れ警報器の有効期間は５年です。

5 ガス漏れ警報機

ガス漏れ警報機は、都市ガスの場合は空気より軽いので天井から30cm以内、燃焼器具から８ｍ以内に設けます。LPガスは空気より重いので、床から30cm以内、燃焼器具から４ｍ以内に設けます。

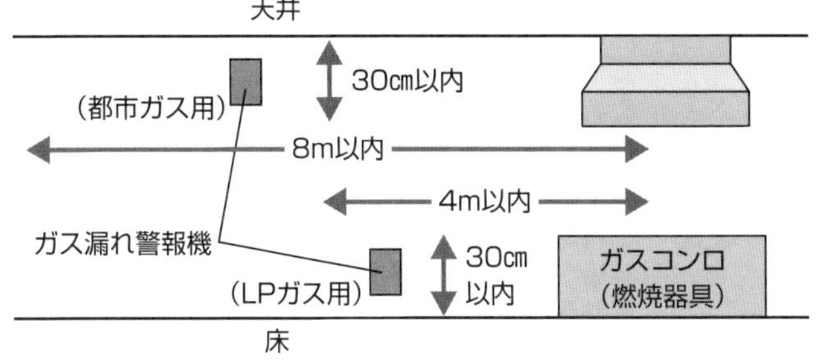

重要度 ★☆☆　出題実績 H15・19・20・24・25・27・30・R2・3

10章 その他の設備・法令

本日の講義

1. バリアフリー法
2. 車庫法
3. 防犯に関する指針
4. 警備業法
5. 住生活基本計画
6. 建築物省エネ法
7. 動物の愛護および管理に関する法律

ココを覚える！

①バリアフリー法について覚える。
できれば、廊下等の構造についても押えておく。
②駐車場について覚える。
③防犯に関する指針について覚える。
④警備業法について覚える。

「ごうかく！攻略問題集」
➡p.550～554

1 バリアフリー法（高齢者、障害者等の移動等の円滑化の促進に関する法律）

講師より
共同住宅は特別特定建築物には含まれていません。

（1）用語の定義等

目的	高齢者、障害者等の自立した日常生活および社会生活を確保することの重要性に鑑み、公共交通機関の旅客施設および車両等、道路、路外駐車場、公園施設ならびに建築物の構造および設備を改善するための措置、一定の地区における旅客施設、建築物等およびこれらの間の経路を構成する道路、駅前広場、通路その他の施設の一体的な整備を推進するための措置、移動等円滑化に関する国民の理解の増進および協力の確保を図るための措置その他の措置を講ずることにより、高齢者、障害者等の移動上および施設の利用上の利便性および安全性の向上の促進を図り、もって公共の福祉の増進に資することを目的とする
特別特定建築物	不特定かつ多数の者が利用し、または主として高齢者、障害者等が利用する特定建築物であって、移動等円滑化が特に必要なものとして政令で定めるものをいう
特定建築物	学校、病院、劇場、観覧場、集会場、展示場、百貨店、ホテル、事務所、**共同住宅**、老人ホームその他の多数の者が利用する政令で定める建築物またはその部分をいい、**建築物特定施設を含む**

建築物特定施設	出入口、廊下、階段、エレベーター、便所、敷地内の通路、駐車場その他の建築物またはその敷地に設けられる施設で政令で定めるものをいう
特定建築物の建築主等の努力義務等	建築主等は、特定建築物の建築をしようとするときは、当該特定建築物を建築物移動等円滑化基準に適合させるために必要な措置を講ずるよう努めなければならない

特定建築物の建築主は、あくまでも努力義務を負うだけです。

(2) 建築物移動等円滑化基準

廊下等	不特定かつ多数の者が利用し、または主として高齢者、障害者等が利用する廊下等は、次に掲げるものでなければならない ①表面は、粗面とし、または滑りにくい材料で仕上げること ②階段または傾斜路の上端に近接する廊下等の部分には、視覚障害者に対し段差または傾斜の存在の警告を行うために、点状ブロック等を敷設すること
階段	不特定かつ多数の者が利用し、または主として高齢者、障害者等が利用する階段は、次に掲げるものでなければならない ①踊場を除き、手すりを設けること ②表面は、粗面とし、または滑りにくい材料で仕上げること ③踏面の端部とその周囲の部分との色の明度、色相または彩度の差が大きいことにより段を容易に識別できるものとすること ④段鼻の突き出しその他のつまずきの原因となるものを設けない構造とすること ⑤段がある部分の上端に近接する踊場の部分（不特定かつ多数の者が利用し、または主として視覚障害者が利用するものに限る）には、視覚障害者に対し警告を行うために、点状ブロック等を敷設すること。ただし、視覚障害者の利用上支障がないものとして国土交通大臣が定める場合は、この限りでない ⑥主たる階段は、**回り階段でないこと**。ただし、回り階段以外の階段を設ける空間を確保することが困難であるときは、この限りでない

Keyword
段鼻
階段の踏板の先端部分のことです。

傾斜路	不特定かつ多数の者が利用し、または主として高齢者、障害者等が利用する傾斜路（階段に代わり、またはこれに併設するものに限る）は、次に掲げるものでなければならない ①勾配が12分の１を超え、または高さが16cmを超える傾斜がある部分には、手すりを設けること ②表面は、粗面とし、または滑りにくい材料で仕上げること ③その前後の廊下等との色の明度、色相または彩度の差が大きいことによりその存在を容易に識別できるものとすること ④傾斜がある部分の上端に近接する踊場の部分（不特定かつ多数の者が利用し、または主として視覚障害者が利用するものに限る）には、視覚障害者に対し警告を行うために、点状ブロック等を敷設すること。ただし、視覚障害者の利用上支障がないものとして国土交通大臣が定める場合は、この限りでない
エレベーター	①かごおよび昇降路の出入口の幅は、80cm以上とすること ②かごの奥行きは、135cm以上とすること ③乗降ロビーは、高低差がないものとし、その幅および奥行きは、150cm以上とすること ④かご内および乗降ロビーには、車いす使用者が利用しやすい位置に制御装置を設けること ⑤かご内に、かごが停止する予定の階およびかごの現在位置を表示する装置を設けること ⑥乗降ロビーに、到着するかごの昇降方向を表示する装置を設けること

専用のバーナーや工具を使って、表面を粗面にします。

（３） 計画の認定

建築主等は、特定建築物の構築等をしようとするときは、特定建築物の建築等および維持保全の計画を作成し、所管行政庁の認定を受けることができます。

認定を受けた建築物は容積率が緩和されます。
また認定を受けた建築物であることを、表示することもできます。

2 車庫法（自動車の保管場所の確保等に関する法律）

保管場所（車庫・駐車場）の要件	①自動車の使用の本拠（マンション等）の位置から直線距離で２km以内であること ②道路から自動車を支障なく出入させ、かつ、その全体を収容することができること ③自動車の保有者が自動車の保管場所として使用する権限を有していること

保管場所としての道路の使用の禁止	何人も道路上の場所を自動車の保管場所として使用してはならない ①道路上の同一の場所に引き続き**12時間以上**駐車する行為をしてはならない ②夜間（日没時から日出時までの時間）に道路上の同一の場所に引き続き**8時間以上**駐車する行為をしてはならない

注意！
従業員が違反行為を行った場合、使用者に対しても罰金刑が科されます。

3 防犯に関する指針

共用玄関	10m先の人の顔、行動が明確に識別でき、誰であるか明確に分かる程度以上の照度が必要 平均水平面照度がおおむね**50ルクス**以上必要とされる
駐車場	4m先の人の挙動、姿勢等が識別できる程度以上の照度が必要 平均水平面照度がおおむね**3ルクス**以上必要とされる
エレベーター	かごおよび昇降路の出入口の戸は、外部からかご内を見通せる窓が設置されたものであること

Keyword
ルクス
光源によって照らされている面の明るさを表す指標。
一般的なオフィス等では100～200ルクス以上の明るさが必要とされています。平均300ルクス程度が一般的です。

4 警備業法

①警備業	事務所・住宅・興行場・駐車場等における盗難等の事故の発生を警戒・防止する業務等であって、他人の需要に応じて行うもの
②警備業者	都道府県公安委員会の認定を受けて警備業務を行う者。警備業者は**18歳**未満の者を警備員とすることはできない
③機械警備業務	警備業務用機械装置を使用して行う警備業務
④書面の交付義務	警備業者は、警備業務の依頼者と警備業務を行う契約をしようとするときは、当該契約を締結するまでに、当該契約の概要について記載した書面をその者に交付しなければならない

機械警備業務を行うにあたっては、基地局ごとに公安委員会が交付した機械警備業務管理者資格者証を有する者を機械警備業務管理者として選任し、その基地局の所在地を管轄する公安委員会に届け出る必要があります。

5 住生活基本計画

【目標1】 「新たな日常」やDXの進展等に対応した新しい住まい方の実現	①国民の新たな生活観をかなえる居住の場の多様化および生活状況に応じて住まいを柔軟に選択できる居住の場の柔軟化の推進
	②AI等新技術を活用した住宅の契約・取引プロセスのDX、住宅の生産・管理プロセスのDXの推進
【目標2】 頻発・激甚化する災害新ステージにおける安全な住宅・住宅地の形成と被災者の住まいの確保	①安全な住宅・住宅地の形成
	②災害発生時における被災者の住まいの早急な確保
【目標3】 子どもを産み育てやすい住まいの実現	①子どもを産み育てやすく良質な住宅の確保
	②子育てしやすい居住環境の実現とまちづくり
【目標4】 多様な世代が支え合い、高齢者等が健康で安心して暮らせるコミュニティの形成とまちづくり	①高齢者、障害者等が健康で安心して暮らせる住まいの確保
	②支え合いで多世代が共生する持続可能で豊かなコミュニティの形成とまちづくり
【目標5】 住宅確保要配慮者が安心して暮らせるセーフティネット機能の整備	①住宅確保要配慮者（低額所得者、高齢者、障害者、外国人等）の住まいの確保
	②福祉政策と一体となった住宅確保要配慮者の入居・生活支援
【目標6】 脱炭素社会に向けた住宅循環システムの構築と良質な住宅ストックの形成	①ライフスタイルに合わせた柔軟な住替えを可能とする既存住宅流通の活性化
	②長寿命化に向けた適切な維持管理・修繕、老朽化マンションの再生（建替え・マンション敷地売却）の円滑化
	③世代をこえて既存住宅として取引されうるストックの形成

【目標7】 空き家の状況に応じた適切な管理・除却・利活用の一体的推進	①空き家の適切な管理の促進とともに、周辺の居住環境に悪影響を及ぼす空き家の除却 ②立地・管理状況の良好な空き家の多様な利活用の推進
【目標8】 居住者の利便性や豊かさを向上させる住生活産業の発展	①地域経済を支える裾野の広い住生活産業の担い手の確保・育成
	②新技術の開発や新分野への進出等による生産性向上や海外展開の環境整備を通じた住生活産業の更なる成長

6 建築物省エネ法

(1)　基準適合義務等

建築物省エネ法では、以下の規模の建築物の新築等に関して、一定の義務を課しています。

	非住宅	住宅
2,000㎡以上	省エネ基準への適合義務	届出義務
300㎡以上2,000㎡未満		
300㎡未満	努力義務 ＋ **説明義務** 300㎡未満の建築物の設計に際して、建築士から建築主に対して、以下の内容について書面等で説明を行うこと（省エネ説明）が義務づけ ①省エネ基準への適否 ②省エネ基準に適合しない場合は省エネ性能確保のための措置	

(2) 住宅トップランナー制度

住宅トップランナー制度とは、住宅事業建築主に対して、供給する住宅に関する省エネ性能の向上のための基準（住宅トップランナー基準）に照らして必要がある場合に、国土交通大臣が省エネ性能の向上を勧告することができる制度です。令和５年度から分譲マンション事業者もこの制度の対象となりました。

年間1,000戸以上の住戸を供給する分譲マンション事業者が対象です。

7 動物の愛護および管理に関する法律

注意！

飼い主等の責任の規定は努力義務なので罰則はありません。

飼い主等の責任	動物の所有者または占有者は、命あるものである動物の所有者または占有者としての責任を十分に自覚して、その動物をその種類、習性等に応じて適正に飼養し、または保管することにより、動物の健康および安全を保持するように努めるとともに、動物が人の生命、身体もしくは財産に害を加え、または人に迷惑を及ぼすことのないように努めなければならない
	動物の所有者または占有者は、その所有し、または占有する動物に起因する感染性の疾病について正しい知識を持ち、その予防のために必要な注意を払うように努めなければならない
	動物の所有者は、その所有する動物が自己の所有に係るものであることを明らかにするための措置として環境大臣が定めるものを講ずるように努めなければならない
犬およびねこの引取り	都道府県等は、犬またはねこの引取りをその所有者から求められたときは、これを引き取らなければならない。この場合において、都道府県知事等は、その犬またはねこを引き取るべき場所を指定することができる

11章 防水・断熱・防音

重要度 ★☆☆　出題実績 H18・21・24・25・30・R3

本日の講義

1. メンブレン防水
2. シーリング防水
3. 断熱
4. 防音
5. 窓ガラスの種類
6. アルミサッシ改修工法

ココを覚える！

①防水工法の種類を覚える。
②断熱工法の特徴を覚える。
③防音について覚える。
D値、L値については押さえること。

「ごうかく！攻略問題集」
➡p.556〜564

1 メンブレン防水

メンブレン防水とは、不透水性被膜を形成して防水層を作る防水方法の総称です。メンブレン防水には以下の種類があります。

アスファルト防水	アスファルトルーフィングを溶融アスファルトで接着し、一体化した防水工法。露出したままでは歩行できない また、施工中の臭いや煙等の問題点がある
改質アスファルト防水	アスファルトにポリマーを添加したものを、トーチバーナーで加熱しながら貼り付けるトーチ工法等がある
シート防水	ゴム系や塩ビ系のシートを接着剤で貼り付ける工法 塩ビ系は表面強度があるので**軽歩行が可能**。ゴム系はやわらかいので**そのままでは歩行できない**
塗膜防水	液状の防水材を塗り重ね、表面にトップコートを塗る防水工法 施工が容易なので、バルコニーや廊下・突出物が多い屋上等に用いられる

外気温の著しい低下が予想されるときは、防水工事の施工を停止しなければなりません。防水工事は気温に大きく左右されるからです。

メンブレン防水は、屋上や廊下等の広い場所の防水に用いられます。

防水層の改修工法には、撤去工法の他、かぶせ工法もあります。

塗膜防水には、超速硬化ウレタン防水のように、短時間で工事が終了できるものがあります。

2 シーリング防水

シーリング防水とは、コンクリートの打ち継ぎ部や目地部からの雨水の浸入を防ぐ防水工法のことをいいます。シーリング防水には次の種類があります。

シーリング防水は、隙間を埋める（シールする）防水です。

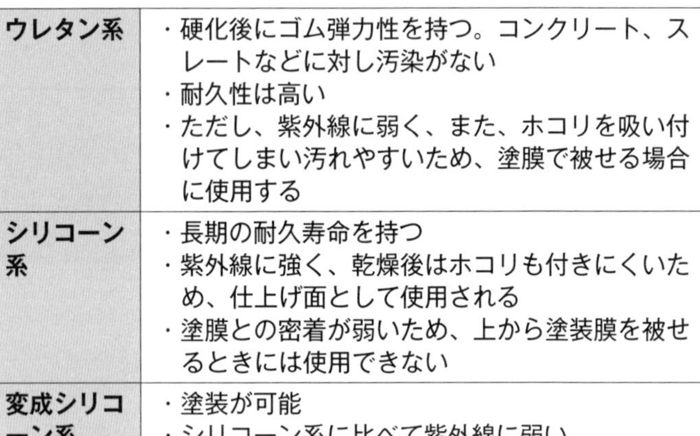

ウレタン系	・硬化後にゴム弾力性を持つ。コンクリート、スレートなどに対し汚染がない ・耐久性は高い ・ただし、紫外線に弱く、また、ホコリを吸い付けてしまい汚れやすいため、塗膜で被せる場合に使用する
シリコーン系	・長期の耐久寿命を持つ ・紫外線に強く、乾燥後はホコリも付きにくいため、仕上げ面として使用される ・塗膜との密着が弱いため、上から塗装膜を被せるときには使用できない
変成シリコーン系	・塗装が可能 ・シリコーン系に比べて紫外線に弱い

3 断熱

（1）熱伝導等の用語

外皮平均熱貫流率	**外皮平均熱貫流率**（UA値）は、住宅の内部から床、外壁、屋根（天井）や開口部などを通過して**外部へ逃げる熱量を外皮等（床等）全体で平均した値** ※値が小さいほど熱が逃げにくく、**省エネルギー性能が高い**ことを示す
熱伝達	空気から壁の表面へ又は壁の表面から空気へ熱が伝わること
熱伝導	壁の内部で、一方の表面から他方表面に材料中を熱が移動すること
熱貫流	壁、床、屋根等を通して熱が通過することで、室内の空気から屋外の空気に熱が伝わること

（2）断熱工法

断熱工法には、内断熱と外断熱があります。

	長所	短所
内断熱	①コストが安い ②空調の面で有利 ③外壁材が自由に選べる	①断熱材が湿気を吸収することで、断熱性が低下するので、室内側に防湿層を設ける必要がある ②躯体に温度変化が生じるため負担がかかる
外断熱	①気密性が確保できる ②躯体に温度変化が生じないので、負担がかからない ③結露防止効果が高い	①コストが割高 ②空調の面で不利（気密性が高い分、十分な換気が必要）

4 防音

防音では、D値、L値、ΔL値およびT値を覚えておきましょう。

D値は、Sound Pressure Level Differenceの略です。

（1）D値

主に住宅の界壁が騒音を遮断する能力については、D値（空気音の遮音を表す数値）で表します。

D値の“D”はdifference（差異）を意味します。音が生じた部屋とその隣の部屋での音の大きさの違い、つまり透過損失の値なのです。

特級	1級	2級	3級
D55	D50	D45	D40

D値は、数値が大きいほうが高性能です。D値が大きい＝透過損失が大きい＝音が壁を透過する際のエネルギーロスが大きい＝音が小さくなるということだからです。

講師より

L値は、Floor Impact Sound Levelの略です。

講師より

L値は、数値が小さいほうが高性能です。L値は床で生じた音の大きさなのでL値が大きい＝音が大きいということになります。

（2）L値

住宅の床衝撃音は、L値（上階の衝撃音が下階で聞える大きさを示す数値）で表します。

遮音等級		L40	L45	L50	L55
集合住宅としての等級	軽量床衝撃	特級	1級	2級	
	重量床衝撃	特級		1級	2級
遮音等級別の生活状態	軽量LL	ほとんど聞こえない	サンダルの音は聞こえる	料理の音等は聞こえる	スリッパのでも聞こえる
	重量LL	遠くから聞こえる感じ	聞こえるが気にならない	ほとんど気にならない	少し気になる
	住宅での生活状態	気兼ねなく生活できる	少し気をつける	やや注意して生活する	注意すれば問題ない

（3）ΔL（デルタ）値

ΔL値は床材が床衝撃音をどれだけ抑えられるかという床材単体の遮音性能を表すものです。ΔL値では、数が大きいほど遮音性能が高くなります。

（4）T値

サッシの遮音性能を示す数値をT値といいます。T値は数が大きいほど遮音性能が高くなります。

5 窓ガラスの種類

窓ガラスには、主に次のような種類があります。

合わせガラス	複数の板ガラスの間に樹脂などの中間膜を挟み、接着したガラスのこと
強化ガラス	ガラスを加熱したのち、急冷して、耐風圧強度を高めたガラスのこと
複層ガラス	複数枚の板ガラスを重ね、その間に乾燥空気などの中間層を設けた断熱性の高いガラスのこと
フロートガラス	板ガラスのこと

6 アルミサッシ改修工法

アルミサッシ改修工法には以下の種類があります。

かぶせ工法（旧枠を利用する方法）	①カバー工法…旧枠を基礎にして取り付ける工法。カバーⅠ工法とカバーⅡ工法があり、カバーⅡ工法は、カバーⅠ工法に比べ立ち上がりが低く、開口が大きく取れる
	②持ち出し工法…旧枠を基礎にしてその前に取り付ける工法
	③ノンシール工法…建具設置後のシーリング工事が不要な工法。トイレの窓等の小部分に用いられる
撤去工法（旧枠を撤去する方法）	①引き抜き工法…引き抜きにより旧枠を除去する工法
	②はつり工法…はつり（削り）により旧枠を除去する工法

12章 建築知識

重要度 ★★★　出題実績 H13、14、19〜27・29・30・R2・3

本日の講義

1 建築構造
2 建築材料
3 耐震改修法
4 耐震改修工事

ココを覚える！

①建築構造を覚える。地震や火災に強いかどうかはしっかり覚える。
②耐震改修法・耐震改修工事、特に耐震改修工事の種類についてはしっかり覚える。

「ごうかく！攻略問題集」
➡p.566〜580

1 建築構造

構造	内容	長所	短所	特徴
木造（W造）wooden construction	在来工法としては、柱と梁で構成する軸組工法と、耐震性・耐熱性を高めた枠組壁工法（例2×4工法）とがある	●加工や組み立てが容易 ●軽量な割に強度大	●燃えやすい ●腐りやすく、白ありに弱い ●含水率により、変形が大きくなる	工法としては軽量で加工しやすい。軸組工法は、骨組みを外に出す真壁造とそれを内部外壁で包んで外に出さない大壁造に分類される
鉄骨造（S造）steel construction	色々な形鋼を用いて、柱と梁を主体とした立体的な骨組みを構成する構造	●粘り強く、耐震性が高い ●鉄筋コンクリート造に比べて軽量 ●大スパンの工場や超高層の建物に適する	●熱に弱い。耐火被覆が必要 ●腐食しやすい防錆処理が必要 ●座屈しやすい	ラーメン・トラス・アーチ構造等の多くの構造形式で使われ、高層建築や大スパンの構造が可能

Keyword

軸組み工法
柱、梁、筋交いなどの軸組で建物の骨組みをつくる工法。
2×4工法
フレーム状に組まれた木材に構造用合板を打ち付けた壁や床（面材）で建物を構成する工法。
名前の由来は、主要な部分が、2インチ×4インチサイズの部材で構成されることによります。

講師より

鉄は燃えませんが、火熱に弱い（軟らかくなってしまう）ので耐火被覆が必要になります。

鉄筋コンクリート造(RC造) reinforced concrete construction	引張力に強い鉄筋と圧縮力に強いコンクリートのよい所を活かした一体構造 柱･梁･壁･床等を主体として構成する構造	●熱に強い ●耐久性がある ●剛性が高く、耐震性がある ●形が自由につくれる	●自重が大きい ●大部分が現場施工であり、品質に差が生じやすい	ラーメン・壁式・アーチ・折版・シェル構造など多彩な構造形式を選択することが可能 高層マンションで用いられる
鉄骨鉄筋コンクリート造(SRC造) steel reinforced concrete construction	鉄骨構造を鉄筋コンクリートで被覆したもの	●鉄骨造より耐火性が高い ●鉄筋コンクリート造より耐震性が高い ●柱間のスパンを大きく取れる	●施工工程が長期にわたる ●施工管理により品質のバラツキが生じやすい ●施工費がかかる	ラーメン構造等の多くの構造形式が選択可能 高層マンションで用いられる

2 建築材料

（1）木材

①木材の特徴

長所	短所
・軽い ・弾性が大 ・熱伝導率が小	・可燃性 ・吸湿・吸水性 ・乾燥による変形大 ・腐朽しやすい

②木材の種類

集成材	製材された板（ひき板）あるいは小角材などを乾燥し、節や割れなどの欠点の部分を取り除き、繊維方向（長さの方向）を平行にして、接着剤を使って集成接着したもの
積層材	単板を主として その繊維方向を互いにほぼ平行にして、積層接着したもの

Keyword

ラーメン構造
柱・梁・床で構成され、柱・梁の接点を剛接合した四角形で構成される構造。

トラス構造
三角形を単位として構成され、ピン接合される構造。

アーチ構造
曲線状の架構で、軸方向の圧縮力で支持する構造。

木材は水分を含んでいることから、十分乾燥させないと収縮・変形してしまうので、一般的には含水率15%程度まで乾燥させます。

合板（ベニヤ）	薄い単板を繊維方向が交差するように奇数枚重ね合わせて接着したもの
ファイバーボード	植物繊維を主な原料にしてつくった板状の建築材料

（2）セメント

水と反応して硬化する鉱物質の粉末のことをセメントといいます。一般にはポルトランドセメント（水硬性のカルシウムシリケートを主成分とするクリンカーに適量の石膏を加え、微粉砕して製造されるセメント）をいいます。

講師より

セメントには、他にも高炉スラグセメント（高炉で銑鉄をつくるときにできる鉱さいを原料とするセメント）、フライアッシュセメント（火力発電所で発生する石炭の焼却灰（フライアッシュ）を原料とするセメント）等があります。

（3）コンクリート

①コンクリート

セメント・水・細骨材・粗骨材を適当な割合に混練し、硬化させたものです。製法および成形が容易です。

②混和材

コンクリートにある性質を持たせるために加えるもので、セメント、水、骨材以外の材料のことです。

ＡＥ剤	生コンクリートの作業性をよくしたりするために、細かい気泡を生じさせる混和剤
減水剤	セメント粒子の分散や初期の水和反応を抑制したりして、コンクリートの作業性を落さずに、水の量を減らして強度を増加させるために用いる

コンクリートと鋼材とは熱膨張率がほぼ等しく、相性がよいとされています。

混和材や鉄筋を含まないコンクリートを「プレーンコンクリート」と呼びます。

③コンクリートの特徴

長所	短所
・圧縮強度が大 ・剛性が高い ・自由な成形が可能 ・耐火性が高い	・引張強度が小 ・靭性が低い ・ひび割れが生じやすい

④水セメント比

コンクリートの強度を表す指標のひとつです。主要な材料である水とセメントとの重量比で、水量をW、セメント量をCとすると「W/C」の百分率で示されます。水が多いほど練り混ぜしやすく、型枠にも打ち込みやすい半面、コンクリートの強度は低下します。

水セメント比は、"重量比"です。

⑤スランプ試験

固まる前のコンクリートの軟らかさを表す用語を「スランプ」といい、そのレベルを調べる試験のことです。スランプコーンと呼ばれる上端のほうが狭い円筒形の容器に固まる前のフレッシュコンクリートをつめて、コーンを真上に抜き取った時に、コンクリート頂部の高さが何cm下がったかを測定します。数値が大きいほど軟らかく、施工しやすいことになります。

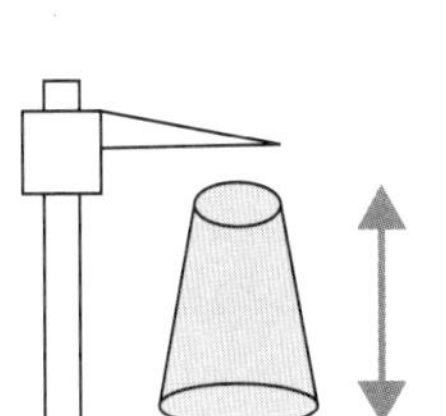

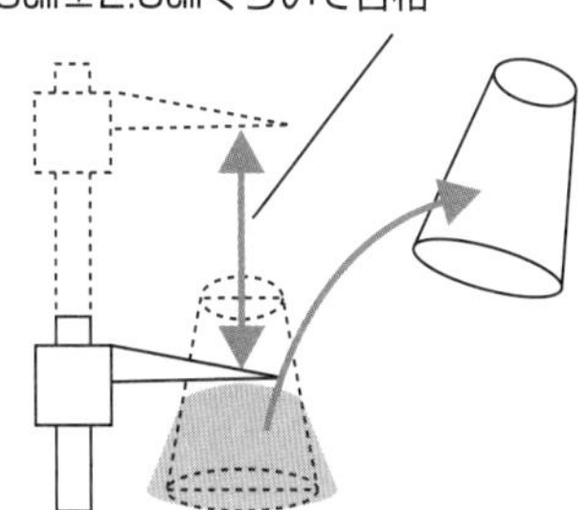

⑥プレキャストコンクリート

あらかじめ工場や現場で成型したコンクリートの板状の部材のことです。

プレキャストコンクリートと現場打ちコンクリートを併用する工法（ハーフプレキャスト）もあります。

⑦レディミクストコンクリート

工場で調合され、打設現場まで配達されるコンクリートのことです。

⑧フレッシュコンクリート

まだ固まらない状態のコンクリートのことです。

⑨プレーンコンクリート

鉄筋や混和材料を含まないコンクリートのことです。

⑩コンクリートの養生

コンクリート打込み中および打込み後５日間は、コンクリートの温度が２度を下らないようにし、かつ、乾燥、震動等によってコンクリートの凝結および硬化が妨げられないように養生しなければなりません。

⑪鉄筋の末端

鉄筋の末端は、かぎ状に折り曲げて、コンクリートから抜け出ないように定着しなければなりません。

⑫かぶり厚さ（建築基準法施行令79条）

鉄筋に対するかぶり厚さとは、鉄筋表面とこれを覆うコンクリートの表面までの最短距離をいいます。

部位		かぶり厚さ
柱・梁・耐力壁	土に接しない	３㎝以上
	土に接する	４㎝以上
基礎（布基礎の立上り部分除く）		６㎝以上
鉄骨鉄筋コンクリートの鉄骨		５㎝以上

（４）鋼材の特徴

Keyword
靭性
物質の粘り強さのことです。

長所	短所
・引っ張りに強い ・靭性が大	・熱に弱い ・圧縮力に弱い ・錆びやすい

3 耐震改修法

（１）特定既存耐震不適格建築物（耐震改修法14条）

以下の建築物であって既存耐震不適格建築物であるものの所有者は、当該特定既存耐震不適格建築物について耐震診断を行い、その結果、地震に対する安全性の向上を図る必要があると認められるときは、当該特定既存耐震不適格建築物について耐震改修を行うよう努めなければなりません。

①賃貸共同住宅で、階数が３以上で、かつ、床面積の合計が1,000㎡以上（既存耐震不適格建築物であるものに限る。）
②分譲マンション（既存耐震不適格建築物であるものに限る）であっても、都道府県耐震改修促進計画に記載された道路に接する敷地に建つもので、道路の幅員などによって決まる限度以上の高さの部分がある場合。

（２）既存耐震不適格建築物の所有者の努力義務（耐震改修法16条）

既存耐震不適格建築物の所有者は、当該既存耐震不適格建築物について耐震診断を行い、必要に応じ、当該既存耐震不適格建築物について耐震改修を行うよう努めなければなりません。分譲マンションも耐震関係規定に適合しないものは、この既存耐震不適格建築物に該当します。

（３）基本方針（耐震改修法４条）

国土交通大臣は、建築物の耐震診断および耐震改修の促進を図るため、基本方針を定め、これを公表するものとされています。

基本方針では、「各階の構造耐震指標」（Is）が0.6以上、かつ、「各階の保有水平耐力に係る指標」（q）が1.0以上のものは、地震の震動及び衝撃に対して倒壊し、または崩壊する危険性が低いとしています。

鉄筋コンクリート造マンションでは構造耐力上主要な部分が地震の振動および衝撃に対して倒壊し、または崩壊する危険性が低いと判断されるのはIs値（各階の構造耐震指標）が0.6以上かつｑ値（各階の保有水平耐力指標）が1.0以上の場合である。

（４）計画の認定（耐震改修法17条）

建築物の耐震改修をしようとする者は、国土交通省令で定めるところにより、建築物の耐震改修の計画を作成し、所管行政庁の認定を申請することができます。

所管行政庁は、申請があった場合において、建築物の耐震改修の計画が基準に適合すると認めるときは、その旨の認定をすることができます。計画の認定を受けた建築物については、次の建築基準法の緩和が認められます。

①既存不適格建築物の制限の緩和

耐震関係規定以外の不適格事項については、引き続き既存不適格建築物と認められます。

②耐火建築物に係る制限の緩和

耐震性の向上のために耐火建築物に壁を設けたり、柱の補強を行う結果、耐火建築物に係る規定に適合しないことがやむを得ないと認められ、かつ、一定の条件を満たし防火上および避難上支障がないと認められる場合は、当該規定は適用されません。

③建築確認の手続きの特例

注意！
すべての建築物で建築確認手続が不要となるわけではなく、あくまで耐震改修の計画の認定を受けた建築物についてだけです。

建築確認が必要な大規模の修繕、大規模の模様替であっても、**確認申請手続きが不要**となります。

④建蔽率・容積率の規定の不適用

耐震改修工事に伴う増築等の場合、建蔽率・容積率の規定は適用されません。

（5）区分所有建物の耐震改修の必要性に係る認定（耐震改修法25条）

耐震診断が行われた区分所有建物の管理者は、所管行政庁に耐震改修の必要性に係る認定を申請することができます。この場合の耐震改修工事は、普通決議で可能です。

（6）建築物の地震に対する安全性に係る認定（耐震改修法22条）

地震に対する安全性に係る認定は、新築住宅だけでなく中古住宅も対象です。

建築物の所有者は、国土交通省令で定めるところにより、所管行政庁に対し、当該建築物について**地震に対する安全性に係る基準に適合している旨の認定**を申請することができます。そして、認定を受けた者は、認定を受けた建築物（基準適合認定建築物）、その敷地またはその利用に関する広告その他の国土交通省令で定めるものに、国土交通省令で定めるところにより、基準適合認定建築物が上記の認定を受けている旨の表示を付することができます。

4 耐震改修工事

耐震壁増設	窓等の開口部を有している部分の壁を取り除き、耐震壁を設置する方法	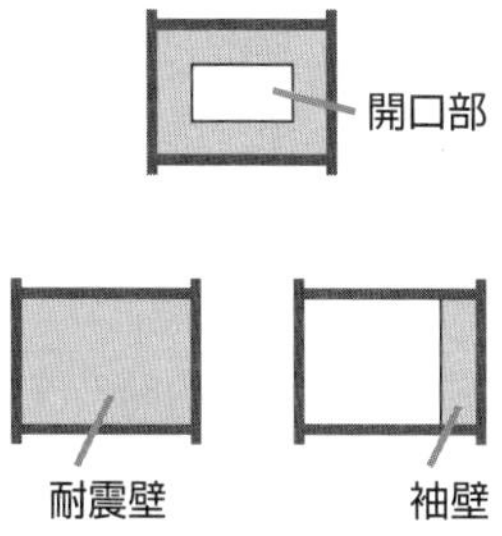 開口部
袖壁増設	窓等の開口部を有している部分の壁を取り除き、袖壁を設置する方法。柱自体の補強として用いられる	耐震壁　袖壁
鉄骨ブレース増設	既存の壁等を取り除き、鉄骨ブレース（筋違い）を入れることにより耐震性能を向上させる方法	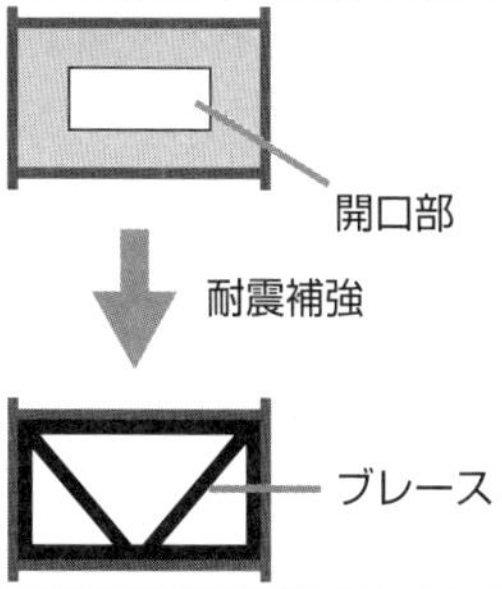 開口部　耐震補強　ブレース
柱・梁に鉄板や炭素繊維を巻く	地震時に部分的に破壊されるおそれがある部分に鉄板や炭素繊維を巻きつけ、コンクリートを拘束することで崩壊を防ぐ方法	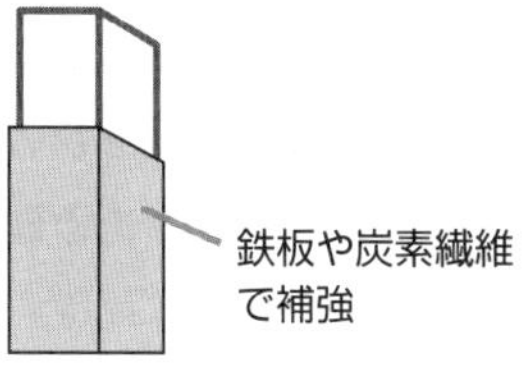 鉄板や炭素繊維で補強
耐震スリット	既存の壁と柱の間にスリットを設けることで、地震の振動から柱の変形や破壊の被害を最小限に抑える耐震改修工事	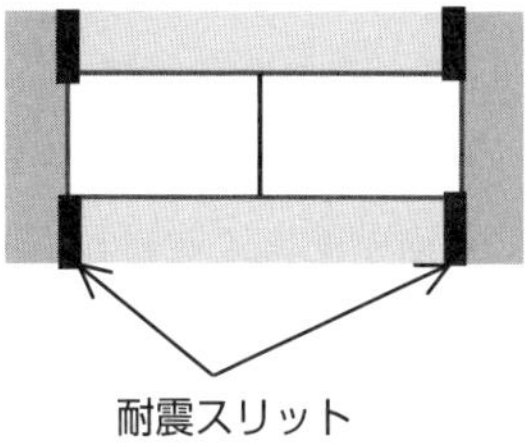 耐震スリット

Keyword

袖壁
構造的・防火的な理由から、開口部の脇の柱までの間に設ける小さい壁や、建物外部に突き出した壁のこと。

長周期地震動（周期の長いゆっくりとした大きな揺れ）の場合、免震構造は短い揺れに対応するものなので、十分な効果を発揮できない可能性があります。

免震構造	基礎と上部構造との間に、積層ゴム等の特殊な免震装置を付けることによって、地震が起きた時の地面の揺れを建物に伝わりにくくするように設計された構造	免震装置
制震構造	建物内部の柱等にダンパーなどを組み込んで地震のエネルギーを吸収し、建物の揺れを低減する構造	制震装置

（1）地震に弱い建築物

以下のような建築物は地震に弱いとされています。

①ピロティ形式の建築物
②コの字型、L字型の建築物
③重心（建物の平面形状の中心）と剛心（水平力に対抗する力の中心）に距離がある建築物
④耐力壁等が均等に配置されていない建築物

ピロティ
柱だけで建築物を支え、壁のない階のことです。

注意！

②コの字型、L字型の建築物は、エキスパンションジョイントで接続します。

（2）受水槽の地震対策

受水槽には、スロッシング（水槽に周期的な振動が加わった際に、水面が大きくうねり、上部（ふた）等が破壊される現象）対策が必要です。

また、地震時の給水機能確保のため、受水槽の出口側給水口端に緊急遮断弁を設けることも有効です。

13章 大規模修繕工事

重要度 ★★★　出題実績 H13〜21・23・24・26・27・30〜R 5

本日の講義

1. 大規模修繕の種類
2. 建物の劣化現象
3. コンクリートの診断方法
4. 外壁の診断方法
5. 長期修繕計画作成のガイドライン
6. 修繕積立金ガイドライン

ココを覚える！

①大規模修繕工事について覚える。
②建物の劣化現象について覚える。
どのような劣化現象があるか注意。
③診断方法について覚える。劣化に対して
どのように診断するかを押える。

「ごうかく！攻略問題集」
➡p.582〜610

1 大規模修繕の種類

大規模修繕とは、計画修繕工事のうち、時間の経過その他により傷んだ建物の各部を原状または実用上支障のない状態まで性能・機能を回復させるための工事をいいます。大規模修繕工事には、以下の種類があります。

①設計監理方式	設計事務所などコンサルタントに調査・修繕計画の作成・業者の選定等を依頼する方法
②責任施工方式	施工会社数社に調査・修繕計画の作成・見積もりを行わせ、その中から１社を選択する方法
③管理業者主導方式	管理業者が主導して大規模修繕工事の準備・実施を行う方法
④CM方式	発注者と受注者の間に発注者の代理人であるコンストラクションマネージャーが加わる３者関係によって成立する契約方式

講師より

責任施工方式は、一社に大規模修繕工事を任せてしまうので、設計監理方式に比べて第三者チェックが入りにくいというデメリットがあります。

2 建物の劣化現象

建物劣化現象には、次のものがあります。

用語	定義
中性化	中性化とは、硬化したコンクリートが空気中の炭酸ガスの作用によって次第にアルカリ性を失って中性に近づく現象をいう
鉄筋の腐食	コンクリートの中性化やひび割れ、化学物質や漏洩電流により鉄筋が発錆すること
ひび割れ	コンクリートの許容応力度以上の応力が生じることで、コンクリートが部分的に破壊される現象
漏水	水が部材の断面を透過してしみ出たり、部材内および部材間の隙間から漏出する現象
大たわみ	鉄筋の腐食やひび割れ、外力や熱作用により、主として水平部材が大きく変形する現象
浮き	仕上材が躯体から剥離した状態や、躯体コンクリートの鉄筋のかぶりが浮いている状態
剥落	仕上材や浮いていたコンクリートが躯体から剥がれ落ちる現象
錆汚れ	腐食した鉄筋の錆がひび割れ部から流出し、コンクリートの表面に付着した状態
エフロレッセンス（白華現象）	コンクリートの表面に出た白色の物質（セメント中の石灰等が水に溶けて表面に染み出し、空気中の炭酸ガスと化合してできたもの）
ポップアウト	コンクリート**内部の部分的な膨張圧**により、コンクリート表面の小部分が円錐形のくぼみ状に破壊された状態
チョーキング(白亜化)	塗膜表面やシーリング材の劣化により表面が粉末状態になった状態をいう

注意！

ひび割れの幅が0.2mm以上となると、漏水の原因となります。

コンクリートのひび割れの原因として、建物の不同沈下、コンクリートの乾燥収縮、鉄筋腐食、アルカリ骨材反応等があります。

ポップアウトの原因としては、アルカリ骨材反応や凍害等があります。

コンクリートのひび割れの原因

原因	特徴
鉄筋腐食	鉄筋に沿ったひびがコンクリートに発生する
乾燥収縮	開口部から角へ向かって放射状のひび割れが生じる
アルカリ骨材反応	コンクリートに含まれる**アルカリ性の水溶液**が**骨材中の成分**と反応し、異常膨張やそれに伴うひび割れなどを引き起こす現象 不規則のひび割れがコンクリート表面に生じる

コールドジョイント	コンクリートの打重ねる時間の間隔が許容打重ね時間を超えた場合に、後に打ち込まれたコンクリートと一体化しない不連続な面が形成され、これによりひび割れ等が生じる現象

3 コンクリートの診断方法

コンクリートの診断方法には、以下のものがあります。

種類	内容・方法
中性化深さ診断	測定する部位に10㎜程の孔をあけ、フェノールフタレイン溶液を噴霧した後、スケール付内視鏡で診断する
塩分量の診断	コアサンプルを抜き出して、そのサンプルを使い、コンクリート中の塩分濃度を測定する
ひび割れ診断	目視でひび割れの有無等を、クラックスケールを用いて測る 目視で調査できないようなひび割れは、超音波法等によって測る
コンクリート強度の診断	コンクリートコアを破壊し、検査・診断をする方法（破壊検査） シュミットハンマーでコンクリート表面を打撃し、表面のくぼみや跳ね返りを測定する方法（非破壊検査）
赤外線映像装置（サーモカメラ）調査	対象物の表面各部から放射される赤外線量を測定し、温度分布像として映像化することで、水分の浸入や躯体の浮きを判断する

シュミットハンマー

クラックスケール

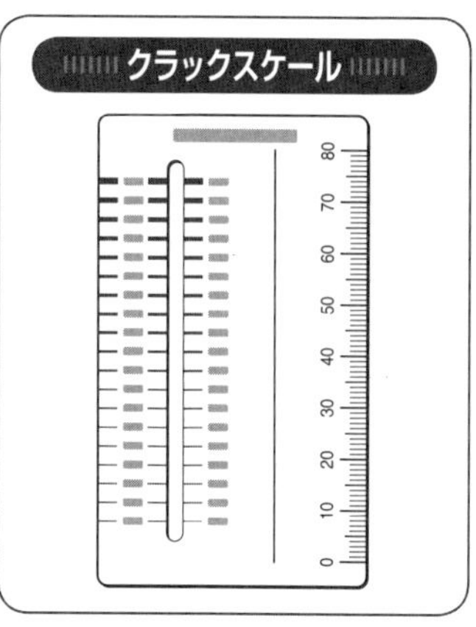

Keyword
フェノールフタレイン溶液
アルカリ性の範囲でピンクないしは赤紫色を呈する溶液のことです。

中性化してもコンクリート自体の強度は低下しません。

クラックスケールは、ひび割れの幅を測るもので、深さを測るものではありません。

4 外壁の診断方法

外壁の劣化診断には以下のものがあります。

目視診断	文字通り、目で見て判断する方法
打撃診断	パールハンマーやテストハンマーで部分打診・全面打診をしてタイルやモルタルの浮きを診断する方法
赤外線映像装置（サーモカメラ）調査	対象物の表面各部から放射される赤外線量を測定し、温度分布像として映像化することで、水分の浸入や躯体の浮きを判断する方法
引張試験	引張試験機（建研式）を使用して、塗装や外装材の付着力を測定する方法
クロスカット試験	塗膜にカッターナイフ等で傷をつけ、それにテープを貼り付け、そのテープを引き剥がした後に残る塗膜の状態で、塗膜の付着力を診断する方法

赤外線映像判断は、健常部と不良部分との熱の伝わり方の違いによって診断する方法ですので、季節、天候、時刻によって影響を受けることになります。

パールハンマー

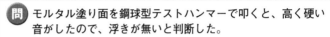

H30-26-肢3

問 モルタル塗り面を鋼球型テストハンマーで叩くと、高く硬い音がしたので、浮きが無いと判断した。

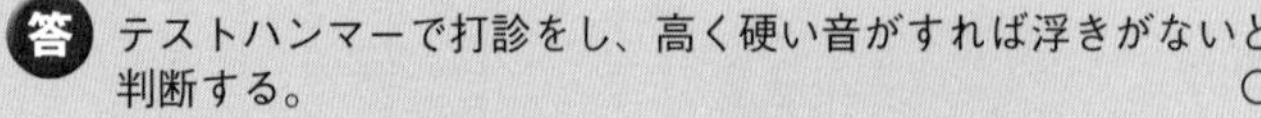

答 テストハンマーで打診をし、高く硬い音がすれば浮きがないと判断する。 ○

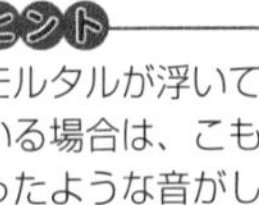

ヒント

モルタルが浮いている場合は、こもったような音がします。

5 長期修繕計画作成のガイドライン

マンションの居住環境や資産価値を良好に維持するためには、敷地、建物の共用部分および附属施設について、法定点検などの保守点検や軽微な破損などに対して経常的な補修を行うほか、経年劣化に対応して計画修繕工事を適時適切に実施することが不可欠です。特に、築古のマンションは省エネ性能が低い水準にとどまっているものが多く存在していることから、大規模修繕工事の機会をとらえて、マンションの省エネ性能を向上させる改修工事（壁や屋上の外断熱改修工事や窓の断熱改修工事等）を実施することは脱炭素社会の実現のみならず、各区分所有者の光熱費負担を低下させる観点からも有意義と考えられます。

（1）用語の定義

推定修繕工事	長期修繕計画において、計画期間内に見込まれる修繕工事（補修工事（**経常的に行う補修工事を除く**）を含む）および改修工事をいう
計画修繕工事	長期修繕計画に基づいて計画的に実施する修繕工事および改修工事をいう
大規模修繕工事	建物の全体または複数の部位について行う大規模な計画修繕工事（全面的な外壁塗装等を伴う工事）をいう
修繕積立金	**計画修繕工事**に要する費用に充当するための積立金をいう
推定修繕工事費	推定修繕工事に要する概算の費用をいう
修繕工事費	計画修繕工事の実施に要する費用をいう
推定修繕工事項目	推定修繕工事の部位、工種等による項目をいう

（2）長期修繕計画作成ガイドラインの対象範囲

単棟型のマンションの場合、管理規約に定めた組合管理部分である敷地、建物の共用部分および附属施設（共用部分の修繕工事または改修工事に伴って修繕工事が必要となる**専有部分を含む**）を対象とします。

また、団地型のマンションの場合は、多様な所有・管理形態

（管理組合、管理規約、会計等）がありますが、一般的に、団地全体の土地、附属施設および団地共用部分ならびに各棟の共用部分を対象とします。

（3）長期修繕計画作成ガイドラインの内容

（1）長期修繕計画の作成の前提条件	ア）推定修繕工事は、建物および設備の性能・機能を**新築時と同等水準に維持、回復させる修繕工事**を基本とする イ）区分所有者の要望など**必要に応じて**、建物および設備の性能を向上させる**改修工事を設定する** ウ）計画期間において、法定点検等の点検および経常的な補修工事を適切に実施する エ）計画修繕工事の実施の要否、内容等は、事前に調査・診断を行い、その結果に基づいて判断する
（2）長期修繕計画の精度	推定修繕工事の内容の設定、概算の費用の算出等は、新築マンションの場合、設計図書、工事請負契約書による**請負代金内訳書**および**数量計算書**等を参考にして、また、既存マンションの場合、保管されている**設計図書**のほか、修繕等の履歴、劣化状況等の調査・診断の結果に基づいて行うが、将来実施する計画修繕工事の内容、時期、費用等を**確定するものではない**
（3）長期修繕計画の作成および修繕積立金の額の設定の手順	新築マンションの場合は、分譲業者が提示した長期修繕計画（案）と修繕積立金の額について、**購入契約時の書面合意**により分譲業者からの引渡しが完了した時点で決議したものとするか、または引渡し後速やかに開催する**管理組合設立総会**において、長期修繕計画および修繕積立金の額の承認に関しても決議することがある 既存マンションの場合は、長期修繕計画の見直しおよび修繕積立金の額の設定について、理事会、専門委員会等で検討を行ったのち、専門家に依頼して長期修繕計画および修繕積立金の額を見直し、総会で決議する なお、長期修繕計画の見直しは、大規模修繕工事の中間に単独で行う場合と、大規模修繕工事の直前または直後に行う場合とがある

注意！

長期修繕計画の見直しに当たっては、必要に応じて専門委員会を設置するなど、検討を行うために管理組合内の体制を整えることが必要です。

注意！

長期修繕計画の見直しは５年程度ごととされていました。

（4）長期修繕計画の周知	管理組合は、長期修繕計画の作成および修繕積立金の額の設定にあたって、総会の開催に先立ち**説明会等**を開催し、その内容を区分所有者に説明するとともに、決議後、総会議事録と併せて長期修繕計画を区分所有者に**配付**するなど、十分な周知を行うことが必要である
（5）設計図書等の保管	管理組合は、分譲会社から交付された設計図書、数量計算書等のほか、計画修繕工事の設計図書、点検報告書等の修繕等の履歴情報を整理し、区分所有者等の求めがあれば閲覧できる状態で保管することが必要である なお、設計図書等は、紛失、損傷等を防ぐために、電子ファイルにより保管することが望まれる
（6）計画期間の設定	計画期間は、**30年以上**で、かつ大規模修繕工事が2回含まれる期間以上とする また、長期修繕計画は、不確定な事項を含んでいるので、**5年程度**ごとに調査・診断を行い、その結果に基づいて見直すことが必要である また、併せて修繕積立金の額も見直す
（7）修繕積立金の積立方法	修繕積立金の積立ては、長期修繕計画の作成時点において、計画期間に積み立てる修繕積立金の額を**均等にする積立方式（均等積立方式）**を基本とする
（8）推定修繕工事の単価設定	推定修繕工事費の算定における単価の設定の際は、**修繕工事特有の施工条件等を考慮**し、**部位ごとに仕様を選択**して、**新築マンション**の場合、**設計図書**、工事請負契約による**請負代金内訳書**等を参考として、また、**既存マンション**の場合、**過去の計画修繕工事の契約実績**、その**調査データ**、**刊行物の単価**、**専門工事業者の見積価格**等を参考として設定する
（9）長期修繕計画等の保管	管理組合は、**長期修繕計画を管理規約等と併せて**、区分所有者等から求めがあれば**閲覧できるように保管すること**が必要である

均等積立方式による場合でも5年程度ごとの計画の見直しにより、計画期間の推定修繕工事費累計額の増加に伴って必要とする修繕積立金の額が増加するので留意が必要です。

（4）長期修繕計画の作成の方法

（1）長期修繕計画の構成	長期修繕計画の構成は、①マンションの建物・設備の概要等、②調査・診断の概要、③長期修繕計画の作成・修繕積立金の額の設定の考え方、④長期修繕計画の内容、⑤修繕積立金の額の設定の「5項目」を基本とする

(2) マンションの建物・設備の概要等	①敷地、建物・設備および附属施設の概要（規模、形状等）、関係者、管理・所有区分、維持管理の状況（法定点検等の実施、調査・診断の実施、計画修繕工事の実施、長期修繕計画の見直し等）、会計状況、設計図書等の保管状況等の概要について示すことが必要である ②特に、管理規約および設計図書等に基づいて、長期修繕計画の対象となる敷地（団地型マンションの場合は土地）、建物の共用部分および附属施設の範囲を明示することが重要である ③建物および設備の劣化状況、区分所有者の要望等に関する調査・診断の結果について、その要点を示すことも必要である
(3) 長期修繕計画の作成の考え方	長期修繕計画の作成の目的、計画の前提等、計画期間の設定、推定修繕工事項目の設定、修繕周期の設定、推定修繕工事費の算定、収支計画の検討、計画の見直しおよび修繕積立金の額の設定に関する考え方を示すことが必要である
(4) 推定修繕工事項目の設定	①推定修繕工事項目は、新築マンションの場合は、設計図書等に基づいて、また、既存マンションの場合は、現状の長期修繕計画を踏まえ、保管されている設計図書、修繕等の履歴、現状の調査・診断の結果等に基づいて設定する ②マンションの形状、仕様等により該当しない項目、または修繕周期が計画期間に含まれないため推定修繕工事費を計上していない項目は、その旨を明示する ③区分所有者等の要望など必要に応じて、建物および設備の性能向上に関する項目を追加することが望まれる
(5) 修繕周期の設定	修繕周期は、新築マンションの場合、推定修繕工事項目ごとに、マンションの仕様、立地条件等を考慮して設定します。また、既存マンションの場合、さらに建物および設備の劣化状況等の調査・診断の結果等に基づいて設定します 設定に当たっては、経済性等を考慮し、推定修繕工事の集約等を検討します

では、過去問を見てみましょう。

過去問で CHECK! H26-27-肢1

問 推定修繕工事は、建物及び設備の性能・機能を工事時点における新築物件と同等の水準に維持、回復する修繕工事を基本とする。

答 修繕工事を基本とし、区分所有者等の要望により改修工事も実施する。 ○

ヒント
修繕は、機能等の維持・回復が原則でした。

6 修繕積立金ガイドライン

（1）修繕積立金の平均額の算出方法

計画期間全体における**修繕積立金の平均額の算出方法**（㎡当たり月単価）の**算出式**は以下のようになります。

（算出式）計画期間全体における修繕積立金の平均額（円／㎡・月）
Z＝(A＋B＋C)÷X÷Y

A：**計画期間当初**における**修繕積立金の残高**（円）
B：**計画期間全体**で集める**修繕積立金の総額**（円）
C：**計画期間全体**における**専用使用料等からの繰入額の総額**（円）
X：マンションの**総専有床面積**（㎡）
Y：長期修繕計画の**計画期間**（カ月）
Z：**計画期間全体**における**修繕積立金の平均額**（円／㎡・月）

（2）専有床面積当たりの修繕積立金の額

地上階数/建築延床面積		月額の専有面積当たりの修繕積立金額	
		事例の3分の2が包含される幅	平均値
【20階未満】	5,000㎡未満	235円～430円／㎡・月	335円／㎡・月
	5,000㎡以上～10,000㎡未満	170円～320円／㎡・月	252円／㎡・月
	10,000㎡以上～20,000㎡未満	200円～330円／㎡・月	271円／㎡・月
	20,000㎡以上	190円～325円／㎡・月	255円／㎡・月
【20階以上】		240円～410円／㎡・月	338円／㎡・月

超高層マンション（一般に20階以上）は、外壁等の修繕のための特殊な足場が必要となるほか、共用部分の占める割合が高くなる等のため、修繕工事費が増大する傾向にあります。

（３）機械式駐車場がある場合の加算額

機械式駐車場１台あたりの修繕工事費

機械式駐車場の機種	機械式駐車場の修繕工事費の目安（１台当たり月額）
２段(ピット１段)昇降式	6,450円/台・月
３段(ピット２段)昇降式	5,840円/台・月
３段(ピット１段)昇降横行式	7,210円/台・月
４段(ピット２段)昇降横行式	6,235円/台・月
エレベーター方式(垂直循環方式)	4,645円/台・月
その他	5,235円/台・月

（４）修繕積立金の主な変動要因

建物等の形状や規模、立地、共用施設の有無等	①　建物が階段状になっているなど複雑な形状のマンションや超高層マンションでは、外壁等の修繕のために建物の周りに設置する仮設足場やゴンドラ等の設置費用が高くなるほか、施工期間が長引くなどして、修繕工事費が高くなる傾向がある ②　一般的に建物の規模が大きくまとまった工事量になるほど、施工性が向上し、修繕工事の単価が安くなる傾向がある ③　エレベーターや機械式駐車場の有無およびその設置場所、エントランスホール・集会室等の規模等により、修繕工事費が変動する。近年の新築マンションでは、空調機の設置されたうち廊下、ラウンジやゲストルーム等、充実した共用施設を備えたマンションがみられる。また、温泉やプールがあるマンションもある。このようなマンションは、修繕工事費が高くなる傾向がある ④　建物に比べて屋外部分の広いマンションでは、給水管や排水管等が長くなるほか、アスファルト舗装や街灯等も増えるため、これらに要する修繕工事費が高くなる傾向がある

	⑤　塩害を受ける海岸に近いマンションや、寒冷地のマンションなど、立地によって劣化の進行度合いや必要な修繕の内容が異なり、修繕工事費に影響を与える場合がある
建物の所在する地域や技能労働者の就労環境の変化	①修繕工事費のうち、材料費や仮設材のリース費等については地域差がほとんどない ②一方、労務費は一定の地域差がある。特に大規模修繕工事においては主要な工種（とび工（仮設工事）、防水工（防水・シーリング工事）、塗装工（塗装工事））について、必要に応じて考慮することも重要である ③なお、労務費は建設業の担い手不足や技能労働者の就労環境の変化等により変動する可能性があるので、必要に応じて上昇分について考慮することも重要である
仕上げ材や設備の仕様	①　一般に高級な材料を使用している場合は修繕工事費が高くなる。ただし、材料によって必要な修繕の内容が異なったり、修繕の周期を長くできたりする場合もある ②　外壁については、一定期間ごとに塗り替えが必要な塗装仕上げの他、タイル張りのマンションも多くみられる。タイル張りの場合は、一定期間ごとの塗り替えは必要ないが、劣化によるひび割れや浮きが発生するため、塗装仕上げの場合と同様に適時適切に調査・診断を行う必要がある。修繕工事費は、劣化の状況や石綿含有部材の有無により大きく変動する ③　手摺り等には、鉄、アルミ、ステンレスなど様々なものが用いられる。一般的に、一定期間ごとに塗装する必要のある鉄製のものの他、錆びにくいアルミ製やステンレス製のものもある。近年の新築マンションでは、錆びにくい材料が多く使用されるようになってきており、金属部分の塗装に要する修繕工事費は少なくて済むようになる傾向がある ④　共用の給水管や排水管については、配管や継手部分の内部が腐食することから、これらを洗浄・研磨し、再度コーティン

	グする“更生工事”や、“更新（取替え）工事”が必要になる。近年の新築マンションでは、ステンレス管やプラスチック管等の腐食しにくい材料が使われており、それにより更生工事の必要性が低下し、取替え工事も遅らせせることができるようになっていることから、給排水管に関する修繕工事費は少なくて済むようになる傾向がある ⑤　仕上げ材や設備については、技術的な知見が時代とともに変化するものであり、技術革新に伴い、修繕工事費が少なくて済む場合もある
区分所有者の機能向上に対するニーズ等	①　近年の新築マンションの中には、生活利便性や防犯性を考慮して、さまざまな種類の付加設備（ディスポーザー設備、セキュリティー設備等）が設置されているものがみられる。このような設備が多いほど、修繕工事費は増加する傾向がある ②　新築時に設置されていなくても、その後に居住者のニーズの高まりや消防法等の法制度の改正を受けて新たな設備を付加等する場合がある。また、耐震性に劣っている場合や、居住者の高齢化に対応できていない場合は、耐震改修やバリアフリー改修等を行うことが望まれる。こうした改修工事が見込まれる場合は、所要の費用を計画的に積み立てておくことが重要となる

（5）均等積立方式と段階増額積立方式

	特　長	留　意　点
均等積立方式	将来にわたり定額負担として設定するため、**将来の増額を組み込んでおらず**、安定的な修繕積立金の積立てができる	修繕資金需要に関係なく均等額の積立金を徴収するため、段階増額積立方式に比べ、**多額の資金を管理する**状況が生じる 均等積立方式であっても、その後の長期修繕計画の見直しにより**増額が必要になる場合もある**

段階増額積立方式	修繕資金需要に応じて積立金を徴収する方式であり、当初の負担額は小さく、**多額の資金の管理の必要性が均等積立方式と比べて低い**	将来の負担増を前提としており、計画どおりに増額しようとする際に区分所有者間の合意形成ができず**修繕積立金が不足する**場合がある

(6) ガイドラインの活用について

修繕積立金ガイドラインは、マンションの購入予定者およびマンションの区分所有者・管理組合向けに、修繕積立金に関する基本的な知識や修繕積立金の額の目安を示したものです。なお、新築マンションにおいては、分譲会社から購入予定者に対し、修繕積立金の額の水準やその設定の考え方などについて、本ガイドラインを活用して説明がなされることが重要となります。こうした取組みを通じて、修繕積立金に関する購入予定者の理解がより進み、適正な修繕積立金の設定・積立ての促進につながることが期待されています。

また、長期修繕計画や修繕積立金の見直しを検討している管理組合については、本ガイドラインを参考にしてもらうことにより、見直しの必要性や見直し後の修繕積立金の概ねの水準について、区分所有者間の合意形成がより促進されることが期待されています。

第7編

税・会計・保険

　この分野からは例年3問(仕訳2問、税務1問)出題されます。

　仕訳は初学者には分かりにくいかもしれませんが、ルールさえ分かってしまえば簡単です。また、税務では消費税が非常に良く出題されていますので、特に重点的に勉強しましょう。

　過去に出題された内容がそのまま出されることが多いので、ぜひ得点源にできるようにしましょう。

1章 会計処理

重要度★★★　出題実績 H13～R5

本日の講義

ココを覚える！

①仕訳の仕組みを覚える。どんな取引に、どのような勘定科目を使うか押える。
②発生主義について覚える。“未払金”“前払金”等の勘定科目に気をつける。
③管理組合会計特有の原則を覚える。予算主義・区分経理の原則に注意。

「ごうかく！攻略問題集」➡p.614～646

1 複式簿記

講師より

家計簿は単式簿記といって、現金の出し入れという事実のみを記載する方式です。

複＝2つのことを記入することをいいます。

何で2つ記入しなければならないのでしょうか？

例えば、“毎月100万円が銀行に振り込まれる会社”というのは、儲かっているのでしょうか？

答えは、“分からない”なのです。もしかしたら、毎月100万円を借金しているのかもしれません。そうすると、さすがに儲かっているとはいえませんね。

この「現金・預金が増加した」というのと、その理由である「借金が増加した」という、取引の2側面を記入するので複式簿記というのです。

2 借方と貸方

講師より

借方、貸方に特に意味はありません。簿記特有の表現と考えておいてください。

一般に複式簿記では、T字を使います。このとき、左側を借方、右側を貸方といいます。先程の、100万円を借金したというのであれば、次のようになります。

（借　方）		（貸　方）	
現金・普通預金	100万円	借入金	100万円

そして、借方と貸方の数字は、必ず一致します。「1つの取引」の

「2つの側面」を表すものなのですから、食い違うはずがないのです。

3 勘定科目

現金や借入金、管理費収入や管理委託費などのお金や、その増減の理由の名前を勘定科目といいます。

これには大きく分けて、資産・負債・正味財産・収入・支出の5項目があります。

(1) 資産

現金や預金といった、お金そのものと、「将来」お金を生み出したり、お金の減少を防ぐものが資産になります。例えば、まだ支払ってもらっていない管理費は、「**未収入金**」になりますが、きちんと取り立てられればお金になりますよね。だから「資産」になるのです。

また、前払金も資産になります。“先に支払っている”ので、この後お金が減らないようになりますから、資産になるのです。

単純に現金や土地建物、有価証券等の財産だけではないことに注意しましょう。

資産の勘定科目

ア）現金・普通預金

イ）土地・建物

ウ）建物附属設備…建物に付属して機能する工作物。
ex.給排水設備・給排水管・配線

エ）構築物…土地上に設けられた建物以外の工作物。
ex.排水溝・アスファルト

オ）什器備品…ex.防犯カメラ等

カ）預け金…管理費等の徴収を管理会社に委託している場合で、管理会社に入金された管理費で、未だ管理組合に入金されていない場合。

キ）未収入金…管理費等で、決算期日を過ぎても未だ管理組合に入金されていない場合。

ク）前払金…翌期に係る管理委託費等の費用で、当期中に支払った場合。

ケ）積立保険料…積立型損害保険の積立部分。

未収入金、前払金の処理についてはよく問われているので、注意しましょう。

第7編 税・会計・保険

(2) 負債

「将来」お金を減らしてしまうものを負債といいます。代表例は借金（借入金）ですね。

借金は、お金を借りるのですから、“お金自体は増えることになる”のですが、それはいつか返さないといけないお金です。自分たちで稼いだお金とは違いますから、借金だと分かるようにしておかないといけません。ここで、負債という科目が出てくるのです。負債には借金だけでなく、未払金というのもあります。これは、支払義務が生じているのに、まだ支払っていないものです。つまり、いつかお金を支払う＝お金が将来減るということになるので、負債の勘定科目となります。

また、前受金というのもあって、来月分の管理費を前払いしてもらったケースがこれに該当します。つまり、先にもらってしまっているので、「将来お金が増えませんよ。」となりますから、負債になるのです。

負債の勘定科目

ア）未払金…当期に係る管理委託費等で、決算期日を過ぎても未だ支払いがされていない場合

イ）前受金…翌期に係る管理費等を、当期に受け取った場合

ウ）預り金…駐車場敷金のように、一定期間管理組合が預り、後日これを返還する義務を負う金額

エ）借入金…大規模修繕等の目的で、金融機関等から調達した借入金額

駐車場敷金は負債計上しなければなりません。

(3) 正味財産

これは簡単にいうと、自分たちで稼いできたもののことをいいます。負債は「他人から借りた」ものだったので、いつかお金が減ることになりますが、こちらは自前の財産ですので、お金は減りません。

(4) 収入（収益）

管理組合の活動によりお金が増えることを収入といいます。管

理費や修繕積立金、使用料がこれに該当します。これらは、他人から借りたお金ではないですよね。

ただし、“収入＝お金”ではありません。例えば、収入はあったけど、未払いの場合もあるからです。

３月の管理費が10万円だったとしましょう。この後、発生主義の原則で説明しますが、この管理費10万円は、実際にお金として受け取ってなくても３月の収入となります。あくまで、収入というのは、**お金を請求できる権利が発生した状態**をいうのです。

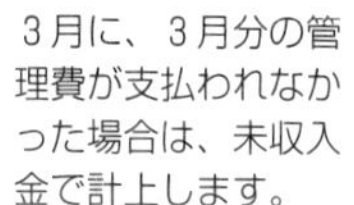

3月に、3月分の管理費が支払われなかった場合は、未収入金で計上します。

収入の勘定科目

ア）管理費
イ）受取利息
ウ）修繕積立金

（５）支出（費用）

管理組合の活動のためにお金を使うことをいいます。管理委託費や水道光熱費がこれに該当します。

収入と同じで、支出があったからといって、必ずしもお金が減るとは限りません。支出≠お金の減少なのです。

例えば、３月に修繕工事が完了したけれど、支払時期は４月だという場合、**３月に工事が完了**しているので、この段階で**工事費用は発生したことになります**。ですので、３月の費用としなければなりません。

この場合、支払いはしていないので、未払金を計上します。

支出の勘定科目

ア）管理委託費
イ）損害保険料
ウ）修繕費

4 発生主義

講師より

現金の入金や支出が生じた時点で収入または支出の計上を行う考え方を現金主義といいます。

発生主義とは、収入や支出が発生したときに記録する考え方をいいます。

例えば、あるマンションでは、毎月管理費が100万円入金されるとしましょう。この場合、毎月絶対に100万円のお金が、管理組合に支払われるでしょうか？

そうとは限りません。滞納とかもあるからです。もしかしたら、90万円しか入金されないという月もあるかもしれません。

では、翌月に滞納分が徴収できたら、それは翌月の管理費になってしまうのでしょうか？　そうではないはずです。例えば、10月の管理費を11月に入金されたら、11月の管理費（収入）となるのはおかしくありませんか？　11月に支払われようが、9月に支払われようが、10月の管理費は10月分に変わりはないはずです。

10月分の収入には変わりがないのですから、現実にお金になったのが11月であっても、10月に収入として記録するのです。この考え方を発生主義といいます。

5 予算主義

管理組合の業務の目的は共用部分の維持管理を適切に実施することで、営利を目的としないので、予算主義が採用されるのです。

管理組合の会計においては、予算が適切に運用・執行されるようにしなければならないという考え方（予算主義）が適用されます。

管理組合の会計においては、予算主義が採用されていることから、当初作成した予算額と決算額の差異が少ない方が望ましいとされています。

6 区分経理の原則

一般会計（管理費会計）、特別会計（修繕積立金会計）というように分類します。

管理組合の会計においては、管理組合の特性から、管理費と修繕積立金との使途が明確に区分されており、それぞれを混同して使用することがないよう、区分して経理する必要があります。

7 計算書類

管理組合の会計では、以下の計算書類を作成する必要があります。

（1）収支報告書
（2）貸借対照表
（3）財産目録
（4）備品台帳

Keyword
財産目録
年度末におけるすべての資産および負債の内訳明細のこと。

ここで重要なのが収支報告書と貸借対照表です。収支報告書とは、一事業年度の収入および支出を明確に表示したものをいいます。貸借対照表とは、事業年度末におけるすべての資産、負債、正味財産の状態を表示するものをいいます。

（1）収支報告書

文字通り、収入と支出をまとめたものをいいます。

先程、収入と支出の勘定科目でお話しましたが、収入≠お金だったことに注意しましょう。つまり、この収支報告書に記載された収入のすべてが、お金になっているとは限りません。同様に、支出のすべてが、お金を減らしているとは限りません。未収入や未払いの可能性があるからです。

収支報告書

項目	予算	決算	予算－決算	備考
収入の部計				
管理費 駐車場使用料 受取利息				
支出の部計				
管理委託費 電気料 損害保険料 雑費 雑損失				
当期剰余金				
前記繰越金				
剰余金計				

現金の増減は、収支報告書に影響を与えません。
現金は貸借対照表に記載される事項だからです。

資産から負債を引いた残りが純資産となります。

（2）貸借対照表

こちらは､資産と負債・正味財産とを対照させるための表です。

「資産」と「負債＋正味財産」はイコールになり、表の左右で数字が一致することになります。

これは、「資産」は、管理組合が集めたお金が、今、どうなっているのかを表し、負債・正味財産は、どうやってお金を調達したかを表すからです。調達したお金＝運用されているお金ということです。

講師より

貸借対照表はバランスシート（BS）と呼ばれます。
これは、貸借対照表の左右で一致するからです。

貸借対照表

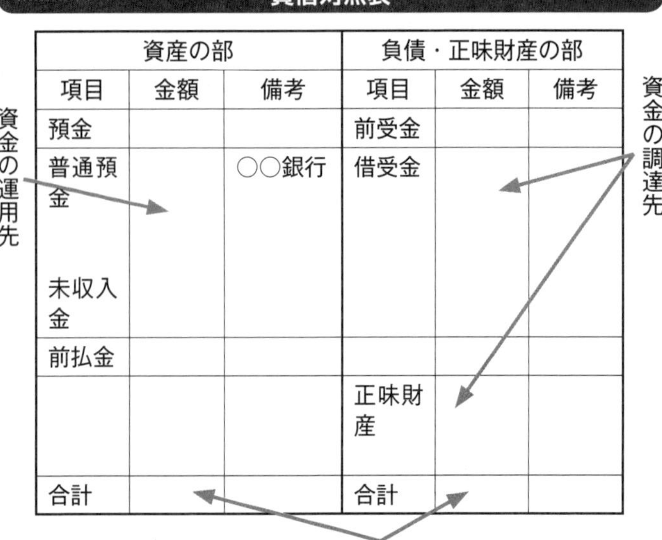

資産の部			負債・正味財産の部		
項目	金額	備考	項目	金額	備考
預金			前受金		
普通預金		○○銀行	借受金		
未収入金					
前払金					
			正味財産		
合計			合計		

複式簿記における勘定科目記載のルール

（借　方）	（貸　方）
資産の増加	資産の減少
負債の減少	負債の増加
支出の発生	収入の発生
正味財産の減少	正味財産の増加

〈仕訳の一例〉

①当月分の管理費等（管理費・修繕積立金）が管理組合に入金された。

普通預金	○○○円	管理費	○○○円
		修繕積立金	○○○円

②翌月分の管理費等（管理費・修繕積立金）が管理組合に入金された。

普通預金	○○○円	前受金	○○○○円

③未納の管理費等（管理費・修繕積立金）が管理組合に入金された。

普通預金	○○○円	未収入金	○○○円

④当月分の管理費等（管理費・修繕積立金）が管理会社の口座に入金された。

預け金	○○○円	管理費	○○○円
		修繕積立金	○○○円

⑤当月分の清掃料を翌月に繰り越した。

清掃料	○○○円	未払金	○○○円

⑥翌月分の清掃料を当月支払った。

前払金	○○○円	普通預金	○○○円

⑦増圧ポンプ取付工事を行い、当月に支払った。

建物附属設備	○○○円	普通預金	○○○円

⑧積立型損害保険料を普通預金から支払った。

積立保険料（資産）	○○○円	普通預金	○○○円
支払保険料（費用）	○○○円		

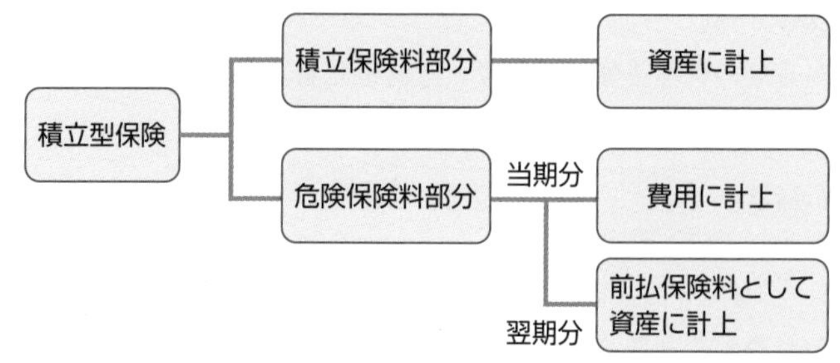

8 仕訳の具体的なやり方

本試験では、以下のような仕訳がくり返し出題されています。

令和５年２月分管理費　10万円
令和５年３月分管理費　20万円
令和５年４月分管理費　30万円
（すべて令和５年３月に管理組合の普通預金口座に入金）
令和５年３月の仕訳はどのようになるか。

まず、２月分の管理費ですが、発生主義の原則では**２月の収入**になります。そのため、２月時点での仕訳を考えた上で、３月の仕訳を行います。

①２月時点での仕訳

２月時点では、２月分管理費10万円を**収入**に計上します。また、この管理費は３月に入金されていますので、２月の時点では**未収入金**となります。

借方		貸方	
未収入金	10万円	管理費収入（２月分）	10万円

②３月の仕訳

上記の２月分の仕訳をした後、３月にどのような仕訳をするのか考えてみましょう。まず10万円が入金されていますので、借方に**普通預金10万円**を計上します。貸方には**未収入金10万円**を計上します。普通預金に入金されたので、もう未収入金ではないからです。

借方		貸方	
普通預金	10万円	未収入金	10万円

以上が２月分の管理費の仕訳になります。

次に３月分管理費ですが、発生主義の原則によれば、３月の収入となりますので、貸方に管理費収入20万円を計上します。また普通預金に20万円入金されているので、借方に普通預金20万円を計上します。

借方		貸方	
普通預金	20万円	管理費収入（３月分）	20万円

最後に４月分管理費ですが、発生主義の原則によれば、来月の収入になりますので、貸方に**前受金30万円**で計上します。また、普通預金に30万円入金されていますので、借方に普通預金30万円を計上します。

借方		貸方	
普通預金	30万円	前受金	30万円

以上を合計すると、以下の仕訳になります。

借方		貸方	
普通預金	60万円	未収入金	10万円
		管理費収入	20万円
		前受金	30万円

2章 税務・保険

重要度 ★★★　出題実績 H13〜19・21〜24・26〜30・R2・R4

本日の講義

1. 法人税（国税）
2. 消費税（国税）
3. 地方税
4. 所得税（国税）
5. 地震保険

ココを覚える！

①法人税について覚える。管理費や修繕積立金等の収入は非収益事業であることに注意。

②消費税について覚える。
課税対象となる取引について注意。

「ごうかく！攻略問題集」
➡p.650〜656

1 法人税（国税）

講師より

法人格を有しない管理組合でも、管理組合法人でも法人税上の取扱いは同様の結論となります。

Step Up

駐車場を組合員以外に貸し出す場合の収益事業の判定

●広く募集し、組合員であるかどうかを問わず申込み順とする場合⇒組合員への貸し出しを含めた全てが収益事業

●組合員からの使用希望がない場合のみ組合員以外へ貸し出す場合⇒組合員以外への貸出しのみが収益事業

管理組合は原則として法人ではありませんが、**収益事業を行った場合に限って**、その所得に対して法人税が課税されます。

したがって、区分所有者が管理組合に対して支払っている駐車場等の使用料は、当該駐車場等の維持に充てられ、その余剰分は修繕積立金に積み立てられるのですから、収益とはいえず、法人税は課税されません。これに対し、区分所有者以外の第三者が管理組合に対して支払う駐車場等の使用料は、収益事業による所得に該当します。

①課税主体	国
②課税客体（課税対象）	自然人以外の法人。この法人には、株式会社や有限会社、公益法人、協同組合、公共法人、人格のない社団等、中間法人などが該当する
③課税所得	法人税は、法人の各事業年度に生じた所得（これを課税所得という）に一定の税率を乗じて計算する。この課税所得は、法人の益金から損金を控除して計算する

駐車場の貸し出しと法人税

区分所有者にしか貸し出さない場合	全部非収益事業
区分所有者に優先して貸し出して、空きがある場合に外部貸しをする場合	外部に貸した分だけが収益事業

区分所有者と外部者を平等に扱って貸し出す	全部収益事業
原則として外部に貸し出しはしない。短期間の貸し出しを行う場合	全部非収益事業

2 消費税（国税）

消費税は、日本国内で対価を得て行う商品等の販売や役務（サービス）の提供などの取引に対して課税される国税です。管理組合も、原則として消費税が課税されます。

①課税主体	国
②納税義務者	国内で資産の譲渡等を行う事業者（法人・個人事業者） 管理組合も事業者に該当するため、消費税法における納税義務者となる
③課税標準	消費税の課税対象となる取引の対価の額
④課税対象取引	消費税の課税対象となる取引（課税対象取引）は、「資産の譲渡等」から、「不課税取引・非課税取引・免税取引」を除いたすべての取引
⑤納税の免除	基準期間（前々年度）の課税売上が**1,000万円**以下で特定期間（前年度）の上半期の課税売上が**1,000万円**以下の場合、消費税の納税義務が免除される。なお、特定期間中に支払った**給与等の合計額**を、課税売上高とすることができる

管理組合が組合員から受け取る管理費や修繕積立金、駐車場使用料には消費税は課税されません。これに対して、**組合員以外の第三者から受け取る駐車場使用料等は消費税の課税対象**となります。

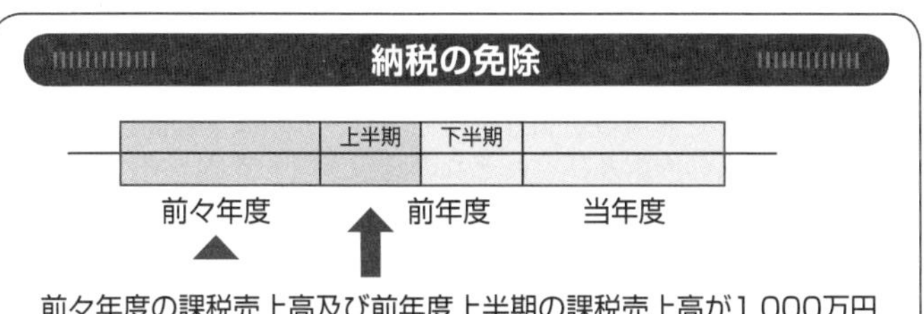
納税の免除
上半期
下半期
前々年度
前年度
当年度
前々年度の課税売上高及び前年度上半期の課税売上高が1,000万円以下なら当年度の消費税の納税義務が免除される。

Keyword

不課税取引
資産の譲渡等に該当しない取引のことです。

非課税取引
社会政策上の理由等から、消費税を課税することになじまないとされた取引のことです。

注意！
同じ使用料でも、組合員から徴収するものは不課税とされますが、組合員以外の者から徴収する場合は課税対象となっています。

管理組合が行う取引事例と消費税の関係

	課税対象取引例	非課税取引例	不課税取引例
管理組合の収入	組合員以外の者から徴収する駐車場使用料や施設使用料	普通預金や定期預金等の預貯金の受取利息	組合員から徴収する管理費や駐車場使用料、修繕積立金・金融機関からの借入金
管理組合の支出	管理会社に対する管理委託費・設備点検費・水道光熱費・修繕費・建物調査診断料・振込等に係る振込手数料	借入金利子・損害保険料・債務保証料・行政手数料など	従業員に対する人件費（理事等の役員に対する報酬も含む）・自治会等への諸会費（対価性のない場合に限る）

2023年10月１日から、インボイス制度（適格請求書等保存方式）がスタートしました。この制度は、一定の要件を満たした適格請求書（インボイス）を売主や貸主等が買主や借主に発行し、双方が適格請求書を保存することで、消費税の仕入税額控除が適用されるというものです。この適格請求書を発行できるのは、適格請求書発行事業者のみです。そのため、免税事業者が適格請求書発行事業者になる場合は、基準期間および特定期間の課税売上が1,000万円以下の免税事業者でも消費税の課税事業者となる必要があります。

では、過去問を見てみましょう。

ヒント
組合員の使用料は課税対象ではありませんでした。

過去問で CHECK! H27-16-肢４

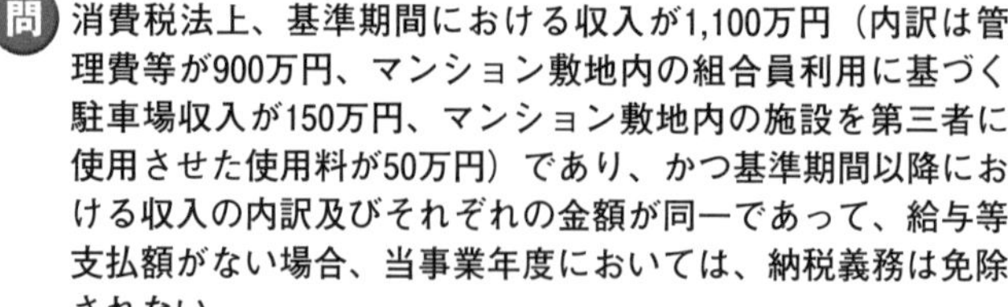
問 消費税法上、基準期間における収入が1,100万円（内訳は管理費等が900万円、マンション敷地内の組合員利用に基づく駐車場収入が150万円、マンション敷地内の施設を第三者に使用させた使用料が50万円）であり、かつ基準期間以降における収入の内訳及びそれぞれの金額が同一であって、給与等支払額がない場合、当事業年度においては、納税義務は免除されない。

答 管理費等、マンション敷地内の組合員利用に基づく駐車場収入は課税売上高に含まないので、基準期間で課税売上高が1,000万円を超えていない。よって、納税義務は免除される。 ×

3 地方税

地方税のうち、都道府県民税、市町村民税については、管理組合法人は条例等の免除規定がない場合、均等割は常に課税されます。これに対して、法人税割は、非収益事業については非課税となります。管理組合は人格なき社団として、収益事業を行っていなければ、均等割も法人税割も課されません。

また、事業税、事業所税については、管理組合・管理組合法人共に収益事業を行う場合にだけ課税されます。

Keyword

均等割
事務所等を有していることに対して課税される税のこと。

法人税割
収益に応じて課税される税のこと。

4 所得税（国税）

管理組合、管理組合法人であっても預金利子や配当による所得については、所得税が課税されます。

また、従業員や役員に給料や報酬等を支払っている場合、源泉徴収が必要となります。

5 地震保険

地震保険は、地震、噴火およびこれらによる**津波**を原因とする建物や家財の損害を補償するもので、住宅の火災保険に付帯して加入する必要があり、**単独での加入は**できません。また、地震保険の保険金額は、主契約である火災保険の保険金額の30～50％以内の範囲で、**建物5,000万円・家財1,000万円**が上限とされています。

第8編

マンション管理適正化法

マンション管理適正化法は5問免除の対象科目です。

マンション管理士試験合格者の方は、もう一度勉強する必要はありません。免除者の方は5問得点したことになりますので、5問免除対象でない方は、差を広げないためにも、できる限り得点しなければならない科目となります。

長文問題が多かったりしますが、基本的な論点ばかりの出題ですので、5問全問の得点を目指しましょう。

重要度 ★★★　出題実績 H13・16・17・20・29・30・R5

1章 用語の定義等

本日の講義

1. マンションの定義
2. 管理事務
3. マンション管理業
4. 管理組合
5. 助言・指導等

ココを覚える！

①マンションの定義について覚える。
どのような要件を満たすとマンションとなるのかは、必ず覚えること。

「ごうかく！攻略問題集」
➡p.660〜662

1 マンションの定義（適正化法2条1号）

マンション管理適正化法では、マンションの定義を定めています。というのは、"マンション"管理業を営む場合、登録が必要になるのですが、何がマンションになるか分からないと、マンション管理業者の登録が必要なのか、それとも不要なのかが分からないからです。

マンションの定義には、以下の2つがあります。

① 2以上の区分所有者（区分所有権を有する者）が存する建物で、**人の居住の用に供する専有部分**のあるもの、並びにその敷地および附属施設
②一団地内の土地または附属施設（これらに関する権利を含む）が当該団地内にある上記①**に掲げる建物を含む**数棟の建物の所有者（専有部分のある建物にあっては、区分所有者）の共有に属する場合の当該土地および附属施設

注意！
居住用の専有部分は1戸あれば足ります。2戸は不要です。また、敷地・附属施設もマンションに含まれます。

これ、どこかで見覚えがありませんか？　①は一棟の区分所有建物を管理組合が管理している場合、②は団地管理組合が共有土地や附属施設を管理している場合と同じなのですね。

BACK TO P.257
団地管理組合の成立要件として、団地内に複数の建物が存在し、団地内の建物所有者で共有する土地または附属施設があることがありました。

ただし、区分所有法では、専有部分の用途は限定されていませんでしたが、マンション管理適正化法では、居住用の専有部分が1戸はないといけないとしています。さすがに、すべてが店舗ですと、普通はマンションとは呼ばないからです。

また②のケースでは、①の建物を含む団地でないといけないとしています。区分所有法では全てが戸建住宅でも団地となりましたが、マンション管理適正化法では、居住用の分譲マンションが含まれていないといけないのです。

マンション全体を**1人**の者が所有し、各部屋を賃貸している場合	⇒マンション管理適化法の適用があるマンションとは**ならない**
マンションのすべての部屋が事務所や店舗となっている場合	

注意！
分譲賃貸のように、居住者全員が賃借人でも、区分所有者が2人以上いれば、マンションに該当します。

①のケース

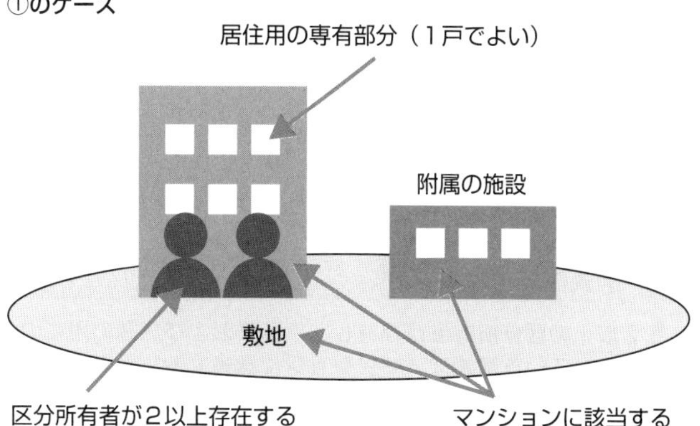

マンションに該当する

②のケース

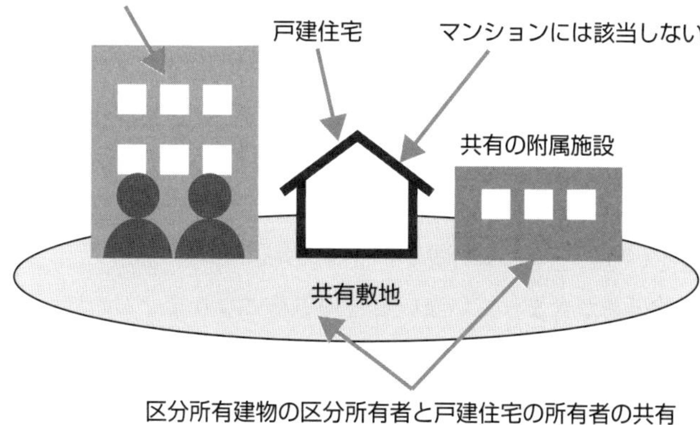

注意！
戸建住宅はマンションには含まれません。

第8編　マンション管理適正化法

語呂合わせ マンションの定義

にく（肉）は
2以上の区分所有者の存在

今日中に
居住用の

鮮度が　一番
専有部分の存在（1戸でよい）が必要

それでは過去問です。

ヒント
マンションなのですから居住用部分がないとダメですね。

過去問でCHECK!　H20-47-肢1

問 2以上の区分所有者が存在し、事務所および店舗の用にのみ供されている建物は、マンションに該当する。

答 1つは居住用の専有部分がないとマンションに該当しない。×

2 管理事務（適正化法2条6号）

注意！
基幹事務の一括再委託は禁止されています。

管理事務とは、管理に関する事務であって、**基幹事務**（管理組合の会計の収入および支出の調定および出納並びにマンション（**専有部分を除く**）の維持または修繕に関する企画または実施の調整をいう）を含むものをいいます。

基幹事務が含まれていないと管理事務になりませんので、清掃業務や警備業務だけを行っても管理事務には該当しません。また、基幹事務の一部のみを業務とする場合も、管理事務には該当しません。

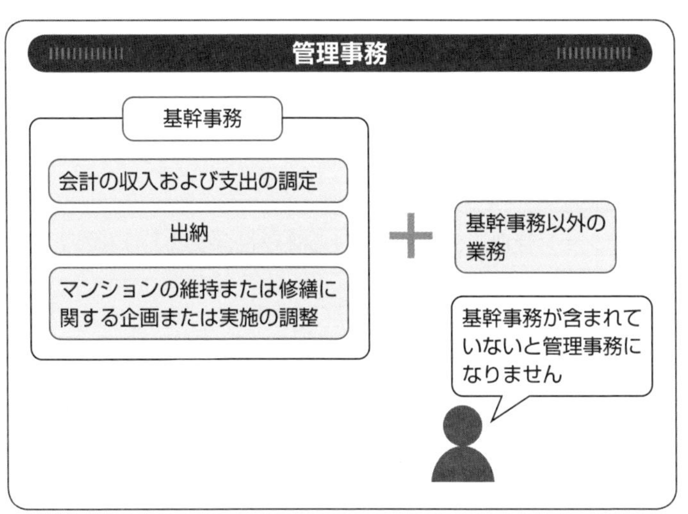

事務管理業務には基幹事務が含まれていました。

基幹事務に該当するもの

会社の　**出張**
会計業務　出納業務

一周で　**調整した**
維持修繕の企画・実施調整業務

3 マンション管理業（適正化法2条7号）

マンションの管理組合から委託を受けて管理事務を業として行うことをマンション管理業といいます。すでに勉強した“マンション”“管理事務”に該当しないと、マンション管理業にはなりません。

また、“業”とは、不特定多数の者を相手方として、反復継続

注意！
全戸が店舗の区分所有建物を管理する場合や、マンションの管理組合から清掃業のみを委託された場合は、マンション管理業にはなりません。

して事業を遂行することをいいます。営利目的かどうかは不要です。ですので、管理組合が自分たちのマンションを自主管理するのはマンション管理業には該当しません。

4 管理組合（適正化法2条3号）

注意！

管理規約が定められていなくても管理組合は成立します。

マンション管理適正化法における管理組合は以下のものをいいます。

①区分所有法３条の団体（管理組合・一部管理組合）
②管理組合法人
③団地管理組合
④団地管理組合法人

区分所有法で管理組合と呼んでいたものと変わりません。

5 助言・指導等

都道府県等は、マンション管理適正化指針に即し、管理組合の管理者等（管理者等が置かれていないときは、当該管理組合を構成するマンションの区分所有者等。次項において同じ）に対し、マンションの管理の適正化を図るために必要な助言および指導をすることができます。

また、都道府県知事等は、管理組合の運営がマンション管理適正化指針に照らして著しく不適切であることを把握したときは、当該管理組合の管理者等に対し、マンション管理適正化指針に即したマンションの管理を行うよう勧告することができます。

2章 管理業務主任者

重要度 ★★★　出題実績 H13・15〜21・24・25・27・29・30・R2〜4

ココを覚える！

①管理業務主任者の設置義務について覚える。
②管理業務主任者の登録について覚える。登録欠格事由や変更の届出に注意する。
③管理業務主任者の業務について注意する。管理業務主任者でなければできない業務は必ず覚えること。
④管理業務主任者証について覚える。

「ごうかく！攻略問題集」➡p.660、664〜674

1 管理業務主任者（適正化法2条9号）

管理業務主任者とは、管理業務主任者の**登録**を受け、**管理業務主任者証の交付**を受けた者をいいます。

注意！
登録をしただけでは、管理業務主任者ではありません。管理業務主任者証の交付まで受ける必要があります。

2 管理業務主任者の設置（適正化法56条1項・3項）

マンション管理業者は、その事務所ごとに事務所の規模を考慮して、国土交通省令で定める数（**30組合につき1名**。端数切り上げ）の**成年者である専任の管理業務主任者**を置かなければなりません。

開設前	一定数の専任の管理業務主任者が設置されていない事務所を開設することはできない
開設後	管理業務主任者の数が一定数に満たなくなった場合は、**2週間以内**に法の規定に適合させるために必要な措置をとらなければならない

3 みなし管理業務主任者（適正化法56条2項）

専任の管理業務主任者は、成年者でなければなりません。ただし例外としてマンション管理業者（法人である場合においては、その役員）が管理業務主任者であるときは、その者が自ら主として業務に従事する事務所については、その者は未成年者であっても、その事務所に置かれる成年者である専任の管理業務主任者とみなされます。

4 管理業務主任者の事務（適正化法72・73・77条）

管理業務主任者は、以下の事務を行います。

①管理委託契約の内容およびその履行に関する重要事項について、区分所有者等に対して説明会で説明すること
②重要事項を記載した書面および契約成立時書面に記名すること
③管理組合に対する管理事務の報告をすること

管理事務報告書に記名する必要はありません。

5 登録（適正化法59条）

試験合格者で、管理事務に関して２年以上の実務経験を有する者または国土交通大臣が同等以外の能力を有すると認めた者は、次の欠格事由に該当しない場合は、管理業務主任者の登録を受けることができます。

国土交通大臣が同等以上の能力を有すると認めた者とは、実務講習修了者です。

（1）登録欠格事由（適正化法59条）

①心身の故障により管理業務主任者の事務を適正に行うことができない者または破産者で復権を得ない者
②**禁錮以上の刑**に処せられ、その執行を終わり、または執行を受けることがなくなった日から**２年を経過しない者**
③**マンション管理適正化法**の規定により**罰金の刑**に処せられ、その執行を終わり、または執行を受けることがなくなった日から**２年を経過しない者**
④マンション管理士であったが、以下の理由で登録を取り消され、取消しの日から**２年を経過しない者** **ア）不正の手段で登録を受けたこと** **イ）信用失墜行為の禁止に違反すること** **ウ）国土交通省令で定める５年ごとの講習を受けないこと** **エ）秘密保持義務に違反すること**

③は“マンション管理適正化法の規定”という限定がありますが、②は、法律の種類は限られていません。
例えば、道路交通法違反でも禁錮刑に処されたら欠格事由になるのです。

⑤管理業務主任者であったが、以下の理由で登録を取り消され、取消しの日から**2年を経過しない者**

ア）偽りその他不正の手段で登録を受けた
イ）偽りその他不正の手段で管理業務主任者証の交付を受けた
ウ）指示処分事由に該当し情状が特に重い、または事務禁止処分に違反した

⑥登録を受けた者で、管理業務主任者証の交付を受けていないものであったが、以下の理由により登録を取り消され、取消しの日から**2年を経過しない者**

ア）偽りその他不正な手段により登録を受けた
イ）管理業務主任者としてすべき事務を行い情状が特に重い

⑦マンション管理業者であったが、以下の事由によりマンション管理業者の登録を取り消され、その取消しの日から2年を経過しない者（法人の場合は、**取消日の前30日以内**に法人の役員であった者も含む）

ア）偽りその他不正な手段により登録を受けた
イ）業務停止命令事由に該当し情状が特に重い、または業務停止命令に違反した

Step Up

執行猶予が付された場合、執行猶予期間中は刑に服している状態ですので登録を受けることはできませんが、執行猶予期間が満了すれば刑に処されなかったことになるので、2年間経過しなくても登録をすることができます。

講師より

⑦の役員は、管理業者が法人（株式会社等）のときは、その法人の登録を取り消しても、実際に法人を運営していた役員も登録できないようにしないと、意味がないからです。

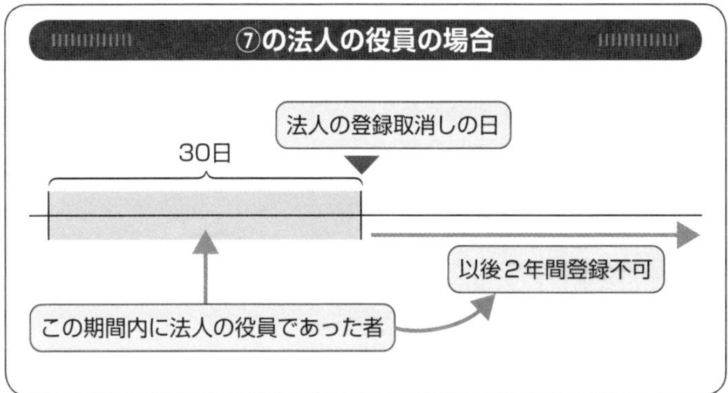

なお、管理業務主任者の登録事項および管理業務主任者証の記載事項は次のようになります。

第8編 マンション管理適正化法

講師より

自らが業務に従事するマンション管理業者に変更があっても、それは管理業務主任者証の記載事項ではないので、管理業務主任者証の訂正は不要です。

登録事項	管理業務主任者証の記載事項
氏名	氏名
生年月日	生年月日
住所・本籍・性別	
管理業務主任者証の交付年月日、有効期間満了日、発行番号（管理業務主任者証を交付した場合）	管理業務主任者証の交付年月日 管理業務主任者証の有効期間満了日
登録番号および登録年月日	登録番号および登録年月日
試験の合格年月日および合格証書番号	
実務の経験を有する者である場合は、申請時現在の実務経験の期間およびその内容、従事していたマンション管理業者の商号または名称および登録番号	
国土交通大臣から能力を有すると認められた者である場合は、当該認定の内容および年月日	
マンション管理業者の業務に従事する者にあっては、当該**管理業者の商号または名称および登録番号**	
指示または事務禁止処分をした場合、指示、処分をした年月日・内容	
管理業務主任者証の交付申請にあたり、講習の修了証明書等が添付されている場合、講習の修了年月日、講習を行った機関の氏名または名称	

注意！

マンション管理業者の場合は30日以内の届出が義務付けられていますが、こちらは遅滞なくとなっています。

（2）変更の届出（適正化法62条）

登録を受けた者は、**登録を受けた事項に変更があった場合**は、遅滞なく、その旨を国土交通大臣に届け出なければなりません。

また、変更の届出をする場合、管理業務主任者証の記載事項に変更があったときは、当該届出に管理業務主任者証を添えて提出し、その訂正を受けなければなりません。

過去問で CHECK!　H24-50-肢1

問 管理業務主任者は、登録を受けた事項のうち、転職などにより業務に従事するマンション管理業者に変更があった場合、管理業務主任者証の記載の訂正を受けなければならない。

答 その業務に従事するマンション管理業者の商号・名称は管理業務主任者証の記載事項ではない。　×

主任者証の記載事項と登録事項を確認しましょう。

6 管理業務主任者証 (適正化法60条1項)

管理業務主任者の登録を受けている者は、国土交通大臣に対して、氏名、生年月日、登録番号等の事項を記載した管理業務主任者証の交付を申請することができます。

管理業務主任者証の交付を受ける者は、交付の申請前6カ月以内に行われる講習を受けなければなりません。

講師より

試験合格の日から1年以内に管理業務主任者証の交付を受けようとする場合、講習は受ける必要がありません。

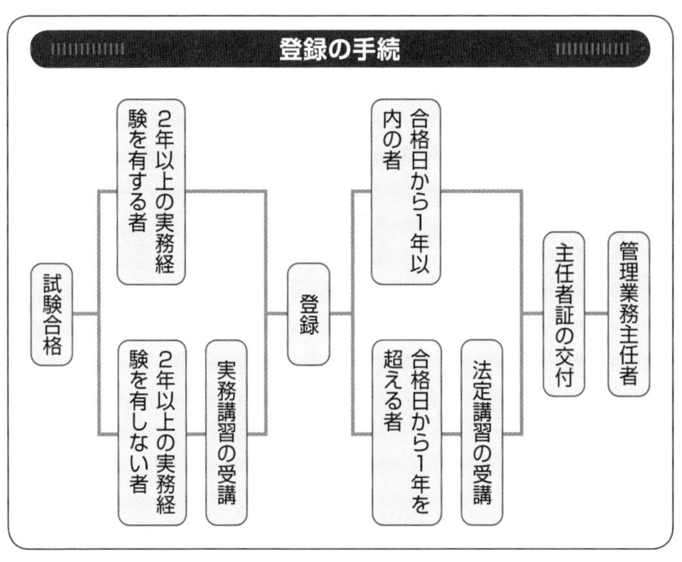

(1) 管理業務主任者証の更新 (適正化法60条2項)

管理業務主任者証の有効期間は5年間です。更新をする場合には交付の申請前6カ月以内に行われる講習を受講しなければなりません。

注意！

更新が必要なのは、"管理業務主任者証"であって、管理業務主任者の登録ではありません。

登録を取り消されたことにより登録を削除された者は、登録の取消しの通知の日から10日以内に返納しなければなりません。

注意！

契約締結時の書面を交付する際には、提示義務はありません。

自ら発見した主任者証を廃棄しなければならないのではありません。

(2) 管理業務主任者証の返納と提出（適正化法60条4項・5項）

管理業務主任者は、登録が消除されたとき、または管理業務主任者証が効力を失ったときは、**速やかに**、管理業務主任者証を国土交通大臣に**返納**しなければなりません。また、管理業務主任者は、**事務の禁止処分**を受けたときは、**速やかに**、管理業務主任者証を国土交通大臣に**提出**しなければなりません。

返納と提出

	該当事由	効力
返納	登録の消除 管理業務主任者証の効力失効	無効な管理業務主任者証を国土交通大臣に返す
提出	事務禁止の処分	有効な管理業務主任者証を国土交通大臣に預ける

(3) 管理業務主任者証の提示（適正化法63条）

管理業務主任者は、事務を行うに際し、マンションの区分所有者等その他の関係者から**請求**があったときは、管理業務主任者証を提示する必要があります。

また、**重要事項の説明・管理事務の報告**の際には**請求がなくても提示する必要があります**。

(4) 管理業務主任者証の再交付（適正化法規則77条）

管理業務主任者証を亡失したり破損してしまった場合、再交付をしてもらえます。

主任者証の亡失・減失	再交付の申請ができる
主任者証の汚損・破損	汚損・破損した主任者証と引き換えに再交付の申請ができる

なお、再交付後に亡失した主任者証を発見したときは、速やかに、発見した主任者証を国土交通大臣に返納しなければなりません。

重要度 ★★★　**出題実績** H13・15・18・21・22・R1 ～R3

3章 マンション管理業者の登録

本日の講義

ココを覚える！

①マンション管理業者の登録拒否要件について覚える。管理業務主任者にはなかった拒否要件については、特に注意する。
②変更の届出、廃業の届出について注意する。どのようなケースで届出が必要となるのかに注意する。

「ごうかく！攻略問題集」
➡p.660、676～680、688、692

1 マンション管理業者 (適正化法2条8号)

マンション管理業者とは、基幹事務を含むマンションの管理事務を業として行う者をいいます。

2 登録 (適正化法44条)

マンション管理業者の登録には、以下の要件が必要となります。

①事務所に一定数の管理業務主任者を設置すること
②財産的基礎（300万円以上）を有すること
③登録拒否要件に該当しないこと

注意！
事務所とは、本店、支店、その他国土交通省令で定めるものをいいます。

マンション管理業者が30管理組合との管理委託契約を締結した場合、その事務所に1名の成年者である専任の管理業務主任者を設置しなければなりません。

注意！
端数は繰り上げになります。
ex.20組合と管理受託契約⇒1人管理業務主任者の設置が必要。

ただし、居住の用に供する独立部分が5戸以下のマンション管理組合からの委託を受けて管理業務を行うマンション管理業者には**管理業務主任者の設置義務はありません**。この場合でも、重要事項の説明等の義務が免除されるわけではありませんので、そのときは、事務所の代表者が管理業務主任者がすべき事務を行います。

講師より

居住の用に供する独立部分が５戸以下の管理組合との管理受託契約は、専任の管理業務主任者設置の基礎となる契約数に含めません。

居住用部分６以上

▶ 30組合と管理受託契約

居住用部分５以下

▶ 20組合と管理受託契約

専任の管理業務主任者は１人でよい

50管理組合と管理受託契約を締結していますが、20組合は独立した居住用部分が５以下なので数に含まれず、結局30管理組合との契約となります。

3 登録拒否要件（適正化法47条）

マンション管理業者となるためには登録を受けなければなりませんが、登録拒否要件といって、登録が受けられない要件が存在します。

注意！

マンション管理士と異なり、破産者で復権を得ないものも含まれています。

①心身の故障により管理業務を適正に営むことができない者
②破産者で復権を得ない者
③以下の取消し原因によりマンション管理業者の登録が取り消され、その取消しの日から２年を経過しない者 **ア）登録拒否事由に該当するに至った** **イ）偽りその他不正の手段で登録を受けた** **ウ）業務停止処分事由に該当し情状が重い** **エ）業務停止処分に違反した**
④マンション管理業者で法人であるものが②の取消原因により登録を取り消された場合において、その取消しの日前30日以内にそのマンション管理業者の役員であった者で、その取消しの日から２年を経過しない者
⑤業務停止命令を受け、その停止の期間が経過しない者
⑥禁錮以上の刑に処せられ、その執行を終わりまたは執行を受けることがなくなった日から２年を経過しない者
⑦マンション管理適正化法による罰金刑の執行を終え、または執行を受けることがなくなった日から２年を経過しない者
⑧暴力団員による不当な行為の防止等に関する法律に規定する暴力団員または暴力団員（「暴力団員等」という）でなくなった日から５年を経過しない者

講師より

⑦と⑧については、登録の申請をした者だけでなく、実際に契約に携わる者（⑦では法定代理人、⑧では役員）が拒否の判断材料になっているわけです。

⑨マンション管理業に関し成年者と同一の能力を有しない未成年者で、その法定代理人が①～⑧に該当する場合
⑩法人でその役員のうちに①～⑧までのいずれかに該当するものがある者
⑪暴力団員等がその事業活動を支配する者
⑫専任の管理業務主任者の設置義務に違反する場合
⑬財産的基礎（300万円）を有しない者
⑭登録申請書、その添付書類の内に重要な事項について虚偽の記載がある場合
⑮登録申請書、その添付書類の内に重要な事実の記載が欠けている場合

講師より

財産的基礎は、資産の総額から負債の総額を控除した基準資産額を指します。

注意！

⑨の要件について、管理業務主任者の設置が不要となるケース（居住用の独立部分が5以下の組合と契約する場合）があったことに注意しましょう。

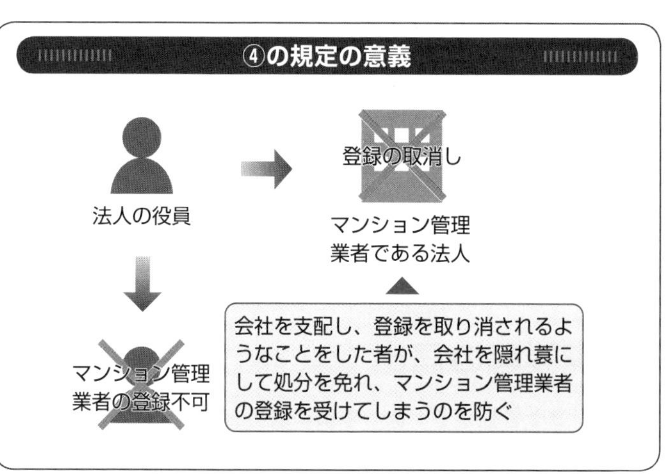

講師より

登録拒否要件（③・⑤除く）に該当したときは、登録が取り消されます。

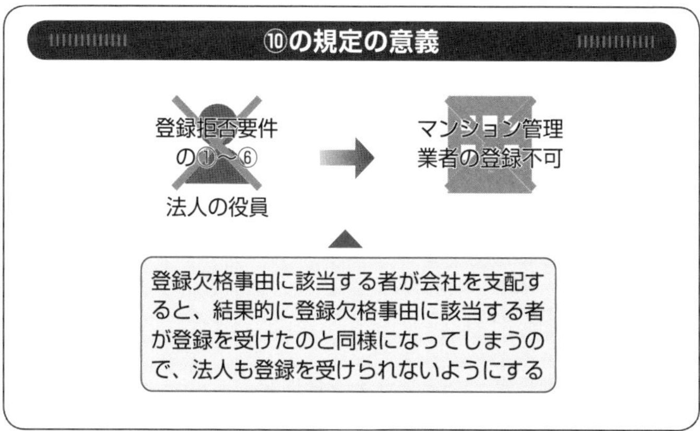

⑩の規定の意義
登録拒否要件
の①～⑥
法人の役員
マンション管理
業者の登録不可
登録欠格事由に該当する者が会社を支配すると、結果的に登録欠格事由に該当する者が登録を受けたのと同様になってしまうので、法人も登録を受けられないようにする

なお、以下の事項がマンション管理業者の登録事項となります。

①商号、名称・氏名、住所
②事務所の名称、所在地、当該事務所が成年者である専任の管理業務主任者を置かなくてもよい事務所であるかどうかの別
③法人である場合においては、その役員の氏名
④未成年者である場合においては、その法定代理人の氏名、住所
⑤事務所ごとに置かれる成年者である専任の管理業務主任者の氏名（みなされる者を含む）
⑥登録年月日および登録番号

4 変更の届出（適正化法48条）

マンション管理業者は、登録事項（登録年月日・登録番号除く）に変更があったときは、その日から30日以内に、その旨を国土交通大臣に届け出なければなりません。

国土交通大臣は、登録事項の変更の届出があった場合、届出があった事項について管理業者登録簿に登録しなければなりません。

5 廃業等の届出（適正化法50条）

マンション管理業者が次の事由に該当したときは、その日から30日以内にその旨を国土交通大臣に届け出なければなりません。

届出の原因	届出義務者	届出期間
死亡	相続人	死亡を知ったときから30日以内
法人の合併による消滅	消滅した法人の代表者	原因が発生した日から30日以内
破産手続き開始の決定	破産管財人	
法人の合併・破産手続き開始以外の解散	清算人	
マンション管理業の廃業	マンション管理業者であった者（法人の場合は、代表者であったもの）	

注意！
管理業者の死亡の場合だけ、相続人が死亡を“知ったときから”30日以内とされています。

注意！
法人の合併による消滅の場合に届出義務があるのは、“消滅した”法人の代表者です。

6 登録の有効期間等（適正化法44条２項～５項）

マンション管理業者の登録の有効期間および更新は、以下のとおりです。

登録の有効期間	更新の登録	更新の登録申請後の扱い
５年間	期間満了の日の**90日前から30日前**までに更新の登録を申請しなければならない	有効期間満了に際して管理業者が更新の登録の申請をしても、期間満了までに更新の処分がされなかったときは、期間の満了後もその処分がされるまでの間は、前の登録は引き続き効力を有する

講師より

期間の満了後もその処分がされるまでの間は、前の登録は引き続き効力を有しますが、更新の登録がされたときは、その有効期間は前の登録の有効期間満了日の翌日からとなり、実際に更新された日ではありません。

語呂合わせ

登録の有効期間および更新

こ　**く**　**さん（国　産）**

有効期間５年　90日～　30日前

コーチン

登録の更新

4章 管理業者の義務

重要度 ★★★　出題実績 H13～R5

● 本日の講義 ●

1. マンション管理業者の義務
2. 重要事項の説明
3. 契約成立時の書面の交付
4. 管理事務の報告
5. 財産の分別管理
6. 会計の収支状況に関する書面の交付

ココを覚える！

①重要事項の説明について覚える。
同一条件の更新か、条件を変更しての更新になるのか注意。
②管理事務の報告について覚える。
③財産の分別管理について覚える。
④契約成立時の書面について覚える。

「ごうかく！攻略問題集」
➡p.682～728

1 マンション管理業者の義務 (適正化法71・74・75・79・80・87・88条)

マンション管理業者には、以下の義務が課せられます。

①標識の掲示	マンション管理業者は、その事務所ごとに、公衆の見やすい場所に、登録番号・登録の有効期間・代表者の氏名等を記載した国土交通省令で定める標識を掲げなければならない
②帳簿の作成	マンション管理業者は、管理組合から委託を受けた管理事務について、国土交通省令で定めるところにより、帳簿を作成し、これを保存しなければならない。帳簿は各事業年度の末日をもって閉鎖し、**閉鎖後5年間**保存しなければならない
③書類の閲覧	マンション管理業者は、国土交通省令で定めるところにより、当該マンション管理業者の業務および財産の状況を記載した書類（業務状況調書・貸借対照表・損益計算書等）をその事務所ごとに備え、業務に係る関係者の請求に応じ、これを閲覧させなければならない この書類は事業年度ごとに、当該事業年度経過後3カ月以内に作成し、遅滞なく事務所ごとに備え置く必要がある そして**事務所に置かれた日から起算して3年**を経過するまでの間、当該事務所に備え置くものとし、営業時間中その業務に係る関係者の求めに応じて閲覧させるものとする

②は、管理事務についての帳簿であるのに対して、③は、財務諸表等の書類という違いがあります。混同しないようにしましょう。

④従業者証明書の携帯等	マンション管理業者は、使用人その他の従業者に、その従業者であることを証する証明書を携帯させなければ、その者をその業務に従事させてはならない。従業者は事務に関し関係者から請求があったときは、証明書を提示しなければならない
⑤秘密保持義務	マンション管理業者は、正当な理由がなく、その業務に関して知り得た秘密を漏らしてはならない。マンション管理業者でなくなった後においても秘密保持義務は免ぜられない
⑥使用人等の秘密保持義務	マンション管理業者の使用人その他の従業者は、正当な理由がなく、その業務に関して知り得た秘密を漏らしてはならない。マンション管理業者の使用人その他の従業者でなくなった後においても秘密保持義務は免ぜられない
⑦再委託の制限	マンション管理業者は、管理組合から委託を受けた管理事務のうち基幹事務については、これを一括して他人に委託してはならない ※一括が禁止されるので、**一部の再委託は許される**

注意！

従業者証明書と管理業務主任者証は代替することができません。

講師より

例えば、訴訟で証言をする場合は、正当な理由があると考えられます。

語呂合わせ

適正化法の帳簿等の備え付け

餃
業務状況調書

子は
財産状況記載書類

さん
3カ月以内に作成

ざん
3年経過まで供え置く

豆腐5
5年

丁くれ
帳簿

第8編 マンション管理適正化法

では、過去問を見てみましょう。

過去問で CHECK! H24-49-肢ア

マンション管理業者は、当該マンション管理業者の業務及び財産の状況を記載した書類をその事務所ごとに備え置き、その業務に係る関係者の求めに応じ、これを閲覧させなければならない。

マンション管理業者は、業務調書等の備え置きと、関係者の求めに応じた閲覧が義務付けられている。 ○

2 重要事項の説明（適正化法72条）

（1）重要事項の説明

マンション管理業者は、管理受託契約の締結前に、あらかじめ**説明会を開催**し、区分所有者等および管理者に対して、**管理業務主任者に重要事項について説明をさせなければなりません**。契約の重要事項を事前に説明することで、後々トラブルになることを防ぐのです。また、マンション管理業者は、重要事項の説明をするときは、重要事項説明書を作成し、**管理業務主任者**をして、当該書面に**記名**させなければなりません。

重要事項の説明をする場合には、マンション管理業者は、説明会の**1週間前**までに区分所有者等に重要事項並びに説明会の日時および場所を記載した**書面を交付**する必要があります。

また、説明会の開催日の**1週間前**までに、説明会の日時および場所について、区分所有者等の見やすい場所に**掲示**しなければなりません。

（2）重要事項説明が不要となる場合

以下の場合は、重要事項の説明および書面の交付が不要となります。

①新築マンションの分譲	居住用専有部分の引渡しの日のうち最も早い日から1年
②中古マンションの区分所有権の全部を一または複数の者が買い取り分譲した場合	買取り後に居住用専有部分の引渡しの日のうち最も早い日から1年

(3) 電磁的方法による提供

マンション管理業者は、書面の交付に代えて、政令で定めるところにより、当該管理組合を構成するマンションの区分所有者等または当該管理組合の管理者等の承諾を得て、当該書面に記載すべき事項を電子情報処理組織を使用する方法その他の情報通信の技術を利用する方法（**電磁的方法**）であって管理業務主任者による書面への記名に準ずる措置を講ずるものとして国土交通省令で定めるものにより提供できます。

重要事項11項目

①マンション管理業者の商号または名称、住所、登録番号および登録年月日
②管理事務の対象となるマンションの所在地に関する事項
③管理事務の対象となるマンションの部分に関する事項
④管理事務の内容および実施方法（財産の分別管理の方法を含む）
⑤管理事務に要する費用ならびにその支払時期および方法
⑥管理事務の一部の再委託に関する事項
⑦保証契約に関する事項
⑧免責に関する事項
⑨契約期間に関する事項
⑩契約の更新に関する事項
⑪契約の解除に関する事項

では、過去問を見てみましょう。

過去問で CHECK!　H26-49-肢1

問 マンション管理業者は、管理組合と管理受託契約を締結するにあたって、新たに建設されたマンションを分譲した場合で、当該マンションの人の居住の用に供する独立部分の引渡日のうち、最も早い日から１年を経過するまでの間に契約期間が満了するものについては、重要事項説明をしなくても契約を締結できる。

答 新たに建設されたマンションを分譲した場合で、当該マンションの人の居住の用に供する独立部分の引渡日のうち、最も早い日から１年を経過する日までの間に契約期間が満了するものについては、重要事項の説明は不要である。　○

ヒント
新築分譲から短期間で終了する管理受託契約の特例を思い出しましょう。

第8編　マンション管理適正化法

講師より

条件を変更する場合、新規契約と同じ手続き（説明会を開催しての重要事項の説明）が必要となります。

（4）同一条件で契約を更新する際の重要事項の説明

マンション管理業者は、従前の管理受託契約と同一の条件で管理組合と管理受託契約を更新しようとするときは、以下のようになります。

管理者が置かれている場合	管理者等および区分所有者に重要事項説明書を交付して、**管理者等に対して重要事項の説明をする**（区分所有者への説明不要）
管理者が置かれていない場合	区分所有者等に重要事項説明書を交付する 重要事項の説明は不要（**説明会も不要**）

認定管理者等から重要事項について**説明を要しない旨の意思の表明**があったときは、マンション管理業者による当該認定管理者等に対する**重要事項を記載した書面の交付**をもって、説明に代えることができます。

Step Up

同一内容での更新とされるものには以下のケースがあります。
①従前の管理受託契約と管理事務の内容および実施方法を同一とし、管理事務に要する費用の額を減額しようとする場合
②従前の管理受託契約に比して管理事務の内容および実施方法の範囲を拡大し、管理事務に要する費用の額を同一としまたは減額しようとする場合
③従前の管理受託契約に比して管理事務に要する費用の支払いの時期を後に変更（前払いを当月払いもしくは後払い、または当月払いを後払い）しようとする場合
④従前の管理受託契約に比して更新後の契約期間を短縮しようとする場合
⑤管理事務の対象となるマンションの所在地の名称が変更される場合

では、過去問を見てみましょう。

過去問で CHECK! H26-49-肢4

問 マンション管理業者は、従前の契約と同一の条件で管理組合との管理受託契約を更新しようとする場合において、当該管理組合に管理者等が置かれているときは、当該管理者等に対し、管理業務主任者をして、重要事項について、これを記載した書面を交付して説明をさせなければならない。

答 従前の契約と同一の条件で管理受託契約を更新する場合でも、管理者等に対しては、管理業務主任者に重要事項説明書を交付して説明をさせなければならない。 ○

重要事項説明のまとめ

		書面交付の相手方	説明の相手方
新規契約 内容を変更して契約更新		区分所有者等および管理者等に説明会の1週間前に交付する	区分所有者等および管理者等に説明会で行う
同一条件で契約更新	管理者がいる場合	区分所有者等および管理者等に交付する	管理者等に対して直接行う
	管理者がいない場合	区分所有者等に交付する	不要

3 契約成立時の書面の交付（適正化法73条）

（1）契約成立時の書面の交付

マンション管理業者は、管理組合から管理事務の委託を受けることを内容とする契約を締結したときは、当該管理組合の管理者等に対し、遅滞なく、以下の事項を記載した書面（契約内容記載書面）を交付しなければなりません。

管理者等が置かれている場合	当該管理者等に対し交付する
管理者等が置かれていない場合 または 管理業者が管理者等である場合	当該管理組合を構成するマンションの区分所有者等全員に交付する

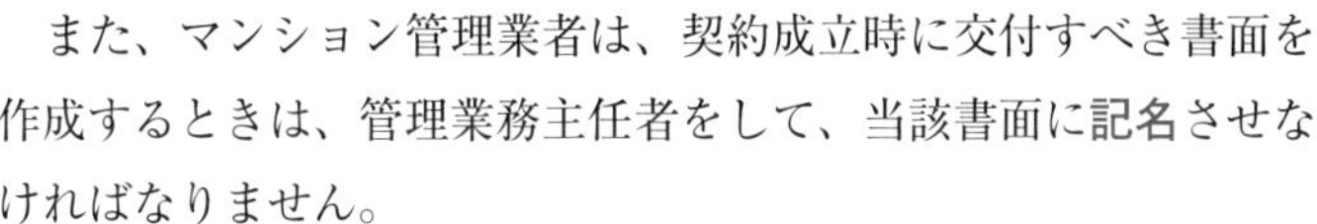

また、マンション管理業者は、契約成立時に交付すべき書面を作成するときは、管理業務主任者をして、当該書面に記名させなければなりません。

講師より

この契約成立時の書面には、管理委託契約書が該当します。

（2）電磁的方法による提供

マンション管理業者は、契約成立時の書面の交付に代えて、政令で定めるところにより、マンションの区分所有者等または当該管理組合の管理者等の承諾を得て、当該書面に記載すべき事項を電磁的方法であって管理業務主任者による書面への記名に準ずる措置を講ずるものとして国土交通省令で定めるものにより提供することができます。

過去問でCHECK!　R3－問46－2

問 マンション管理業者は、法第73条第１項の規定に基づく書面の交付に代えて、当該書面に記載すべき事項を、電子情報処理組織を使用する方法その他の情報通信の技術を利用する方法により提供する場合においては、管理組合の管理者等又は管理組合を構成するマンションの区分所有者等の承諾を得る必要はない。

答 管理組合の管理者等又は管理組合を構成するマンションの区分所有者等の承諾が必要である。　×

ヒント

管理組合側が電磁的方法による提供を望まないケースもあるのではないでしょうか。

基幹事務の一括再委託は禁止されていました。

“定めがあるときは”となっている事項には注意しましょう。定めがない場合は、記載不要ということです。

講師より

契約成立時の書面の記載事項は、標準管理委託契約書にすべて盛り込まれています。
確認してみましょう。

契約書の記載事項
①管理事務の対象となるマンションの部分
②管理事務の内容および実施方法（財産の分別管理の方法を含む）
③管理事務に要する費用並びにその支払時期および方法
④管理事務の一部の再委託に関する定めがあるときは、その内容
⑤契約期間に関する事項
⑥契約の更新に関する定めがあるときは、その内容
⑦契約の解除に関する定めがあるときは、その内容
⑧管理受託契約の当事者の名称および住所並びに法人である場合においては、その代表者の氏名
⑨マンション管理業者による管理事務の実施のために必要となる以下の定めがあるときはその内容 ア）区分所有者等の行為制限 イ）管理業者による区分所有者等の専有部分への立ち入り ウ）共用部分の使用に関する定め
⑩管理事務の報告に関する事項
⑪宅地建物取引業者からその行う業務の用に供する目的でマンションに関する情報の提供を要求された場合の対応に関する定めがあるときはその内容
⑫マンションが滅失・き損した場合において、管理組合およびマンション管理業者が当該滅失・き損の事実を知ったときは、その状況を契約の相手方に通知すべき旨の定めがあるときはその内容
⑬毎事業年度開始前に行う当該年度の管理事務に要する費用の見通しに関する定めがあるときはその内容
⑭管理事務として行う管理事務に要する費用の収納に関する事項
⑮免責に関する事項

4 管理事務の報告（適正化法77条）

（1）管理事務の報告

マンション管理業者は、管理事務の委託を受けた管理組合の事業年度終了後、遅滞なく、以下のように管理事務の報告をしなければなりません。

管理組合に管理者等が置かれている場合	国土交通省令の定めるところにより、定期に当該管理者等に対し、**管理業務主任者に管理事務に関する報告をさせなければならない**
管理組合に管理者等が置かれていない場合	国土交通省令の定めるところにより、定期に説明会を開催し、区分所有者等に対して**管理業務主任者に管理事務に関する報告をさせなければならない**

"定期に"とは、管理事務を委託した管理組合の事業年度終了後、遅滞なく行うことをいいます。

注意！

説明会の開催日の1週間前までに、説明会の開催の日時および場所について、マンションの区分所有者等の見やすい場所に掲示しなければなりません。

また、管理事務の報告をするときは、以下の事項を記載した管理事務報告書を作成し、管理業務主任者をして交付させなければなりません。ただし、管理業務主任者の記名は不要です。

（1）報告の対象となる期間
（2）管理組合の会計の収入および支出の状況
（3）上記のほか、管理受託契約の内容に関する事項

管理業務主任者が報告する際には、**管理業務主任者証の提示**が必要です。

（2）電磁的方法による提供

マンション管理業者は、管理事務報告書を交付すべきマンションの区分所有者等または当該管理組合の**管理者等の承諾**を得て、当該管理事務報告書に記載すべき事項を**電磁的方法**により提供することができます。

では、過去問を見てみましょう。

過去問で CHECK!　H25-49-肢1

問 管理事務の委託を受けた管理組合に管理者等が置かれていない場合、マンション管理業者は、当該管理組合の事業年度終了後、遅滞なく、管理事務報告書を作成し説明会を開催しなければならないが、管理事務報告書については、説明会の日の1週間前までに区分所有者等全員に配布しなければならない。

答 管理事務報告書を説明会の日の1週間前までに区分所有者等全員に配布する義務はない。　×

重要事項説明の際の説明会開催手続きとの違いに注意しましょう。

5 財産の分別管理（適正化法76条）

（1）金銭の管理方法（適正化法規則87条１項・２項）

管理業者が、管理組合の財産を管理することもあります。しかし、もし管理業者が倒産等してしまい、財産が返ってこなかったら大変です。そこで、財産の分別管理について規定されたのです。

金銭である財産の分別管理の方法として、次の３種類をマンション管理適正化法で定めました。

①区分所有者等から徴収された**修繕積立金等金銭を収納口座に預入**し、毎月、その月分の修繕積立金等金銭から当該月中の管理事務に要した費用を控除した残額を、翌月末日までに、収納口座から保管口座に移し換える方法（イ方式）
②区分所有者等から徴収された**修繕積立金を保管口座に預入**し、預貯金として管理するとともに、管理費用に充当する金銭を収納口座に預入し、毎月、その月分の管理費用から当該月中の管理事務に要した費用を控除した残額を、翌月末日までに収納口座から保管口座に移し換える方法（ロ方式）
③修繕積立金等金銭を、管理組合等を名義人とする収納・保管口座において預貯金として管理する方法（ハ方式）

②は、修繕積立金は収納口座に入金せず、直接保管口座に入金する方法です。
③は、収納・保管口座という１つの口座で、収納と保管を実施する方法です。

（2）保証契約の締結（適正化法規則87条３項）

管理業者が上記①または②の方法により修繕積立金等金銭を管理する場合にあっては、原則として、当該方法により区分所有者等から徴収される１月分の修繕積立金等金銭（②の方法による場合にあっては、管理費用に充当する金銭）の額の合計額以上の額につき**有効な保証契約**を締結していなければなりません。

ただし、次のいずれにも該当する場合は、保証契約の締結は不要となります。

①修繕積立金等金銭もしくは管理費用に充当する財産がマンションの区分所有者等からマンション管理業者が受託契約を締結した管理組合もしくはその管理者等（管理組合等といいます）を名義人とする収納口座に直接預入される場合またはマンション管理業者もしくはマンション管理業者から委託を受けた者がマンションの区分所有者等から修繕積立金等金銭も

つまり、①管理組合等名義の収納口座を設ける。②その収納口座の印鑑やカード類を管理業者が保管しない。この2つの要件を両方とも満たしたときでないと、保証契約の締結は不要とはならないのです。どちらか１つしか満たさない場合は、保証契約の締結が必要となります。

しくは管理費用に充当する財産を徴収しない場合

②マンション管理業者が、管理組合等を名義人とする収納口座に係る当該管理組合等の印鑑、預貯金の引出用のカードその他これらに類するものを管理しない場合

では、過去問を見てみましょう。

過去問で CHECK!　H28-49-肢ア

問 管理組合法人Bを名義人とする収納口座と保管口座がある場合において、マンション管理業者Aは、当該収納口座に係るBの印鑑を管理しつつ、マンション管理適正化法施行規則87条第2項第1号イに定める方法により修繕積立金等金銭の管理を行っているが、Bの区分所有者等から徴収される1月分の修繕積立金等金銭の合計額以上の額につき保証契約を締結していないことは、マンション管理適正化法に違反する。

答 管理組合の収納口座の印鑑をマンション管理業者が管理する場合、保証契約を締結は免除されない。　○

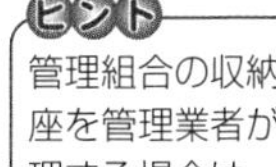

財産の分別管理①の方式（イ方式）

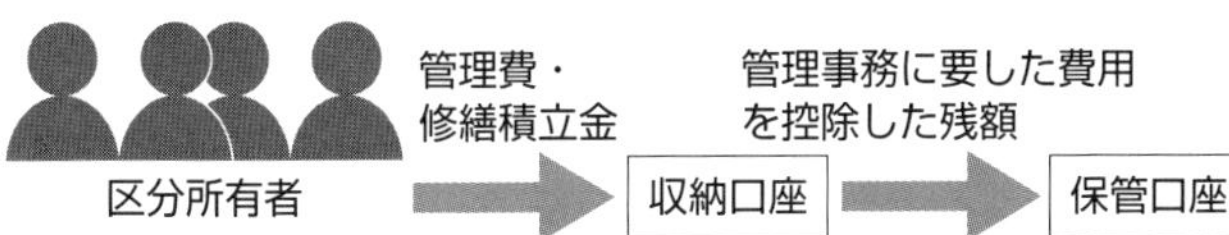

財産の分別管理②の方式（ロ方式）

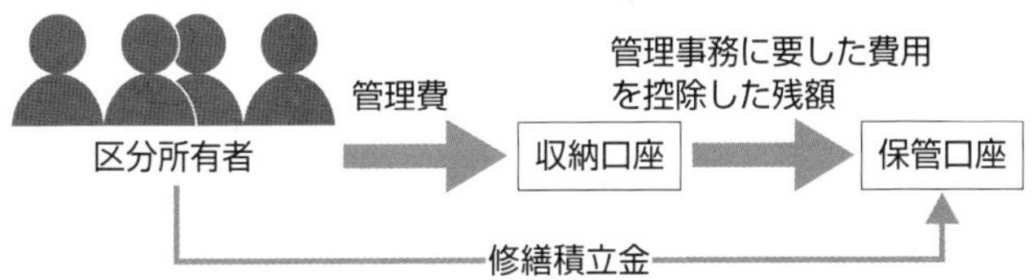

財産の分別管理③の方式（ハ方式）

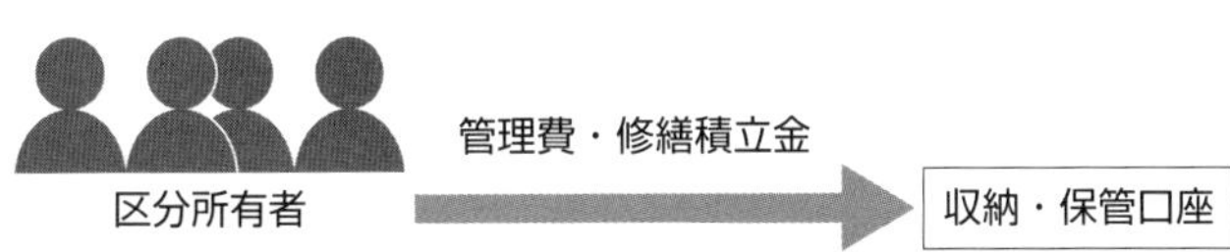

(3) 修繕積立金等が有価証券である場合 (適正化法規則87条2項)

修繕積立金等が有価証券である場合、金融機関または証券会社に、当該有価証券(受託有価証券といいます。)の保管場所を自己の固有財産および他の管理組合の財産である有価証券の保管場所と明確に区分させ、かつ、当該受託有価証券が受託契約を締結した管理組合の有価証券であることを判別できる状態で管理させる方法によります。

(4) 印鑑・通帳等の管理 (適正化法規則87条4項)

収納口座は対象となっていません。

マンション管理業者は、修繕積立金等金銭を管理する場合にあっては、**保管口座**または**収納・保管口座**に係る管理組合等の印鑑、預貯金の引出用のカードその他これらに類するものを管理してはならないとされています。

ただし、管理組合に管理者等が置かれていない場合において、**管理者等が選任されるまでの比較的短い期間に限り保管する場合**は、管理が許されます。

(5) 収納口座、保管口座、収納・保管口座 (適正化法規則87条6項)

収納口座はマンション管理業者名義にすることもできます。

①収納口座　マンションの区分所有者等から徴収された修繕積立金等金銭または管理費用に充当される財産を預入し、一時的に預貯金として管理するための口座をいう
②保管口座　マンションの区分所有者等から徴収された修繕積立金を預入し、または修繕積立金等金銭もしくは管理費に充当する財産の残額を収納口座から移し換え、これらを預貯金として管理するための口座であって、**管理組合等を名義人とするものをいう**
③収納・保管口座　マンションの区分所有者等から徴収された修繕積立金等金銭を預入し、預貯金として管理するための口座であって、**管理組合等を名義人とするものをいう**

6 会計の収支状況に関する書面の交付（適正化法規則87条5項）

マンション管理業者が修繕積立金等を管理する場合には、毎月、その月における**管理組合の会計の収支状況に関する書面**を作成し、**翌月末日**までに当該管理組合の管理者等に交付しなければなりません。

この場合、管理組合に管理者が置かれていないときは、当該書面の交付に代えて、対象月の属する管理組合の事業年度の終了の日から２月を経過する日までの間、当該書面をその事務所に備え置き、管理組合の区分所有者等の求めに応じ、マンション管理業者の業務時間内において、これを閲覧させなければなりません。

5章 マンション管理士

重要度 ★☆☆　出題実績 H14

本日の講義

1. マンション管理士
2. マンション管理士の登録
3. 名称使用停止処分・名称使用制限義務
4. 登録証
5. マンション管理士の義務
6. 罰則

ココを覚える！

①マンション管理士の登録欠格事由を覚える。ほとんどが管理業務主任者と同じなので、異なる部分をしっかりと押さえる。
②マンション管理士の義務について覚える。管理業務主任者との役割の違いをしっかり押さえる。
③マンション管理士の登録の取消し等について覚える。
④マンション管理士登録証について覚える。

「ごうかく！攻略問題集」➡なし

1 マンション管理士（適正化法２条５項）

講師より
管理業務主任者と違い、マンション管理業者の事務所に置かれるのではなく、独立した資格です。

マンション管理士とは、国土交通大臣の登録を受け、マンション管理士の名称を用いて、専門知識をもって、管理組合の管理者等または区分所有者等の相談に応じ、助言・指導その他の援助を行うことを業務とする者をいいます。

2 マンション管理士の登録（適正化法30条）

では、マンション管理士となるためには、どのような要件が必要となるのでしょうか？

（１）登録欠格事由（適正化法30条）

登録欠格事由といって、次の事由に該当する場合、マンション管理士の登録を受けることができません。

①心身の故障によりマンション管理士の業務を適正に行うことができない者
②禁錮以上の刑に処せられ、その執行を終わり、または執行を受けることがなくなった日から２年を経過しない者
③マンション管理適正化法による罰金刑の執行を終え、または執行を受けることがなくなった日から２年を経過しない者
④マンション管理士の登録を以下の取消原因により取り消され、その取消しの日から２年を経過しない者 **ア）偽りその他不正の手段で登録を受けた** **イ）信用失墜行為の禁止に違反した** **ウ）国土交通省令で定める講習を受けなかった** **エ）秘密保持義務に違反した**
⑤管理業務主任者であったが、以下の理由により登録を取り消され、その取消しの日から２年を経過しない者 **ア）偽りその他不正の手段により管理業務主任者登録を受けた** **イ）偽りその他不正の手段により管理業務主任者証の交付を受けた** **ウ）指示処分事由に該当し情状が特に重いこと、または事務禁止処分に違反したこと** 管理業務主任者登録を受けた者で管理業務主任者証の交付を受けていない者であったが、以下の理由により登録を取り消され、その取消しの日から２年を経過しない者 **ア）偽りその他不正の手段により管理業務主任者登録を受けた** **イ）管理業務主任者としてすべき事務を行い、情状が特に重い**
⑥マンション管理業者の登録を以下の理由により取り消され、その取消の日から２年を経過しない者 （法人の場合は、その取消しの前30日以内にその法人の役員であった者も含む） **ア）偽りその他不正の手段によりマンション管理業者の登録を受けた** **イ）業務停止命令事由に該当し、情状が特に重い、または業務停止命令に違反した**

（2）変更の届出（適正化法32条）

マンション管理士は、氏名、その他国土交通省令で定める登録事項に変更があったときは、遅滞なく、その旨を国土交通大臣（指定登録機関）に届け出なければなりません。

変更の届出をする場合には、同時に登録証を添えて提出し、その訂正を受けなければなりません。

（3）死亡等の届出（適正化法規則31条）

マンション管理士が死亡または失踪宣告がされた場合・登録欠格事由に該当した場合、一定の者または本人は、遅滞なく、国土交通大臣に届け出なければなりません。

登録の取消しには、必要的なものと任意的なものとがあります。
任意的取消しの場合、登録を取り消さず、名称使用停止処分にすることもできます。

（4）マンション管理士の登録の取消し（適正化法33条）

マンション管理士にふさわしくない者にマンション管理士を続けさせるわけにはいきませんので、以下の場合は、マンション管理士の登録が取り消されます。

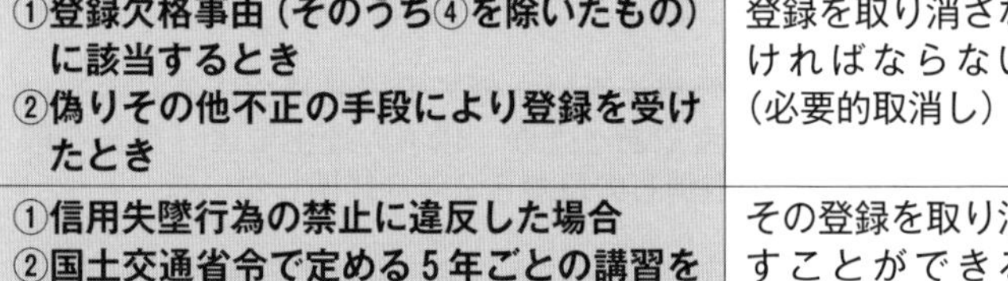

①登録欠格事由（そのうち④を除いたもの）に該当するとき ②偽りその他不正の手段により登録を受けたとき	登録を取り消さなければならない（必要的取消し）
①信用失墜行為の禁止に違反した場合 ②国土交通省令で定める５年ごとの講習を受けない場合 ③秘密保持義務に違反した場合	その登録を取り消すことができる（任意的取消し）

マンション管理士は、名称独占資格ですので、名称の使用が制限されたり、停止されたりするのです。

3 名称使用停止処分・名称使用制限義務（適正化法33・43条）

国土交通大臣はマンション管理士が、以下の事由に該当した場合には、その登録を取り消し（任意的取消）、または期間を定めてマンション管理士の名称の使用を停止することができます。これを名称使用停止処分といいます。

①信用失墜行為の禁止に違反した場合
②国土交通省令で定める５年ごとの講習を受けない場合
③秘密保持義務に違反した場合

また、マンション管理士でない者は、マンション管理士の名称、またはこれに紛らわしい名称を使用することができません。これを名称使用制限義務といいます。

4 登録証（適正化法31条）

マンション管理士の登録をすると、氏名・住所等が登録簿に登載されます。そして、国土交通大臣または指定登録機関は、申請者に登録簿の登載事項を記載したマンション管理士登録証を交付します。

管理業務主任者証のように、依頼者へ提示する義務はありません。
また、登録証の有効期間はありません。

（1）登録証の再交付（適正化法規則29条）

登録証をなくしてしまったような場合は、以下のとおり再交付の申請が可能です。

登録証を亡失、滅失した	登録証の再交付を申請することができる
汚損・破損した	汚損・破損した登録証と引き換えに新たな登録証が交付される

（2）登録証の返納（適正化法規則29条４項）

登録証の亡失により再交付を受けた後に、亡失した登録証を発見したときは、速やかに発見した登録証を国土交通大臣に返納しなければなりません。また、マンション管理士の登録が取り消された者は、その通知を受けた日から起算して10日以内に登録証を国土交通大臣に返納しなければならない。

効力を失った登録証が悪用されることを防ぐためです。

5 マンション管理士の義務（適正化法40・41・42条）

①信用失墜行為の禁止
②講習の受講
③秘密保持義務

登録の更新のために講習を受けるのではありません。
マンション管理士の登録は取り消されたりしない限り一生有効で、更新の制度はありません。

マンション管理士は、一定の期間（５年）ごとに、国土交通大臣またはその指定する者が行う一定の講習を受けなければなりません。最新の建築技術や法改正などの知識を身に付け、適切な業務を行うためです。

語呂合わせ

マンション管理士の3大義務

親	**交**	**費**
信用失墜行為禁止義務	講習受講義務	秘密保持義務

6 罰則（適正化法107・109条）

①秘密保持義務に違反した場合、1年以下の懲役または30万円以下の罰金（親告罪）
②名称使用制限違反の場合、30万円以下の罰金
③名称使用停止処分違反の場合、30万円以下の罰金

注意！

マンション管理士の3大義務のうち、直接罰則の適用があるのは秘密保持義務違反だけです。

重要度 ★★★　出題実績 H13～29・R1・R4

6章 その他の規定

本日の講義

ココを覚える！

①マンション管理適正化基本方針等の内容について覚える。毎年1問出題されている論点であり、内容も難しくないので、得点できるようにしたい。
②マンション管理業者の団体について覚える。
③管理計画の認定制度の仕組みや計画の内容を覚える。

「ごうかく！攻略問題集」
➡p.730～734

1 マンション管理適正化推進センターの業務（適正化法92条）

①マンション管理に関する情報および資料の整理をし、並びにこれらを管理組合の管理者等その他の関係者に対し、提供すること
②マンション管理の適正化に関し、管理組合の管理者等その他関係者に対し、技術的な支援を行うこと
③マンション管理の適正化に関し、管理組合の管理者等その他の関係者に対し、講習を行うこと
④マンション管理に関する苦情の処理のために必要な指導および助言を行うこと
⑤マンション管理に関する調査・研究を行うこと
⑥マンション管理の適正化推進に資する啓発活動および広報活動を行うこと

Keyword
マンション管理適正化推進センター
管理組合によるマンション管理適正化推進に寄与することを目的として、管理者等に対する講習や啓発・広報活動を国土交通大臣に代わって行う財団法人。
現在は、マンション管理センターが指定されています。

Keyword

マンション管理業者の団体
国土交通大臣が指定する、管理業者の業務の改善・向上を図ることを目的とした団体。
マンション管理業者のみを社員とする団体です。

2 マンション管理業者の団体の業務（適正化法95条）

必須業務	①社員に対してマンション管理適正化法遵守のため、指導・勧告等を行う ②管理組合等からの苦情の解決を行う ③管理業務主任者等に対して研修を行う ④マンション管理業者の健全な発達のための調査研究を行う ⑤マンション管理業者の業務の改善向上を図るために必要な業務を行う
任意業務	あらかじめ国土交通大臣の承認を得て、保証業務を行う

3 設計図書の交付（適正化法103条）

注意！
対象となるのは、1年以内に管理者等が選任された場合です。1年以内に選任されなかったときは、この義務は課されません。

宅地建物取引業者が自ら売主となってマンションを分譲した場合においては、**1年以内に管理者等が選任**されたときは、速やかに管理者等に対して、当該建物とその附属施設の設計図書を交付しなければなりません。

4 マンションの管理の適正化の推進を図るための基本的な方針（基本方針）（適正化法3条）

国土交通大臣は、マンションの管理の適正化の推進を図るための基本的な方針（**基本方針**）を定めなければなりません。

①マンションの管理の適正化の推進に関する基本的な事項
②マンションの管理の適正化に関する目標の設定に関する事項
③マンション管理適正化指針に関する事項
④マンションがその建設後相当の期間が経過した場合その他の場合において当該マンションの建替えその他の措置が必要なときにおけるマンションの建替えその他の措置に向けたマンションの区分所有者等の合意形成の促進に関する事項
⑤マンションの管理の適正化に関する啓発および知識の普及に関する基本的な事項
⑥マンション管理適正化推進計画の策定に関する基本的な事項その他マンションの管理の適正化の推進に関する重要事項

（1）基本方針の体系

我が国におけるマンションは、土地利用の高度化の進展に伴い、職住近接という利便性や住空間の有効活用という機能性に対する積極的な評価、マンションの建設・購入に対する融資制度や税制の整備を背景に、都市部を中心に持家として定着し、重要な居住形態となっており、国民の一割以上が居住していると推計されます。

その一方で、１つの建物を多くの人が区分して所有するマンションは、各区分所有者等の共同生活に対する意識の相違、多様な価値観を持った区分所有者等間の意思決定の難しさ、利用形態の混在による権利・利用関係の複雑さ、建物構造上の技術的判断の難しさなど建物を維持管理していく上で、多くの課題を有しています。

特に、今後、建設後相当の期間が経過したマンションが、急激に増大していくものと見込まれますが、これらに対して適切な修繕がなされないままに放置されると、老朽化したマンションは、区分所有者等自らの居住環境の低下のみならず、外壁等の剥落などによる居住者や近隣住民の生命・身体に危害、ひいては周辺の住環境や都市環境の低下を生じさせるなど深刻な問題を引き起こす可能性があります。

このような状況の中で、我が国における国民生活の安定向上と国民経済の健全な発展に寄与するためには、**管理組合がマンションを適正に管理する**とともに、**行政**は**マンションの管理状況、建物・設備の老朽化**や**区分所有者等の高齢化**の状況等を踏まえてマンションの管理の適正化の推進のための施策を講じていく必要があります。

この基本的な方針は、このような認識の下に、マンションの管理の適正化の推進を図るため、必要な事項を定めています。

（2）マンションの管理の適正化の推進に関する基本的な事項

管理組合、国、地方公共団体、マンション管理士、マンション管理業者その他の関係者は、それぞれの役割を認識するとともに、効果的にマンションの管理の適正化およびその推進を図るため、相互に連携して取組を進める必要があります。

① 管理組合および区分所有者の役割

マンションは私有財産の集合体であり、その管理の主体は、あくまでマンションの**区分所有者等で構成される管理組合**です。法第5条第1項においても、管理組合は、マンション管理適正化指針および都道府県等マンション管理適正化指針の定めるところに留意して、マンションを適正に管理するよう自ら努めなければならないとされています。マンションストックの高経年化が進む中、これらを可能な限り長く活用するよう努めることが重要であり、管理組合は、自らの責任を自覚し、必要に応じて専門家の支援も得ながら、適切に管理を行うとともに、国および地方公共団体が講じる施策に協力するよう努める必要があります。

マンションの区分所有者等は、**管理組合の一員としての役割および修繕の必要性**を十分認識して、管理組合の運営に関心を持ち、**積極的に参加する**等、その役割を適切に果たすよう努める必要があります。

② 国の役割

国は、**マンションの管理水準の維持向上**と**管理状況**が**市場において評価される環境整備**を図るためにマンションの管理の適正化の推進に関する施策を講じていくよう努める必要があります。

このため、マンション管理士制度およびマンション管理業の登録制度の適切な運用を図るほか、**マンションの実態調査の実施、「マンション標準管理規約」および各種ガイドライン・マニュアルの策定**や適時適切な見直しとその周知、マンションの管理の適正化の推進に係る**財政上の措置、リバースモーゲージの活用等**による大規模修繕等のための資金調達手段の確保、マンション管理士等の専門家の育成等によって、管理組合や地方公共団体のマンションの管理の適正化およびその推進に係る取組を支援していく必要があります。

また、国は、**マンションの長寿命化**に係る先進的な事例の収集・普及等に取り組むとともに、管理組合等からの求めに応じ、マンション管理適正化推進センターと連携しながら、必要な情報提供等に努める必要があります。

③　地方公共団体の役割

地方公共団体は、区域内のマンションの管理状況等を踏まえ、計画的にマンションの管理の適正化の推進に関する施策を講じていくよう努める必要があります。

このため、区域内のマンションの実態把握を進めるとともに、**マンション管理適正化推進計画**を作成し、施策の方向性等を明らかにして**管理計画認定制度**を適切に運用することで、マンションの管理水準の維持向上と管理状況が市場において評価される環境整備を図っていくことが望ましいです。

その際、特に必要がある場合には、**関係地方公共団体、管理組合、マンション管理士、マンション管理業者**、マンションの管理に関する知識や経験を生かして活動等を行う**ＮＰＯ法人等**の関係者に対し、調査に必要な協力を求めることも検討し、これらの関係者と連携を図りながら、効果的に施策を進めることが望ましいです。

さらに、マンション管理士等専門的知識を有する者や経験豊かで地元の実情に精通したマンションの区分所有者等から信頼される者等の協力を得て、マンションに係る相談体制の充実を図るとともに、管理組合等からの求めに応じ、必要な情報提供等に努める必要があります。

なお、管理が適正に行われていないマンションに対しては、マンション管理適正化指針等に即し、必要に応じて助言、指導等を行うとともに、専門家を派遣するなど能動的に関与していくことが重要です。

④　マンション管理士およびマンション管理業者等の役割

マンションの管理には専門的知識を要することが多いため、マンション管理士には、管理組合等からの相談に応じ、助言等の支援を適切に行うことが求められており、誠実にその業務を行う必要があります。また、マンション管理業者においても、管理組合から管理事務の委託を受けた場合には、誠実にその業務を行う必要があります。

さらに、マンション管理士およびマンション管理業者は、地方公共団体等からの求めに応じ、必要な協力をするよう努める必要があります。

また、分譲会社は、管理組合の立ち上げや運営の円滑化のため、分譲時に管理規約や長期修繕計画、修繕積立金の金額等の案について適切に定めるとともに、これらの内容を購入者に対して説明し理解を得るよう努める必要があります。

(3) マンションの管理の適正化に関する目標の設定に関する事項

マンションの適切な管理のためには、適切な長期修繕計画の作成や計画的な修繕積立金の積立が必要となることから、国においては、**住生活基本法に基づく住生活基本計画**（全国計画）において、25年以上の長期修繕計画に基づき修繕積立金を設定している管理組合の割合を目標として掲げています。

地方公共団体においては、国が掲げる目標を参考にしつつ、マンションの管理の適正化のために管理組合が留意すべき事項も考慮し、区域内のマンションの状況を把握し、地域の実情に応じた適切な目標を設定することが望ましいです。

(4) マンションがその建設後相当の期間が経過した場合その他の場合において当該マンションの建替えその他の措置に向けたマンションの区分所有者等の合意形成の促進に関する事項

日常のマンションの管理を適正に行い、そのストックを有効に活用していくことは重要ですが、一方で、修繕や耐震改修等のみでは良好な居住環境の確保や地震によるマンションの倒壊、老朽化したマンションの損壊その他の被害からの生命、身体および財産の保護が困難な場合には、マンションの建替え等を円滑に行い、より長期の耐用性能を確保するとともに、良好な居住環境や地震に対する安全性等の向上を実現することが重要です。

マンションの建替え等の円滑化に関する法律では、地震に対する安全性が不足しているマンションや外壁等の剥落により周囲に危害を生ずるおそれのあるマンション等を、建替え時の容積率特例やマンション敷地売却事業および団地型マンションにおける敷地分割事業の対象とし、また、バリアフリー性能が不足しているマンション等を含めて建替え時の容積率特例の対象としています。

マンションが建設後相当の期間が経過した場合等に、修繕等のほか、これらの特例を活用した建替え等を含め、どのような措置をとるべきか、様々な区分所有者等間の意向を調整し、合意形成を図っておくことが重要です。管理組合においては、区分所有者等の連絡先等を把握しておき、必要に応じて外部の専門家を活用しつつ、適切に集会を開催して検討を重ね、長期修繕計画において建替え等の時期を明記しておくこと等が重要です。

（5）マンションの管理の適正化に関する啓発および知識の普及に関する基本的な事項

マンションの管理の適正化を推進するためには、必要な情報提供、技術的支援等が不可欠であることから、国および地方公共団体は、マンションの実態の調査および把握に努め、必要な情報提供等について、その充実を図ることが重要です。

国においては、法およびマンション管理適正化指針の内容の周知を行うほか、「マンション標準管理規約」や各種ガイドライン・マニュアルの策定や適時適切な見直しとその周知を行っていく必要があります。

また、国、地方公共団体、マンション管理適正化推進センター、マンション管理士、ＮＰＯ法人等の関係者が相互に連携をとり、**管理組合等の相談に応じられるネットワークを整備**することが重要です。

地方公共団体においては、必要に応じてマンション管理士等専門的知識を有する者や経験豊かで地元の実情に精通したマンションの区分所有者等から信頼される者、ＮＰＯ法人等の協力を得て、セミナーの開催やマンションに係る相談体制の充実を図るよう努める必要があります。

マンション管理適正化推進センターにおいては、関係機関および関係団体との連携を密にし、**管理組合等に対する積極的な情報提供を行う**等、管理適正化業務を適正かつ確実に実施する必要があります。

これらのほか、国、地方公共団体、関係機関等は、管理計画認定制度の周知等を通じて、これから管理組合の一員たる区分所有者等としてマンションの管理に携わることとなるマンションを購入しようとする者に対しても、マンションの管理の重要性を認識させるように取り組むことも重要です。

(6) マンション管理適正化推進計画の策定に関する基本的な事項

マンションは全国的に広く分布しており、各地域に一定のストックが存在しますが、中でも大都市圏への集中が見られ、建設後相当の期間が経過し、管理上の課題が顕在化しているものも多くあります。また、大都市以外でも、都市近郊の観光地等で主に別荘として利用される、いわゆるリゾートマンションを多く有する地域もあります。

地方公共団体は、このように各地域で異なるマンションの状況等を踏まえつつ、法および本基本方針に基づき、住生活基本計画（都道府県計画）（市町村にあっては住生活基本計画（全国計画）第4（4）に基づく市町村計画を含む）と調和を図るほか、マンションの管理の適正化の推進に関する施策の担当部局と福祉関連部局、防災関連部局、まちづくり関連部局、空き家対策関連部局、地方住宅供給公社等と連携し、マンション管理適正化推進計画を策定することが望ましいです。

① マンションの管理の適正化に関する目標

区域内のマンションの状況に応じ、**25年以上**の長期修繕計画に基づく修繕積立金額を設定している管理組合の割合等、明確な目標を設定し、その進捗を踏まえ、施策に反映させていくことが望ましいです。

② マンションの管理の状況を把握するために講じる措置に関する事項

マンションの管理の適正化の推進を図るためには、大規模団地や長屋型のマンション等も含めた区域内の**マンションストックの状況**を把握した上で、**マンションの管理の実態**について把握することが重要であり、**登記情報等に基づくマンションの所在地**の把握、管理組合への**アンケート調査等の実態調査**、条例による**届出制度の実施**等、地域の状況に応じた措置を位置づけることが考えられます。

なお、マンションの管理の実態の把握については、規模や築年数等に応じ、対象を絞って行うことも考えられます。

③　マンションの管理の適正化の推進を図るための施策に関する事項

地域の実情に応じてニーズを踏まえつつ、適切な施策を行っていくことが重要であり、管理組合向けのセミナーの開催、相談窓口の設置、マンション管理士等の専門家の派遣、長期修繕計画の作成等に必要な取組に対する財政支援等を位置づけることが考えられます。

また、きめ細やかな施策を推進するため、地方公共団体、地域の実情に精通したマンション管理士等の専門家、マンション管理業者等の事業者、管理組合の代表者、ＮＰＯ法人等で協議会を設置することも考えられます。

このほか、必要に応じ、地方住宅供給公社による**マンションの修繕その他の管理に関する事業**を定めることが考えられる。この場合において、**地方住宅供給公社**は、当該都道府県等の区域内において、地方住宅供給公社法に規定する業務のほか、**管理組合の委託**により、**当該事業を行うことができます**。

④　管理組合によるマンションの管理の適正化に関する指針（都道府県等マンション管理適正化指針）に関する事項

管理組合は、マンション管理適正化指針のほか、都道府県等マンション管理適正化指針にも留意してマンションを適正に管理するよう努めることとなるほか、都道府県等マンション管理適正化指針は、助言、指導等の基準や、管理計画の認定の基準ともなり得るものです。マンション管理適正化指針と同様のものとすることも差し支えありませんが、必要に応じ、例えば、浸水が想定される区域においては適切な**防災対策**を講じていることなど地域の実情を踏まえたマンションの管理に求められる観点や水準を定めることが望ましいです。

⑤　マンションの管理の適正化に関する啓発および知識の普及に関する事項

マンションの管理の適正化の推進を図るためには、**必要な情報提供**、**技術的支援**等が不可欠であることから、マンション管理適正化推進センターやマンション管理士会、ＮＰＯ法人等と連携したセミナーの開催、相談窓口の設置、専門家の派遣や、これらの取組を広く周知することを位置づけることなどが考えられます。

⑥　計画期間

地域のマンションの築年数の推移や、人口動態等の将来予測を踏まえて、適切な計画期間を設定することが望ましいですが、例えば、住生活基本計画（都道府県計画）が、計画期間を**10年**とし、**5年毎に見直し**を行っている場合にはこれと整合を図ることなどが考えられます。

⑦　その他マンションの管理の適正化の推進に関し必要な事項

管理計画認定制度の運用にあたって、例えば、**指定認定事務支援法人**を活用する場合にはその旨等を定めることが考えられます。このほか、地域の実情に応じて取り組む独自の施策を積極的に位置づけることが望ましいです。

（7）その他マンションの管理の適正化の推進に関する重要事項

①　マンション管理士制度の一層の普及促進

マンションの管理には専門的な知識を要する事項が多いため、国、地方公共団体およびマンション管理適正化推進センターは、マンション管理士制度がより一層広く利用されることとなるよう、その普及のために**必要な啓発を行い**、**マンション管理士に関する情報提供**に努める必要があります。

なお、管理組合は、マンションの管理の適正化を図るため、必要に応じ、マンション管理士等専門的知識を有する者の知見の活用を考慮することが重要です。

②　管理計画認定制度の適切な運用

管理計画認定制度の活用によって、**マンションの管理水準の維持向上**と**管理状況が市場において評価される環境整備**が図られることが期待されることから、同制度を運用する地方公共団体においては、その**積極的な周知**を図るなど適切に運用していくことが重要です。

また、国においては、既存マンションが対象となる管理計画認定制度に加え、マンションの適切な管理を担保するためには分譲時点から適切な管理を確保することが重要であることから、**新築分譲マンション**を対象とした**管理計画を予備的に認定する仕組み**についても、マンション管理適正化推進センターと連携しながら、必要な施策を講じていく必要があります。

なお、地方公共団体は、**指定認定事務支援法人**に、**認定に係る調査に関する事務を委託することも可能**であり、必要に応じてこれを活用するとともに、指定認定事務支援法人は個人情報等も扱う可能性があることや利益相反も想定されることに鑑み、委託する際は適切に監督を行う必要があります。

③　都道府県と市町村との連携

都道府県は町村の区域内に係るマンション管理適正化推進行政事務を行うこととされていますが、市区町村と連携を図り、必要に応じて市区の区域内を含めて施策を講じていくことが重要です。

また、町村が地域のマンションの詳細な実情を把握していることも想定されることから、都道府県と町村においては、**連絡体制を確立し**、**密に連携をとる**必要があります。

なお、町村がマンション管理適正化推進行政事務を行う場合には、都道府県と適切に協議を行い、必要な引継ぎを確実に受けるほか、その旨を**公示等で周知する**など同事務の実施に遺漏のないようにする必要があります。

④　修繕等が適切に行われていないマンションに対する措置

都道府県等は管理組合の管理者等に対してマンションの管理の適正化を図るために必要な助言、指導および勧告を行うことができることとされていますが、助言等を繰り返し行っても、なおマンションの管理の適正化が図られないことも考えられます。修繕等が適切に行われなかった結果、老朽化したマンションがそのまま放置すれば**著しく保安上危険**となり、または**著しく衛生上有害な状態**となる恐れがあると認められるに至ったなどの場合には、建築基準法に基づき、特定行政庁である地方公共団体が**改善の命令**等の強制力を伴う措置を講じることも考えられます。

⑤　修繕工事および設計コンサルタントの業務の適正化

マンションの修繕工事や長期修繕計画の見直しにあたっては、管理組合の専門的知識が不足し、修繕工事業者や設計コンサルタント等との間に情報の非対称性が存在する場合が多いことから、国は、管理組合に対する様々な工事発注の方法の周知や修繕工事の実態に関する情報発信、関係機関とも連携した相談体制の強化等を通じて、**マンションの修繕工事**や**設計コンサルタントの業務の適正化**が図られるよう、必要な取組を行う必要があります。

⑥　ＩＣＴ化の推進

国は、**ＷＥＢ会議システム**等を活用した合意形成の効率化や、**ドローン**を活用した外壁の現況調査等、モデル的な取組に対して支援することにより、ＩＣＴを活用したマンションの管理の適正化を推進していく必要があります。

また、管理組合の負担軽減およびマンション管理業者の生産性向上の観点から、重要事項説明時や契約成立時の書面交付について、ＩＴを活用した電磁的記録による交付が可能である旨定められています。併せて、通常、対面で行われる重要事項の説明等についても、ＩＴを活用した説明が可能であり、これらについてマンション管理業者の団体等を通じて広く周知していくことが重要です。

5 マンション管理適正化指針に関する事項

1　マンションの管理の適正化の基本的方向	①　マンションの管理の主体は、マンションの区分所有者等で構成される**管理組合**であり、管理組合は、マンションの区分所有者等の意見が十分に反映されるよう、また、長期的な見通しを持って、適正な運営を行うことが重要である。特に、その経理は、健全な会計を確保するよう、十分な配慮がなされる必要がある。また、第三者に管理事務を委託する場合は、その内容を十分に検討して契約を締結する必要がある ②　管理組合を構成するマンションの区分所有者等は、管理組合の一員としての役割を十分認識して、管理組合の運営に関心を持ち、積極的に参加する等、その役割を適切に果たすよう努める必要がある ③　マンションの管理は、専門的な知識を必要とすることが多いため、管理組合は、問題に応じ、マンション管理士等専門的知識を有する者の支援を得ながら、**主体性**をもって適切な対応をするよう心がけることが重要である ④　さらに、マンションの状況によっては、外部の専門家が、管理組合の管理者等または役員に就任することも考えられるが、その場合には、マンションの区分所有者等が当該管理者等または役員の選任や業務の監視等を適正に行うとともに、監視・監督の強化のための措置等を講じることにより**適正な業務運営**を担保することが重要である ⑤　マンションの管理の適正化を推進するため、国、地方公共団体及び**マンション管理適正化推進センター**は、その役割に応じ、必要な情報提供等を行うよう、支援体制を整備・強化することが必要である

マンション管理適正化を推進するには、マンション標準管理規約等の必要な情報・資料の提供・技術的支援が不可欠とされています。

2　マンションの管理の適正化の推進のために管理組合が留意すべき基本的事項	①　**管理組合の運営** 　管理組合の自立的な運営は、マンションの区分所有者等の全員が参加し、その意見を反映することにより成り立つものである。そのため、管理組合の運営は、情報の開示、運営の透明化等、開かれた民主的なものとする必要がある。また、集会は、管理組合の最高意思決定機関である 　したがって、管理組合の管理者等は、その意思決定にあたっては、事前に必要な資料を整備し、集会において適切な判断が行われるよう配慮する必要がある。管理組合の管理者等は、マンション管理の目的が達成できるように、法令等を遵守し、マンションの区分所有者等のため、誠実にその職務を執行する必要がある ②　**管理規約** 　管理規約は、マンション管理の最高自治規範であることから、その作成にあたっては、管理組合は、建物の区分所有等に関する法律に則り、「マンション標準管理規約」を参考として、当該マンションの実態及びマンションの区分所有者等の意向を踏まえ、適切なものを作成し、必要に応じ、その改正を行うことが重要である。さらに、快適な居住環境を目指し、マンションの区分所有者等間のトラブルを未然に防止するために、使用細則等マンションの実態に即した具体的な住まい方のルールを定めておくことが肝要である 　管理規約または使用細則等に違反する行為があった場合、管理組合の管理者等は、その是正のため、必要な勧告、指示等を行うとともに、法令等に則り、その是正または排除を求める措置をとることが重要である ③　**共用部分の範囲及び管理費用の明確化** 　管理組合は、マンションの快適な居住環境を確保するため、あらかじめ、共用部分の範囲及び管理費用を明確にし、トラブルの未然防止を図ることが重要である

特に、専有部分と共用部分の区分、専用使用部分と共用部分の管理及び駐車場の使用等に関してトラブルが生じることが多いことから、適正な利用と公平な負担が確保されるよう、各部分の範囲及びこれに対するマンションの区分所有者等の負担を明確に定めておくことが望ましい

④　**管理組合の経理**

管理組合がその機能を発揮するためには、その経済的基盤が確立されていることが重要である。このため、管理費及び修繕積立金等について必要な費用を徴収するとともに、これらの費目を明確に区分して経理を行い、適正に管理する必要がある

また、管理組合の管理者等は、必要な帳票類を作成してこれを保管するとともに、マンションの区分所有者等の請求があった時は、これを速やかに開示することにより、経理の透明性を確保する必要がある

⑤　**長期修繕計画の策定及び見直し等**

マンションの快適な居住環境を確保し、資産価値の維持・向上を図るためには、適時適切な維持修繕を行うことが重要である。特に、経年による劣化に対応するため、あらかじめ長期修繕計画を策定し、必要な修繕積立金を積み立てておくことが必要である。

長期修繕計画の策定及び見直しにあたっては、「長期修繕計画作成ガイドライン」を参考に、必要に応じ、マンション管理士等専門的知識を有する者の意見を求め、また、あらかじめ建物診断等を行って、その計画を適切なものとするよう配慮する必要がある。長期修繕計画の実効性を確保するためには、修繕内容、資金計画を適正かつ明確に定め、それらをマンションの区分所有者等に**十分周知させる**ことが必要である

管理組合の管理者等は、維持修繕を円滑かつ適切に実施するため、設計に関する図書等を保管することが重要である。また、この図書等について、マンション

	の区分所有者等の求めに応じ、適時閲覧できるようにすることが望ましい なお、建築後相当の年数を経たマンションにおいては、長期修繕計画の検討を行う際には、必要に応じ、建替え等についても視野に入れて検討することが望ましい。建替え等の検討にあたっては、その過程をマンションの区分所有者等に周知させるなど透明性に配慮しつつ、各区分所有者等の意向を十分把握し、合意形成を図りながら進めることが必要である ⑥　**発注等の適正化** 管理業務の委託や工事の発注等については、利益相反等に注意して、適正に行われる必要があるが、とりわけ外部の専門家が管理組合の管理者等または役員に就任する場合においては、マンションの区分所有者等から信頼されるような発注等に係るルールの整備が必要である ⑦　**良好な居住環境の維持及び向上** マンションにおけるコミュニティ形成については、自治会及び町内会等（以下「自治会」という。）は、管理組合と異なり、各居住者が各自の判断で加入するものであることに留意するとともに、特に管理費の使途については、マンションの管理と自治会活動の範囲・相互関係を整理し、管理費と自治会費の徴収、支出を分けて適切に運用することが必要である。なお、このように適切な峻別や、代行徴収に係る負担の整理が行われるのであれば、自治会費の徴収を代行することや、防災や美化などのマンションの管理業務を自治会が行う活動と連携して行うことも差し支えない ⑧　**その他配慮すべき事項** マンションが団地を構成する場合には、各棟固有の事情を踏まえながら、全棟の連携をとって、全体としての適切な管理がなされるように配慮することが重要である。 また、複合用途型マンションにあっては、住宅部分と非住宅部分との利害の調整を図り、その管理、費用負担等について適切な配慮をすることが重要である

3　マンションの管理の適正化の推進のためにマンションの区分所有者等が留意すべき基本的事項等	マンションを**購入しようとする者**は、マンションの管理の重要性を十分認識し、売買契約だけでなく、管理規約、使用細則、管理委託契約、長期修繕計画等管理に関する事項に十分に留意する必要がある また、マンションの区分所有者等は、マンションの居住形態が戸建てのものとは異なり、相隣関係等に配慮を要する住まい方であることを十分に認識し、その上で、マンションの快適かつ適正な利用と資産価値の維持を図るため、管理組合の一員として、進んで、集会その他の管理組合の管理運営に参加するとともに、定められた管理規約、集会の決議等を遵守する必要がある。そのためにも、マンションの区分所有者等は、マンションの管理に関する法律等に関する理解を深める必要がある 専有部分の賃借人等の占有者は、建物またはその敷地もしくは附属施設の使用方法につき、マンションの区分所有者等が管理規約または集会の決議に基づいて負う義務と同一の義務を負うことに十分に留意することが重要である
4　マンションの管理の適正化の推進のための管理委託に関する基本的事項	管理組合は、マンションの管理の主体は管理組合自身であることを認識したうえで、管理事務の全部または一部を第三者に委託しようとする場合は、その委託内容を十分に検討し、書面をもって管理委託契約を締結することが重要である なお、管理委託契約先を選定する場合には、管理組合の管理者等は、事前に必要な資料を収集し、マンションの区分所有者等にその情報を公開するとともに、マンション管理業者の行う説明会を活用し、適正な選定がなされるように努める必要がある また、管理委託契約先が選定されたときは、管理組合の管理者等は、当該契約内容を周知するとともに、マンション管理業者の行う管理事務の報告等を活用し、管理事務の適正化が図られるよう努める必要がある 万一、マンション管理業者の業務に関して問題が生じた場合には、管理組合は、当該マンション管理業者にその解決を求めるとともに、必要に応じ、マンション管理業

	者の所属する団体にその解決を求める等の措置を講じることが必要である
5　マンション管理士制度の普及と活用について	マンションの管理は、専門的な知識を要する事項が多いため、国、地方公共団体及びマンション管理適正化推進センターは、マンション管理士制度が早期に定着し、広く利用されることとなるよう、その普及のために必要な啓発を行い、マンション管理士に関する情報提供に努める必要がある なお、管理組合の管理者等は、マンションの管理の適正化を図るため、必要に応じ、マンション管理士等専門的知識を有する者の知見の活用を考慮することが重要である
6　国、地方公共団体及びマンション管理適正化推進センターの支援	マンションの管理の適正化を推進するためには、「マンション標準管理規約」をはじめ必要な情報・資料の提供、技術的支援等が不可欠である このため、国及び地方公共団体は、必要に応じ、マンションの実態の調査及び把握に努め、マンションに関する情報・資料の提供について、その充実を図るとともに、特に、地方公共団体、マンション管理適正化推進センター、マンション管理士等の関係者が相互に連携をとり、管理組合の管理者等の相談に応じられるネットワークの整備が重要である さらに、地方公共団体は、マンション管理士等専門的知識を有する者や経験豊かで地元の実情に精通し、マンションの区分所有者等から信頼される者等の協力を得て、マンションに係る相談体制の充実を図るよう努める必要がある マンション管理適正化推進センターにおいては、関係機関及び関係団体との連携を密にし、管理組合の管理者等に対する積極的な情報・資料の提供を行う等、管理適正化業務を適正かつ確実に実施する必要がある

6 マンション管理適正化推進計画 （適正化法3条の2）

都道府県等は、基本方針に基づき、当該都道府県等の区域内におけるマンションの管理の適正化の推進を図るための計画（マンション管理適正化推進計画）を作成することができます。

7 管理計画の認定 （適正化法5条の3〜5条の4）

（1）管理計画の認定の申請

管理組合の管理者等は、国土交通省令で定めるところにより、当該管理組合によるマンションの管理に関する計画（管理計画）を作成し、マンション管理適正化推進計画を作成した都道府県等の長（計画作成都道府県知事等）の認定を申請することができます。

（2）管理計画の内容

管理計画には、次に掲げる事項を記載しなければなりません。

①当該マンションの修繕その他の管理の方法
②当該マンションの修繕その他の管理に係る資金計画
③当該マンションの管理組合の運営の状況
④その他国土交通省令で定める事項

（3）認定基準

計画作成都道府県知事等は、管理計画の認定の申請があった場合において、当該申請に係る管理計画が次に掲げる基準に適合すると認めるときは、その認定をすることができます。

管理組合の運営	①管理者等が定められていること ②監事が選任されていること ③集会が年一回以上開催されていること
管理規約	①管理規約が作成されていること ②マンションの適切な管理のため、管理規約において災害等の緊急時や管理上必要なときの専有部の立ち入り、修繕等の履歴情報の管理等について定められていること

	③マンションの管理状況に係る情報取得の円滑化のため、管理規約において、管理組合の財務・管理に関する情報の書面の交付（または電磁的方法による提供）について定められていること
管理組合の経理	①管理費および修繕積立金等について明確に区分して経理が行われていること ②修繕積立金会計から他の会計への充当がされていないこと ③直前の事業年度の終了の日時点における修繕積立金の３カ月以上の滞納額が全体の１割以内であること
長期修繕計画の作成および見直し等	①長期修繕計画が「長期修繕計画標準様式」に準拠し作成され、長期修繕計画の内容およびこれに基づき算定された修繕積立金額について集会にて決議されていること ②長期修繕計画の作成または見直しが７年以内に行われていること ③長期修繕計画の実効性を確保するため、計画期間が30年以上で、かつ、残存期間内に大規模修繕工事が２回以上含まれるように設定されていること ④長期修繕計画において将来の一時的な修繕積立金の徴収を予定していないこと ⑤長期修繕計画の計画期間全体での修繕積立金の総額から算定された修繕積立金の平均額が著しく低額でないこと ⑥長期修繕計画の計画期間の最終年度において、借入金の残高のない長期修繕計画となっていること
その他	①管理組合がマンションの区分所有者等への平常時における連絡に加え、災害等の緊急時に迅速な対応を行うため、組合員名簿、居住者名簿を備えているとともに、１年に１回以上は内容の確認を行っていること ②都道府県等マンション管理適正化指針に照らして適切なものであること

（４）認定の更新

管理計画の認定は、５年ごとにその更新を受けなければ、その期間の経過によって、その効力を失います。

(5) 認定の取消し

計画作成都道府県知事等は、以下の場合には、管理計画の認定を取り消すことができます。

①認定管理者等が改善命令に違反したとき
②認定管理者等から認定管理計画に基づく管理計画認定マンションの管理を取りやめる旨の申出があったとき
③認定管理者等が不正の手段により管理計画の認定または認定の更新を受けたとき

8 助言・指導・勧告

都道府県等は、以下の事項が遵守されていない場合は、管理組合の管理者等に対して**助言、指導**および**勧告**を行うことができます。

管理組合の運営	①管理組合の運営を円滑に行うため管理者等を定めること ②集会を年に1回以上開催すること
管理規約	管理規約を作成し、必要に応じ、その改正を行うこと
管理組合の経理	管理費および修繕積立金等について明確に区分して経理を行い、適正に管理すること
長期修繕計画の作成および見直し等	適時適切な維持修繕を行うため、修繕積立金を積み立てておくこと

なお、個別の事案に応じて上記の事項以外の事項についても、マンション管理適正化指針や都道府県等マンション管理適正化指針に即し、必要な助言および指導を行うことは差し支えありません。

索　引

あ

か

さ

た

な

は

や

ら

2024年度版　ごうかく！　管理業務主任者　攻略テキスト

（2011年度版　2011年２月17日　初版　第１刷発行）
2024年２月25日　初　版　第１刷発行

編著者　管理業務主任者試験研究会
発行者　猪野　樹
発行所　株式会社　早稲田経営出版
〒101-0061 東京都千代田区神田三崎町3-1-5
神田三崎町ビル
電話 03（5276）9492（営業）
FAX 03（5276）9027

DTP　株式会社　グラフト
印刷　日新印刷株式会社
製本　東京美術紙工協業組合

ISBN 978-4-8471-5120-0
N.D.C. 673

書籍の正誤に関するご確認とお問合せについて

書籍の記載内容に誤りではないかと思われる箇所がございましたら、以下の手順にてご確認とお問合せをしてくださいますよう、お願い申し上げます。
なお、正誤のお問合せ以外の**書籍内容に関する解説および受験指導などは、一切行っておりません。**
そのようなお問合せにつきましては、お答えいたしかねますので、あらかじめご了承ください。

1 「Cyber Book Store」にて正誤表を確認する

早稲田経営出版刊行書籍の販売代行を行っている
TAC出版書籍販売サイト「Cyber Book Store」の
トップページ内「正誤表」コーナーにて、正誤表をご確認ください。

CYBER BOOK STORE TAC出版書籍販売サイト

URL:https://bookstore.tac-school.co.jp/

2 1の正誤表がない、あるいは正誤表に該当箇所の記載がない ⇒ 下記①、②のどちらかの方法で文書にて問合せをする

★ご注意ください★

お電話でのお問合せは、お受けいたしません。
①、②のどちらの方法でも、お問合せの際には、「お名前」とともに、
「対象の書籍名(○級・第○回対策も含む)およびその版数(第○版・○○年度版など)」
「お問合せ該当箇所の頁数と行数」
「誤りと思われる記載」
「正しいとお考えになる記載とその根拠」
を明記してください。
なお、回答までに1週間前後を要する場合もございます。あらかじめご了承ください。

① ウェブページ「Cyber Book Store」内の「お問合せフォーム」より問合せをする

【お問合せフォームアドレス】

https://bookstore.tac-school.co.jp/inquiry/

② メールにより問合せをする

【メール宛先 早稲田経営出版】

sbook@wasedakeiei.co.jp

※土日祝日はお問合せ対応をおこなっておりません。
※正誤のお問合せ対応は、該当書籍の改訂版刊行月末日までといたします。

乱丁・落丁による交換は、該当書籍の改訂版刊行月末日までといたします。なお、書籍の在庫状況等により、お受けできない場合もございます。
また、各種本試験の実施の延期、中止を理由とした本書の返品はお受けいたしません。返金もいたしかねますので、あらかじめご了承くださいますようお願い申し上げます。

(2022年7月現在)